W0388423

Levez l'ancre !

Français 6e

NOUVEAU PROGRAMME 2025

Sous la direction de

Amélie Berthou-Sergeant
certifiée de Lettres modernes
Collège de Sèvres (Sèvres)
Académie de Versailles

Marie-Astrid Clair
agrégée de Lettres modernes
Collège Georges Rouault (Paris)
Formatrice à l'Inspe pour 1er et le 2nd degrés
Académie de Paris

Florence Renner
agrégée de Lettres modernes
Institut catholique de Paris (Paris)

Avec

Thomas Bouhours
certifié de Lettres classiques
Collège Jean Monnet (Flers)
Formateur en langues et cultures de l'Antiquité
Académie de Normandie

Violaine Carry
certifiée de Lettres modernes
Collège Notre-Dame de Lourdes (Paris)
Formatrice à l'ISFEC Île-de-France pour le 2nd degré
en lettres et en interdidactique
Académie de Paris

Aline Delaporte
Conseillère pédagogique

Delphine Fradet
agrégée de Lettres modernes
Collège Moncade et lycée Jeanne d'Arc (Orthez)
Académie de Bordeaux

Nathan

Bienvenue en 6e

Un manuel qui t'accompagne en cours de français

En 6e, tu vas consolider ce que tu as appris à l'école élémentaire.
Tu vas aussi te préparer pour bien réussir les quatre années du collège.
En cours de français, tu vas lire et commenter des textes, enrichir ton vocabulaire, rédiger des écrits de plus en plus longs et complexes, te perfectionner en grammaire, en conjugaison et en orthographe.

Levez l'ancre, et bon voyage !

1 Lire et comprendre des textes

▶ Ton manuel contient **des textes de tous les genres et toutes les époques**.

1 Pour aborder ces textes, **une méthode** est expliquée en détail dans le rabat avant (donc toujours facilement sous la main si tu en as besoin). Elle te permet de vérifier que tu as compris l'essentiel. C'est une méthode que tu pourras conserver jusqu'au lycée.

2 Ensuite, tu étudieras les textes plus en profondeur grâce aux **activités** proposées dans les parties « Lecture et écriture » et « Vocabulaire ».

En écrivant — En dessinant — En parlant — En jouant

2 Une méthode pour acquérir du vocabulaire

▶ Pour mieux comprendre et mieux se comprendre quand on dialogue, il faut **enrichir son vocabulaire**. Dans ton manuel, tu trouveras des outils pour le faire de manière systématique.

1 Dans chaque chapitre, tu réaliseras trois **collectes de mots**, que tu enrichiras au fur et à mesure de ton travail.

• Tu collecteras des mots dans un tableau (que tu pourras compléter au fil du temps).

Collecte de mots

• Sur le modèle du tableau p. 2, rassemble, pour chacun des termes suivants, tous les mots et toutes les expressions auxquels tu penses :

Arbre — Oui et non — Toucher

Arbre	Oui et non	Toucher
· pommier · cerisier · pêcher	· refuser · nier · se fâcher	· émouvoir · main · peau
· racine · tronc · feuilles	· se révolter · nenni · négation	· ouïe · entendre · odorat
· branche · couper · hache	· accord · désaccord · opinion	· sentir · goût · langue
· écologie · nature · écureuil	· avis · hésitation · contraire	· vue · œil · sens · taper
· insectes · écorce · sève · grimper	· opposition · acquiescer	· pincer · griffer · caresser
· cabane · bois · menuisier	· ouais · compromis · trancher	· doigts · bouleverser
· charpentier · ébéniste · graine	· décider	· gêne · pudeur · concerner
· fruits · vert · bûcheron		

• Tu pourras ensuite classer les termes de chaque collecte, par exemple dans une **fleur lexicale**.

2 Des **exercices de vocabulaire** te permettront de compléter tes collectes et apprendre de nouveaux mots.

3 Des missions

▶ Au cours de chaque chapitre, qu'on appelle ici « escale », on prépare une mission : une mise en scène, l'écriture d'une histoire, la composition d'un recueil ou d'un dictionnaire…

▶ Souvent, ces **projets** sont à mettre en œuvre en **collaborant** avec tes camarades.

4 Des ateliers et des parcours pour étudier la grammaire

▶ À la fin de ton manuel, il y a une section « Étude de la langue ». Elle est divisée en trois parties : « Réfléchir sur la langue », « Conjugaison », « Bien écrire ».

1 Pour te permettre de bien retenir les notions, chaque fiche contient **un schéma ou une carte mentale**. Attention, une carte mentale se lit le plus souvent dans le sens des aiguilles d'une montre !

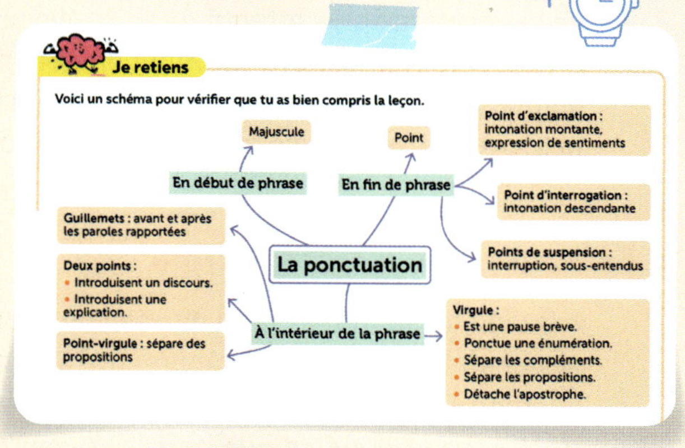
Je retiens

Voici un schéma pour vérifier que tu as bien compris la leçon.

La ponctuation
- En début de phrase → Majuscule
- En fin de phrase → Point ; Point d'exclamation : intonation montante, expression de sentiments ; Point d'interrogation : intonation descendante ; Points de suspension : interruption, sous-entendus
- À l'intérieur de la phrase → Guillemets : avant et après les paroles rapportées ; Deux points : • Introduisent un discours. • Introduisent une explication. ; Point-virgule : sépare des propositions ; Virgule : • Est une pause brève. • Ponctue une énumération. • Sépare les compléments. • Sépare les propositions. • Détache l'apostrophe.

2 Les **parcours d'exercices** te permettent de t'entraîner sur plusieurs notions : tu peux te tester et suivre le parcours proposé.

5 De la fluence

▶ **Lire avec aisance, suffisamment vite**, est un des objectifs du cycle 3, donc de la 6ᵉ. À la fin de chaque escale, tu pourras faire des exercices de fluence.

→ Pour t'entraîner à lire vite.

→ Pour t'habituer à bien articuler, sans buter sur les mots.

→ Pour t'exercer à lire de manière expressive.

Quelques conseils pour apprendre à se concentrer

En 6e, tes parents, tes professeurs… Tout le monde va te parler de concentration et d'attention. Loin d'être une contrainte ennuyeuse, se concentrer, c'est simplement diriger son cerveau efficacement vers un objectif pour travailler plus facilement et sans stress ! Et par chance, se concentrer, ça s'apprend, alors voici quelques pistes pour t'aider.

Jean-Philippe Lachaux, chercheur en neurosciences et créateur du programme ATOLE, t'explique les grands principes de l'attention.

1 Attentif … oui, mais à quoi ?

▶ On ne peut pas être attentif si on ne sait pas à quoi être attentif ! Ton attention ne peut pas être sur tout à la fois, elle doit se porter sur **ce qui est le plus important pour la tâche que tu dois réaliser**.

▶ Au moment d'écouter quelqu'un, ou de regarder ou de lire quelque chose, tu seras plus attentif ou attentive si tu sais **précisément** ce que tu cherches comme information et donc sur quoi ton attention doit se poser. Tu peux alors te connecter **à la bonne cible**, celle qui te permet de réussir ce que tu es en train de faire.

2 Apprendre à rester stable

▶ Quand on apprend à faire du vélo, on apprend progressivement à rester stable sans tomber. Apprendre à se concentrer, c'est comme apprendre à **garder son attention stable sur sa cible**. Au début, ce n'est pas facile, parce que notre cerveau réagit spontanément en déplaçant l'attention vers ce qui est amusant ou stimulant, comme s'il existait des forces qui nous déséquilibrent.

▶ Pour développer ton sens de l'équilibre attentionnel, **prends l'habitude de ramener tranquillement ton attention sur ta cible**, dès que tu remarques qu'elle s'en va, **par exemple quand tes yeux partent regarder ailleurs**. Progressivement, tu arriveras à réagir de plus en plus tôt pour rester bien stable.

3 Organise ton espace de travail

▶ Si tu essaies de te concentrer avec beaucoup de distractions autour de toi, ton cerveau aura plus de mal à savoir où placer l'attention. Pourquoi lui compliquer la tâche ? Tu seras plus efficace **si tu arrives à te mettre au calme et si tu enlèves les distracteurs que tu peux déplacer :** magazines, jeux, mangas, écrans… Pas d'inquiétude, tu les retrouveras rapidement une fois ton travail terminé !

4 Le pouvoir de l'intention

▶ Quand tu agis avec **une seule intention claire**, ton cerveau peut faire le tri entre ce qui est important et ce qui ne l'est pas pour ce que tu cherches à faire. Mais si tu as deux intentions à la fois, il s'embrouille.

▶ Par exemple, quand tu relis un devoir sans vraiment savoir ce que tu cherches à faire ou que tu veux tout contrôler en même temps, tu te fatigues et tu perds ton temps… En revanche, si tu décides de vérifier d'abord tous les accords grammaticaux, puis de contrôler la chronologie de ton texte, etc. **tu seras bien plus efficace**.

5 Pas la peine d'être concentré tout le temps !

▶ Tu imagines peut-être qu'il faut tout le temps être très concentré dès l'instant qu'on travaille. Mais ce n'est pas vrai, car cela dépend du travail en question.

▶ **Certaines tâches demandent plus de concentration que d'autres** : écouter un document audio, lire une consigne… Souvent d'ailleurs, ces tâches sont assez courtes : apprends à les reconnaître pour leur réserver ton attention maximum !

Ton cerveau face aux écrans : mode d'emploi !

▶ **Tu as déjà remarqué comme ton smartphone ou ta tablette peuvent être très captivants ? Ce n'est pas de la magie, mais un vrai mécanisme cérébral !**

• Quand tu choisis entre deux activités, **ton cerveau fonctionne comme un comparateur**. Par défaut, il privilégie ce qui est le plus simple et le plus amusant à court terme. Les applications et réseaux sociaux sont des champions pour stimuler ton « circuit de récompense » : pas d'effort, des interactions ludiques, des nouveautés en permanence.

• Résultat ? Ton cerveau préfère largement ces activités simples et amusantes à des tâches plus compliquées comme faire tes devoirs. C'est tout à fait normal, mais tu peux apprendre à **reprendre le contrôle** !

• Voici deux questions simples pour y arriver. **Prends l'habitude de te les poser avant d'allumer un écran :**

1. Pour quoi faire ?
2. Pour combien de temps ?

• Tu peux l'allumer pour effectuer une recherche pour tes devoirs, mais aussi faire un petit jeu, regarder une vidéo de chatons ou échanger des messages avec des amis. Peu importe, ce qui compte c'est que **tu décides vraiment de l'utiliser pour quelque chose de spécifique et pour un temps précis**, plutôt que de laisser ton écran décider pour toi de comment tu utilises ton cerveau.

C'est toi qui es maintenant aux commandes !

DÉFI ATTENTION

Choisis une semaine et note combien de fois tu arrives à te poser ces deux questions avant d'allumer un écran.

Sommaire

Continent 1 — Rencontrer des **monstres** : expérience de l'autre, expérience de soi

Qu'est-ce qu'un monstre ?

MISSION À la fin de cette escale, tu imagineras, sur une double page, un texte sur un monstre mythologique, illustré par un dessin.

MISSION À la fin de ce périple, tu prendras la plume et rédigeras ton propre conte.

MISSION À la fin de cette escale, tu aideras un ogre à remporter le titre de « Meilleur ogre de l'année ».

Continent 2 — Partir à l'aventure !

Qu'est-ce que l'aventure ?

Sommaire

Continent 3

Créer, recréer le monde : récits des origines

ESCALE 7 — Récits de la Genèse et culture commune

MISSION À la fin de cette escale, tu te mettras en quête de documents variés qui illustrent l'importance des motifs ou symboles bibliques dans notre culture commune, et tu réaliseras une affiche ou un diaporama.

ESCALE 8 — Créer et recréer le monde et ses habitants

MISSION À la fin de cette escale, tu rédigeras ton propre récit de création d'un nouveau monde, avec ses habitants.

Chanter et **enchanter** le monde : mots et merveilles

Qu'est-ce que la poésie ?

ESCALE 9

Les pouvoirs de la poésie

MISSION À la fin de cette escale, tu rédigeras un poème que tu devras réciter face à ta classe.

ESCALE 10

Inventer un langage, chercher « le Grand Secret »

MISSION À la fin de cette escale, tu rédigeras avec la classe un mini-dictionnaire des tracas du collège à partir de néologismes, c'est-à-dire de mots que vous aurez inventés.

Sommaire

Continent 5

Se masquer, jouer, déjouer : ruses en action

Que signifie ruser ?

ESCALE 11 — Olivier Py, *La Jeune Fille, le Diable et le moulin*

MISSION Prépare-toi au lever de rideau. À la fin de cette escale, tu devras jouer avec tes camarades un extrait de *La Jeune Fille, le Diable et le moulin* d'Olivier Py. Tu devras apprendre le texte, réfléchir à la mise en scène et jouer !

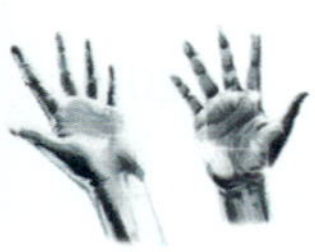

ESCALE 12 — Molière, *Le Médecin malgré lui*

MISSION Au fil de cette escale, tu réaliseras un carnet de lecture. Attention : il te faudra avoir fabriqué ton carnet avant le début de la séquence, car tu le rempliras au fur et à mesure de ta lecture de la pièce.

Ateliers de langue

Réfléchir sur la langue

Bien conjuguer les verbes

Bien écrire

Continent 1

Rencontrer des MONSTRES : expérience de l'autre, expérience de soi

Qu'est-ce qu'un monstre ?

1 QUELS MONSTRES CONNAIS-TU ?

- **Liste tous les monstres que tu connais,** aussi bien dans les contes que dans la mythologie, dans les livres comme dans les films, la peinture, le monde réel…

2 QUE SIGNIFIE LE NOM « MONSTRE » ?

- **En t'aidant de l'exemple ci-contre, rédige un article de dictionnaire pour définir le mot « monstre ».** Par des numéros, essaie de distinguer les différents sens du terme et illustre-les chacun par un exemple.

Exemple

HOMME (n.m.) **1.** Être appartenant à l'espèce animale la plus développée, mammifère primate, seule espèce vivante des hominidés. *Les hommes préhistoriques* **2.** Individu en tant qu'il appartient à l'humanité ou à la société. *Les droits de l'Homme.* **3.** Être humain mâle. *Les hommes et les femmes se rassemblèrent.* **4.** Fam. Mari, compagnon, concubin, amant. *Mon homme ? Il doit être aux champs.*

3 QUELS SONT LES DIFFÉRENTS TYPES DE MONSTRES ?

- **Visionne cette vidéo, puis indique les deux types de monstres que tu y as rencontrés.**

vidéo
college.nathan.fr/**F6_ina_monstre**

4 EN QUOI CES CRÉATURES SONT-ELLES MONSTRUEUSES ?

- **Pour chacune des créatures suivantes, explique ce qui en fait un monstre.** Tu peux parfois donner plusieurs raisons.

a. Éléphant de mer (mammifère marin).

b. Méduse, créature mythologique à la chevelure de serpent et au regard qui pétrifie.

c. Voldemort, cruel sorcier dans la saga *Harry Potter*, écrite par J. K. Rowling.

d. Une licorne.

En route !

→ **Aimes-tu les récits avec des monstres ? Pourquoi ?**

→ **D'après toi, pourquoi les monstres sont-ils si souvent représentés par les artistes, notamment par les écrivains ?**

ESCALE 1

Qui sont les monstres mythologiques ?

CAP SUR LA MISSION

- À la fin de cette escale, tu imagineras, sur une double page, un texte sur un monstre mythologique, illustré par un dessin. Toutes les pages seront réunies dans une anthologie. Tout ce que tu découvriras dans cette escale te permettra de réussir cette mission.

Je fais le point sur mes connaissances

Choisis, pour chaque question, la ou les réponses qui conviennent.

1. Dans la mythologie, les monstres rencontrés par les héros représentent…	a des dangers redoutables.	b de possibles amis.	c des curiosités amusantes.
2. Quel monstre marin mythologique vit dans une caverne, située au creux d'un haut rocher ?	a Charybde.	b Scylla.	c Les deux.
3. Le héros Bellérophon combat…	a la Chimère.	b Pégase.	c Cerbère.
4. Dans l'*Odyssée* d'Homère, Polyphème est…	a un ogre.	b un géant.	c un cyclope.
5. Une sirène est-elle un monstre ?	a Oui.	b Non.	c Oui, sauf si elle s'appelle Ariel.
6. Quel monstre est enfermé dans un labyrinthe ?	a Thésée.	b Le Minotaure.	c Dédale.
7. Un monstre se compose parfois de plusieurs espèces animales : comment appelle-t-on ces créatures hybrides ?	a Des chimères.	b Des pots-pourris.	c Des patchworks.

Collecte de mots

- **Sur le modèle du tableau p. 2, rassemble, pour chacun des termes suivants, tous les mots et toutes les expressions auxquels tu penses :**

Craindre — Combattre — Fort

Pour réussir la mission, je dois…

→ Être capable de nommer et décrire précisément cinq monstres mythologiques.
→ Avoir étudié au moins trois documents dans cette escale.
→ Être capable d'identifier les émotions produites par ces documents.
→ Retenir et employer au moins dix mots importants dans cette séquence.

1 Scylla

→ Je découvre les caractéristiques d'un monstre.

1 Avant de lire le texte...

- Lis le paratexte (titre, nom de l'auteur, date de publication, mise en contexte, repères).
- Ce texte est-il en prose ou en vers ? Est-il écrit en français au départ ou traduit ? Reconnais-tu un récit, un dialogue, un poème, un texte documentaire, un discours, une pièce de théâtre ?

Méthode

- Pour acquérir les bons réflexes face à un texte, utilise le **rabat de ton cahier**.

La magicienne Circé avertit Ulysse des dangers qui l'attendent. Pour en savoir plus sur la rencontre de Circé et d'Ulysse, rendez-vous p. 20.

« Après l'île des sirènes se dressent deux hauts rochers et les vagues s'écrasent avec grand fracas contre eux. Jamais les oiseaux ne volent au-delà. Jamais aucun bateau qui les a approchés n'en a réchappé. Voici à quoi ressemblent ces deux rochers. Le premier est si haut qu'il touche le ciel et qu'il est sans cesse entouré d'un brouillard bleu. La roche est si haute et si lisse qu'un mortel ne pourrait y monter, même s'il avait vingt bras et vingt pieds. Au milieu du rocher se trouve une caverne noire dont l'entrée est tournée vers les Enfers. Un homme dans la force de la jeunesse ne parviendrait pas, de son bateau, à lancer une flèche dans cette caverne profonde. C'est là qu'habite Scylla, dont la voix rugissante est aussi forte que celle d'un jeune lion.

C'est un monstre prodigieux et effrayant même pour un dieu. Scylla a douze pieds difformes, et six longs cous sortent de son corps. À chaque cou est attachée une tête horrible, et, dans chaque gueule, il y a une triple rangée de dents épaisses et nombreuses. Scylla est plongée dans la caverne jusqu'à la taille. Mais elle étend ses têtes à l'extérieur, et regardant autour du rocher, elle attrape les dauphins, les chiens de mer et d'autres monstres innombrables. Aucun marin n'a pu se vanter d'être passé auprès d'elle sain et sauf : chaque tête enlève un homme hors du navire et le dévore. »

[...] *Lorsque Ulysse demande à Circé comment vaincre Scylla, elle lui répond :* « Malheureux ! Tu penses donc encore à combattre ! Ne céderas-tu jamais, même aux dieux immortels ? Scylla n'est pas une mortelle : c'est une calamité immortelle, redoutable, sauvage et cruelle : aucune possibilité d'attaque, aucune de défense. La meilleure stratégie est la fuite ! »

Homère, L'*Odyssée*, extrait du chant XII, VIIIe siècle avant J.-C., trad. d'après Leconte de Lisle, © Nathan, 2024.

texte lu
college.nathan.fr/
F6_esc1_textes

Repères

Personnage légendaire, **Homère** est un aède, un poète itinérant qui racontait des histoires en s'accompagnant d'un instrument de musique appelé la « phorminx ». Au VIIIe siècle avant J.-C., il aurait composé l'*Iliade*, une épopée qui raconte la fin de la guerre de Troie, et l'*Odyssée*, une autre épopée qui narre le retour semé d'obstacles du héros grec Ulysse dans sa patrie d'Ithaque.

2 À la première lecture

- Réponds à ces questions : qui ? quand ? où ? quoi ? pourquoi ?

3 À la relecture

- Donne un titre à chaque paragraphe.
- Liste les émotions produites par ce texte.

4 Faire résonner le texte

- À quels personnages, à quelles histoires (livres, films, images...) ce texte te fait-il penser ? Pourquoi ?

Roger Payne, *Scylla attaquant le vaisseau d'Ulysse*, 1980, collection privée.

Lecture & Écriture

1. Observe l'image et lis le texte d'Homère : quel titre pourrais-tu donner à cet extrait pour le résumer ?

2. Explique pourquoi Scylla est un monstre au sens physique et aussi au sens moral.

3. Dans le texte, quelle information essentielle Circé donne-t-elle sur Scylla ?

4. Imagine l'effet produit par cette information sur Ulysse. Et quel effet a-t-elle sur toi, lecteur ou lectrice ?

5. Ulysse a repris la mer et vogue en direction de Scylla : il s'adresse à Athéna et lui confie ses pensées. Imagine ce qu'il pourrait lui dire. Rédige au moins cinq phrases. Tu peux utiliser quelques mots que tu as listés dans tes collectes (p. 14).

La petite leçon

- Chez les Grecs de l'Antiquité, **Athéna** est la déesse de l'intelligence et de la raison. Elle possède une intelligence rusée, la « mètis » et elle est la protectrice du héros Ulysse, dont elle apprécie l'esprit astucieux. Elle porte un casque, une lance, un bouclier ou une cuirasse qu'on appelle une « égide ». Ses emblèmes sont la chouette et l'olivier.

Vocabulaire

6. Complète tes collectes de mots centrées sur les termes « Fort » et « Craindre » (p. 14).

7. Dans la langue française, cet épisode de l'*Odyssée* a donné l'expression « tomber de Charybde en Scylla ». Cela signifie « passer d'une situation compliquée à une situation pire encore ». Rédige une courte histoire en trois phrases au moins pour illustrer cette expression.

JE PRÉPARE MA MISSION

Quelles sont les caractéristiques d'un monstre mythologique comme Scylla ?

Les 3 mots de la séance

Note ce que tu retiens de la séance en trois mots.

2 Le cyclope

→ Je découvre un monstre à l'opposé de l'humain.

1 Avant de lire les textes...

- Lis le paratexte (titre, nom de l'auteur, date de publication, mise en contexte, repères). Si tu veux en savoir plus sur Homère, rends-toi p. 15.
- Ces textes sont-ils en prose ou en vers ? Sont-ils écrits en français au départ ou traduits ? Reconnais-tu un récit, un dialogue, un poème, un texte documentaire, un discours, une pièce de théâtre ?

Méthode

- Pour acquérir les bons réflexes face à un texte, utilise le **rabat de ton cahier**.

EXTRAIT **1**

Ulysse découvre avec ses compagnons le peuple des cyclopes.

« Nous arrivâmes alors à la terre des cyclopes. Ils vivent sans lois et font confiance aux dieux immortels : ils ne plantent rien dans les champs et ne labourent jamais. Les plantes poussent toutes seules, sans qu'ils ne fassent rien. Ils ont donc du blé et du raisin sans effort. Ils ne se rassemblent jamais entre eux et n'ont pas de roi ni de chef. Ils habitent de hautes montagnes, dans de profondes cavernes, et chacun s'occupe de ses affaires sans se soucier de celles des autres. [...]
Quand nous eûmes traversé le petit bras de mer qui nous séparait de la terre habitée par les cyclopes, nous aperçûmes une haute caverne ombragée, près de la mer. À côté, on distinguait de grands troupeaux de brebis et de chèvres. Dans ce lieu habitait un géant qui vivait seul et loin de tous. C'était un monstre immense qui ne ressemblait pas à un homme mangeur de pain, mais plutôt au sommet boisé d'une haute montagne. »

Repères

En quittant la ville de Troie vaincue, **Ulysse** et ses compagnons pillent et massacrent le peuple voisin des Cicones. Zeus leur inflige ensuite une terrible tempête qui dure neuf jours. Le dixième jour, ils accostent sur l'île des Lotophages, ces mangeurs de fleurs de lotus qui leur font perdre la mémoire. Malgré la tentation d'oublier leur projet de retour, ils réussissent à reprendre la mer et arrivent chez **les cyclopes**.

EXTRAIT **2**

Le cyclope Polyphème rentre dans sa grotte à la fin de la journée ; il y découvre Ulysse et son équipage.

« Le cyclope nous aperçut et nous dit :
"- Qui êtes-vous ? D'où venez-vous ? Êtes-vous des marchands ? Des pirates ?"
À la vue du monstre, au son de sa voix, notre cœur fut épouvanté.
Mais je lui répondis :
"- Nous sommes des Grecs venus de Troie. Nous sommes fiers d'avoir gagné la guerre contre les Troyens. Nous errons à présent, entraînés par tous les vents sur la vaste mer. Nous essayons de rentrer chez nous. Nous nous jetons à tes genoux et nous te supplions : accorde-nous l'hospitalité et donne-nous, s'il te plaît, de quoi boire et manger. Respecte les dieux, qui protègent les voyageurs et les étrangers."

2 À la première lecture

- Réponds à ces questions : qui ? quand ? où ? quoi ? pourquoi ?

3 À la relecture

- Donne un titre à chaque extrait.
- Liste les émotions produites par ces textes.

4 Faire résonner le texte

- À quels personnages, à quelles histoires (livres, films, images...) ces extraits te font-ils penser ? Pourquoi ?

Il répliqua, d'un ton féroce :

"- Tu es fou, étranger, et tu viens de loin, toi qui m'ordonnes de respecter les dieux et de leur obéir. Les cyclopes ne s'occupent pas de Zeus, ni des autres dieux, car nous sommes plus forts qu'eux."

[...] Le cyclope se rua sur mes camarades, et en attrapa deux. Il les écrasa contre la terre comme des petits chiens. Leur cervelle jaillit et coula par terre. Il les coupa membre par membre, et prépara son repas. Il les dévora comme un lion des montagnes et il ne laissa ni leurs entrailles, ni leurs chairs, ni leurs os. Nous gémissions et nous levions nos mains vers le ciel en priant Zeus. »

Homère, *L'Odyssée*, extraits du chant IX, VIIIe siècle avant J.-C, trad. d'après Leconte de Lisle, © Nathan, 2024.

textes lus
college.nathan.fr/
F6_esc1_textes

Gustave Moreau, *Polyphème*, 1826, musée Gustave Moreau, Paris.

Vocabulaire

1. De nombreux mots savants de la langue française peuvent se comprendre si l'on connaît le sens des racines grecques. En t'appuyant sur le sens des racines données entre parenthèses, formule une hypothèse sur la signification des mots suivants. Tu peux ensuite comparer tes définitions avec celles du dictionnaire.

– Démocratie (*demos* = le peuple + *cratos* = le pouvoir).
– Anthropophage (*anthropos* = être humain + *phage* = manger).
– Autarcie (*auto* = soi-même + *arkhè/arcie* = l'autorité).

2. Forme un maximum de mots avec les racines grecques indiquées à la question 1.

3. Complète tes collectes de mots centrées sur les termes « Fort » et « Craindre » (p. 14).

Lecture & Écriture

4. En quoi, selon toi, le cyclope Polyphème agit-il de façon monstrueuse ?
Rédige au moins trois phrases.

5. Recopie et complète le tableau suivant en t'aidant de ces indications :

COLONNE A
Complète le texte à trous avec un des termes suivants : démocratie • hospitalité • autarcie • anthropophage • orgueil • culture.

COLONNE B
Relève dans le texte une courte citation illustrant chaque caractéristique inhumaine du cyclope.

COLONNE C
Rédige une définition de ce qu'est idéalement l'humanité pour les Grecs. Il suffit d'inverser ce qui est monstrueux chez Polyphème.

	COLONNE A	COLONNE B	COLONNE C
	Polyphème agit de façon monstrueuse car…	Je relève des citations correspondant à chaque affirmation.	À l'inverse, ce qui définit l'humanité idéale pour les Grecs, c'est…
EXTRAIT 1	Il ne s'occupe pas de la … des sols.		
	Les cyclopes n'obéissent pas à des lois communes, ils ne vivent pas en ….		
	Les cyclopes ne vivent pas en société mais en …, chacun pour soi.		
EXTRAIT 2	Polyphème ne fait pas preuve d'….		
	Il agit sans craindre les dieux, avec ….		
	Il est ….		

J'ai déjà fini !

6. Entraîne-toi à lire l'extrait de ton choix de manière expressive. Aide-toi des différentes émotions repérées à la relecture. Tu pourras proposer ensuite ta lecture à la classe.

Différenciation

JE PRÉPARE MA MISSION

Pourquoi peut-on dire que le monstre est l'opposé de l'humain ?

Les 3 mots de la séance

Note ce que tu retiens de la séance en trois mots.

3 Les sirènes

→ **Je découvre l'évolution d'une figure de monstre.**

Méthode

• Pour acquérir les bons réflexes face à un texte, utilise le **rabat de ton cahier**.

1 Avant de lire le texte...

• Lis le paratexte (titre, nom de l'auteur, date de publication, mise en contexte, repères).

• Ce texte est-il en prose ou en vers ? Est-il écrit en français au départ ou traduit ? Reconnais-tu un récit, un dialogue, un poème, un texte documentaire, un discours, une pièce de théâtre ?

Nous retrouvons ici la magicienne Circé, dont tu as déjà lu les avertissements p. 15. Dans ce texte, elle donne de précieux conseils à Ulysse au sujet des sirènes.

« À la nuit tombée, mes compagnons s'endormirent auprès du bateau. Circé me prit alors par la main et me conduisit loin d'eux. Elle se coucha près de moi [...] : "Maintenant, écoute ce que je vais te dire. Demain, après ton départ, tu rencontreras d'abord les sirènes, qui charment tous les marins qui les approchent par des chants magnifiques. Tous ceux qui, par imprudence, écoutent leur chant sont perdus. Jamais leurs femmes ni leurs enfants ne les revoient. Les sirènes sont assises dans une prairie, autour d'un grand amas d'ossements d'hommes et de peaux pourrissantes. Dépasse-les au plus vite et bouche les oreilles de tes compagnons avec de la cire molle, afin qu'aucun d'eux ne les entende. Quant à toi, écoute-les si tu veux ; mais il faudra alors que ton équipage te ligote avec des cordes, debout contre le mât. Ce n'est que bien attaché que tu pourras écouter avec délice la voix des sirènes. Et, si tu ordonnes à tes compagnons de te détacher, ils devront serrer les cordes encore plus fort !" »

Homère, L'*Odyssée*, chant XII, VIIIe siècle avant J.-C., trad. d'après Leconte de Lisle, © Nathan, 2024.

texte lu
college.nathan.fr/
F6_esc1_textes

Ulysse passant le rocher des sirènes, vers 260 après J.-C., musée du Bardo, Tunis.

Repères

Circé a transformé les compagnons d'Ulysse en cochons. Le dieu Hermès a confié au héros une herbe magique pour le protéger de l'effet des potions. Ulysse surprend donc Circé, puis la menace et enfin la séduit. Après avoir redonné forme humaine à ses compagnons, elle donne des conseils à Ulysse pour la suite de son parcours.

2 À la première lecture

• Réponds à ces questions : qui ? quand ? où ? quoi ? pourquoi ?

3 À la relecture

• Donne un titre à ce passage.

• Liste les émotions produites par ce texte.

4 Faire résonner le texte

• À quels personnages, à quelles histoires (livres, films, images...) ce texte te fait-il penser ? Pourquoi ?

Vocabulaire

1. **Trouve plusieurs verbes dont le sens est proche de « charment » (l. 4).**

2. **Donne trois mots de la famille du mot « amas » (l. 8). Par quel autre terme peux-tu remplacer « amas » dans l'extrait ?**

3. **Relève dans le texte les mots qui se rapportent au thème du son et de l'audition. Pourquoi sont-ils si nombreux ici ?**

Lecture & Écriture

4. **Comment, dans la mosaïque p. 20, est représenté le chant des sirènes ?**

5. **Dans l'extrait, est-il possible de relever des termes correspondant à la description physique des sirènes ? Pourquoi ?**

6. **Selon toi, les sirènes évoquées par Homère sont-elles des créatures monstrueuses ? Pourquoi ?** Rédige au moins cinq phrases pour répondre, en t'appuyant sur de courtes citations du texte.

7. **« Cluedo des sirènes »**

a. **Laquelle de ces représentations pourrait correspondre au récit d'Homère ?** Élimine les candidates en repérant les éléments de description incompatibles avec le texte.

①

- Physique repoussant.
- À la fois humain, poisson et oiseau.
- Personnage menaçant.

②

- Physique séduisant.
- Mi-femme, mi-poisson.
- Personnage aimable.

③
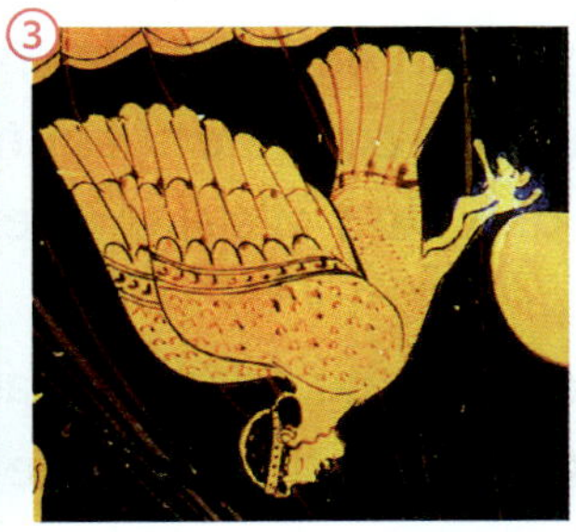

- Physique animal.
- Mi-femme, mi-oiseau.
- Personnage qui chante.

④

- Physique séduisant.
- Mi-femme, mi-poisson.
- Musicienne.

b. **Classe les images ci-dessus dans l'ordre chronologique.**
Indice : une image provient d'un vase antique grec ; deux datent du Moyen-Âge ; la dernière date du XXe siècle.

c. **Explique comment la figure de la sirène a évolué avec le temps, à la fois physiquement et moralement.** Rédige au moins cinq phrases.

Les 3 mots de la séance

Note ce que tu retiens de la séance en trois mots.

JE PRÉPARE MA MISSION

Liste ce qui distingue les sirènes antiques des sirènes plus modernes.

4 La Chimère

→ Je découvre la structure d'un mythe.

1 Avant de lire le texte...

- Lis le paratexte (titre, nom de l'auteur, date de publication, mise en contexte, repères).
- S'agit-il d'un extrait ou d'une œuvre complète ? Ce texte est-il en prose ou en vers ? Reconnais-tu un récit, un dialogue, un poème, un texte documentaire, un discours, une pièce de théâtre ?

Méthode

- Pour acquérir les bons réflexes face à un texte, utilise le **rabat de ton cahier**.

Le héros Bellérophon s'adresse à un petit garçon qui dit avoir vu Pégase.

- « Figure-toi, lui dit-il, qu'il y a en ce moment en Lycie (c'est une province d'Asie d'où je viens) un monstre épouvantable qui ravage le pays. On l'appelle la Chimère. Je ne l'ai jamais vue, mais j'ai interrogé des gens qui l'ont aperçue de loin, et voici ce qu'ils m'ont dit. La Chimère a un grand corps écailleux qui finit en queue de serpent, et sur ce corps se dressent trois têtes : une tête de lion, une tête de bouc et une tête de serpent, la plus horrible des trois. Les trois gueules lancent des tourbillons de feu et de fumée.

- Oh ! dit l'enfant. Est-ce qu'elle a des ailes ?

- Je n'ai jamais pu en avoir le cœur net. Les uns disent oui, les autres disent non. Peut-être ne les déploie-t-elle que rarement.

- Et des cornes ?

- Sur sa tête de bouc, sans doute. Pas sur les autres. En tout cas, la Chimère n'a qu'à souffler sur une forêt, sur un champ de blé, sur un village, et tout est réduit en cendres. Avec cela, elle dévore vivants les habitants, les animaux. Si l'on ne vient pas à bout du monstre, le pays ne sera bientôt plus qu'un désert. J'ai décidé de tuer la Chimère ou de mourir.

- Mais tu seras brûlé tout de suite !

- Pas si je chevauche Pégase. Son vol est si rapide que la Chimère ne pourra pas l'atteindre. Et j'en profiterai pour la taillader de toutes parts à grands coups d'épée. Tu sais maintenant pourquoi je guette si impatiemment le cheval ailé. »

Nathaniel Hawthorne, *Le Premier Livre des merveilles*, 1852, trad. Pierre Leyris, © PKJ, 2014.

texte lu
college.nathan.fr/
F6_esc1_textes

Bellérophon chevauchant Pégase, Mary Hamilton Frye, 1914.

Repères

Bellérophon est un héros de la mythologie grecque. Un jour, la reine Sthénébée s'éprend de lui : il repousse ses avances, et le voilà envoyé en guise de punition chez le roi de Lycie (en actuelle Turquie), qui doit le faire assassiner. Celui-ci demande alors à Bellérophon de vaincre la fameuse et très effrayante Chimère, certain que le héros trouvera la mort pendant le combat...

2 À la première lecture

- Réponds à ces questions : qui ? quand ? où ? quoi ? pourquoi ?

3 À la relecture

- Donne un titre à ce passage.
- Liste les émotions produites par ce texte.

4 Faire résonner le texte

- À quels autres monstres la Chimère te fait-elle penser ? Pourquoi ?

Lecture & Écriture

1. **Invente au moins deux affirmations concernant l'aspect physique de la Chimère.** Lis-les à tes camarades qui te diront si, d'après le texte, elles sont vraisemblables ou non.

Par exemple : « Le corps de la Chimère est recouvert d'une fourrure couleur fauve. »
→ Impossible, car elle a un corps écailleux.

2. **Relis le passage où la Chimère est décrite et dessine-la.**

3. **Relève dans le texte les passages qui expriment une incertitude dans le portrait qui est fait de la Chimère. Cette incertitude te semble-t-elle rassurante ou effrayante ?**

4. a. **Parmi ces propositions, repère les quatre éléments qui apparaissent dans cet extrait.**
Une morale • un danger • une histoire d'amour • un héros • un mensonge • une aide merveilleuse • une trahison • de la violence • du comique.

b. **Relève dans le texte une courte citation pour illustrer chaque élément repéré à la question précédente.**

c. **Rédige un paragraphe dans lequel tu présenteras et expliqueras chacun des éléments travaillés dans les questions 4.a. et b.** Écris au moins quatre phrases.

Vocabulaire

5. **Donne un maximum de mots appartenant à la famille de « cheval ». Trouves-tu celui qui apparaît dans le texte ?**

6. **Par quel autre mot peux-tu remplacer le mot « ravage » dans la première phrase ?**

J'ai déjà fini !

7. **Imagine que tu es Bellérophon : tu viens de te poser avec Pégase dans ce paysage et tu cherches la Chimère. Qu'as-tu en tête ? Que ressens-tu ? Quelles sensations éprouves-tu ?** Rédige au moins sept phrases pour raconter cela.

Différenciation

JE PRÉPARE MA MISSION

De quels éléments se compose souvent un mythe centré sur un monstre ?

Les 3 mots de la séance

Note ce que tu retiens de la séance en trois mots.

5 Le Minotaure

→ **Je découvre l'histoire du Minotaure à travers trois versions.**

• **Tu vas découvrir ici trois versions différentes d'un même mythe, celui du tristement célèbre Minotaure.**

Première version

Parce que Minos, roi de Crète, a refusé de sacrifier un taureau en son honneur, le dieu Poséidon fait en sorte que Pasiphaé, la femme de Minos, tombe amoureuse dudit taureau. De cette union naît le Minotaure qui cause la honte et la colère de Minos.

Cependant le déshonneur qui touchait la famille de Minos avait encore grandi : un monstre révélait à tous l'adultère affreux de Pasiphaé. Minos résolut d'éloigner de son palais cet objet de honte, et de l'enfermer dans un labyrinthe. Dédale, célèbre architecte, fut chargé de le construire, et le labyrinthe était si complexe que lui-même peinait à en retrouver la sortie ! C'était la prison du Minotaure, monstrueux assemblage d'un taureau et d'un être humain.

Déjà deux fois le Minotaure s'était abreuvé du sang athénien, et le sort venait de lui envoyer une troisième fois, comme tous les neuf ans, sept filles et sept garçons grecs, destinés à mourir dans le labyrinthe. Mais le Minotaure trouva son vainqueur au milieu de ses victimes. Aidé par Ariane, la fille de Minos, qui le guida grâce à un fil, Thésée, le fils d'Égée, parvint à retrouver l'issue du labyrinthe ; et à peine en fut-il sorti qu'il enleva la fille de Minos et fit voile vers Naxos.

Ovide, *Les Métamorphoses*, livre VIII, Ier siècle, d'après la trad. de Puget, Guiard, Chevriau et Fouquier, 1850.

Repères

Ovide a écrit *Les Métamorphoses* au tout début du Ier siècle ap. J.-C. Ce long poème, très célèbre dès l'Antiquité, raconte des histoires de métamorphoses, tirées de la mythologie.

Étienne-Jules Ramey, *Thésée combattant le Minotaure*, 1826, jardins des Tuileries, Paris.

Seconde version

[...] **7.** Thésée fut ensuite tiré au sort parmi les jeunes gens qui devaient faire partie du tribut à Minos (c'était la troisième fois) ; mais on dit aussi qu'il se porta volontaire. [...]

8. Quand Thésée arriva en Crète, Ariane, la fille de Minos, tomba amoureuse de lui, et elle lui promit qu'elle l'aiderait, si elle obtenait en retour la promesse qu'il la mènerait à Athènes en tant qu'épouse. Thésée en fit le serment, et Ariane obligea Dédale à lui révéler la sortie du labyrinthe.

9. Conseillée encore par Dédale, elle donna à Thésée un fil grâce auquel il pourrait sortir : Thésée l'attacha à la porte et, en le tirant derrière lui, il entra. Ayant débusqué le Minotaure précisément dans la partie la plus reculée du labyrinthe, il le tua à coups de poing puis, en rembobinant le fil, il rebroussa chemin et sortit. Dans la nuit, il arriva à Naxos avec Ariane et les jeunes gens qu'il avait sauvés.

Apollodore, *Épitomé*, IIe siècle, livre I, 1-24, trad. Ugo Bratelli, 2001.

Myron, buste du Minotaure, vers 500 av. J.- C., musée archéologique national, Athènes.

Troisième version

[...] XLI - MINOS.

Minos, fils de Jupiter et d'Europe, fit la guerre aux Athéniens, son fils Androgée fut tué au combat. Après que Minos eut vaincu les Athéniens, ces derniers commencèrent à lui payer un tribut. [Il] ordonna que, chaque année, ils envoient sept de leurs enfants au Minotaure pour qu'il fasse bonne chère. Quand Thésée fut arrivé de Trézène et qu'il entendit par quel grand malheur était frappée la cité, il promit spontanément de se rendre auprès du Minotaure. [...]

XLII - THÉSEE CHEZ LE MINOTAURE.

Après que Thésée fut arrivé en Crète, il fut aimé d'Ariane, fille de Minos, au point qu'elle trahit son frère et sauva son hôte ; en effet, elle montra à Thésée la sortie du Labyrinthe. Lorsque Thésée s'y fut introduit et qu'il eut tué le Minotaure, il ressortit en rembobinant un fil, selon le conseil d'Ariane ; il emmena celle-ci avec lui pour l'épouser, comme il s'y était engagé.

XLIII - ARIANE.

Thésée, retenu dans l'île de Dia par une tempête, pensant que s'il amenait Ariane dans sa patrie, il se déshonorerait, abandonna donc la jeune fille endormie sur l'île de Dia.

Hygin, *Fables*, XLI-XLIV, Ier siècle av. J.- C., trad. association Rallye Latin d'Orléans-Tours, 2014.

textes lus
college.nathan.fr/
F6_esc1_textes

Lecture & Écriture

1. Lis ces trois versions du même mythe afin de répondre à ces questions :

a. Qui sont les parents du Minotaure ? Quels sentiments ce monstre éveille-t-il en Minos et pourquoi ?
b. Où vit le Minotaure et pourquoi ?
c. Quel rôle cruel joue le Minotaure, une fois enfermé ?
d. Qui combat le Minotaure ? Par qui et comment est-il aidé ?

2. Quelles différences concernant le mythe as-tu pu relever entre les différents textes ? Selon toi, comment peut-on expliquer ces différences ?

Lecture & Écriture

3. Observe ces images :

a. En t'appuyant sur l'histoire du Minotaure, replace ces images dans l'ordre chronologique du récit.

b. Pour chaque image, recopie et complète la légende avec les mots qui conviennent.

c. Raconte en deux phrases chaque épisode représenté. Utilise pour cela des mots présents dans tes collectes (p. 14).

① 

... et le ....

② 

... et le ... dans le ....

③ 

... traînant le ... mort hors du ....

④ 

... donne à ... une ... pour sortir du ... construit par ....

4. Ouvrons le débat : selon toi, le Minotaure est-il le seul monstre de cette histoire ? Tu as cinq minutes pour rechercher des arguments (et tu as le droit d'avoir un avis nuancé !).

La petite leçon

• Sans le fil donné par **Ariane**, Thésée n'aurait jamais pu vaincre le Minotaure, car il se serait perdu dans le labyrinthe. Dans la mythologie, les héros sont régulièrement aidés par des femmes : par exemple, la magicienne **Médée** aide Jason à s'emparer de la Toison d'or, et **Circé**, également magicienne, aide Ulysse sur son chemin vers Ithaque.

Vocabulaire

5. Dans la troisième version (p. 25), relève les synonymes des termes et expressions suivants : un impôt • un festin • sans réfléchir • son invité.

6. Explique le sens actuel des expressions « un dédale » et « un fil d'Ariane ». Puis emploie-les chacune dans une phrase de ton invention.

J'ai déjà fini !

7. Emploie les mots de tes collectes (p. 14) pour imaginer les pensées de Thésée quand il voyage pour aller tuer le Minotaure. Rédige cinq phrases au moins.

Différenciation

JE PRÉPARE MA MISSION

De quels moyens un être humain dispose-t-il pour échapper à un monstre ?

Les 3 mots de la séance

Note ce que tu retiens de la séance en trois mots.

6 Moi, le Minotaure

→ J'entre dans la tête du monstre.

❶ Avant de lire le texte…

- Lis le paratexte (titre, nom de l'auteur, date de publication, mise en contexte, repères).
- Ce texte est-il en prose ou en vers ? Est-il écrit en français au départ ou traduit ? Reconnais-tu un récit, un dialogue, un poème, un texte documentaire, un discours, une pièce de théâtre ?

Méthode

- Pour acquérir les bons réflexes face à un texte, utilise le **rabat de ton cahier**.

Le Minotaure a grandi en pensant que Minos était son père, mais celui-ci se montre particulièrement cruel avec lui.

Depuis des lunes, je tourne dans ma chambre. Mes pas vont du lit au mur, du mur à la porte toujours gardée… C'est une prison dorée, mais une prison tout de même. Ma couche est confortable, les sièges richement décorés, une peau de lion achetée à des marchands égyptiens me protège lorsque les nuits sont fraîches. La liberté, elle, s'est envolée. Finies les courses sur le dos des collines, les rencontres avec les chèvres sauvages, les soirées couché sur l'herbe, les yeux perdus dans les signes étoilés que les dieux nous adressent.

Je perçois une grande activité dehors, chaque jour, de l'aube à la nuit : des cris, des claquements, ça tape, ça transporte, des ouvriers s'interpellent, quelqu'un leur donne des ordres. Une voix commande, sans jamais crier : « Emportez ce bois là-bas », « Selon mon plan, il faut creuser une seconde galerie, puis une salle ici, une autre là… » Quel plan ? Il me semble reconnaître la voix de Dédale, l'artiste athénien au service de Minos depuis de nombreuses années. Je l'ai aperçu parfois, mais jamais approché. Que fait-il construire ? Dans quel but ? Je ne peux poser la question à personne. Ma nourrice elle-même n'entre plus me voir. Elle pose à la porte une cruche d'eau accompagnée de quelques mets et s'esquive.

En me traitant comme un animal, ils me transforment en animal. Mes paroles ne peuvent atteindre aucune oreille humaine, alors elles tournent dans mon crâne comme je tourne dans ma chambre, de plus en plus vite, de plus en plus folles.

Minos m'a interdit de l'appeler « père » le soir où il a prononcé ma sentence. Est-il simplement fâché ou n'est-il pas mon père ?

Ma mère m'a raconté comment Poséidon avait envoyé le taureau blanc. Or j'ai un corps de garçon et une tête de taureau…

Sylvie Baussier, *Moi, Le Minotaure*, © Scrineo, 2020.

texte lu
college.nathan.fr/**F6_esc1_textes**

Repères

Dans ce roman, **Sylvie Baussier** adopte le point de vue du Minotaure. Voici ce qu'elle écrit pour se présenter : « Si, petite, on m'avait dit que je deviendrais princesse, je n'y aurais pas cru. D'ailleurs ce n'est pas arrivé (et je ne le regrette pas). […] Si, petite, on m'avait dit que je deviendrais autrice (à l'époque on disait "auteur", même pour les femmes), je ne l'aurais pas cru non plus. Mais c'est arrivé. N'est-ce pas merveilleux de toucher son rêve du doigt ? »

❷ À la première lecture

- Réponds à ces questions : qui ? quand ? où ? quoi ? pourquoi ?

❸ À la relecture

- Donne un titre à ce passage.
- Liste les émotions produites par ce texte.

❹ Faire résonner le texte

- À quels personnages, à quelles histoires (livres, films, images…) ce texte te fait-il penser ? Pourquoi ?

Lecture & Écriture

1. Quel moment de la vie du Minotaure est plus particulièrement évoqué ici ? Relève dans le texte les indices qui t'ont permis de répondre.

2. Recopie ce tableau ; puis relève les mots du texte qui font du personnage un animal, et ceux qui font de lui un être humain.

Le Minotaure ressemble à un animal…	… mais il ressemble aussi à un être humain !
Note ici les mots du texte.	*Note ici les mots du texte.*

3. Relis les phrases interrogatives dans le texte : que nous révèlent-elles au sujet du Minotaure ?

4. Selon toi, quelles autres émotions le Minotaure éprouve-t-il dans cet extrait ? Justifie ta réponse en citant le texte.

5. Ce portrait du Minotaure te surprend-il ? Pourquoi ? Réponds en trois phrases au moins.

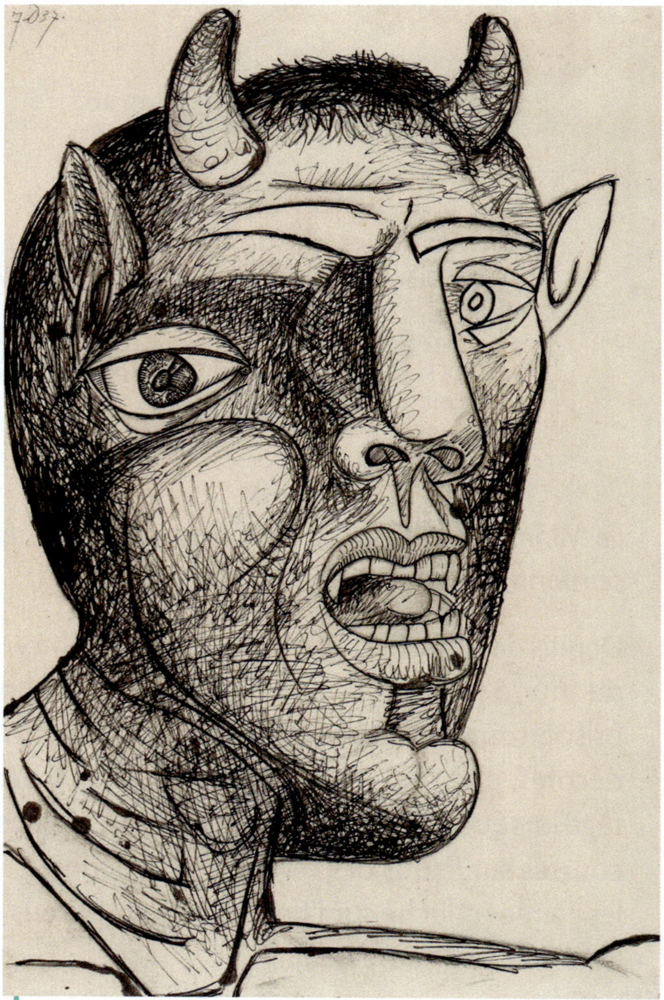

Pablo Picasso, *Minotaure*, 1937, musée national Picasso, Paris.

Vocabulaire

6. Le Minotaure est dans le noir et ne voit rien mais utilise un autre de ses sens : lequel ?

7. Relève dans le texte les mots qui appartiennent au champ lexical de ce sens.

8. Par quel autre mot peux-tu remplacer le mot « galerie » (l.13) ?

9. Emploie le mot « galerie » avec une autre signification, dans une phrase de ton invention.

La petite leçon

- Dans ce texte, l'histoire est racontée à la première personne du singulier, c'est-à-dire que **le narrateur dit « je »** et raconte sa propre histoire. Cela permet de connaître ses pensées, ses sensations, de se sentir proche de lui, de bien le comprendre.

J'ai déjà fini !

10. À ton tour, représente, en utilisant la technique de ton choix (stylo, crayons, feutres, peinture, collage, photographie, etc.) un passage de l'histoire du Minotaure. Tu joindras à ton œuvre une notice explicative dans laquelle figureront ton nom, le titre de ton œuvre, la technique utilisée, et au moins deux phrases d'explication.

Différenciation

J'ACCOMPLIS MA MISSION

Le projet

Que dois-tu fabriquer ?

→ Il s'agit de composer, par groupes de deux ou trois élèves, **une double page sur un monstre** que tu auras choisi avec tes camarades. Les doubles pages de chaque groupe seront ensuite reliées pour constituer **une anthologie illustrée** sur les monstres mythologiques.

- La **page de gauche** contient **la fiche d'identité du monstre**.
- La **page de droite** contient **un portrait dessiné** qui, lorsqu'on le soulève à la façon d'un livre pop-up, révèle un texte à la première personne qui exprime **les pensées du monstre**.

Quel est l'objectif ?

Fiche d'identité du monstre

Dans cette fiche, tu décriras avec ton groupe :
- l'**apparence physique** du monstre.
- ses **origines**.
- les **dangers** qu'il représente.

Dans la tête du monstre

Tu rédigeras avec ton groupe un texte à la première personne dans lequel vous imaginerez ce que pense et ce que ressent le monstre que vous aurez choisi.

Le portrait dessiné

Sur une feuille A4, faites le portrait de votre monstre à la façon d'une photo d'identité géante. N'hésitez pas ensuite à repasser les traits au feutre noir et à mettre de la couleur ! Les doubles pages de chaque groupe seront reliées ou collées entre elles pour former un petit livre.

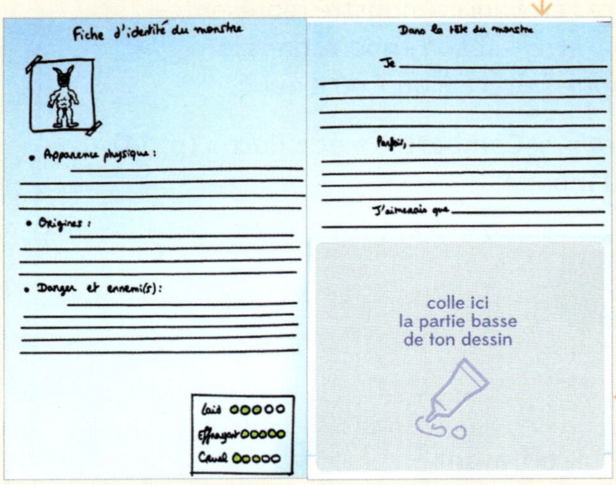

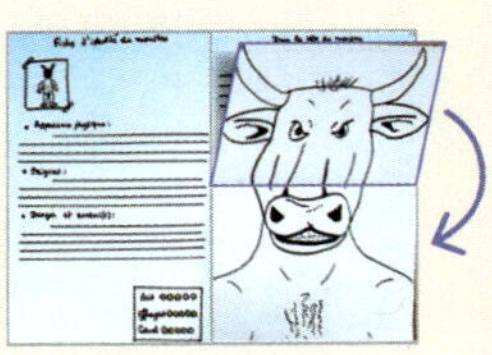

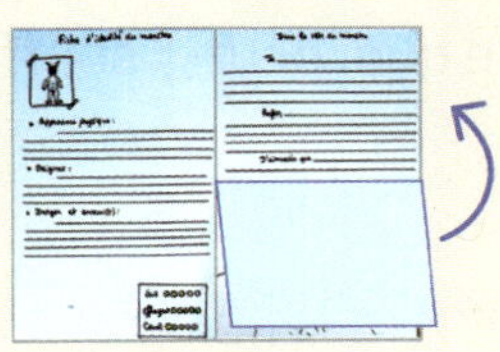

Étape 1 La fiche d'identité du monstre

A Je choisis un personnage

→ Avec ton groupe, sélectionne un des monstres mythologiques nommés dans les étiquettes ci-contre. Écrivez sur votre brouillon le nom de celui que vous aurez choisi.

Le Minotaure · La Gorgone Méduse · Les sirènes · La Chimère · Le roi Lycaon · Charybde · Scylla · Le cyclope Polyphème · Argus · L'Hydre de Lerne · Le Sphinx · Le chien Cerbère · Les Harpies · Échidna

B Je fais des recherches

En sollicitant ton professeur documentaliste, et à l'aide d'encyclopédies, de livres sur la mythologie ou encore d'internet, effectue des recherches sur ton monstre.

C Je rédige et je me relis

Guide pour écrire

→ **L'apparence du monstre :** à quoi ressemble physiquement le monstre (proche de quel animal, quelle taille, couleur, forme, poils, plumes ou écailles…) ?
Organise logiquement ta description : tu peux commencer par décrire l'environnement dans lequel le monstre vit (la mer, la montagne, etc.) ; continue en précisant sa taille et son allure générale ; termine en décrivant le monstre progressivement de la tête aux pieds (ou l'inverse).

→ **Les origines de ce monstre :** qui sont ses parents ? Sont-ils mortels ou immortels ? Le monstre est-il né ainsi ou est-il devenu monstrueux ? Dans ce cas, que lui est-il arrivé ?

→ **La dangerosité et les ennemis du monstre :** en quoi ce monstre représente-t-il un danger pour ceux qui le rencontrent ? Qui est son ennemi dans le mythe ? Y a-t-il un affrontement ? Qui gagne ? Grâce à quoi ou à qui ?

Aide-toi des mots de tes collectes « Craindre », « Combattre » et « Fort » (p. 14) pour rédiger ton paragraphe (six phrases au moins).

Étape 2 Dans la tête du monstre

A Avant de rédiger…

1. Liste avec ton groupe ce qui rend ton monstre effrayant.
2. Pour chaque élément de la liste, inventez ensemble une explication qui pourrait rendre ce monstre plus humain : de quoi peut-il souffrir ? Quelles émotions éprouve-t-il ?

B Je rédige

Guide pour écrire

→ C'est le monstre qui parle ou pense : il s'exprime donc à la **première personne** (« Je »).

→ Les **pensées** sont écrites au **présent**, tandis que le **passé composé** est employé pour évoquer les **souvenirs**.

→ **Commence tes phrases** par des tournures comme : « Parfois, j'ai l'impression que… », « Si je pouvais, je ferais… », « Quand les gens m'aperçoivent, ils… », « Je n'ai jamais osé l'avouer auparavant, mais… », « Le moment que je redoute est… ».

Aide-toi des mots de tes trois collectes (p. 14) pour écrire six phrases au moins.

ESCALE 1 Bilan

Quiz

1. Quelle figure de monstre a beaucoup évolué depuis l'Antiquité ?

a Le cyclope.
b La sirène.
c La Chimère.

2. Quel monstre est réputé invincible ?

a Le Minotaure.
b La Chimère.
c Scylla.

3. Quel héros parvient à vaincre le monstre sans aide extérieure ?

a Ulysse.
b Bellérophon.
c Thésée.

4. Quel détail concernant les sirènes est visible sur la mosaïque de la page 20 ?

a Des os entassés.
b Des traits symbolisant leur chant.
c Des queues de poisson.

5. Le Minotaure n'est pas…

a Enfermé.
b Anthropophage.
c Moitié bouc.

6. Quel mot n'est pas grec ?

a Démocratie.
b Omnivore.
c Autarcie.

Texte par texte — Je me rappelle ce que j'ai appris.

1. **Scylla (p. 15)** : À quoi ressemble le monstre Scylla ?

2. **Le Cyclope (p. 17)** : Comment le cyclope accueille-t-il les compagnons d'Ulysse ?

3. **Les sirènes (p. 20)** : Comment a évolué la figure de la sirène au fil du temps ?

4. **La Chimère (p. 22)** : Qui combat la Chimère et avec l'aide de qui ?

5. **Le Minotaure (p. 24)** : Qui est le Minotaure et quel héros le vainc ?

6. **Moi, le Minotaure (p. 27)** : Comment l'autrice de ce texte nous présente-t-elle le Minotaure ?

Écriture — Je réfléchis à la relation entre les monstres et les humains.

1. **Explique, grâce aux exemples étudiés dans cette escale, ce qui distingue les monstres des humains et, à l'inverse, ce qui parfois les rapproche.** Rédige au moins six phrases.

2. **À ton avis, pourquoi les artistes, et notamment les écrivains, représentent-ils si souvent des monstres ?** Propose plusieurs explications en t'appuyant sur les monstres rencontrés dans cette escale et sur tes connaissances personnelles. Rédige au moins six phrases.

Les 5 mots de l'escale

Note ce que tu retiens de l'escale en cinq mots.

Bilan personnel

→ **Raconte la mission que tu as accomplie au fil de cette escale. Développe en précisant ce que tu as aimé ou non, ce que tu as trouvé facile ou difficile, ce que tu as appris d'intéressant ou de surprenant.** Ta réponse devra contenir au moins cinq phrases.

Fluence

Je lis vite et bien !

Le combat de Zeus contre Typhon

Zeus a enfermé les Titans dans le Tartare, cette partie des Enfers où vont les criminels. Mais voilà que Gaïa, la Terre, donne naissance à un autre monstre, Typhon…

Lorsque Zeus eut chassé les Titans, Gaïa engendra Typhon, le dernier de ses enfants : 14
les vigoureuses mains de ce dieu puissant travaillaient sans relâche et ses pieds étaient 28
infatigables ; sur ses épaules se dressaient cent têtes de serpents, et de chacune sortait une 43
langue de ténèbres ; de ses yeux jaillissait une flamme étincelante ; ses monstrueuses têtes 56
proféraient mille sons inexplicables et quelquefois si aigus que les dieux même pouvaient 69
les entendre. C'était tantôt la mugissante voix d'un taureau sauvage et indompté, tantôt 82
le rugissement d'un lion au cœur farouche, et souvent, ô prodige ! les aboiements d'un 96
chien ou des clameurs perçantes dont retentissaient les hautes montagnes. […] 106
Zeus, rassemblant toute sa force ardente, s'arma de sa foudre étincelante, de ses vifs 120
éclairs et de son tonnerre assourdissant, s'élança du haut de l'Olympe sur Typhon, 133
le frappa de la puissance de son feu et réduisit en cendre les fantastiques têtes de ce 150
monstre effrayant qui, vaincu par ses coups redoublés, s'effondra sur la terre immense. 163
[…] Finalement, il jeta Typhon dans le vaste Tartare. 171

Hésiode, *Théogonie*, VIIIe siècle avant J.-C., d'après la trad. d'Anne Bignan, 1838.

Je lis le texte ci-dessus et je mesure ma vitesse de lecture

Tu peux demander à un camarade de te chronométrer.

▶ *À recopier sur ton cahier :* **J'ai lu** .... **mots en une minute.**

Je vérifie que j'ai bien compris

1 **À quoi ressemble ce monstre ? Peux-tu le dessiner ?**

2 **Pourquoi est-il effrayant ?**

3 **Pourquoi Zeus finit-il par jeter le monstre dans le Tartare ?**

Je m'entraîne à lire plus vite

4 **Lis rapidement…**

a. cette suite de mots.

vigoureuses – puissant – infatigables – monstrueuses – étincelante – vifs – mugissante – rugissement – perçantes

b. ces séries de mots.

- dernier – dernière - dernièrement
- vigueur – vigoureux – vigoureusement
- fatigue – fatiguer – fatigable – infatigable
- monstre – monstrueux – monstrueusement
- expliquer – explication – inexplicable
- sourd – assourdir – assourdissant
- puissant – puissance – puissamment
- effrayer – effroi – frayeur

5 **Dans le texte…**

a. compte ces mots : Zeus – têtes – étincelante.

b. relève les noms d'animaux.

c. relève le plus vite possible les mots suivants : serpents – rugissement – quelquefois – redoublés.

6 **Lis ce passage sans t'arrêter, en ne bougeant que les yeux.**

Zeus, rassemblant toute sa force ardente, s'arma de sa foudre étincelante, de ses vifs éclairs et de son tonnerre assourdissant, s'élança du haut de l'Olympe sur Typhon, le frappa de la puissance de son feu et réduisit en cendre les fantastiques têtes de ce monstre effrayant qui, vaincu par ses coups redoublés, s'effondra sur la terre immense.

Je relis le texte et je mesure ma vitesse de lecture

Tu peux demander à un camarade de te chronométrer.

À recopier sur ton cahier : **J'ai lu** .... **mots en une minute.**

J'améliore mon articulation

7 **À voix haute, prononce ces groupes de mots en articulant avec soin.**

cent têtes de serpents – mille sons inexplicables – la mugissante voix d'un taureau sauvage et indompté – rassemblant toute sa force ardente

8 **Prononce cette phrase le plus vite possible sans t'arrêter et en articulant.**

Zeus, rassemblant toute sa force ardente, s'arma de sa foudre étincelante, de ses vifs éclairs et de son tonnerre assourdissant, s'élança du haut de l'Olympe sur Typhon.

Je relis le texte et je mesure ma vitesse de lecture

Tu peux demander à un camarade de te chronométrer.

À recopier sur ton cahier : **J'ai lu** .... **mots en une minute.**

Je note mes progrès

À recopier sur ton cahier :

1re lecture .... **mots par minute**

2e lecture .... **mots par minute**

3e lecture .... **mots par minute**

ESCALE 2

Les frères Grimm, *L'Homme à la peau d'ours*

CAP SUR LA MISSION

• À la fin de cette escale au cours de laquelle tu vas découvrir un conte traditionnel, *L'Homme à la peau d'ours*, tu vas devoir prendre la plume et rédiger ton propre conte. Les différentes haltes au cours de cette aventure te permettront d'acquérir toutes les compétences nécessaires à la réussite de ta mission.

Je fais le point sur mes connaissances

Choisis, pour chaque question, la ou les réponses qui conviennent.

1. Par quelle expression commencent généralement les contes ?	a Il était une fois.	b Le 2 août 1923.	c En ce jour de...
2. Quel type de personnages les contes mettent-ils souvent en scène ?	a Des détectives et des policiers.	b Des princes et princesses.	c Des clowns.
3. Quel est le but d'un conte ?	a Transmettre la sagesse humaine.	b Faire rire.	c Apporter des informations.
4. Les contes mettent en scène un monde...	a merveilleux.	b réaliste.	c historique.
5. Qui a écrit le conte *L'Homme à la peau d'ours* ?	a Charles Perrault.	b Les frères Grimm.	c Hans Christian Andersen.

Vocabulaire

• Sur le modèle du tableau p. 2, rassemble, pour chacun des termes suivants, tous les mot et expressions auxquels tu penses :

Aimer — Paraître — Argent

Pour réussir la mission, je dois...

→ Connaître et repérer les caractéristiques du conte traditionnel.
→ Identifier les personnages monstrueux dans le conte.
→ Comprendre le rôle des émotions dans l'instruction des lecteurs.

1 Des animaux qui font peur ?

→ J'observe des représentations d'animaux dans des contes.

Lecture d'images

1. Décris les monstres présents sur ces images. Quelles différences et ressemblances peux-tu relever ?

2. DOC 1 L'homme à la peau d'ours te semble-t-il effrayant ? Donne deux raisons précises pour justifier ton avis.

3. DOC 2 Comment l'illustrateur Gustave Doré suggère-t-il l'inquiétude de l'enfant dans cette gravure ? Observe son regard, sa distance par rapport au loup et la place de la couverture.

Vocabulaire

4. Lis les adjectifs suivants, puis recherche la définition de ceux que tu ne connais pas. Relève ceux qui pourraient représenter le loup.
Féroce • trapu • hideux • bienveillant • affable • vorace • blafard • hostile • arrogant • menaçant • difforme.

DOC 1

Sébastien Mourrain, couverture de l'album *L'Homme à la peau d'ours*, Anne Jonas, © Seuil Jeunesse, 2013.

DOC 2

Gustave Doré, illustration pour *Le Petit Chaperon rouge*, Charles Perrault, BnF, Paris.

Repères

Charles Perrault est l'auteur du ***Petit Chaperon rouge***, publié dans les *Contes de la mère l'Oye* en 1697. L'illustration de Gustave Doré s'inspire de la citation suivante : « elle fut bien étonnée de voir comment sa mère-grand était faite en son déshabillé ».

JE PRÉPARE MA MISSION

Qu'est-ce qui peut amener un personnage à être repoussé par les autres ?

Les 3 mots de la séance

Note ce que tu retiens de la séance en trois mots.

2 Un homme bien seul

→ Je découvre le début du conte.

1 Avant de lire le texte…
- Lis le paratexte (titre, nom de l'auteur, date de publication, mise en contexte, repères).
- Ce texte est-il en prose ou en vers ? Est-il écrit en français au départ ou traduit ? Reconnais-tu un récit, un dialogue, un poème, un texte documentaire, un discours, une pièce de théâtre ?

Méthode
- Pour acquérir les bons réflexes face à un texte, utilise le **rabat de ton cahier**.

Repères

Jacob et Wilhelm Grimm, deux frères nés en Allemagne à la fin du XVIIIe siècle, ont écrit des histoires pour enfants transmises de génération en génération par tradition orale.

Il était un jeune homme qui s'engagea dans l'armée : il s'y conduisit bravement, toujours le premier devant les balles. Tout alla bien pendant la guerre mais quand la paix fut conclue, il reçut son congé, et son capitaine lui dit d'aller où il voudrait. Ses parents étaient morts, il n'avait plus de domicile ; il pria ses frères de le recevoir jusqu'à ce que la guerre recommençât. Mais ils avaient des cœurs durs, et ils lui répondirent qu'ils ne pouvaient rien pour lui, qu'il n'était propre à rien, et que c'était à lui à se tirer d'affaire. Le pauvre garçon ne possédait que son fusil ; il le mit sur son épaule et s'en fut au hasard. Il atteignit une grande lande sur laquelle on ne voyait rien qu'un cercle d'arbres. Là il s'assit à l'ombre en pensant tristement à son sort : « Je n'ai pas d'argent je n'ai jamais appris d'autre métier que celui de la guerre, et, maintenant que la paix est faite, je ne suis plus bon à rien ; je vois bien qu'il faut que je meure de faim. »

En même temps il entendit du bruit, et, levant les yeux, il aperçut devant lui un inconnu, tout de vert habillé, assez richement mis, mais ayant un affreux pied de cheval.

Jacob et Wilhelm Grimm, *L'Homme à la peau d'ours*, trad. F. Baudry, 1815.

texte lu
college.nathan.fr/
F6_esc2_textes

Bertall, illustration pour *L'Homme à la peau d'ours*, Jacob et Wilhelm Grimm, 1864.

2 À la première lecture
- Réponds à ces questions : qui ? quand ? où ? quoi ?

3 À la relecture
- Quelles émotions ressens-tu à la lecture de ce texte?
- Résume cet extrait en deux ou trois phrases.
- Pourquoi la fin de l'extrait est-elle surprenante ?

4 Pour faire résonner le texte
- Lis le début du *Chat botté* de Charles Perrault (p. 37). Quels sont les points communs entre ces débuts de contes ?

Lecture & Écriture

1. Cet extrait réunit deux étapes de la narration : la situation initiale et l'élément perturbateur. Quel est l'élément perturbateur de l'histoire ?

2. a. Selon toi, qui pourrait-être l'« inconnu » de la fin de l'extrait ?
b. Qu'est-ce qui le caractérise ?
c. Peux-tu le rapprocher de l'illustration (p. 36) ?

Vocabulaire

3. a. Cherche la définition du mot « lande » (l. 9).
b. À partir de celle-ci, décris en quelques lignes ou dessine le paysage dans lequel évolue le personnage.

4. a. Relève les deux mots qui s'opposent dans la description de l'inconnu.
b. Pourquoi ces termes s'opposent-ils ?

Texte écho

Charles Perrault, *Le Chat botté*

Un meunier ne laissa pour tous biens, à trois enfants qu'il avait, que son moulin, son âne et son chat. Les partages furent bientôt faits ; ni le notaire, ni le procureur n'y furent point appelés. Ils auraient eu bientôt mangé tout le pauvre patrimoine. L'aîné eut le moulin, le second eut l'âne, et le plus jeune n'eut que le chat.

Ce dernier ne pouvait se consoler d'avoir un si pauvre lot : « Mes frères, disait-il, pourront gagner leur vie honnêtement en se mettant ensemble ; pour moi, lorsque j'aurai mangé mon chat, et que je me serai fait un manchon de sa peau, il faudra que je meure de faim. »

Le Chat, qui entendait ce discours, mais qui n'en fit pas semblant, lui dit d'un air posé et sérieux : « Ne vous affligez point, mon maître ; vous n'avez qu'à me donner un sac et me faire faire une paire de bottes pour aller dans les broussailles, et vous verrez que vous n'êtes pas si mal partagé que vous croyez. »

Charles Perrault, *Maître chat ou Le Chat botté*, 1697.

texte lu
college.nathan.fr/
F6_esc2_textes

La petite leçon

• Une **antithèse** est un procédé qui permet de rapprocher deux termes qui s'opposent.

Le Chat botté, illustration pour la couverture de *Contes de fées*, éd. Delarue, vers 1850.

JE PRÉPARE MA MISSION

Par quels éléments un conte commence-t-il souvent ? Que sait-on habituellement des personnages, et de l'époque et du pays dans lesquels ils se trouvent ?

Les 3 mots de la séance

Note ce que tu retiens de la séance en trois mots.

3 Une rencontre inattendue

→ **Je découvre l'épreuve à laquelle le personnage est soumis.**

1 Avant de lire le texte...

- Lis le paratexte (titre, nom de l'auteur, date de publication, mise en contexte, repères).
- Ce texte est-il en prose ou en vers ? Est-il écrit en français au départ ou traduit ? Reconnais-tu un récit, un dialogue, un poème, un texte documentaire, un discours, une pièce de théâtre ?

Méthode

- Pour acquérir les bons réflexes face à un texte, utilise le **rabat de ton cahier**.

Repères

L'expression **« passer un pacte avec le diable »** signifie passer un marché avec un être malfaisant dans le but d'obtenir des avantages financiers ou matériels.

« Je sais ce qu'il te faut, dit l'étranger. C'est de l'argent. Tu en auras autant que tu en pourras porter ; mais auparavant, je veux m'assurer que tu n'as pas peur, car je ne donne rien aux poltrons.

- Soldat et poltron, répondit l'autre, sont deux mots qui ne vont pas ensemble. Tu peux me mettre à l'épreuve.

- Eh bien donc, reprit l'étranger, regarde derrière toi. »

Le soldat, se retournant, vit un ours énorme qui courait sur lui en grondant. « Oh, oh ! s'écria-t-il, je vais te chatouiller le nez et te faire perdre l'envie de grogner. » Et, le couchant en joue, il l'atteignit au museau ; l'ours tomba mort sur le coup.

« Je vois, dit l'étranger, que tu ne manques pas de courage ; mais tu dois remplir encore d'autres conditions.

- Rien ne m'arrêtera, dit le soldat qui voyait bien à qui il avait affaire, pourvu que mon salut éternel ne soit pas compromis.

- Tu en jugeras toi-même, répliqua l'homme. Pendant sept ans tu ne devras ni te laver, ni te peigner la barbe et les cheveux, ni te couper les ongles, ni faire ta prière. Je vais te donner un habit et un manteau que tu porteras pendant tout ce temps. Si tu meurs dans cet intervalle, tu m'appartiendras ; si tu vis au-delà de sept ans, tu seras libre et riche pour toute la vie. »

Le soldat songea à la grande misère à laquelle il était réduit ; lui qui avait tant de fois affronté la mort, il pouvait bien se risquer cette fois encore : il accepta. Le diable ôta son habit vert et le lui donna en disant « Tant que tu porteras cet habit, en mettant la main à la poche, tu en tireras toujours une poignée d'or. » Puis, après avoir dépouillé l'ours de sa peau, il ajouta : « Ceci sera ton manteau et aussi ton lit, car tu n'en devras pas avoir d'autre. Et à cause de ce vêtement, on t'appellera Peau d'ours. » Là-dessus le diable disparut.

Jacob et Wilhelm Grimm, *L'Homme à la peau d'ours*, trad. F. Baudry, Paris, 1815.

texte lu
college.nathan.fr/
F6_esc2_textes

Antoine-Louis Barye, ours en bronze, XIXe siècle, musée du Louvre, Paris.

2 À la première lecture

- À présent que tu as lu la suite, peux-tu dire qui est l'« inconnu » de l'extrait page 36 ?
- Pourquoi le soldat sera-t-il appelé « Peau d'ours » ?

3 À la relecture

- Donne un titre à cet extrait.
- Qu'est-ce qui, dans le texte, te semble inquiétant ?
- Liste les émotions produites par ce texte.

4 Pour faire résonner le texte

- Quel animal fait une proposition tentante mais dangereuse à Ève et Adam dans le premier livre de la Bible, la Genèse ?

Lecture & Écriture

1. a. Relève les termes qui présentent l'ours comme effrayant.
b. Le soldat a-t-il peur ? Justifie ta réponse en citant le texte.

2. Observe la manière de parler du soldat : qu'est-ce qui révèle son courage ?

3. Que nous révèle la dernière phrase de l'extrait ?

4. À la place du personnage, aurais-tu accepté ce pacte avec le diable ? Donne au moins deux arguments pour justifier ta réponse.

François Grenier et Joséphine Ducollet, *Chasse à l'ours dans les Pyrénées*, éd. Eugène Jouy et Fils, XIXe siècle.

La petite leçon

• La figure de l'ours est présente aussi dans les **mythes antiques**. Dans les *Métamorphoses*, Ovide raconte qu'Héra, la femme de Zeus, transforme Callisto en ourse, pour la punir de sa relation amoureuse avec son époux. Zeus la place dans le ciel et crée ainsi la constellation de la Grande Ourse.

Vocabulaire

5. « Soldat et poltron [...] sont deux mots qui ne vont pas ensemble » (l. 4). À partir de cette affirmation, déduis le sens du mot « poltron ».

6. a. Cite deux synonymes et deux antonymes du mot « courage » (l. 11).
b. Emploie ces mots pour proposer un nouveau portrait du soldat.

7. Essaie de deviner ce que signifie l'expression « coucher en joue » (l. 9).

JE PRÉPARE MA MISSION

Quels types d'épreuves le personnage d'un conte peut-il avoir à affronter ?

Les 3 mots de la séance

Note ce que tu retiens de la séance en trois mots.

4 Un monstre charitable

→ **Je découvre la personnalité du monstre.**

1 Avant de lire le texte…

- Peux-tu rappeler les actions principales qui ont eu lieu dans les extraits précédents ?
- Lis le paratexte (titre, nom de l'auteur, date de publication, mise en contexte, repères).
- Ce texte est-il en prose ou en vers ? Est-il écrit en français au départ ou traduit ? Reconnais-tu un récit, un dialogue, un poème, un texte documentaire, un discours, une pièce de théâtre ?

Méthode

- Pour acquérir les bons réflexes face à un texte, utilise le **rabat de ton cahier**.

Le soldat passa l'habit, et, mettant la main dans sa poche, il trouva que le diable ne l'avait pas trompé. Il endossa aussi la peau d'ours et se mit à parcourir le monde, se donnant du bon temps et ne se refusant rien de ce qui fait engraisser les gens et maigrir leur bourse. La première année, il était encore passable, mais la seconde, il avait déjà l'air d'un monstre. Ses cheveux lui couvraient presque entièrement la face, sa barbe était emmêlée et comme feutrée, et son visage tellement couvert de crasse que, si on y avait semé de l'herbe, elle aurait levé. Il faisait fuir tout le monde. Cependant, comme il donnait à tous les pauvres en leur demandant de prier Dieu pour qu'il ne mourût pas dans les sept ans, et comme il parlait en homme de bien, il trouvait toujours un gîte.

La quatrième année, il entra dans une auberge, où l'hôte ne voulait pas le recevoir, même dans l'écurie de peur qu'il n'effarouchât les chevaux. Mais Peau d'ours ayant tiré de sa poche une poignée de ducats, l'hôte se laissa gagner et lui donna une chambre sur la cour de derrière, à condition qu'il ne se laisserait pas voir, pour ne pas perdre de réputation l'établissement. Un soir, Peau d'ours était assis dans sa chambre, souhaitant de tout cœur la fin des sept années, quand il entendit quelqu'un pleurer dans la chambre à côté. Comme il avait bon cœur, il ouvrit la porte et vit un vieillard qui sanglotait en tenant sa tête entre ses mains. Mais en voyant entrer Peau d'ours, l'homme, effrayé, voulut se sauver. Enfin il se calma en entendant une voix humaine qui lui parlait, et Peau d'ours finit, à force de paroles amicales, par lui faire raconter la cause de son chagrin. Il avait perdu toute sa fortune, et

Daniel Drescher, illustration pour *L'Homme à la peau d'ours*, 2012.

2 À la première lecture

- Que fait Peau d'ours avec son argent ?
- Qui est le nouveau personnage dans cet extrait ?

3 À la relecture

- Donne un titre à ce passage.
- Liste les émotions produites par ce texte.
- Comment Peau d'ours est-il caractérisé ? Que penses-tu sa vie ?

4 Pour faire résonner le texte

- À quel autre personnage issu de l'univers des contes Peau d'ours peut-il te faire penser ?

était réduit avec ses filles à une telle misère, qu'il ne pouvait payer l'hôte et qu'on allait le mettre en prison. « Si vous n'avez pas d'autre souci, lui dit Peau d'ours, j'ai assez d'argent pour vous tirer de là. » Et ayant fait venir l'hôte, il le paya et donna encore au malheureux une forte somme pour ses besoins.

Le vieillard ainsi délivré ne savait comment témoigner sa reconnaissance. « Viens avec moi, dit-il ; mes filles sont des merveilles de beauté ; tu en choisiras une pour ta femme. Elle ne s'y refusera pas quand elle saura ce que tu viens de faire pour moi. À la vérité tu as l'air un peu bizarre, mais une femme t'aura bientôt changé. »

Jacob et Wilhelm Grimm, *L'Homme à la peau d'ours*, trad. F. Baudry, 1815.

texte lu
college.nathan.fr/
F6_esc2_textes

La petite leçon

• Une **périphrase** est une figure de style qui dit en plusieurs mots ce que l'on pourrait dire avec un seul. Elle permet de souligner une caractéristique de celui ou celle qu'elle désigne.

Lecture & Écriture

1. a. Relève la périphrase employée pour désigner le nouveau personnage.
b. Quelle image cette périphrase donne-t-elle de lui ?

2. Que penses-tu des paroles du vieillard à la fin de cet extrait (l. 39-42) ?

3. Selon toi, quelle sera la réaction des jeunes filles lors de leur rencontre avec Peau d'ours ? Rédige trois phrases au moins. Pense à employer le vocabulaire des émotions (voir p. 354-355).

Vocabulaire

4. Le mot « bienveillant » est formé de « bien » et « veuillant », ancienne forme du participe présent de vouloir.
a. En t'aidant de son étymologie, donne la définition de « bienveillant ».
b. Relève dans le texte des comportements bienveillants.

Arthur Rackam, illustration pour *L'Homme à la peau d'ours*, 1917.

Texte écho

Jeanne-Marie Leprince de Beaumont, *La Belle et la Bête*

Pour sauver son père, la Belle s'installe dans le château de la Bête, et passe sa vie auprès du monstre.

Belle passa trois mois dans ce palais avec assez de tranquillité. Tous les soirs, la Bête lui rendait visite, l'entretenait pendant le souper, avec assez de bon sens, mais jamais avec ce qu'on appelle esprit, dans le monde. Chaque jour, Belle découvrait de nouvelles bontés dans ce monstre. L'habitude de le voir l'avait accoutumée à sa laideur ; et, loin de craindre le moment de sa visite, elle regardait souvent à sa montre, pour voir s'il était bientôt neuf heures ; car la Bête ne manquait jamais de venir à cette heure-là. Il n'y avait qu'une chose qui faisait de la peine à la Belle, c'est que le monstre, avant de se coucher, lui demandait toujours si elle voulait être sa femme, et paraissait pénétré de douleur lorsqu'elle lui disait que non. Elle dit un jour : « Vous me chagrinez, la Bête ; je voudrais pouvoir vous épouser, mais je suis trop sincère pour vous faire croire que cela arrivera jamais. Je serai toujours votre amie ; tâchez de vous contenter de cela. – Il le faut bien, reprit la Bête ; je me rends justice. Je sais que je suis bien horrible ; mais je vous aime beaucoup ; cependant je suis trop heureux de ce que vous voulez bien rester ici ; promettez-moi que vous ne me quitterez jamais ».

Jeanne-Marie Leprince de Beaumont, *La Belle et la Bête*, 1756.

texte lu
college.nathan.fr/
F6_esc2_textes

Repères

En 1756, **Jeanne-Marie Leprince de Beaumont** publie *Le Magasin des enfants, ou Dialogue d'une sage gouvernante avec ses élèves de la première distinction,* ouvrage pédagogique destiné à l'éducation des jeunes filles nobles. Cet ouvrage rencontre un grand succès en Europe. Le conte *La Belle et la Bête* en est issu.

J'ai déjà fini !

5. **La Bête de *La Belle et la Bête* est-elle véritablement monstrueuse ?** Propose au moins trois arguments pour justifier ta réponse.

Différenciation

Walter Crane, illustration pour *La Belle et la Bête*, Jeanne-Marie Leprince de Beaumont, 1874.

JE PRÉPARE MA MISSION

Comment les personnages de contes parviennent-ils souvent à vaincre les obstacles qui se présentent à eux ?

Les 3 mots de la séance

Note ce que tu retiens de la séance en trois mots.

5 Une promesse surprenante

→ **Je découvre différentes réactions face à la monstruosité.**

1 Avant de lire le texte...

- Qu'avait promis le vieillard à Peau d'ours p. 40-41 ?
- Lis le paratexte (titre, nom de l'auteur, date de publication, mise en contexte, repères).
- Ce texte est-il en prose ou en vers ? Est-il écrit en français au départ ou traduit ? Reconnais-tu un récit, un dialogue, un poème, un texte documentaire, un discours, une pièce de théâtre ?

Méthode

- Pour acquérir les bons réflexes face à un texte, utilise le **rabat de ton cahier**.

Peau d'ours consentit à accompagner le vieillard. Mais quand l'aînée aperçut cet horrible visage, elle fut épouvantée qu'elle s'enfuit en poussant des cris. La seconde le considéra de pied ferme et le toisa de la tête aux pieds, mais elle lui dit : « Comment accepter un mari qui n'a pas figure humaine ? J'aimerais mieux cet ours rasé que j'ai vu un jour à la foire, et qui était habillé comme un homme, avec une pelisse de hussard et des gants blancs. Au moins il n'était que laid ; on pouvait s'y accoutumer. » Mais la plus jeune dit : « Cher père, ce doit être un brave homme, puisqu'il nous a secourus ; vous lui avez promis une femme : il faut faire honneur à votre parole. » Malheureusement, le visage de Peau d'ours était couvert de poil et de crasse ; sans cela on eût pu y voir briller la joie qui épanouit son cœur quand il entendit ces paroles. Il prit un anneau à son doigt, le brisa en deux et en donna une moitié à sa fiancée, en lui recommandant de la bien conserver pendant qu'il gardait l'autre. Dans la moitié qu'il donnait, il inscrivit son propre nom, et celui de la jeune fille dans celle qu'il gardait pour lui. Puis il prit congé d'elle en disant : « Je vous quitte pour trois ans. Si je reviens, nous nous marierons mais si je ne reviens pas, c'est que je serai mort, et vous serez libre. Priez Dieu qu'il me conserve la vie. »
La pauvre fiancée prit le deuil, et les larmes lui venaient aux yeux quand elle pensait à son fiancé. Ses sœurs l'accablaient des plaisanteries les plus désobligeantes. « Prends bien garde, disait l'aînée, quand tu lui donneras ta main, qu'il ne t'écorche avec sa patte. »

- Méfie-toi, ajoutait la seconde, les ours aiment les douceurs ; si tu lui plais, il te croquera.
- Il te faudra toujours faire sa volonté, reprenait l'aînée autrement, gare aux grognements.
- Mais, ajoutait encore la seconde, le bal de noces sera gai : les ours dansent bien. »

La pauvre fille laissait dire ses sœurs sans se fâcher. Quant à l'homme à la peau d'ours, il errait toujours dans le monde, faisant du bien tant qu'il pouvait et donnant généreusement aux pauvres, afin qu'ils prient pour lui.

Jacob et Wilhelm Grimm, *L'Homme à la peau d'ours*, trad. F. Baudry, 1815.

Repères

Les **objets** dans les contes jouent un rôle dans l'intrigue : la galette et le pot de beurre du Chaperon rouge, le soulier de Cendrillon... Dans ce passage, un objet a également une importance particulière.

2 À la première lecture

- Combien de filles le vieillard a-t-il ?
- Pourquoi la plus jeune se distingue-t-elle de ses sœurs ?

3 À la relecture

- Donne un titre à l'extrait.
- Liste les émotions produites par ce texte.

4 Pour faire résonner le texte

- Connais-tu d'autres contes mettant en scène des sœurs cruelles ?

texte lu

college.nathan.fr/
F6_esc2_textes

Lecture & Écriture

1. **Comment réagissent les trois sœurs ? Comment aurais-tu réagi à leur place ?**

2. **Quel regard portent-elles sur ce visiteur ? Le voient-elles comme un homme ou comme un animal ?**

3. **Le narrateur confirme-t-il leur propos, ou les contredit-il ?**

4. **Relève dans le texte ce qui prouve la sincérité de la plus jeune sœur.**

5. **Choisis l'une des trois sœurs et écris son portrait.** Rédige quatre phrases au moins.

La petite leçon

- L'ours est un animal qui a un comportement **anthropomorphe** car il est capable de se tenir debout et de marcher. En cela, on le considère proche de l'homme.
- Il existe de nombreuses histoires dans lesquelles des ours anthropomorphes sont des personnages au même titre que des humains, comme *Boucle d'or et les Trois ours*, un autre conte des frères Grimm.

Vocabulaire

6. **L'adjectif « libre » est employé ligne 18 par le soldat. Que signifie-t-il dans ce contexte ? Donne son antonyme.**

Johnny Gruelle, illustration pour *L'Homme à la peau d'ours*, 1914.

Texte écho

Victor Hugo, *Notre-Dame de Paris*

La grimace était son visage. Ou plutôt toute sa personne était une grimace. Une grosse tête hérissée de cheveux roux ; entre les deux épaules une bosse énorme dont le contre-coup se faisait sentir par-devant ; un système de cuisses et de jambes si étrangement fourvoyées qu'elles ne pouvaient se toucher que par les genoux, et, vues de face, ressemblaient à deux croissants de faucilles qui se rejoignent par la poignée ; de larges pieds, des mains monstrueuses ; et, avec toute cette difformité, je ne sais quelle allure redoutable de vigueur, d'agilité et de courage ; étrange exception à la règle éternelle qui veut que la force, comme la beauté, résulte de l'harmonie. Tel était le pape que les fous venaient de se donner.

On eût dit un géant brisé et mal ressoudé. Quand cette espèce de cyclope parut sur le seuil de la chapelle, immobile, trapu, et presque aussi large que haut ; carré par la base, comme dit un grand homme ; à son surtout[1] mi-parti rouge et violet, semé de campaniles[2] d'argent, et surtout à la perfection de sa laideur, la populace le reconnut sur-le-champ et s'écria d'une voix :

« C'est Quasimodo, le sonneur de cloches ! C'est Quasimodo, le bossu de Notre-Dame ! Quasimodo le borgne ! Quasimodo le bancal ! »

Victor Hugo, *Notre-Dame de Paris*, 1831.

1. Cape que l'on met par-dessus les habits.
2. Clochers.

texte lu
college.nathan.fr/F6_esc2_textes

Anthony Quinn (Quasimodo) dans *Notre-Dame de Paris*, réal. Jean Delannoy, 1956, d'après le roman de Victor Hugo.

J'ai déjà fini !

7. Quelles expressions signalent le caractère monstrueux de Quasimodo ? Justifie ta réponse.

Différenciation

JE PRÉPARE MA MISSION

Comment peut-on reconnaître un personnage monstrueux ?

Les 3 mots de la séance

Note ce que tu retiens de la séance en trois mots.

6 Un retour en beauté

→ **Je comprends que la fin du conte délivre un enseignement, plus ou moins facile à déceler.**

1 Avant de lire le texte…

- À ton avis, comment le conte va-t-il se terminer ?
- Lis le paratexte (titre, nom de l'auteur, date de publication, mise en contexte, repères).
- Ce texte est-il en prose ou en vers ? Est-il écrit en français au départ ou traduit ? Reconnais-tu un récit, un dialogue, un poème, un texte documentaire, un discours, une pièce de théâtre ?

Méthode

- Pour acquérir les bons réflexes face à un texte, utilise le **rabat de ton cahier**.

Repères

On arrive ici à la dernière étape, la **situation finale**. C'est le moment où les problèmes qui ont déclenché l'intrigue trouvent une solution, et où la situation des personnages se stabilise.

Enfin, quand le dernier jour des sept ans fut arrivé, il retourna à la lande et se mit dans le cercle des arbres. Un grand vent s'éleva, et le diable ne tarda pas à paraître avec un air courroucé ; il jeta au soldat ses vieux vêtements et lui redemanda son habit vert. « Un instant, dit Peau d'ours, il faut d'abord que tu me nettoies. » Le diable fut forcé, bien malgré lui, d'aller chercher de l'eau, de laver Peau d'ours, de lui peigner les cheveux et de lui couper les ongles. L'homme reprit l'air d'un brave soldat, beaucoup plus beau qu'il n'avait été auparavant.

Peau d'ours se sentit soulagé d'un grand poids quand le diable fut parti sans le tourmenter autrement. Il retourna à la ville, endossa un magnifique habit de velours, et, montant dans une voiture traînée par quatre chevaux blancs, il se fit conduire chez sa fiancée. Personne ne le reconnut ; le père le prit pour un officier supérieur, et le fit entrer dans la chambre où étaient ses filles. Les deux aînées le firent asseoir entre elles, lui servirent un repas délicat, en déclarant qu'elles n'avaient jamais vu un si beau cavalier. Quant à sa fiancée, elle était assise en face de lui avec ses vêtements noirs, les yeux baissés et sans dire un mot. Enfin le père lui demanda s'il voulait épouser une de ses filles, les deux aînées coururent dans leur chambre pour faire toilette, car chacune d'elles s'imaginait qu'elle était la préférée.

L'étranger, resté seul avec sa fiancée, prit la moitié d'anneau qu'il avait dans sa poche, et la jeta au fond d'un verre de vin qu'il lui offrit. Quand elle eut bu et qu'elle aperçut ce fragment au fond du verre, le cœur lui tressaillit. Elle saisit l'autre moitié qui était suspendue à son cou, la rapprocha de

Carl Stroch, illustration pour *L'Homme à la peau d'ours*, 1946.

2 À la première lecture

- Qu'est-ce qui a changé chez le soldat ?

3 À la relecture

- Donne un titre à ce passage.
- Liste les émotions produites par ce texte.

4 Pour faire résonner le texte

- Quels sont les points communs entre ce conte et *Cendrillon* ou la *Petite pantoufle de verre* de Perrault ? Tu peux t'aider de l'illustration p. 47 pour répondre.

la première, et toutes les deux se rejoignirent exactement. Alors il lui dit : « Je suis ton fiancé bien-aimé, que tu as vu sous une peau d'ours ; maintenant, par la grâce de Dieu, j'ai recouvré ma figure humaine, et je suis purifié de mes souillures. »

Et, la prenant dans ses bras, il l'embrassa étroitement. En même temps les deux sœurs rentraient en grand costume ; mais, quand elles virent que ce beau jeune homme était pour leur sœur et que c'était l'homme à la peau d'ours, elles s'enfuirent, pleines de dépit et de colère : la première alla se noyer dans un puits, et la seconde se pendit à un arbre.

Le soir on frappa à la porte, et le fiancé, allant ouvrir, vit le diable en habit vert qui lui dit : « Eh bien j'ai perdu ton âme, mais j'en ai gagné deux autres. »

Jacob et Wilhelm Grimm, *L'Homme à la peau d'ours*, trad. F. Baudry, 1815.

texte lu
college.nathan.fr/
F6_esc2_textes

Lecture & Écriture

1. **Qu'y a-t-il de surprenant dans la manière dont le soldat retrouve son apparence ?**

2. **Relève les mots et expressions qui suggèrent que le soldat est à présent riche ; puis complète ta collecte centrée sur le mot « Argent » (p. 34).**

3. **La fin te satisfait-elle ? Pourquoi ?** Rédige trois phrases au moins.

Vocabulaire

4. a. **Quel est le sens du verbe « endosser » (l. 10) ?**
b. **Ce verbe a plusieurs sens : en connais-tu un autre ?**

Xavier Kozminski, illustration représentant le dénouement de *Cendrillon*, Charles Perrault, 1930.

J'ai déjà fini !

5. **Imagine que le diable ne se contente pas de ces dernières paroles.** Écris un discours d'au moins six phrases dans lequel il explique ce qu'elles signifient.

Différenciation

Les 3 mots de la séance

Note ce que tu retiens de la séance en trois mots.

JE PRÉPARE MA MISSION

Quel enseignement ce conte transmet-il ?

7 *La Belle et la Bête* au cinéma

→ J'observe la manière dont la Bête est représentée au cinéma.

DOC 1

Jean Marais dans *La Belle et la Bête*, réal. Jean Cocteau, 1946.

DOC 2

Affiche du film *La Belle et la Bête*, réal. Jean Cocteau, avec Josette Day et Jean Marais, 1946.

DOC 3

Échange entre la Belle et la Bête :

« Mon cœur est bon… mais je suis un monstre.
- Il y a bien des hommes qui sont plus monstrueux que vous et qui le cachent.
- Outre que je suis laid, je n'ai point d'esprit.
- Vous avez l'esprit… de vous en rendre compte. »

Extrait du scénario du film *La Belle et la Bête*, réal. Jean Cocteau, 1946.

Lecture & Écriture

1. **Décris la Bête, telle que Jean Cocteau puis les studios Disney l'ont représentée.**

2. **Compare les deux représentations de la Bête : quels éléments pourraient la rendre effrayante ? Dirais-tu qu'elle est effectivement inquiétante ?**

3. **Jean Cocteau a dit que la Bête avait davantage fasciné le spectateur que le Prince à la fin du film. Selon toi, pourquoi ce personnage exerce-t-il une telle séduction ?** Rédige cinq phrases au moins.

DOC 4

La Belle et la Bête, dessin animé, réal. Gary Trousdale et Kirk Wise, 1991.

J'ACCOMPLIS MA MISSION

Le projet

Que dois-tu écrire ?

→ Tu vas à présent **rédiger un conte mettant en scène un personnage rejeté par les autres**, en raison, par exemple, de son apparence physique ou de sa pauvreté. Avec ta classe, vous constituerez ainsi un recueil de contes, qui pourra être diffusé dans le collège ou sur le site internet de ton établissement.

Choisis les éléments de ton intrigue

→ **Commence par choisir ton intrigue**, c'est-à-dire le sujet de ton conte, ce dont il va parler. Pour cela, sélectionne un des sacs suivants qui t'indiquera les personnages et le lieu de ton conte, ou crée ton propre sac !

Sac 1
- Princesse
- Grenouille
- Château

Sac 2
- Bergère
- Dragon
- Chaumière

Sac 3
- Prince
- Fille d'une sorcière
- Village

Je crée mon propre sac
- Personnage principal
- Personnage rencontré
- Lieu

Imagine ton récit

- **Appuie-toi sur le schéma narratif (voir p. 63)** pour rédiger ton conte. Tu peux t'inspirer des différents contes abordés dans la séquence pour construire ton histoire.
Pour chaque étape, tu tâcheras de proposer une illustration qui accompagnera ton texte.
- **Prépare ta morale :** quel enseignement souhaites-tu délivrer ? Quelle morale se dégagera de ton histoire ?
- **Donne un titre à ton conte :** le titre doit apporter des indications sur le contenu du conte tout en donnant envie aux lecteurs d'entamer leur lecture.

Étape 1 Je prépare mon brouillon en répondant à des questions

- **Qui ? (Les personnages)**
Donne le plus de détails possible. Tu peux décrire les personnages, les dessiner. Détermine qui sera ton personnage principal et décris-le avec beaucoup de soin.
- **Où ? (Le lieu)**
Le lieu n'est pas nécessairement réel : il n'est pas forcément repérable sur une carte de géographie, mais il doit être décrit. Tu peux également le dessiner. Il peut y avoir plusieurs lieux.
- **Quand ? (L'époque)**
Il n'est pas obligatoire de placer les personnages dans une époque précise. Cependant, choisir une époque te permettra de mieux te représenter leur vie et leur environnement.
- **Quoi ? (L'action principale)**
Tu ne pourras peut-être pas tout prévoir avant de débuter la rédaction, mais il est important de bien construire le début : quelle est la situation initiale pour le personnage principal ? Quel est son lien avec les autres personnages, avec sa famille par exemple ?

Étape 2 Je crée du lien entre les étapes

- **Du début à la fin**
Quels sont les points communs et les différences de la situation initiale et la situation finale ? Dans quelle situation mon personnage ou mes personnages sont-ils au départ ? Qu'est-ce qui a changé pour eux après avoir traversé les épreuves du conte ?
- **Les étapes de mon conte**
Je résume les trois différentes parties de mon conte.
  - **La situation initiale et l'élément perturbateur.**
  - **Les péripéties** : chacune correspond à une étape de l'histoire. Il s'agit de raconter ce qui met le personnage en difficulté et la manière dont il affronte ces épreuves. Ce sont les péripéties qui permettent aux lecteurs d'être surpris.
  - **La résolution et la situation finale** : qu'est-ce qui va permettre au personnage de dépasser les épreuves qu'il a rencontrées ? Tu peux faire intervenir de la magie, du surnaturel, mais cela doit rester compréhensible pour les lecteurs.

Étape 3 Je rédige mon conte.

Rédige à présent les différentes étapes de ton conte. Une fois que tu as terminé, relis-toi afin de corriger les erreurs d'orthographe. C'est aussi le moment d'améliorer la syntaxe et le vocabulaire. Tu peux t'aider de la fiche méthode p. 352-353. Cherche des synonymes pour éviter les répétitions et développer l'imagination des lecteurs !

Bilan

Quiz

1. Quelle est la première étape du schéma narratif ?

a L'élément perturbateur.

b La situation initiale.

c L'élément de résolution.

2. Qu'est-ce qu'un antonyme ?

a Un mot de sens proche.

b Un mot de sens contraire.

3. « [...] je serai mort, et vous serez libre » est :

a Une antithèse.

b Une comparaison.

c Une périphrase.

4. Le synonyme de « bienveillant » est :

a Curieux.

b Amusant.

c Charitable.

5. Quel mot ne fait pas partie du champ lexical de la nature ?

a Lande.

b Arbre.

c Costume.

6. Qui a écrit *Notre-Dame de Paris* ?

a Gustave Flaubert.

b Victor Hugo.

c Charles Perrault.

Texte par texte

Je me rappelle ce que j'ai appris.

1. Des animaux qui font peur ? (p. 35) : Comment sont représentés les animaux sur ces deux documents ?

2. Un homme bien seul (p. 36) : Pourquoi le soldat est-il malheureux au début du conte ?

3. Une rencontre inattendue (p. 38) : Quel pacte le soldat passe-t-il avec le diable ?

4. Un monstre bien charitable (p. 40) : Pourquoi peut-on dire que le soldat est devenu monstrueux ?

5. Une promesse surprenante (p. 43) : Qui est véritablement monstrueux ?

6. Un retour en beauté (p. 46) : Quel enseignement retiens-tu de ce dénouement ?

Écriture

Je réfléchis aux émotions causées par la fréquentation d'un personnage monstrueux.

1. Pourquoi les lecteurs ressentent-ils de la sympathie pour Peau d'ours ? Développe ta réponse en t'appuyant sur des exemples précis issus de l'œuvre. Rédige au moins cinq phrases.

2. Comment le suspense est-il créé dans *L'Homme à la peau d'ours* ? Rédige au moins cinq phrases.

3. Selon toi, en quoi est-ce une erreur de juger une personne sur son apparence ? Développe ta réponse en t'appuyant sur l'étude de *L'Homme à la peau d'ours* ainsi que sur les textes complémentaires abordés pendant l'escale. Rédige au moins cinq phrases.

Les 5 mots de l'escale

Note ce que tu retiens de l'escale en cinq mots.

Bilan personnel

→ **Raconte la mission que tu as accomplie dans cette escale. Développe en précisant ce que tu as aimé ou non, ce que tu as trouvé facile ou difficile, ce que tu as appris d'intéressant ou de surprenant. Ta réponse devra contenir au moins cinq phrases.**

→ **Cette escale t'a-t-elle donné envie de lire d'autres contes ?**

Fluence

Je lis vite et bien !

N'est-ce pas que vous me trouvez bien laid ?

Pour sauver la vie de son père, sa fille cadette, la Belle, se sacrifie et devient la prisonnière d'un monstre, la Bête. Un soir, la Bête s'adresse à elle.

[...] Dites-moi, n'est-ce pas que vous me trouvez bien laid ? 10
– Cela est vrai, dit la Belle, car je ne sais pas mentir ; mais je crois que vous êtes fort bon. 30
– Vous avez raison, dit le monstre ; mais, outre que je suis laid, je n'ai point d'esprit : je 47
sais bien que je ne suis qu'une bête. 55
– On n'est pas bête, reprit la Belle, quand on croit n'avoir point d'esprit : un sot n'a 71
jamais su cela. 74
– Mangez donc, la Belle, lui dit le monstre, et tâchez de ne vous point ennuyer dans 90
votre maison ; car tout ceci est à vous. J'aurais du chagrin, si vous n'étiez pas contente. 106
– Vous avez bien de la bonté, dit la Belle. Je vous avoue que je suis bien contente de 124
votre bon cœur : quand j'y pense, vous ne me paraissez plus si laid. 137
– Oh ! dame, oui ! répondit la Bête, j'ai le cœur bon, mais je suis un monstre. 152
– Il y a bien des hommes qui sont plus monstres que vous, dit la Belle ; et je vous aime 171
mieux avec votre figure que ceux qui, avec la figure d'homme, cachent un cœur faux, 186
ingrat. 187
– Si j'avais de l'esprit, reprit la Bête, je vous ferais un grand compliment pour vous 202
remercier ; mais je suis un stupide, et tout ce que je puis vous dire, c'est que je vous suis 221
bien obligé. 223

Jeanne-Marie Leprince de Beaumont, *La Belle et la Bête*, 1756.

Je lis le texte ci-dessus et je mesure ma vitesse de lecture

Tu peux demander à un camarade de te chronométrer.

▶ *À recopier sur ton cahier :* **J'ai lu** .... **mots en une minute.**

Je vérifie que j'ai bien compris

1 **Comment imagines-tu ce monstre ? Tu peux décrire son apparence physique et son caractère.**

Je m'entraîne à lire plus vite

2 **Lis rapidement...**

a. **cette suite de mots.**

outre – esprit – point – jamais – ennuyer – cœur – figure – compliment – remercier

b. ces séries de mots.

- content – contenter – contentement
- laid – laideur – enlaidir
- ennui – ennuyer – ennuyeux – s'ennuyer
- monstre – monstrueuse – monstruosité
- figure – figurer – défigurer
- paraître – apparaître – disparaître
- menteur – mentir – mensonge
- faux – fausse – fausseté

3 **Dans le texte…**

a. compte ces mots : belle – monstre – bon.

b. relève les cinq verbes à l'infinitif.

c. relève le plus vite possible les mots suivants : maison – raison – compliment.

4 **Lis la première phrase du texte plusieurs fois, puis dis-la sans regarder le texte.**

5 **Lis ce passage sans t'arrêter, en ne bougeant que les yeux.**

— Mangez donc, la Belle, lui dit le monstre, et tâchez de ne vous point ennuyer dans votre maison ; car tout ceci est à vous. J'aurais du chagrin, si vous n'étiez pas contente.
— Vous avez bien de la bonté, dit la Belle. Je vous avoue que je suis bien contente de votre bon cœur : quand j'y pense, vous ne me paraissez plus si laid.

Je relis le texte et je mesure ma vitesse de lecture

Tu peux demander à un camarade de te chronométrer.

▶ *À recopier sur ton cahier :* **J'ai lu** .... **mots en une minute.**

J'améliore mon articulation

6 **Prononce ces groupes de mots en articulant avec soin.**

tâchez de ne vous point ennuyer – si vous n'étiez pas contente – si j'avais de l'esprit

7 **Prononce ces phrases le plus vite possible sans t'arrêter et en articulant.**

- Dites-moi, n'est-ce pas que vous me trouvez bien laid ?
- On n'est pas bête, reprit la Belle, quand on croit n'avoir point d'esprit : un sot n'a jamais su cela.
- Il y a bien des hommes qui sont plus monstres que vous.

Je relis le texte et je mesure ma vitesse de lecture

Tu peux demander à un camarade de te chronométrer.

▶ *À recopier sur ton cahier :* **J'ai lu** .... **mots en une minute.**

Je note mes progrès

▶ *À recopier sur ton cahier :*

1re lecture
.... **mots par minute**

2e lecture
.... **mots par minute**

3e lecture
.... **mots par minute**

ESCALE 3

Le meilleur des ogres

CAP SUR LA MISSION

- **À la fin de cette escale, tu prépareras des arguments efficaces pour aider un ogre ou une ogresse à remporter le titre de « Meilleur ogre de l'année » au cours d'une joute oratoire, c'est-à-dire un combat de mots. Tout ce que tu découvriras dans cette escale t'aidera à accomplir ta mission.**

Je fais le point sur mes connaissances

Choisis, pour chaque question, la ou les réponses qui conviennent.

	a	b	c
1. Traditionnellement, les ogres mangent…	des enfants.	ce qui leur passe sous la main.	cinq fruits ou légumes par jour !
2. Le mot « ogre » vient du latin…	*orgia* : une fête où l'on se gave.	*oggero* : un verbe signifiant « apporter en grande quantité ».	*Orcus* : une divinité des Enfers.
3. Tous les ogres…	vivent dans des châteaux.	ont des dents très solides.	peuvent se métamorphoser.
4. Généralement, l'ogre est…	l'opposant, l'ennemi du héros.	l'adjuvant, l'allié du héros.	le héros du conte.
5. Pour vaincre un ogre, il faut plutôt…	faire preuve de générosité.	se montrer rusé.	avoir des pouvoirs magiques.
6. Voici trois contes : lequel ne met pas en scène un ogre ?	*Le Petit Poucet.*	*Cendrillon.*	*Jack et le haricot magique.*

Collecte de mots

- **Sur le modèle du tableau p. 2, rassemble, pour chacun des termes suivants, tous les mots et toutes les expressions auxquels tu penses :**

Plein et vide — Pur — Peine

Pour réussir la mission, je dois…

→ Être capable de nommer et décrire trois ogres ou ogresses d'horizons différents.

→ Identifier et comparer les qualités et les défauts des ogres et ogresses de cette séquence.

→ Comprendre le rôle des ogres et des ogresses dans les récits.

→ Être capable d'identifier les émotions produites par ces textes et images.

1 Qu'est-ce qu'un ogre ?

→ **Je définis ce qu'est un ogre.**

Lecture & Écriture

1. Parmi les mots suivants, recopies-en dix qui te semblent le mieux correspondre à l'image que tu te fais des ogres et de l'univers que tu leur associes.

Viande • gros • gras • couteau • table • princesse • ronflement • yeux globuleux • mangeur • conte • bottes de sept lieues • géant • faim • insatiable • dents • cheveux sales • repas • gros nez • chasse • dévorer • appétit • enfant • morale • peur • Gargantua • méchanceté • cauchemar • Shrek • vert • monstre • marais • chat botté • méchant • affamé • mal-aimé • forêt • marais • laid • four • haricot magique • château • amitié • rassurer • glouton • chauve • verrue • flasque.

DOC 1

Francisco de Goya, *Saturne dévorant un de ses fils*, 1819-1823, musée du Prado, Madrid.

DOC 2

Serge Bloch, « L'Ogresse et sa fille », illustration pour le conte « Jeannot et l'Ogresse », *Contes de la Folie Méricourt,* Pierre Gripari, © Grasset & Fasquelle, 1991.

2. a. À l'oral ou à l'écrit, décris ce que tu ressens à la vue de ces deux documents.

b. Laquelle de ces deux œuvres te paraît le mieux représenter ce qu'est un ogre ou une ogresse ? Explique ton choix en utilisant un maximum de mots que tu as recopiés à la question 1. Rédige au moins quatre phrases.

JE PRÉPARE MA MISSION

Pour quelles raisons les ogres sont-ils considérés comme des créatures effrayantes ?

Les 3 mots de la séance

Note ce que tu retiens de la séance en trois mots.

2 Ogresses et hospitalité

→ Je découvre comment les ogresses accueillent leurs visiteurs.

1 Avant de lire les textes…

- Lis le paratexte (titre, nom de l'auteur, date de publication, mise en contexte, repères).
- Ces textes sont-ils en prose ou en vers ? Sont-ils écrits en français au départ ou traduits ? Reconnais-tu un récit, un dialogue, un poème, un texte documentaire, un discours, une pièce de théâtre ?

Méthode

- Pour acquérir les bons réflexes face à un texte, utilise le **rabat de ton cahier**.

EXTRAIT 1

Perdus dans la forêt, Hansel et sa sœur Gretel sont sur le point de mourir de faim. Un oiseau les secourt et les conduit jusqu'à une petite maison.

En approchant, ils remarquèrent que cette maisonnette était bâtie en pain et couverte de gâteaux, tandis que les fenêtres étaient de sucre transparent.
- Voici ce qu'il nous faut, dit Hansel, et nous allons faire un bon repas. Je vais manger un morceau du toit, Gretel ; toi, mange à la fenêtre, c'est doux.
Hansel grimpa en haut et se cassa un morceau du toit, pour essayer quel goût cela avait, pendant que Gretel se mit à lécher les carreaux. Tout à coup une voix douce cria de l'intérieur : « *Liche, lache, lèchette ! / Qui lèche ma maisonnette ?* »
[…] Tout à coup la porte s'ouvrit et une femme, vieille comme les pierres, qui s'appuyait sur une béquille, se traîna dehors.
Hansel et Gretel eurent si peur qu'ils laissèrent tomber ce qu'ils tenaient. Mais la vieille brandilla la tête en leur disant : « Eh ! mes chers enfants, qui vous a amenés ici ? Entrez chez moi et restez avec moi ; vous vous en trouverez bien. »
Elle les prit tous deux par la main et les conduisit dans la maisonnette. Là, on leur servit de la bonne nourriture, du lait et des omelettes sucrées, des pommes et des noix. Ensuite on leur apprêta deux beaux petits lits, dans lesquels Hansel et Gretel se couchèrent, en se croyant au ciel. Si amicale que se montre la vieille, elle était cependant une méchante sorcière qui épiait les enfants et qui n'avait bâti de

Repères

Les **frères Grimm**, tout comme d'autres auteurs de contes à l'instar de Charles Perrault, n'ont pas inventé leurs contes : ils ont collecté et fixé à l'écrit des histoires auparavant transmises à l'oral, d'une génération à l'autre. C'est pour cela qu'ils sont parfois décrits comme des « collecteurs » plus encore que des « auteurs ». Les frères Grimm ont aussi transcrit d'autres histoires célèbres : *Cendrillon*, *La Belle au bois dormant*, *Raiponce*…

Karl Simunek, illustration pour *Les Plus Beaux Contes de tous les pays*, Madame Louis Hourticq, 1911.

pain sa maisonnette que pour les attirer. Quand il en tombait un en sa puissance, elle le tuait, le cuisait et le mangeait, et c'était pour elle un jour de fête.

Jacob et Wilhelm Grimm, *Hansel et Gretel*, 1812-1815, *Contes*, © Hachette, 2003.

EXTRAIT **2**

Une petite fille nommée Vassilissa est envoyée par sa méchante belle-mère chez l'ogresse Baba Yaga (que tu pourras retrouver p. 60).

Au fond d'une forêt, elle parvint enfin devant l'isba de Baba Yaga. Les environs étaient éclairés par des crânes aux yeux flamboyants. Le bouleau était bien là, mais ses branches ne bougèrent pas. Une barrière faite de morceaux de squelettes humains protégeait le repaire de la sorcière. Pourtant, son portail rouillé semblait ouvert. Le cadenas terrifiant formé d'une mâchoire géante n'était pas verrouillé. Les chiens et le chat dormaient devant la porte entrebâillée... La fillette put donc pénétrer dans l'étrange demeure aux volets fermés, perchée sur des pattes de poulet qui lui permettaient de tourner.

Claude Clément, *Baba Yaga*,
© Seuil Jeunesse, 2013.

textes lus
college.nathan.fr/
F6_esc3_textes

2 À la première lecture

- Réponds à ces questions : qui ? quand ? où ? quoi ? pourquoi ?

3 À la relecture

- Donne un titre à ces extraits.
- Liste les émotions produites par ces textes.

4 Faire résonner le texte

- À quels personnages, à quelles histoires (livres, films, images...) ces textes te font-ils penser ? Pourquoi ?

Vocabulaire

1. Le suffixe « -ette », que l'on trouve dans « maisonnette » (extrait 1, l. 1) signifie « petite ». Propose trois mots comportant le même suffixe.

2. Dans l'extrait 1, relève tous les mots qui permettent de passer d'un ventre « vide » à un ventre « plein ». Puis complète ta collecte de mots (p. 54).

Lecture & Écriture

3. Pour quelles raisons Hansel et Gretel pensent-ils qu'ils arrivent dans un lieu accueillant ?

4. Voici deux proverbes :
- « On n'attrape pas les mouches avec du vinaigre. »
- « Les apparences sont souvent trompeuses. »

a. Selon toi, lequel correspond à une mise en garde que l'on pourrait adresser à Hansel et Gretel ?
b. Lequel correspond au point de vue de l'ogresse ?

5. Lis l'extrait 2, tiré du conte *Baba Yaga* : à ton avis, pourquoi la jeune fille entre-t-elle dans l'isba, malgré son aspect inquiétant ?

JE PRÉPARE MA MISSION

Ces deux ogresses ont des stratégies d'accueil très différentes. Chacune de ces stratégies a cependant ses avantages : lesquels ?

Les 3 mots de la séance

Note ce que tu retiens de la séance en trois mots.

3 Les Oni, ogres joueurs…

→ **Je découvre les Oni, des ogres japonais.**

1 Avant de lire le texte…

- Lis le paratexte (titre, nom de l'auteur, date de publication, mise en contexte, repères).
- Ce texte est-il en prose ou en vers ? Est-il écrit en français au départ ou traduit ? Reconnais-tu un récit, un dialogue, un poème, un texte documentaire, un discours, une pièce de théâtre ?

Méthode

- Pour acquérir les bons réflexes face à un texte, utilise le **rabat de ton cahier**.

Dès qu'il en a l'occasion, Magotarô proclame que les ogres n'existent pas, jusqu'au jour où il se retrouve au beau milieu d'un campement d'ogres.

Autour d'un feu, des ogres par dizaines mangent, boivent, chantent et dansent. Lorgnant sur le bonhomme, ils s'écrient tout de joie :
- Chic ! voilà de quoi accompagner grassement notre repas.
Magotarô tente de fuir, vacille, veut se raccrocher à une grosse branche, las ! tombe dans une fosse. Au fond ? Des ogres ! Des ogres rouges, des noirs ! Et des verts, les plus malfaisants. Des ogres par centaines qui s'exclament en riant :
- Oh ! un être bizarre est tombé là !
Et ils rient en montrant les crocs.
- Toi, approche un peu !
Et ils saisissent Magotarô. Ils le traînent devant leur roi. Celui-ci roule des yeux effroyables, illuminés d'éclairs.
- Je sais qui tu es. Tu es celui qui prétend qu'il n'existe pas de fantômes, pas de démons, et surtout pas d'ogres en ce monde.
Et, sur ordre du roi, les ogres décident de punir Magotarô. […] Et, voyez-vous ça, les ogres font subir à notre héros une élongation de trois mètres.

Deux Oni (鬼), des démons-ogres japonais.

Repères

Le 3 février, les Japonais fêtent le **Setsubun**, passage de l'hiver au printemps. À cette occasion, on chasse les Oni, des démons-ogres maléfiques ; on les éloigne avec des haricots pour attirer la chance et la fortune sur soi. Dans certains contes, les Oni représentent aussi les limites de ce qu'un enfant a le droit de faire : celui-ci est puni par les ogres s'il ne respecte pas les règles.

2 À la première lecture

- Réponds à ces questions : qui ? quand ? où ? quoi ? pourquoi ?

3 À la relecture

- Donne un titre à ce passage.
- Liste les émotions produites par ce passage.

4 Faire résonner le texte

- À quels personnages, à quelles histoires (livres, films, images…) ce texte te fait-il penser ? Pourquoi ?

Il ne peut plus marcher, non, même s'il voulait, il ne le pourrait pas parce que ses jambes sont devenues maigres et longues et toutes molles comme des rubans de guimauve.

- Maintenant, rapetissez-le !

Et les ogres le rendent tout petit, Magotarô ne peut plus marcher, non, même s'il voulait, il ne le pourrait pas parce que son corps est devenu de la taille d'un minuscule pâté qui ne suffirait pas à rassasier un ogre nouveau-né.

Les ogres et leur roi ont le fou rire.

- Tu as compris maintenant ce que c'est qu'un ogre ? Tu as compris ? Nous existons !
- Oui, j'ai compris, dit Magotarô, tout en larmes. Par tous mes ancêtres, vous existez.
- Alors, fais tes excuses.
- Je m'excuse.
- Tu t'excuses comment ?
- Je m'excuse humblement, mes seigneurs.

Marilyn Plénard, « L'Homme qui ne croyait pas aux ogres, conte japonais », *Histoires de créatures fabuleuses*, © Flies France, 2008.

texte lu
college.nathan.fr/
F6_esc3_textes

Vocabulaire

1. a. Trouve la base de chacun des mots suivants, c'est-à-dire son radical : élongation • rapetisser • grassement • effroyable.
b. À ton avis, que signifient ces mots ?

2. Le mot « peine » a un sens différent selon qu'on l'emploie pour traduire une émotion ou dans le cadre de la justice.
a. Quels sont les deux sens du mot « peine » ?
b. Complète ta collecte de mots (p. 54) en relevant, dans le texte, tout ce qui se rapporte aux sens du mot « peine ».

Lecture & Écriture

3. Comment les Oni sont-ils décrits ? Cite le texte pour répondre.

4. À ton avis, pourquoi les ogres ne mangent-ils pas Magotarô ?

5. Relève deux comparaisons qui donnent un côté comique à la situation.

6. Dans ce conte, le héros est-il présenté comme un exemple à suivre ? Rédige au moins trois phrases pour répondre.

J'ai déjà fini !

7. Rédige la lettre d'excuse de Magotarô aux ogres. Il y admet son erreur et reconnaît les Oni comme des créatures à respecter.

Différenciation

JE PRÉPARE MA MISSION

Liste ce qui rend les Oni sympathiques. Selon toi, pourquoi leur existence est-elle importante dans la culture japonaise ?

Les 3 mots de la séance

Note ce que tu retiens de la séance en trois mots.

4 Baba Yaga, une ogresse à double-tranchant

→ Je découvre une ogresse célèbre dans la mythologie slave.

1 Avant de lire le texte…

- Lis le paratexte (titre, nom de l'auteur, date de publication, mise en contexte, repères).
- Ce texte est-il en prose ou en vers ? Est-il écrit en français au départ ou traduit ? Reconnais-tu un récit, un dialogue, un poème, un texte documentaire, un discours, une pièce de théâtre ?

Méthode

- Pour acquérir les bons réflexes face à un texte, utilise le **rabat de ton cahier**.

Un paysan s'est remarié à une femme cruelle. Il a une fille d'un premier mariage, qui est douce et aimable. Sa seconde femme a, elle aussi, une fille, tout aussi méchante qu'elle. Un jour, poussé par son épouse, le paysan conduit sa fille chez Baba Yaga.

« Baba Yaga-jambe d'os ! Je t'ai amené ma fille pour la mettre à ton service !
- Voilà qui est bien ! Si je suis contente de ton travail, dit la baba Yaga à la jeune fille, tu auras ta récompense ! »

Le père prit congé et partit. La baba Yaga donna à la jeune fille de quoi filer, elle lui laissa le poêle à bourrer, toute la besogne à préparer, et s'en fut. Tout en vaquant à sa tâche, la jeune fille pleurait. À pas menus accourent les souris, elles disent : « Jeune fille, jeune fille, pourquoi pleures-tu ? Donne-nous de la bouillie et nous te dirons ce qu'il faut faire ! » Elle leur donna de la bouillie : « Allons, enroule un fil à chaque fuseau ! », commandent-elles. La baba Yaga rentra : « Eh bien, tout est-il prêt ? » Tout était prêt. « Fort bien, à présent viens me laver dans l'étuve ! » Satisfaite de la jeune fille, la Yaga lui offrit de beaux atours. Puis elle repartit, après lui avoir confié d'autres tâches encore plus difficiles. La jeune fille se remit à pleurer. À pas menus, voilà qu'accourent les souris : « Allons, pourquoi pleures-tu, belle fille ? disent-elles. Donne-nous de la bouillie et nous t'enseignerons tout ! »

Ivan Bilibine, illustration représentant Baba Yaga dans le conte *Vassilissa-la-très-belle*, Alexandre Afanassiev, 1855.

Repères

En russe, « baba » signifie « grand-mère, vieille femme », et le terme « yaga » renvoie au « serpent ». **Baba Yaga** (on peut aussi dire « La baba Yaga » ou « la Yaga ») est un des personnages les plus importants du folklore russe. Elle est tantôt l'adversaire, tantôt l'alliée du héros ou de l'héroïne.

2 À la première lecture

- Réponds à ces questions : qui ? quand ? où ? quoi ? pourquoi ?

3 À la relecture

- Donne un titre à ce passage.
- Liste les émotions produites par ce passage.

4 Faire résonner le texte

- À quels personnages, à quelles histoires (livres, films, images…) ce texte te fait-il penser ? Pourquoi ?

Elle leur donna de la bouillie et les souris lui montrèrent ce qu'il fallait faire. À son retour, la baba Yaga lui fit cadeau d'habits encore plus magnifiques.

Juste à ce moment, la marâtre envoya son mari voir si sa fille était encore en vie. Le paysan la trouva bien en chair et richement parée. Comme la Yaga n'y était pas, il la reprit et l'emmena avec lui. [...]

Alors la marâtre harcela son mari pour qu'il conduise sa fille à elle dans la forêt. Le paysan obéit. À celle-ci également, la Yaga donna du travail et s'en fut. De dépit, la fille cadette pleure et se lamente. À pas menus voilà qu'accourent les souris : « Jeune fille, jeune fille, pourquoi pleures-tu ? » Mais, sans les laisser achever, la mauvaise se mit à leur lancer des pierres, visant tantôt l'une, tantôt l'autre, et si affairée à les chasser qu'elle en oublia l'ouvrage. À son retour, la baba Yaga fut prise d'une violente colère. Et, comme la deuxième fois, ce ne fut pas mieux, la Yaga la mit en morceaux, puis elle rangea les os dans une caisse. À nouveau, la marâtre dépêcha son mari. Celui-ci ne trouva que des os et il les emporta.

Alexandre Afanassiev, *La Baba Yaga, Contes populaires russes*, 1855, trad. Lise Gruel-Apert, © Imago, 2009.

texte lu
college.nathan.fr/
F6_esc3_textes

Vocabulaire

1. **Le suffixe « -âtre » est péjoratif : il signifie « mauvais, laid ». Déduis-en le sens de « marâtre » (l.29) et donne un maximum de mots formés avec ce suffixe.**

2. **À l'aide de ce texte, complète tes collectes de mots relatives aux termes « Peine » et « Pur » (p. 54).**

La petite leçon

• Dans un récit, le personnage principal cherche souvent à accomplir un objectif. Pour cela, il est aidé par des **adjuvants** (du latin *adjuvare*, aider), c'est-à-dire des personnages ou des objets qui l'aident dans sa quête. À l'inverse, des **opposants**, c'est-à-dire des ennemis (les fameux « méchants ») ou des obstacles (par exemple, un fossé à franchir), cherchent à l'empêcher de réussir.

Lecture & Écriture

3. **Baba Yaga tient-elle sa parole ?** Cite le texte pour répondre.

4. **Selon toi, à quoi servent les souris, dans l'histoire ? Que testent-elles ?**

5. **Liste les éléments qui se répètent dans ce passage. Comment peux-tu expliquer ces répétitions ?** Indice : rappelle-toi que les contes se transmettaient originellement à l'oral.

6. **À ton avis, pourquoi le conteur appelle-t-il la deuxième fille « la mauvaise » (l. 35-36) ?**

7. **Pourquoi peut-on dire que Baba Yaga endosse le rôle de juge dans cette histoire ?** Rédige ta réponse en trois phrases : « Tout d'abord, elle... », « Ensuite, on peut voir qu'elle... », « Enfin, on remarque qu'elle... ».

JE PRÉPARE MA MISSION

Selon les cas, Baba Yaga peut être une adjuvante ou une opposante pour le personnage : quelle différence cela crée-t-il entre elle et les autres ogres ?

Les 3 mots de la séance

Note ce que tu retiens de la séance en trois mots.

5 Halvor et les trolls

→ Je découvre le combat d'un héros contre des ogres.

1 Avant de lire les textes...

- Lis le paratexte (titre, nom de l'auteur, date de publication, mise en contexte, repères).
- Ces textes sont-ils en prose ou en vers ? Sont-ils écrits en français au départ ou traduits ? Reconnais-tu un récit, un dialogue, un poème, un texte documentaire, un discours, une pièce de théâtre ?

Méthode

- Pour acquérir les bons réflexes face à un texte, utilise le **rabat de ton cahier**.

Repères

Les **trolls** sont des créatures de la mythologie viking. Liés aux forces de la nature, ils se réveillent et se vengent quand les humains ne respectent pas leur habitat. Ils ont été diabolisés par la religion chrétienne : pour cette raison, les récits sur les trolls présentent souvent ces créatures comme des ogres ennemis des chrétiens.

EXTRAIT 1

Halvor, jeune aventurier, entre dans un château magnifique. S'y trouve une princesse qui le met en garde contre le troll à trois têtes qui habite là.

Quand il fut rassasié, la princesse lui dit qu'il devrait essayer de brandir l'épée suspendue au mur. Mais non, il ne put brandir l'épée. Il ne put même pas la soulever ne serait-ce qu'une fois.

- Bien, dit la princesse. Tu devrais prendre une gorgée de cette fiole qui est suspendue à côté, car c'est ainsi que fait le troll lorsqu'il doit sortir et utiliser son épée.

Halvor but une gorgée, et soudain il fut capable de brandir l'épée comme si elle ne pesait rien.

- C'est maintenant, pensa-t-il, que le troll devrait venir.

À cet instant justement, il y eut un grand coup de vent et le troll entra. Halvor se jeta derrière la porte.

- Huttetu ! Ça sent le sang de chrétien ! dit le troll, et il passa ses trois têtes par la porte.

- Oui, tu as tout à fait raison ! dit Halvor qui coupa les trois têtes d'un seul coup.

La princesse fut si heureuse qu'elle se mit à chanter et à danser, car elle était sauvée. Mais ses sœurs lui revinrent à l'esprit [...] : la première était retenue prisonnière dans un château à six lieues d'ici, et l'autre retenue prisonnière dans un château neuf lieues plus loin.

Theodor Kittelsen, *Le Troll des forêts*, 1906, musée national de Norvège, Oslo.

EXTRAIT 2

Halvor libère la deuxième princesse, puis se dirige vers le château de Soria Moria où est retenue la troisième sœur.

Au crépuscule il vit le Soria Moria, et de loin il était plus magnifique encore que les deux autres châteaux. Maintenant il ne ressentait presque plus aucune peur, et il se dirigea vers les cuisines, puis entra dans la pièce voisine. Une princesse était assise là, plus jolie encore que tout ce qu'il avait pu imaginer. Comme les autres, elle lui dit que, depuis qu'elle était ici, pas un chrétien ne s'était aventuré au château, et elle le pria de s'en aller, s'il ne voulait pas que le troll le dévore tout cru. Elle lui dit que celui-ci avait neuf têtes.

[Elle] lui donna l'épée du troll et le pria de boire une gorgée de la fiole de manière qu'il puisse la brandir. À cet instant justement, il y eut un grand coup de vent et le troll apparut. Il était encore plus grand et plus gros que les deux autres, et lui aussi, il dut se mettre sur le côté pour passer la porte.

- Huttetu ! Ça sent le sang de chrétien, ici, dit-il.

« Le Château de Soria Moria », *Contes norvégiens, Le Château de Soria Moria, contes choisis*, traduits et adaptés par Nils Ahl, © L'École des loisirs, 2002.

textes lus
college.nathan.fr/
F6_esc3_textes

2 À la première lecture

- Réponds à ces questions : qui ? quand ? où ? quoi ? pourquoi ?

3 À la relecture

- Donne un titre à ces extraits.
- Liste les émotions produites par ces textes.

4 Faire résonner le texte

- À quels personnages, à quelles histoires (livres, films, images…) ces textes te font-ils penser ? Pourquoi ?

Vocabulaire

1. Le contexte dans lequel un mot est utilisé nous donne souvent des clés pour en déduire le sens. C'est le cas ici pour le verbe « brandir » (l. 1) : relève tous les indices qui t'aident à le comprendre.

Lecture & Écriture

2. Reproduis et complète le schéma actanciel ci-dessous.

3. Pourquoi peut-on dire que Halvor progresse au fur et à mesure de cette histoire ? Rédige au moins trois phrases.

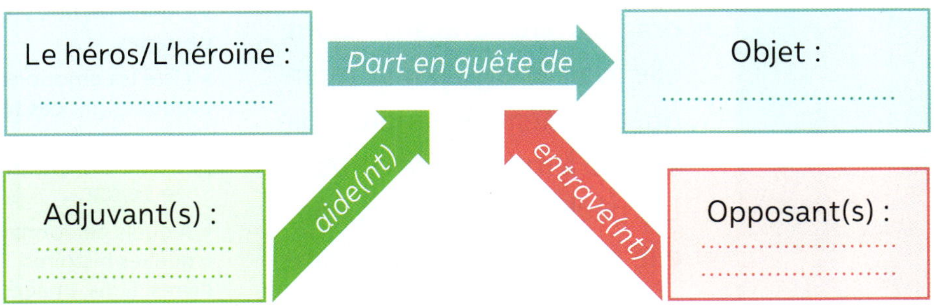

La petite leçon

- Le **schéma actanciel** permet de connaître et de comprendre le rôle que jouent les différents personnages dans un récit.

JE PRÉPARE MA MISSION

Dans cette histoire, Halvor combat plusieurs ogres : que lui apporte sa confrontation avec ces monstres ?

Les 3 mots de la séance

Note ce que tu retiens de la séance en trois mots.

6 Thuata et Gargan le bon géant

→ Je découvre comment les humains et les ogres peuvent faire alliance.

1 Avant de lire les textes...

- Lis le paratexte (titre, nom de l'auteur, date de publication, mise en contexte, repères).
- Ces textes sont-ils en prose ou en vers ? Sont-ils écrits en français au départ ou traduits ? Reconnais-tu un récit, un dialogue, un poème, un texte documentaire, un discours, une pièce de théâtre ?

Méthode

- Pour acquérir les bons réflexes face à un texte, utilise le **rabat de ton cahier**.

EXTRAIT **1**

Naguère, Thuata, petite druidesse friande de chair humaine, faisait régner la terreur sur les côtes d'Armor. Car, bien qu'elle fût aussi fluette qu'un elfe, il n'était carcasse qui lui résistât. Hommes, femmes, enfants, tous l'alléchaient pourvu qu'un sang chaud coulât dans leurs veines. Il fallait la voir traverser la lande, à l'heure où les corbeaux fendent la nue d'un vol lourd, traînant des victimes souvent bien plus grandes qu'elle. Parvenue au dolmen qui lui servait de logis, elle s'asseyait parmi les ajoncs, et ses quenottes entraient en danse. Sans se soucier du vent qui éparpillait ses cheveux et plaquait sa toge à son corps juvénile, elle dépeçait, rongeait, mâchait puis avalait avec des grognements de bien-être. Afin de satisfaire son coupable appétit, l'horrible enfant faisait appel aux éléments – pluies, grêles, orages, voire ouragans – dont elle avait appris, par sa mère qui elle-même le tenait de la sienne, à modifier le cours. Les pêcheurs la craignaient : elle pouvait, à son gré, faire chavirer leurs barques. Les paysans, de même : il lui

Isabelle Levistre, *Arbor Essence* XV, 2014.

Repères

Gudule (1945-2015) est une écrivaine d'origine belge. Elle est l'autrice de bandes dessinées et de romans essentiellement pour la jeunesse, parmi lesquels *Agence Torgnole, frappez fort* et *L'Envers du décor*. L'histoire de Thuata fait écho au mythe des **naufrageurs** : certains habitants du littoral auraient autrefois cherché à attirer des navires sur des récifs pour s'emparer de leur cargaison. Cependant, aucune recherche historique n'est venue confirmer ce mythe.

2 À la première lecture

- Réponds à ces questions : qui ? quand ? où ? quoi ? pourquoi ?

3 À la relecture

- Donne un titre à ces passages.
- Liste les émotions produites par ces textes.

4 Faire résonner le texte

- À quels personnages, à quelles histoires (livres, films, images...) ces textes te font-ils penser ? Pourquoi ?

suffisait d'une incantation[1] pour détruire leurs récoltes ou décimer leurs bêtes. Dès lors, afin de l'amadouer, ils lui offraient en holocauste[2] qui sa belle-mère, qui son valet, qui sa femme acariâtre, qui l'un de ses voisins. Durant un certain temps, cet arrangement fit bien l'affaire des villageois. Sous couvert de sacrifice, nombre d'entre eux assouvissaient impunément des vengeances personnelles ou résolvaient leurs différends. Cependant, vint un jour où la population fut à tel point réduite que les survivants prirent peur. Ils tinrent conseil et en arrivèrent à cette conclusion : ils devaient attirer des étrangers chez eux afin de renouveler le cheptel de Thuata. Dans ce but, ils allumèrent de grands feux sur la grève, là où les récifs étaient les plus meurtriers. La petite druidesse, ne voulant pas être en reste, déclencha alors l'une de ces tempêtes dont elle avait le secret.
Le résultat ne se fit pas attendre : abusé par les lueurs du brasier, un navire empli d'or s'échoua sur les rochers. Jugez de la joie de nos naufrageurs ! Outre que l'équipage et les passagers assuraient, pour plusieurs semaines, la subsistance de Thuata, le pillage de l'épave leur rapportait, à eux, des biens considérables ! Ce fut le début d'une série de massacres dont le pays breton garde, en sa mémoire, la sinistre empreinte.

1. Paroles magiques.
2. Sacrifice, offrande.

Gustave Doré, « Le déjeuner de Gargantua », pour une édition du roman *Gargantua* (François Rabelais), 1873.

EXTRAIT **2**

Cependant, cette situation ne peut pas durer éternellement. Voici comment, grâce à Gargan, le bon géant, Thuata fit d'une pierre deux coups : elle trouve l'amour et n'eut plus jamais faim !

- La chair dont tu te nourris est forcément humaine ? s'enquit Gargan [...].
- Oui : la viande des animaux me fait horreur !
- Et celle des géants ?

Cette question imprévue laissa Thuata sans voix.

- J'ai, reprit Gargan, des petites peaux le long de mes ongles qui m'incommodent beaucoup. Des dents comme les tiennes pourraient me les retirer. Pourquoi n'essaies-tu pas ? Cela me rendrait service.

Saisie de vertige devant l'abondante provende[1] si gracieusement offerte, la druidesse ne résista pas. Elle grignota les petites peaux et leur trouva tant de saveur qu'elle ne voulut plus d'autre nourriture. En échange, elle offrit son cœur au généreux donneur. Tout à leur amour, ils vécurent heureux durant de nombreux siècles – ces êtres ont une longévité supérieure à la nôtre – sans que jamais Thuata vînt à bout de son géant et sans que celui-ci se lassât jamais d'elle.

Gudule, « Pourquoi et dans quelles circonstances Gargan, le géant débonnaire, s'éprit de Thuata, la petite druidesse mangeuse de chair humaine », *Contes et légendes : ogres et géants*, © Nathan, 2008.

textes lus college.nathan.fr/ **F6_esc3_textes**

1. Nourriture.

Vocabulaire

1. Identifie, dans l'extrait 1, les synonymes des termes et expressions suivantes :
gourmand de • mince • donner envie • les nuages • jeune • mettre en pièces • massacrer • apaiser • un sacrifice • grincheux • satisfaire • un désaccord • un troupeau • tromper • la nourriture.

2. « Quenottes » (extrait 1, l. 9) est un terme familier qui désigne les dents. À ton avis, à quelle partie du corps correspond le mot « menottes » ?

3. « Impunément » (extrait 1, l. 33) est formé sur le verbe « punir », auquel on a ajouté le préfixe « im- » et le suffixe « -ment » : déduis le sens de ce mot.

4. Relève tous les termes liés à l'idée de « se remplir le ventre » pour alimenter ta collecte centrée sur les mots « Plein et vide » (p. 54).

Lecture & Écriture

5. a. Décris physiquement Thuata.
b. Pourquoi son aspect est-il étonnant, pour une ogresse ?
c. Qu'est-ce qui rend véritablement Thuata redoutable ?

6. Comment les villageois se servent-ils de Thuata ? Cite le texte pour répondre.

7. Selon toi, de Thuata ou des villageois, qui est le plus mauvais ? Rédige au moins trois phrases.

8. À ton avis, comment les villageois réagiront-ils à l'accord entre Thuata et Gargan ? Rédige au moins trois phrases.

J'ai déjà fini !

9. Sélectionne un passage qui te plaît particulièrement, puis entraîne-toi à lire le texte à haute voix à la manière d'un conteur, en insistant sur la sonorité des mots.

Différenciation

JE PRÉPARE MA MISSION

Quelle image l'histoire de Thuata donne-t-elle des êtres humains ?

Les 3 mots de la séance

Note ce que tu retiens de la séance en trois mots.

J'ACCOMPLIS MA MISSION

Le projet

Que vas-tu accomplir ?

→ Ta classe débarque sur l'Île-aux-dents-gourmandes, où vivent des ogres et des ogresses de tous les horizons. La reine des ogres vous propose le marché suivant : en échange de la vie sauve, vous devrez, par groupes de deux, **aider les habitants de l'île à obtenir le titre de « Meilleur ogre de l'année »**. Pour cela, il vous faudra **choisir un ogre à soutenir**, puis **rédiger et prononcer un discours**. Que les meilleurs gagnent !

Étape 1 Le profil de « mon » ogre

A Je choisis l'ogre que je veux défendre

→ Avec ta classe, répartissez-vous les ogres nommés dans cette liste : L'ogre dans « Le Petit Poucet » • Shrek • l'ogresse dans « Hansel et Gretel » • Baba Yaga • le roi des Oni • un troll • Thuata.
Tu peux en proposer d'autres, si tu en connais.

B Je fais des recherches

→ Avec l'aide de ton professeur documentaliste, effectue des recherches sur ton ogre.

- **Si tu as choisi le troll** : tu peux lire une bande dessinée de la série *Trolls de Troy* (Christophe Arleston/Jean-Louis Mourier). Tu peux aussi voir le film *Troll* (Roar Uthaug, 2022).
- **Si tu as choisi Baba Yaga** : pour avoir une idée de toutes les facettes de la baba Yaga, tu peux lire d'autres contes d'Alexandre Afanassiev.
- **Si tu as choisi Shrek** : tu peux regarder le film *Shrek* (Andrew Adamson et Vicky Jenson, 2001).
- **Si tu as choisi le roi des Oni** : visionne des cérémonies du Setsubun sur internet.

→ Grâce à tes recherches, liste les atouts et les défauts de « ton » ogre.

Étape 2 Mon discours de soutien

A Je choisis mon angle d'attaque

Demande-toi ce que peut signifier être le « meilleur » pour un ogre et **sélectionne une ligne de défense** : être le plus sympathique, le plus attachant, le plus terrifiant, le plus juste, le plus rusé, le plus moderne…

B Je mets en évidence la supériorité de mon ogre

→ **Classe les atouts de ton ogre** du plus évident au plus subtil. Pour chaque atout, relève, quand c'est possible, une citation ou une anecdote à l'appui.

→ **Relève les faiblesses de ton ogre**. Pour chacune d'elles, trouve une circonstance atténuante ou imagine comment tu peux retourner ce défaut en qualité.

→ **Sélectionne un ou deux autres ogres** dans les documents étudiés pendant l'escale. Trouve pour chacun **un ou deux aspects sur lesquels ton ogre est le plus fort**.

Étape 3 › Ma déclamation

A Je structure mon discours

Contenu	Formules possibles
Pour l'introduction	• Si je prends la parole devant vous, c'est que je pense que l'ogre ... mérite le titre de Meilleur ogre de l'année. • Cher public, laissez-moi vous prouver/démontrer pourquoi vous devez élire l'ogre ... « Meilleur ogre de l'année ».
Sur les qualités de ton ogre	• En effet, il/elle fait preuve de telle qualité quand… • Regardez telle qualité : n'est-elle pas le signe de… ?
Sur les faiblesses de ton ogre	• Bien sûr, on pourrait lui reprocher tel défaut, mais… • Certes, il/elle manque de…, cependant…
Pour affirmer la supériorité de ton ogre	• Contrairement à l'ogre ... • Il/elle est bien plus… que l'ogre ... • Regardez l'ogre ... : il ne lui arrive pas à la cheville en matière de…
Pour conclure	• C'est pour toutes ces raisons que je pense que l'ogre ... mérite/est digne du titre de « Meilleur ogre de l'année ». • Vous comprenez maintenant pourquoi je suis convaincu·e que l'ogre ... doit obtenir le titre/remporter la compétition. • Ainsi, en raison de toutes ces qualités, je vous demande de décerner le titre à l'ogre ...

B Je mets en valeur mes arguments

→ N'hésite pas à accompagner tes paroles de **gestes théâtraux. Insiste également sur certains mots** (par exemple les qualités) et ménage de **courtes pauses** : cela renforcera l'impact de ton discours et le rendra plus convaincant.

→ N'oublie pas, enfin, de **regarder ton public** : c'est à lui que tu t'adresses.

ESCALE 3 Bilan

Quiz

1. Quel ogre ou ogresse est de petite taille ?

a les Oni. b les trolls.

c Thuata.

2. Les Oni sont...

a sociables. b renfrognés.

c gourmands de pain d'épices.

3. Ogres et ogresses ont tous en commun...

a de manger de la chair humaine.

b d'avoir des enfants.

c d'être rusés.

4. Quel mot n'est pas synonyme de « nourriture » ?

a Provende.

b Subsistance.

c Incantation.

5. Quel ogre ou ogresse est un opposant ?

a L'ogresse dans « Hansel et Gretel ».

b Les trolls.

c Thuata.

6. Les trolls aiment particulièrement la chair...

a des chrétiens.

b des belles princesses.

c des enfants innocents.

7. Trouve l'intrus parmi...

a grassement.

b gracier.

c dégraisser.

Texte par texte — Je me rappelle ce que j'ai appris.

1. Ogresses et hospitalité (p. 56) : Pourquoi l'ogresse dans « Hansel et Gretel » se montre-t-elle accueillante ?

2. Les Oni (p. 58) : Comment les ogres punissent-ils Magotarô et pourquoi ?

3. Baba Yaga (p. 60) : Pourquoi peut-on dire que la baba Yaga n'est pas toujours l'ennemie du héros ou de l'héroïne ?

4. Halvor et les trolls (p. 62) : Comment Halvor remporte-t-il la victoire sur les trolls de l'histoire ?

5. Thuata (p. 64) : Comment les villageois parviennent-ils à cohabiter avec Thuata ?

Écriture — Je réfléchis aux rôles des ogres dans les récits.

1. Comment les ogres contribuent-ils à mettre en valeur les qualités des héros et des héroïnes ? Appuie-toi notamment sur les ogres et ogresses rencontrés lors de cette escale. Ta réponse devra contenir au moins cinq phrases.

2. Pour quelles raisons certains auteurs font-ils des ogres et ogresses les héros de leurs récits ? En plus des personnages rencontrés au fil de cette escale, tu peux t'appuyer sur d'autres romans, sur des bandes dessinées et sur des films. Ta réponse devra contenir au moins cinq phrases.

Les 5 mots de l'escale

Note ce que tu retiens de l'escale en cinq mots.

Bilan personnel

➜ **Raconte la mission que tu as accomplie au fil de cette escale. Développe en précisant ce que tu as aimé ou non, ce que tu as trouvé facile ou difficile, ce que tu as appris d'intéressant ou de surprenant.** Rédige au moins cinq phrases.

Fluence

Je lis vite et bien !

Chez l'ogresse

Une petite fille vit avec son père et sa méchante belle-mère. Celle-ci l'envoie chez sa sœur qui n'est autre que la cruelle ogresse Baba Yaga…

La petite fille se mit au métier. Baba Yaga avait brodé une très jolie fleur en soie rouge et 19
jaune. […] Soudain, elle entend Baba Yaga qui dit à sa servante dans la cour : 33
– Chauffe le bain et lave ma nièce soigneusement. Je veux la manger pour mon dîner. 48
La petite fille tremble de peur. Elle voit la servante qui entre et apporte des bûches, des 65
fagots et de pleins seaux d'eau. Alors elle fait un grand effort pour prendre une voix 81
aimable et gaie, et elle dit à la servante : 90
– Eh ! Ma bonne, fends moins de bois et pour apporter l'eau, sers-toi plutôt d'une passoire ! 105
La servante éclate de rire et répond : 112
– Vous avez bien de l'à-propos, ma belle, et quel joli fichu rouge. 124
– Il est pour toi, dit la petite fille. 132
La servante, toute joyeuse, courut serrer le fichu dans son armoire. La petite fille regardait 147
autour d'elle de tous les côtés. Le feu commençait à flamber dans la cheminée. Il avait 163
beau être un feu d'ogresse, sa flamme était vive et claire. Et l'eau commençait à chanter 179
dans le chaudron ; et bien que ce fût une eau d'ogresse, elle chantait une jolie chanson. 195
[…] Cependant Baba Yaga s'impatientait. De la cour, elle demanda : 204
– Tu brodes, ma nièce ? Tu brodes, ma fille ? 212
– Je brode, ma tante, je brode. 218

Rose Celli et Anne Buguet, *Baba Yaga*, © Père Castor/Flammarion, 2003.

Je lis le texte ci-dessus et je mesure ma vitesse de lecture

Tu peux demander à un camarade de te chronométrer.

▶ *À recopier sur ton cahier :* **J'ai lu** .... **mots en une minute.**

Je vérifie que j'ai bien compris

1 **Pourquoi la petite fille fait-elle un cadeau à la servante ?**

2 **Pourquoi fait-elle un effort pour prendre une voix aimable et gaie ?**

Je m'entraîne à lire plus vite

3 **Lis rapidement…**

a. cette suite de mots.

métier – broder – fleur – soudain – soigneusement – bûches – fagots

b. ces séries de mots.

- broder – border – déborder – broderie
- fleur – fleurir – fleuriste – effleurer
- fendre – prendre – vendre – tendre
- flambe – blanche – chambre – manche
- passer – passage – passoire
- ogre – ordre – grogne – gronde
- patient – impatience – s'impatienter
- joie – soie – mois – toit – voix – loi – fois

4 **Dans le texte...**

a. compte ces mots : Baba Yaga – nièce – petite.

b. relève les deux phrases que la petite fille adresse à la servante.

5 **Lis ce passage sans t'arrêter en fixant les traits bleus l'un après l'autre.**

La servante, toute joyeuse, courut serrer le fichu dans son armoire. La petite fille regardait autour d'elle de tous les côtés. Le feu commençait à flamber dans la cheminée. Il avait beau être un feu d'ogresse, sa flamme était vive et claire. Et l'eau commençait à chanter dans le chaudron ; et bien que ce fût une eau d'ogresse, elle chantait une jolie chanson.

Je relis le texte et je mesure ma vitesse de lecture

Tu peux demander à un camarade de te chronométrer.

▶ *À recopier sur ton cahier :* **J'ai lu** .... **mots en une minute.**

J'améliore mon articulation

6 **À voix haute, prononce ces groupes de mots en articulant avec soin.**

se mit au métier – fait un grand effort – une eau d'ogresse

7 **Prononce ces phrases le plus vite possible sans t'arrêter et en articulant.**

- Chauffe le bain et lave ma nièce soigneusement. Je veux la manger pour mon dîner.
- Eh ! Ma bonne, fends moins de bois et pour apporter l'eau, sers-toi plutôt d'une passoire !
- Et l'eau commençait à chanter dans le chaudron ; et bien que ce fût une eau d'ogresse, elle chantait une jolie chanson.

Je relis le texte et je mesure ma vitesse de lecture

Tu peux demander à un camarade de te chronométrer.

▶ *À recopier sur ton cahier :* **J'ai lu** .... **mots en une minute.**

Je note mes progrès

▶ *À recopier sur ton cahier :*

1re lecture
....
mots par minute

2e lecture
....
mots par minute

3e lecture
....
mots par minute

Club lecture

- **Jeanne-Marie Leprince de Beaumont, *La Belle et la Bête* (1756)**

Dans ce célèbre conte, une jeune fille, La Belle, se sacrifie pour sauver son père et se retrouve captive d'une Bête. Quel secret la Bête cache-t-elle et quelle relation naîtra entre elle et la jeune fille ?

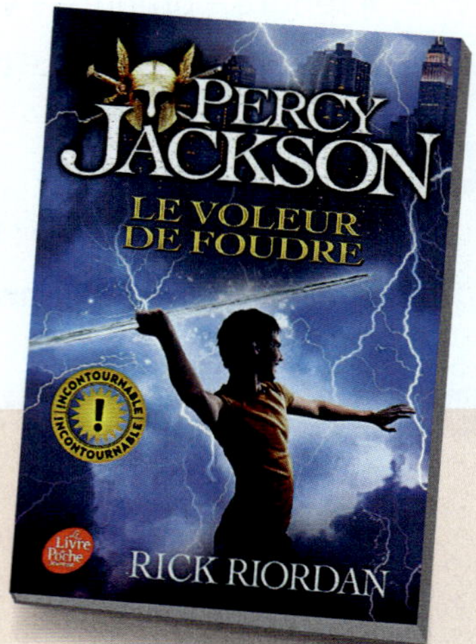

- **Rick Riordan, *Percy Jackson – Le Voleur de foudre* (2005)**

Percy a 12 ans. Il découvre qu'il est le fils de Poséidon et se voit confier une quête essentielle : récupérer l'éclair de Zeus !

Voici 3 activités pour nourrir ton carnet de lecture

Activité 1 Marque-page

Fabrique un joli marque-page pour donner envie de lire le livre que tu as lu : d'un côté, écris le titre (souligne-le), le nom de l'auteur, la date de publication, puis résume l'histoire en quelques lignes (sans dévoiler la fin) et recopie une citation de ton choix (un moment de suspense, une description marquante…). De l'autre côté, fais un dessin pour illustrer ton livre, écris autour cinq mots-clés pour le résumer et rédige trois questions que l'on se pose à la lecture.

Activité 2 Speed-booking

Prépare-toi à convaincre un camarade de lire le livre que tu as lu, dans un tête-à-tête de deux minutes : entraîne-toi à présenter le livre (nombre de pages, illustrations, genre littéraire), à résumer l'histoire de façon à créer de la curiosité et à détailler tes émotions, en lien avec certains moments précis. Mets en avant ce qui fait la particularité de ce livre, les grands sujets qu'il aborde ou encore ce que tu as préféré en le lisant. Au signal, change de table et tâche de convaincre plus encore !

Activité 3 Publicité

Choisis un objet ou un service en lien avec l'histoire que tu as lue et inventes-en l'affiche publicitaire. Dans une mise en page attractive, présente le produit par un dessin. Donne-lui un nom, invente un slogan et rédige deux ou trois arguments expliquant ses qualités ou en quoi il a été utile (ou aurait été utile) à un personnage de ton livre.

Et pour aller plus loin

À lire

▶ **Tu pourras trouver la plupart de ces livres à la médiathèque ou dans ton CDI : et s'ils n'y sont pas (encore), tu peux demander à ton professeur documentaliste ou aux bibliothécaires de les commander !**

• Homère, *L'Odyssée*, (VIIIe siècle avant J.-C.)

C'est l'histoire célèbre et merveilleuse du héros Ulysse, qui, pour retrouver sa place parmi les siens, devra surmonter les embûches semées sur son chemin par le dieu Poséidon.

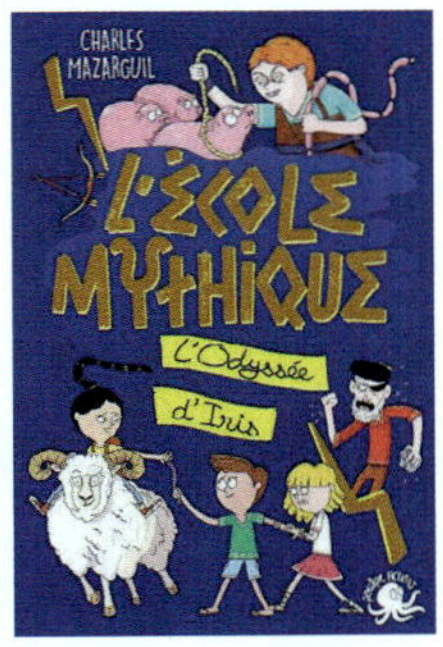

• Charles Mazarguil, *L'École mythique – L'Odyssée d'Iris* (2022)

Une parodie amusante de l'odyssée d'Ulysse, avec, à la fin de l'histoire, les infos pour démêler le vrai du faux.

• Gaël Aymon, *L'Apprenti-conteur* (2022)

Pas facile d'être le fils du grand Charles Perrault… À douze ans, Pierre est envoyé à la campagne pour y écrire le recueil de poèmes qui le fera remarquer à Versailles. Une belle réécriture des contes de Charles Perrault.

• Alice Zeniter, *Hansel et Gretel : le début de la faim* (2018)

Alice Zeniter actualise le conte des frères Grimm pour saisir ce qui effraie encore les enfants et ce qui les fait rêver. Elle a également modernisé pour le théâtre d'autres contes des frères Grimm.

• Hélèna Villovitch, *Le Village des monstres* (2018)

Adjib, Raoul, Bichon et les triplées Elaine, Madeleine et Porcelaine se sentent étrangement surprotégés dans leur internat. Et pourquoi ne peuvent-ils pas rentrer chez eux le soir alors qu'ils n'habitent pas très loin ? Que font leurs parents quand leurs enfants ont le dos tourné ?

À voir

▶ **Il y a évidemment beaucoup de films mettant en scène des monstres ! Voici quelques classiques.**

- Joseph Losey, *Le Garçon aux cheveux verts* (1948).
- Steven Spielberg, *E.T., l'extraterrestre* (1982).
- Jacques Demy, *Peau d'âne* (1970).
- Tim Burton, *Edward aux mains d'argent* (1990).
- Henry Selick, *L'Étrange Noël de monsieur Jack* (1993).
- Les films de Hayao Miyazaki, parmi lesquels *Mon voisin Totoro* (1988), *Le Voyage de Chihiro* (2001), *Le Château ambulant* (2004)…
- La série des films *Harry Potter* et *Percy Jackson*.
- La série de documentaires *Les Grands Mythes*, réalisée par Sylvain Bergère (2016).

Continent 2

Partir à L'AVENTURE !

Qu'est-ce que l'aventure ?

1 QUELS AVENTURIERS ET QUELLES AVENTURIÈRES CONNAIS-TU ?

- **Liste tous les aventuriers et toutes les aventurières que tu connais.** Ensuite, tu peux essayer de les classer : aventuriers réels ou imaginaires, volontaires ou involontaires, adultes ou enfants, hommes ou femmes, etc.

2 QUE SIGNIFIE LE MOT « AVENTURE » ?

- **Dans les expressions suivantes, le mot « aventure » n'a pas tout à fait le même sens : précise-le à chaque fois et donne un exemple.**

Vivre une aventure palpitante.

Partir à l'aventure.

Expérimenter une aventure intérieure.

Chercher l'aventure.

Vivre une aventure humaine.

Avoir l'esprit d'aventure.

3 QUELLE IMAGE POUR REPRÉSENTER L'AVENTURE ?

- **Parmi ces illustrations, choisis celle qui correspond le plus à l'idée que tu te fais de l'aventure.** Tu peux ensuite expliquer ton choix, à l'écrit ou à l'oral.

a. Junko Tabei, première alpiniste à atteindre le sommet de l'Everest le 16 mai 1975.

b. L'archéologue aventurier Indiana Jones.

c. En 1492, Christophe Colomb débarque sur l'île d'Hispaniola, en Amérique.

d. Bernard et Bianca, souris héroïques du film *Les Aventures de Bernard et Bianca* (Disney, 1977).

En route !

→ **Aimes-tu les récits d'aventures ? Pourquoi ?**

→ **D'après toi, pourquoi les aventuriers et les aventurières nous fascinent-ils autant ?**

ESCALE 4

L'aventure pour survivre

CAP SUR LA MISSION

- À la fin de cette escale, tu imagineras un manuel de survie pour aventuriers et aventurières. Ce que tu découvriras dans cette escale te permettra de réussir cette mission.

Je fais le point sur mes connaissances

Choisis, pour chaque question, la ou les réponses qui conviennent.

1. Le mot « aventure » est de la même famille que...
- a avancer.
- b advenir.
- c avantager.

2. S'aventurer quelque part signifie...
- a se rendre dans un lieu inconnu.
- b voyager en avion.
- c se perdre quelque part.

3. Survivre, c'est...
- a vivre toujours sa vie à fond.
- b échapper à un danger mortel.
- c vivre sur le dos des autres.

4. Parmi ces adjectifs, lequel ne convient pas vraiment pour qualifier une aventure ?
- a Trépidante.
- b Ordinaire.
- c Périlleuse.

5. Relie chaque émotion avec la situation qui peut la déclencher lors d'une aventure.

Soulagement •	• Sentir ou voir une menace approcher.
Surprise •	• Être libéré·e d'une inquiétude, d'une souffrance.
Peur •	• Se trouver soudain face à un imprévu.

Collecte de mots

- **Sur le modèle du tableau p. 2, rassemble, pour chacun des termes suivants, tous les mots et toutes les expressions auxquels tu penses :**

Danger — Voyage — Partir

Pour réussir la mission, je dois...

- → Identifier les raisons qui poussent les personnages à partir à l'aventure.
- → Découvrir différentes situations de survie et différents types de dangers.
- → Comprendre les stratégies que mettent en place les personnages pour survivre.
- → Percevoir les émotions produites par ces aventures.

1 L'aventure, c'est l'aventure !

→ Je réfléchis sur ce que signifie « partir à l'aventure ».

« Si vous pensez que l'aventure est dangereuse, essayez la routine : elle est mortelle. »
(Paulo Coelho)

« Ce n'est que dans l'aventure que certaines personnes réussissent à se connaître – à se retrouver. »
(André Gide)

« En route, le mieux, c'est de se perdre. Lorsqu'on s'égare, les projets font place aux surprises et c'est alors, mais alors seulement, que le voyage commence. »
(Nicolas Bouvier)

DOC 1

DOC 2 Affiche pour la Compagnie générale transatlantique, 1886-1900.

Vocabulaire

1. **Relève sur cette page les mots qui peuvent compléter tes collectes de mots (p. 76).**
2. **« Voyage » et « voie » ont la même racine :** quel est, selon toi, le rapport entre ces deux mots ? Donne un maximum de mots de la même famille.
3. **Que signifie « faire des projets » ?**

Lecture & Écriture

4. **Sélectionne la citation que tu préfères et reformule-la.**
5. **Relève tous les éléments qui, dans le DOC 2, peuvent te faire penser à l'aventure.**

JE PRÉPARE MA MISSION

Explique le rapport entre l'aventure et les trois termes de tes collectes de mots, « Danger », « Voyage » et « Partir ». Rédige trois phrases au moins.

Les 3 mots de la séance

Note ce que tu retiens de la séance en trois mots.

2 Pour quelques escargots

→ Je découvre l'élément déclencheur d'une aventure.

1 Avant de lire le texte…

- Lis le paratexte (titre, nom de l'auteur, date de publication, mise en contexte, repères).
- Ce texte est-il en prose ou en vers ? Est-il écrit en français au départ ou traduit ? Reconnais-tu un récit, un dialogue, un poème, un texte documentaire, un discours, une pièce de théâtre ?

Méthode

- Pour acquérir les bons réflexes face à un texte, utilise le **rabat de ton cahier**.

Après avoir organisé la fuite des escargots que leur sœur Battista réservait pour sa cuisine, le narrateur et son frère Cosimo sont punis par leurs parents.

Ils nous gardèrent trois jours *[au cagibi]*, au régime suivant : pain sec, eau, salade, couenne de bœuf et soupe froide (qui par chance nous plaisait bien). Et puis, premier repas en famille, comme si de rien n'était, tous à nos postes, ce midi du 15 juin : et qu'est-ce que notre sœur Battista, la surintendante des cuisines, avait préparé ? Soupe d'escargots et plats aux escargots. Cosimo ne voulut pas même toucher une coquille. « Mangez ou on vous remet immédiatement au cagibi ! » Je cédai, et je commençai à ingurgiter ces mollusques. (Ce fut une petite lâcheté de ma part, et mon frère se sentit encore plus seul, si bien que, dans son geste de nous quitter, il y avait aussi une forme de protestation contre moi qui l'avais déçu […]).

- Alors ? dit notre père à Cosimo.
- Non, et puis non ! fit Cosimo, et il repoussa le plat.
- Hors de cette table ! »

Mais déjà Cosimo nous avait tourné le dos à tous et sortait de la salle à manger.

- Où vas-tu ?

Nous pouvions le voir par la porte vitrée pendant qu'il prenait son tricorne et sa petite épée dans le vestibule.

- Je le sais parfaitement !

Et il courut vers le jardin.

Eau-forte coloriée, 1790, musée Carnavalet, Paris.

Repères

Italo Calvino est un romancier italien du XXe siècle, réputé pour ces récits fabuleux et pleins d'humour, qui s'apparentent souvent à des contes. Il a par exemple écrit le recueil de nouvelles *Cosmicomics* et le roman *Le Vicomte pourfendu*. Il a aussi écrit des scénarios pour le cinéma.

2 À la première lecture

- Réponds à ces questions : qui ? quand ? où ? quoi ? pourquoi ?

3 À la relecture

- Donne un titre à ce passage.
- Liste les émotions produites par ce texte.

4 Faire résonner le texte

- À quels personnages, à quelles histoires (livres, films, images…) ce texte te fait-il penser ? Pourquoi ?

Peu de temps après, à travers les carreaux nous le vîmes grimper dans l'yeuse. [...] Cosimo grimpa jusqu'à la fourche d'une grosse branche où il pouvait se tenir à son aise, et s'assit là, les jambes pendantes, les bras croisés avec les mains sous les aisselles, la tête rentrée dans les épaules, son tricorne enfoncé sur le front. Notre père se pencha sur le rebord de la fenêtre.

- Quand tu seras fatigué de rester là-haut, tu changeras d'avis, lui cria-t-il.
- Je ne changerai jamais d'avis, dit mon frère du haut de sa branche.
- Je vais te montrer moi, dès que tu descendras !
- Et moi je ne descendrai plus !

Et il tint parole.

Italo Calvino, *Le Baron perché*, 1960, trad. Martin Rueff, © Éditions Gallimard, 2018.

Vocabulaire

1. Trouve dans le texte des indices qui te permettent de déduire que l'« yeuse » est un arbre.

2. Par quel terme générique pourrais-tu remplacer « tricorne » ?

3. Quels mots du texte pourrais-tu ajouter à ta collecte de mots autour du verbe « Partir » (p. 76) ?

Lecture & Écriture

4. Parmi les adjectifs suivants, lesquels qualifient bien Battista ? Explique ton choix en citant le texte.

Aimable • sadique • joyeuse • revancharde • généreuse • cruelle • bienveillante.

5. Pourquoi le narrateur pense-t-il qu'il a déçu son frère Cosimo ?

6. Mime la posture de Cosimo lignes 30 à 31 : quelle émotion et quelle intention exprime-t-il par cette attitude ?

7. Relis la dernière phrase : quel trait de la personnalité de Cosimo met-elle en valeur ?

8. Cosimo vivra toute sa vie dans les arbres. Raconte comment il s'est débrouillé pour se nourrir, dormir, se protéger du mauvais temps, etc. Rédige cinq phrases au moins.

J'ai déjà fini !

9. Décris à la première personne la réaction du narrateur, sur le moment, après le dialogue entre son père et son frère. Il peut être choqué, admiratif, déçu... À toi de voir en fonction de ce que tu as compris du personnage. Rédige trois phrases au moins.

Différenciation

JE PRÉPARE MA MISSION

Liste toutes les raisons qui, comme Cosimo, pourraient pousser une personne à partir de chez elle.

Les 3 mots de la séance

Note ce que tu retiens de la séance en trois mots.

3 La Loi de la Jungle

→ **Je découvre que même les milieux sauvages et hostiles ont leurs règles.**

1 Avant de lire le texte…

- Lis le paratexte (titre, nom de l'auteur, date de publication, mise en contexte, repères).
- Ce texte est-il en prose ou en vers ? Est-il écrit en français au départ ou traduit ? Reconnais-tu un récit, un dialogue, un poème, un texte documentaire, un discours, une pièce de théâtre ?

Méthode

- Pour acquérir les bons réflexes face à un texte, utilise le **rabat de ton cahier**.

Repères

Rudyard Kipling est un écrivain britannique de la fin du XIXe siècle. Né en Inde, il voyage à travers le monde. Son ouvrage le plus connu, *Le Livre de la Jungle*, est un recueil de nouvelles pour la jeunesse qui relate les aventures de Mowgli, « petit d'homme » séparé de ses parents alors qu'il était tout petit à la suite de l'attaque du tigre Shere Khan, puis élevé par Père Loup et sa compagne, Raksha.

L'ours Baloo enseigne la Loi de la Jungle à Mowgli. Il lui parle ici des Bandar-log, autre nom du Peuple Singe.

- Écoute, Petit d'Homme, dit l'ours, et sa voix gronda comme le tonnerre dans la nuit chaude. Je t'ai appris toute la Loi de la Jungle pour tous les Peuples de la Jungle… sauf le Peuple Singe, qui vit dans les arbres. Ils n'ont pas de loi. Ils n'ont pas de patrie. Ils n'ont pas de langage à eux, mais se servent de mots volés, entendus par hasard lorsqu'ils écoutent et nous épient, là-haut, à l'affût dans les branches. Leur chemin n'est pas le nôtre. Ils n'ont pas de chef. Ils n'ont pas de mémoire. Ils se vantent et jacassent, et se donnent pour un grand peuple prêt à faire de grandes choses dans la Jungle ; mais la chute d'une noix suffit à détourner leurs idées, ils rient, et tout est oublié. Nous autres de la Jungle, nous n'avons aucun rapport avec eux. Nous ne buvons pas où boivent les singes, nous n'allons pas où vont les singes, nous ne chassons pas où ils chassent, nous ne mourons pas où ils meurent. M'as-tu jamais jusqu'à ce jour entendu parler des Bandar-log ?
- Non, dit Mowgli tout bas, car le silence était très grand dans la forêt, maintenant que Baloo avait fini de parler.
- Le Peuple de la Jungle a banni leur nom de sa bouche et de sa pensée. Ils sont nombreux, méchants, malpropres, sans pudeur, et ils désirent, autant qu'ils sont capables de fixer un désir, que le Peuple de la Jungle fasse attention à eux… Mais nous ne faisons point attention à eux, même lorsqu'ils nous jettent des noix et du bois mort sur la tête.

Rudyard Kipling, *Le Livre de la Jungle*, 1894, trad. L. Fabulet et R. d'Humières, 1910.

texte lu college.nathan.fr/F6_esc4_textes

Le roi Louie sur son trône, photogramme tiré du *Livre de la Jungle* (Wolfgang Reitherman/Disney, 1967).

2 À la première lecture

- Réponds à ces questions : qui ? quand ? où ? quoi ? pourquoi ?

3 À la relecture

- Donne un titre à ce passage.
- Liste les émotions produites par ce texte.

4 Faire résonner le texte

- À quels personnages, à quelles histoires (livres, films, images…) ce texte te fait-il penser ? Pourquoi ?

Vocabulaire

1. Quelle est la différence entre « écouter » et « entendre » (l. 5) ?

2. Que signifie l'expression « être à l'affût » (l. 6) ?
Indice : le mot « affût » provient du verbe « affûter ».

3. Reformule l'avant-dernière phrase de l'extrait, de « Ils sont nombreux… » à « …attention à eux » (l. 18 à 21).

4. À l'aide du texte, complète ta collecte centrée sur le terme « Danger » (p. 76).

Lecture & Écriture

5. a. Liste tout ce que les singes « n'ont pas ».
b. Pourquoi le leur reproche-t-on ?

6. Relève trois éléments prouvant que le Peuple de la Jungle se tient résolument à l'écart du Peuple Singe.

7. a. Relève les termes négatifs qui caractérisent les singes.
b. « Ils sont nombreux, méchants, malpropres, sans pudeur » (l. 18) : comment appelle-t-on cette figure de style ?

Une hyperbole

Une comparaison

Une énumération

Henri Rousseau, *Lion dans la jungle*, 1904, musée Pola, Hakane (Japon).

8. **Quelle image Baloo donne-t-il du Peuple Singe ?** Rédige trois phrases au moins, en employant d'autres mots que Baloo.

9. Dans le photogramme tiré du film *Le Livre de la Jungle*, les singes semblent proches d'un autre peuple : lequel ? Que lui ont-ils « volé » ?

JE PRÉPARE MA MISSION

À partir de tes réponses, rédige la charte, c'est-à-dire le règlement, que doivent respecter les peuples qui ne veulent pas être bannis de la Jungle.

Les 3 mots de la séance

Note ce que tu retiens de la séance en trois mots.

4 L'araignée : une épreuve instructive

→ **Je découvre comment une aventure peut nous transformer.**

1 Avant de lire le texte...

- Lis le paratexte (titre, nom de l'auteur, date de publication, mise en contexte, repères).
- Ce texte est-il en prose ou en vers ? Est-il écrit en français au départ ou traduit ? Reconnais-tu un récit, un dialogue, un poème, un texte documentaire, un discours, une pièce de théâtre ?

Méthode

- Pour acquérir les bons réflexes face à un texte, utilise le **rabat de ton cahier**.

Tobie, héros d'un millimètre et demi, croise la route de Mano, lui aussi minuscule, mais timide et peureux. Tobie le tire des griffes d'un maître cruel, mais dans leur fuite, ils tombent dans une toile d'araignée dont ils tentent de se sortir en glissant le long d'un fil qui pend.

Le fil était beaucoup trop court. La branche devait être plus bas, à une très grande distance. Que faire ? S'ils lâchaient le fil, ils se briseraient en morceaux à l'arrivée. S'ils remontaient, ils se retrouveraient bientôt nez à nez avec l'araignée.

Le temps passa. Ils étaient suspendus dans l'air et leurs forces commençaient à faiblir. Tobie parla le premier :

- Quand on est comme ça, en grand danger, il faut faire des promesses. On a si peu de chances de s'en sortir, qu'on peut faire des promesses sérieuses...

- Moi, dit Mano, si on survit...

Mano hésita, il cherchait ce qui avait changé en lui. Il reprit :

- Si on survit, je ne serai plus jamais le même.

Il était remonté à la hauteur de Tobie, et leurs fronts se touchaient. Mano ajouta en rouvrant les yeux :

- Si on survit, je n'aurai plus peur de rien... Je serai un homme couraaa... Aaaaaaaaaahhhhh !

Il hurla d'épouvante. Juste en face de lui se creusait le grand suçoir[1] de l'araignée veuve noire, prête à l'avaler. Ses yeux durs perçaient l'obscurité. Affamée, elle s'était jetée dans le vide à leur poursuite et descendait à côté d'eux au bout d'un fil qu'elle tissait au fur et à mesure. Ses pattes faisaient cinquante fois la taille des jambes de Tobie.

C'est Mano qui réagit le premier.

- Remonte, Tobie, je m'occupe d'elle.

Il avait sorti son couteau et l'agitait en rond comme les ailes d'un moulin.

1. Trompe située dans la gueule de l'araignée, qui lui permet d'éperonner sa proie et d'en sucer le sang.

Repères

Né en 1973 à Paris, **Timothée de Fombelle** passe une partie de son enfance au Maroc et en Côte d'Ivoire. Il fonde une troupe de théâtre dès le lycée, écrit et met en scène des pièces. Devenu professeur de lettres, il enseigne en France et au Vietnam. En 2006, il signe son premier roman pour la jeunesse : *Tobie Lolness*.

2 À la première lecture

- Réponds à ces questions : qui ? quand ? où ? quoi ? pourquoi ?

3 À la relecture

- Donne un titre à ce passage.
- Liste les émotions produites par ce texte.

4 Faire résonner le texte

- À quels personnages, à quelles histoires (livres, films, images...) ce texte te fait-il penser ? Pourquoi ?

François Place, Mano et Tobie sur la toile d'araignée, illustration pour le roman *Tobie Lolness* (Timothée de Fombelle), © Gallimard Jeunesse, 2006.

Tobie cria :

- Je reste avec toi. [...]

C'était un monstre d'araignée un peu poilue, de plus en plus agitée. Tobie eut quand même envie de crier :

- Elle ressemble à ma grand-mère !

Le combat était trop inégal. L'araignée n'avait pas dû être flattée par la comparaison de Tobie, elle donnait des coups de pattes sans pitié. Elle allait les assommer, les tuer, et les aspirer goutte après goutte avec son suçoir gluant.

- Alors ? C'était quoi, ta promesse ? hurla Tobie.

- Être courageux !

Tobie croisa le regard de Mano qui faisait tournoyer son couteau, et lui dit :

- Pour le moment tu tiens ta promesse, Mano !

Timothée de Fombelle, *Tobie Lolness*, tome I,
« La Vie suspendue », © Éditions Gallimard Jeunesse, 2006.

Vocabulaire

1. Relève dans le texte d'autres mots qui appartiennent au même champ lexical que « suçoir ».

2. « Flatter quelqu'un », c'est lui dire ce qu'il a envie d'entendre.

a. Reformule ce passage : « L'araignée n'avait pas dû être flattée par la comparaison de Tobie » (l. 30-31).

b. Imagine une réplique dans lequel un personnage flatte un autre personnage. Rédige quatre phrases au moins.

3. Complète ta collecte de mots centrée sur le terme « Danger » (p. 76) à l'aide de ce texte.

Lecture & Écriture

4. Quels dangers courent Tobie et Mano ?

5. « On a si peu de chances de s'en sortir » (l. 8) : pourquoi Tobie dit-il cela ? Appuie-toi sur la manière dont sont décrits les dangers pour répondre.

6. « On a si peu de chances de s'en sortir, qu'on peut faire des promesses sérieuses… » (l. 8-9) :

a. À ton avis, que signifient ici les points de suspension ?

b. Relis la réponse de Mano : les points de suspension ont-ils le même sens ? Explique ce que tu perçois.

c. Quelle promesse ferais-tu, dans la même situation ?

7. « Pour le moment tu tiens ta promesse, Mano ! » (l. 36) : selon toi, pourquoi Tobie dit-il cela à Mano ?

8. Imagine comment Tobie et Mano échappent finalement à l'araignée. Pour cela, rédige un texte de six phrases au moins, où l'on verra que Mano continue de tenir sa promesse d'être courageux malgré sa peur. N'oublie pas la situation : ils sont pendus à un fil de la toile et l'araignée les menace de ses longues pattes et de ses cruelles mandibules, uniquement repoussée par le couteau de Mano.

La petite leçon

• Les **points de suspension** ont plusieurs fonctions : ils peuvent exprimer le doute, l'hésitation, mais servent aussi à suggérer une idée, à inciter l'autre à réfléchir. Ils illustrent parfois une interruption, quand un évènement ou quelqu'un coupe la parole à un personnage.

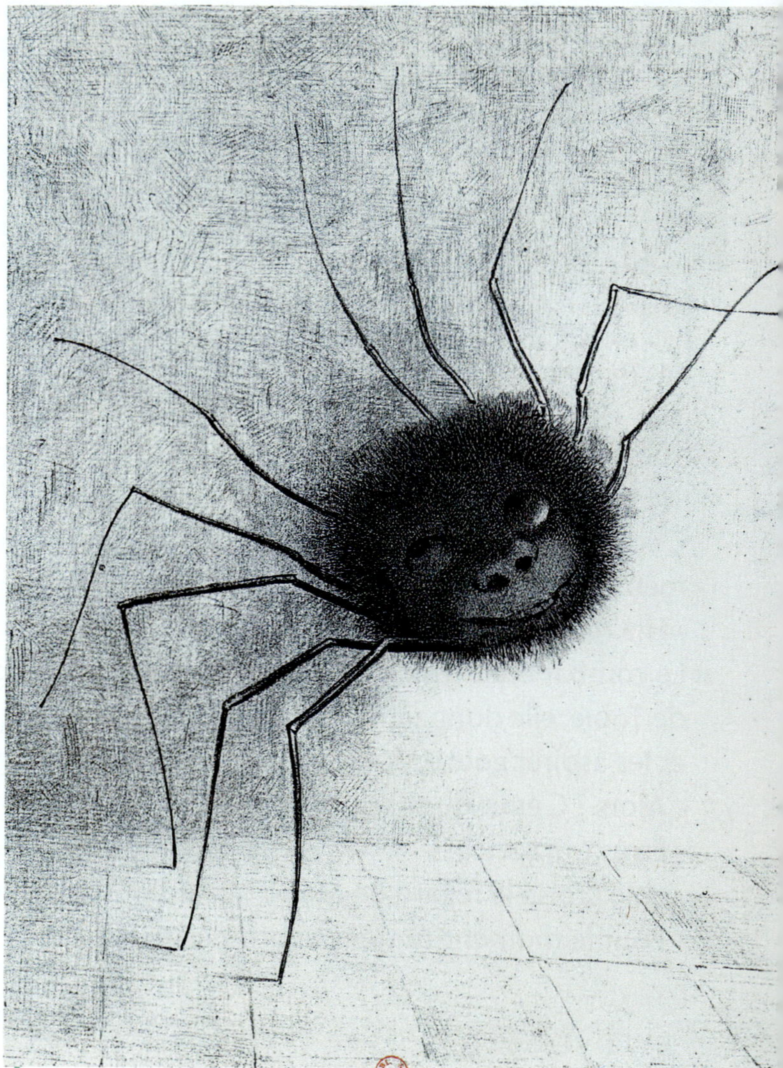

Odilon Redon, *L'Araignée souriante*, date inconnue, musée d'Orsay, Paris.

JE PRÉPARE MA MISSION

Pourquoi le danger constitue-t-il ici un obstacle positif pour les personnages ?

Les 3 mots de la séance

Note ce que tu retiens de la séance en trois mots.

5 Faire équipe pour survivre

→ **Je découvre la vie d'un groupe d'aventuriers.**

1 Avant de lire le texte…

- Lis le paratexte (titre, nom de l'auteur, date de publication, mise en contexte, repères).
- Ce texte est-il en prose ou en vers ? Est-il écrit en français au départ ou traduit ? Reconnais-tu un récit, un dialogue, un poème, un texte documentaire, un discours, une pièce de théâtre ?

Méthode

- Pour acquérir les bons réflexes face à un texte, utilise le **rabat de ton cahier**.

Après un accident d'avion, une vingtaine d'écoliers anglais échouent sur une île déserte. En l'absence d'adultes, ils s'organisent pour survivre : Jack prend la tête d'un groupe de chasseurs dont fait partie Simon, tandis que Ralph mise sur l'entretien d'un feu pour signaler leur présence et être secourus. Mais sur l'île, la peur de rencontrer une bête sauvage paralyse parfois leurs efforts.

- Tu as remarqué ?

Jack posa son épieu et s'accroupit.

- Remarqué quoi ?

- Eh bien ! ils ont peur.

[Ralph] se retourna […] et regarda le visage sale et farouche de Jack.

- Je veux dire qu'avec tout ça, ils ont des cauchemars. On les entend. Tu ne t'es jamais réveillé la nuit ?

Jack secoua la tête.

- Ils parlent, ils crient. Les petits. Et même quelques-uns des autres. Comme si…

- Comme si on n'était pas sur une île sympathique.

Étonnés de l'interruption, tous deux regardèrent le visage sérieux de Simon.

- Comme si, continua Simon, comme si la bêbête ou l'espèce de serpent c'était vrai. Vous vous rappelez ?

Les deux garçons plus âgés firent la grimace en entendant ce mot qui leur faisait honte. On ne parlait pas de serpents, cela ne se faisait pas.

- Comme si ce n'était pas une île sympathique, répéta Ralph lentement. Tu as raison. […]

- Quand on chasse, il y a des fois où on a l'impression que…

[Jack] rougit soudain.

- Bien sûr, ça ne tient pas debout, ce n'est qu'une impression. Mais on pense tout à coup qu'on n'est pas le chasseur, mais le gibier ; comme s'il y avait tout le temps quelque chose qui vous poursuivait dans la jungle.

Repères

Professeur d'anglais et de philosophie, **William Golding** est mobilisé en 1940 dans la Royal Navy et participe au Débarquement sur les côtes françaises en 1944. Avec son roman *Sa Majesté des Mouches*, publié en 1954, il montre comment peuvent naître des conflits au sein d'un groupe pourtant uni au départ par un même objectif.

2 À la première lecture

- Réponds à ces questions : qui ? quand ? où ? quoi ? pourquoi ?

3 À la relecture

- Donne un titre à ce passage.
- Liste les émotions produites par ce texte.

4 Faire résonner le texte

- À quels personnages, à quelles histoires (livres, films, images…) ce texte te fait-il penser ? Pourquoi ?

Le silence retomba entre eux. Simon écoutait passionnément ; Ralph montrait une incrédulité doublée d'un soupçon d'indignation. Il se redressa et se frotta l'épaule de sa main sale.

- Tu crois ?

Jack bondit sur ses pieds et se mit à parler très vite.

- C'est ça qu'on sent dans la forêt. Je sais bien que ça ne veut rien dire. Seulement...

Il fit quelques pas rapides vers la plage, puis revint vers eux.

- Seulement, je comprends ce qu'ils sentent. Tu y es ? C'est tout.

- Le mieux, c'est d'organiser notre sauvetage.

Il fallut un moment de réflexion à Jack pour se rappeler ce que signifiait le mot sauvetage.

- Notre sauvetage ? Ah ! oui, bien sûr. Moi, j'aimerais d'abord attraper un cochon...

Il saisit son épieu et le planta dans le sol. Ses yeux reprirent leur expression égarée, fixe. Ralph le regarda d'un air réprobateur, sous ses cheveux blonds en broussaille.

- Tant que vous autres, les chasseurs, n'oubliez pas le feu...

- Toi et ton feu...

William Golding, *Sa Majesté des Mouches*, 1956,
trad. Lola Tranec, © Éditions Gallimard, 1983.

Scène de tournage du film *Sa Majesté des mouches*, réalisé par Peter Brook en 1963.

Vocabulaire

1. « Farouche » (l. 5) est synonyme de « sauvage » : relève dans le texte d'autres mots qui suggèrent que Jack a un côté « farouche ».

2. En latin, *credo* signifie « je crois ». Partant de là, que peut signifier le mot « incrédulité » (l. 25) ? Tu peux vérifier dans un dictionnaire si tu as deviné juste.

3. Donne au moins deux autres expressions figées de même sens que « un soupçon de » (l. 26).

4. « Ses yeux reprirent leur expression égarée » (l. 38-39) : trouve deux indices dans le texte qui permettent de comprendre le sens de cette phrase.

5. L'adjectif « réprobateur » (l. 38) vient du verbe « réprouver ». Changes-en le préfixe pour former l'antonyme, c'est-à-dire le contraire, du verbe, puis de l'adjectif. Déduis-en le sens de « réprobateur ».

6. Complète ta collecte centrée sur le mot « Danger » (l. 76) à l'aide des termes présents dans ce texte.

Lecture & Écriture

7. De qui et de quoi Ralph parle-t-il à Jack l. 1 à 9 ?

8. Pourquoi Jack rougit-il (l. 21) ?

9. Selon toi, pourquoi le feu est-il si important pour Ralph ?

10. Relis la petite leçon p. 84 : qu'expriment les points de suspension, dans ce texte ? Justifie ta réponse.

Vue de l'île des Monts déserts, Maine (États-Unis), vers 1870.

11. Relève les phrases qui commencent par « comme si ». Les personnages tentent-ils de mettre en garde les autres contre le danger ou de minimiser les risques ? Explique ta réponse.

12. Concentre-toi sur les réactions de Jack : à quoi voit-on que pour lui, leur survie ne passera pas par un sauvetage ?

13. Quelle stratégie te semble la plus efficace pour survivre ? Celle de Ralph (organiser leur sauvetage) ou celle de Jack (revenir à l'état sauvage pour s'adapter à l'île sur laquelle ils vivent désormais) ? Rédige quatre phrases au moins pour répondre.

JE PRÉPARE MA MISSION

À ton avis, quelles difficultés peut-on rencontrer lorsqu'on part à l'aventure à plusieurs ? Et quels avantages peut-on aussi y trouver ?

Les 3 mots de la séance

Note ce que tu retiens de la séance en trois mots.

6 Garder le moral !

→ Je découvre comment un aventurier peut trouver du soutien en lui-même.

• **Dans un futur où les catastrophes climatiques se multiplient, nombre d'habitants décident de fuir les villes. Dans un premier temps, Justin refuse de suivre sa famille car il ne veut pas abandonner ses jeux vidéo. Il change finalement d'avis et décide de rejoindre ses parents. Nous découvrons ses pensées et ses aventures grâce à son journal de bord.**

DOC 1 | Erik L'Homme et Éloïse Scherrer,
MASCA – Manuel de survie en cas d'apocalypse, © Éditions Gallimard Jeunesse, 2019.

Lecture & Écriture

1. Observe cet inventaire dessiné et écrit par Justin dans son journal de bord :

a. De quoi fait-il ici la liste ?

b. Sélectionne trois objets, puis explique à quoi ils pourront lui être utiles.

2. Observe attentivement ta salle de classe, puis, à la manière de Justin, dessine tous les objets que tu pourrais y prélever si tu partais à l'aventure.

DOC 2 « Björn, c'est le premier personnage que je suis arrivé à dessiner. Depuis, il ne me quitte plus. C'est un guerrier total qui connaît toutes les techniques de combat. Je l'ai soumis grâce à un enchaînement de classe 9 et maintenant je suis son maître pour l'éternité. »
Erik L'Homme et Éloïse Scherrer, *MASCA – Manuel de survie en cas d'apocalypse*, © Éditions Gallimard Jeunesse, 2019.

Lecture & Écriture

3. Björn est-il, dans la vie de Justin, un personnage réel ? Justifie ta réponse en citant le texte.

4. Quel rôle joue Björn pour Justin ? Pourquoi est-il important ?

5. Invente un personnage qui pourrait te conseiller et te soutenir dans les moments difficiles, comme Björn avec Justin. Il peut s'agit d'un être humain, d'un animal ou d'une créature totalement imaginaire. Rédige cinq phrases au moins, dans lesquelles tu le décriras physiquement et tu préciseras ses qualités. Tu peux également le dessiner si tu le souhaites.

JE PRÉPARE MA MISSION

Fais la liste des soutiens que l'on peut mobiliser lorsqu'on est un aventurier ou une aventurière solitaire et que l'on a besoin de réconfort.

Les 3 mots de la séance

Note ce que tu retiens de la séance en trois mots.

J'ACCOMPLIS MA MISSION

Le projet

Que dois-tu imaginer ?

→ En groupe, tu vas confectionner un manuel de survie pour aventuriers et aventurières. Chaque membre du groupe aura en charge une double page (une feuille A4 pliée en 2 pour obtenir un format « carnet »), que vous collerez les unes aux autres pour créer votre manuel de survie.

→ Voici les thèmes sur lesquels porteront vos doubles pages. Vous pouvez proposer d'autres thématiques avec l'accord de votre professeur.

Titre des doubles pages	Contenu
1. Ce manuel vous sera utile...	Décris la situation dans laquelle le manuel pourra être utile aux lecteurs et choisis le titre du manuel en fonction de cela. *Par exemple, « Manuel pour survivre sur une île au trésor. »*
2. Vous aurez besoin de...	Liste les objets essentiels à l'aventure. *Par exemple, dans le cas d'un séjour sur une île au trésor : une pelle, une gourde d'eau, une boussole, ...*
3. Quelques règles à respecter	Liste quelques règles essentielles pour que l'aventure se passe bien. *Par exemple, dans le cas d'un séjour sur une île au trésor : avoir à cœur de partager le trésor.*
4. Pour garder le moral !	Liste de bonnes stratégies pour les moments difficiles de la vie aventureuse. *Par exemple, tenir un journal intime, demander conseil à telle ou telle personne, avoir un ami imaginaire.*

Pour réussir ta mission, tu peux t'aider des récits d'aventures étudiés pendant l'escale, ainsi que des mots de tes collectes (p. 76).

Les étapes

1. **Définis avec tes camarades la situation aventureuse** dont traitera le manuel : un séjour sur une île déserte ou dans la jungle par exemple.
2. **Répartissez-vous les pages à créer**, puis **rédigez-les** au crayon de papier. N'hésitez pas à ajouter des dessins à la manière de Justin (p. 88-89).
3. **Relisez en groupe votre travail** et améliorez vos doubles pages en fonction des conseils des uns et des autres.
4. **Mettez votre travail au propre.**
   Vous pouvez décider par avance avec votre groupe d'un ensemble de couleurs ou d'un style particulier à utiliser, pour renforcer la cohérence de l'ensemble.
5. **Dessinez en groupe la couverture et la quatrième de couverture** de votre manuel : n'hésitez pas à consulter des livres chez vous, en classe ou au CDI pour repérer les informations essentielles à y faire figurer.
6. **Assemblez votre manuel** en collant les doubles pages les unes aux autres.

ESCALE 4 Bilan

Quiz

1. À quoi peut-on opposer l'aventure ?

- a La routine.
- b Les risques.
- c L'inconnu.

2. La Loi de la Jungle est...

- a la loi du plus beau.
- b la loi du plus gentil.
- c la loi du plus fort.

3. Lequel de ces héros se lance dans l'aventure par choix ?

- a Cosimo.
- b Mowgli.
- c Mano.

4. Lire un récit d'aventure...

- a donne envie de voyager.
- b donne envie de rester chez soi.
- c nous projette dans des univers inconnus.

5. Que faut-il absolument pour partir à l'aventure ?

- a Savoir se battre.
- b Connaître de bonnes techniques de chasse.
- c Accepter l'imprévu.

6. Parmi ces héros, lequel n'exprime pas de peur ?

- a Tobie.
- b Jack.
- c Justin.

Texte par texte — Je me rappelle ce que j'ai appris.

1. L'aventure, c'est l'aventure ! (p. 77) : Pourquoi Paulo Coelho affirme-t-il que la routine est plus dangereuse que l'aventure ?

2. Pour quelques escargots (p. 78) : Que fuit Cosimo ?

3. La Loi de la Jungle (p. 80) : Pourquoi le Peuple Singe n'est-il pas accepté dans la jungle ?

4. L'araignée : une épreuve instructive (p. 82) : Pourquoi faire une promesse quand on est en grand danger ?

5. Faire équipe pour survivre (p. 85) : Pourquoi le feu est-il si important pour Ralph ?

6. Garder le moral ! (p. 88) : Qui est Björn et quelle est sa fonction ?

Écriture — Je réfléchis à ce que l'aventure nous apprend.

1. Selon toi, comment une aventure peut transformer ceux qui la vivent ?

Rédige au moins six phrases pour répondre. Tu peux t'appuyer sur les textes que tu as étudiés pendant cette séquence. Tu utiliseras les connecteurs suivants : d'abord • ensuite • enfin. Voilà également quelques verbes relatifs à la transformation, qui pourront t'être utiles : devenir • changer • évoluer • passer de... à... • perdre • gagner.

2. Explique pourquoi l'aventure permet de mieux comprendre le monde.

Rédige au moins six phrases pour répondre. Tu peux t'appuyer sur les textes que tu as étudiés pendant cette séquence.

Les 5 mots de l'escale

Note ce que tu retiens de l'escale en cinq mots.

Bilan personnel

→ **Raconte la mission que tu as accomplie au fil de cette escale. Développe en précisant ce que tu as aimé ou non, ce que tu as trouvé facile ou difficile, ce que tu as appris d'intéressant ou de surprenant.** Rédige au moins cinq phrases.

Fluence

Je lis vite et bien !

Sauvé de la noyade !

Après de multiples aventures qui l'ont conduit de son Angleterre natale au Brésil, Robinson, qui fait voile en direction de la Nouvelle Guinée, fait naufrage…

La vague qui revint sur moi m'ensevelit tout d'un coup, dans sa propre masse, à la 15
profondeur de vingt ou trente pieds ; je me sentais emporté avec une violence et une 30
rapidité extrêmes à une grande distance du côté de la terre. Je retenais mon souffle, et 46
je nageais de toutes mes forces. Mais j'étais près d'étouffer, faute de respiration, quand je 61
me sentis remonter, et quand, à mon grand soulagement, ma tête et mes mains percèrent 76
au-dessus de l'eau. Il me fut impossible de me maintenir ainsi plus de deux secondes, 91
cependant cela me fit un bien extrême, en me redonnant de l'air et du courage. Je fus 108
derechef couvert d'eau assez longtemps, mais je tins bon […]. Puis, alors, prenant mon 121
élan, je courus à toutes jambes vers le rivage. Mais cet effort ne put me délivrer de la 139
furie de la mer, qui revenait fondre sur moi ; et, par deux fois, les vagues m'enlevèrent, 155
et, comme précédemment, m'entraînèrent au loin, le rivage étant tout à fait plat. 168
[…] Alors je repris ma course, et je m'approchai tellement de la terre, que la nouvelle 183
vague, quoiqu'elle me traversât, ne m'engloutit point assez pour m'entraîner. Enfin, 194
après un dernier effort, je parvins à la terre ferme, où, à ma grande satisfaction, je gravis 211
les rochers escarpés du rivage, et m'assis sur l'herbe, délivré de tous périls et à l'abri de 228
toute atteinte de l'océan. 232

Daniel Defoe, *Robinson Crusoé*, 1719, éditions Borel et Varenne, trad. Pétrus Borel, 1836.

Je lis le texte ci-dessus et je mesure ma vitesse de lecture

Tu peux demander à un camarade de te chronométrer.

▶ *À recopier sur ton cahier :* **J'ai lu** .... **mots en une minute.**

Je vérifie que j'ai bien compris

1 **Que signifient les passages suivants ?**

- Il me fut impossible de me maintenir ainsi plus de deux secondes, cependant cela me fit un bien extrême, en me redonnant de l'air et du courage.
- Mais cet effort ne put me délivrer de la furie de la mer, qui revenait fondre sur moi […].
- [Je] gravis les rochers escarpés du rivage, et m'assis sur l'herbe, délivré de tous périls et à l'abri de toute atteinte de l'océan.

2 **Résume ce qui arrive à Robinson dans ce passage.**

Je m'entraîne à lire plus vite

3 **Lis rapidement…**

a. cette suite de mots.

ensevelir – profondeur – violence – soulagement – secondes – derechef – longtemps – enlever – entraîner – engloutir

b. ces séries de mots.

- extrême – externe
- vague – bague
- souffler – étouffer
- longtemps – longuement
- dessus – dessous
- prendre – pendre
- enlevèrent – entraînèrent
- satisfaction – factice
- escarpés – écartés

4 **Dans le texte…**

a. compte ces mots : terre – eau.

b. relève la phrase qui commence par « Il me fut » et celle qui se termine par « du courage ».

c. relève les mots qui désignent des parties du corps.

5 **Lis ce passage sans t'arrêter en fixant les traits bleus l'un après l'autre.**

Alors je repris ma course, et je m'approchai tellement de la terre, que la nouvelle vague, quoiqu'elle me traversât, ne m'engloutit point assez pour m'entraîner. Enfin, après un dernier effort, je parvins à la terre ferme, où, à ma grande satisfaction, je gravis sur les rochers escarpés du rivage, et m'assis sur l'herbe, délivré de tous périls et à l'abri de toute atteinte de l'Océan.

Je relis le texte et je mesure ma vitesse de lecture

Tu peux demander à un camarade de te chronométrer.

▶ *À recopier sur ton cahier :* **J'ai lu** .... **mots en une minute.**

J'améliore mon articulation

6 **Prononce ces groupes de mots en articulant avec soin.**

dans sa propre masse – faute de respiration – la furie de la mer

7 **Prononce ces phrases le plus vite possible sans t'arrêter et en articulant.**

- La vague qui revint sur moi m'ensevelit tout d'un coup.
- Je fus derechef couvert d'eau assez longtemps, mais je tins bon.
- Et, par deux fois, les vagues m'enlevèrent, et, comme précédemment, m'entraînèrent au loin.

Je relis le texte et je mesure ma vitesse de lecture

Tu peux demander à un camarade de te chronométrer.

▶ *À recopier sur ton cahier :* **J'ai lu** .... **mots en une minute.**

Je note mes progrès

▶ *À recopier sur ton cahier :*

1re lecture .... **mots par minute**

2e lecture .... **mots par minute**

3e lecture .... **mots par minute**

ESCALE 5

Flore Vesco, *De Cape et de Mots*

CAP SUR LA MISSION

- **À la fin de cette escale, tu créeras avec tes camarades un jeu de sept familles reprenant les différents «ingrédients» du roman d'aventures *De Cape et de Mots*, écrit par Flore Vesco. Tout ce que tu découvriras dans cette escale te permettra de réussir cette mission.**

Je fais le point sur mes connaissances

Choisis, pour chaque question, la ou les réponses qui conviennent.

	a	b	c
1. Dans un roman d'aventures, le héros ou l'héroïne a…	des superpouvoirs.	du courage.	un objet magique.
2. Ce qui définit au mieux l'aventure, c'est…	le risque, l'imprévu.	le confort, l'organisation.	la peur, l'angoisse.
3. Qu'est-ce qui crée des obstacles aux actions du héros ou de l'héroïne ?	Le destin.	Un opposant.	Sa maladresse.
4. Celui qui aide le héros ou l'héroïne est…	son ange gardien.	son joker.	son adjuvant.
5. La partie la plus longue d'un roman d'aventures est celle qui correspond…	aux péripéties.	à l'élément déclencheur.	au dénouement.
6. On a envie de lire la suite s'il y a…	des descriptions.	des mots difficiles.	du suspense.
7. Les aventures peuvent être…	dangereuses.	comiques.	originales.

Collecte de mots

- **Sur le modèle du tableau p. 2, rassemble, pour chacun des termes suivants, tous les mots et toutes les expressions auxquels tu penses.**

Langue et parole — Inventer — Rebondir

Pour réussir la mission, je dois…

- → Être capable de distinguer les différents éléments qui composent un roman d'aventures.
- → Avoir lu et compris les aventures de Serine dans le roman *De Cape et de Mots* de Flore Vesco.
- → Être capable d'identifier les émotions ressenties par l'héroïne ou produites par le texte.
- → Découvrir et expérimenter différentes façons de jouer avec les mots.

1 Le prologue

→ Je définis l'horizon d'attente du roman.

Lecture & Écriture

DOC 1

Couverture de l'adaptation du roman *De Cape et de Mots* en bande dessinée, Flore Vesco et Kerascoët, © Dargaud, 2022.

1. **Observe la couverture de cette bande dessinée :**
a. **Décris l'héroïne, au premier plan.**
b. **Comment comprends-tu le titre du roman ?**

2. **Lis les questions suivantes, puis lis le prologue de ce roman pour répondre :**
a. **Qui ? Où ? Quand ? Quoi ? Pourquoi ?**
b. **Qu'apprend-on sur l'héroïne et son caractère ?**

DOC 2

Les portes du tribunal s'ouvrirent en gémissant. L'assemblée tendit le cou et dévisagea avidement la jeune fille qui avançait vers la chaise des accusés. Son arrivée déclencha une pluie de médisances et de crachats. Une baronne s'étonna : « Meurtrière ? Si jeune ! » Son voisin murmura : « Elle n'a pas toute sa tête. »
La jeune fille s'arrêta à leur niveau. Tranquillement, délibérément, elle tourna les yeux vers eux. Tout le rang baissa le nez, de peur d'être ensorcelé. Non seulement Serine pensait avoir toute sa tête, mais elle l'aurait volontiers gardée posée sur ses épaules. Ce qui ne va pas de soi, lorsqu'on est sur le point d'être condamnée pour régicide.

Flore Vesco, *De Cape et de Mots* © Didier Jeunesse, 2015, extrait du prologue (première édition).

texte lu
college.nathan.fr/
F6_esc5_textes

3. **Relis le prologue : à ton avis, à quel moment de l'histoire se situe cet épisode ?** Justifie ta réponse.

4. **Après la lecture de ce prologue, qu'aimerais-tu savoir sur l'histoire de Serine ?** Rédige au moins trois phrases pour répondre.

Vocabulaire

5. **Explique comment Serine joue sur les sens propre et figuré du mot « tête ».**

La petite leçon

- Le sens **propre** est le premier sens d'un mot dans le dictionnaire, c'est un sens concret. Ex : couper un ruban.
- Le sens **figuré** est une image, un sens abstrait. Ex : couper la parole.

JE PRÉPARE MA MISSION

Quel est l'objectif du prologue ?

Les 3 mots de la séance

Note ce que tu retiens de la séance en trois mots.

2 « Esperlune »

→ Je découvre comment l'héroïne surmonte une épreuve.

Méthode

• Pour acquérir les bons réflexes face à un texte, utilise le **rabat de ton cahier**.

1 Avant de lire le texte...

• Qu'as-tu retenu du texte du prologue (p. 95) ? Quelles questions te poses-tu sur l'histoire de Serine ?

• As-tu pensé à lire le paratexte (titre, nom de l'auteur, date de publication, mise en contexte, repères) ? Pourquoi Serine part-elle à l'aventure ?

Serine est le surnom de la comtesse Séraphine Marie-Geneviève Alexandrina de Notre-Dame Chancies du Jousselinier Senestre lez Castiche de l'Auberivière sié l'Ostel de la Colline. Sa famille est noble mais ruinée. À la mort de son père, Serine, presque dix-sept ans, quitte en douce le château familial en ruines, sa mère qui veut la marier et ses six petits frères tant aimés pour devenir demoiselle de compagnie de la femme du roi Léo III, une reine difficile et capricieuse.

Avec horreur, Serine se rendit compte que son tour était venu. Elle restait figée à sa place, l'esprit vidé, la vision trouble.

Le ton un peu narquois avec lequel la Grande Demoiselle l'annonça la tira de sa torpeur. On souriait de ce nom interminable, qui seyait si peu à la mise grossière de la jeune fille. Piquée au vif, Serine se sentit serrer les poings et avancer décidément vers le trône. [...] Elle ouvrit la bouche, persuadée qu'aucun son n'allait en sortir. Elle s'entendit alors déclarer :

- Majesté, vous êtes plus ravissante qu'un... qu'une esperlune.

S'ensuivit un silence magistral, au cours duquel Serine eut tout loisir de s'étonner de ce mot improbable qu'elle venait d'inventer. La reine resta d'abord interdite. Mais elle craignit, en demeurant silencieuse, qu'on s'imagine qu'elle n'avait pas compris ce mot étrange. Elle prit alors son air le plus savant, et s'exclama :

- Mais la comparaison est absolument charmante ! Redites-moi votre nom ?

Tout le monde regarda avec intérêt cette nouvelle demoiselle si cultivée. Cette dernière s'enhardit jusqu'à répondre :

- J'ai déjà abusé de votre patience en vous le donnant à entendre une première fois. Si vous le permettez, appelez-moi Serine, Votre Majesté.

La reine hocha la tête avec indulgence. C'était la première fois que Sa Majesté prenait la peine de répondre au compliment d'une demoiselle. Après un tel événement, nul n'osa se ridiculiser en demandant ce qu'était une esperlune. Au contraire, il devint du dernier chic de l'employer à tout va.

Flore Vesco, *De Cape et de Mots*,
© Didier Jeunesse 2015, « Esperlune ».

texte lu
college.nathan.fr/
F6_esc5_textes

Repères

Flore Vesco est née à Paris en 1981. « Elle a, écrit-elle, longtemps hésité entre le grand banditisme, la piraterie, et l'écriture.» et n'a encore renoncé à aucun des trois. Après des études de lettres et de cinéma, « elle a été chasseuse de primes, éleveuse d'autruches et professeur de français en collège. » Elle aime « tout ce qui a des bulles (le champagne, le bain moussant, la bande dessinée...). »

2 À la première lecture

• Réponds à ces questions : qui ? quand ? où ? quoi ? pourquoi ?

3 À la relecture

• Donne un titre à ce passage.

• Liste tes émotions à la lecture de ce texte.

4 Faire résonner le texte

• À quels personnages, à quelles histoires (livres, films, images...) ce texte te fait-il penser ? Pourquoi ?

Vocabulaire

1. a. Quel néologisme (voir p. 203) invente Serine ? Explique comment ce mot semble formé et pourquoi, selon toi, il séduit la reine.
b. À ton avis, ce mot a-t-il un sens clair pour la reine ? et pour Serine ? Justifie en citant le texte.

2. À ton tour, invente deux néologismes selon le principe des mots-valises (voir p. 193), puis emploie-les dans une phrase de ton invention qui pourra (au moins en partie) en éclairer le sens.

3. a. Par quel autre mot du texte peux-tu remplacer « interdite » (l. 11) ?
b. Rédige deux phrases : l'une avec cet adjectif dans son sens le plus courant, l'autre pour illustrer le sens que l'adjectif a ici.

4. Dans le 2e paragraphe, relève les synonymes des termes suivants : moqueur • engourdissement • manière d'être habillée • vexée • d'une manière décidée.

5. Complète tes collectes de mots centrées sur les termes « Langue et parole » et « Inventer » (voir p. 94).

Lecture & Écriture

6. Détaille tout ce qui, dans cet extrait, a permis d'après toi à Serine de surmonter cette épreuve. Donne au moins trois idées, et pour chacune, cite le texte entre guillemets pour justifier.

7. Imagine le compliment que tu aurais pu faire à la reine pour, toi aussi, entrer à son service. Rédige au moins cinq phrases et emploie un néologisme de ton invention.

Gustave Doré, gravure pour le conte *Cendrillon*, Charles Perrault, 1862.

JE PRÉPARE MA MISSION

Quelles qualités ont permis à l'héroïne de surmonter cette épreuve ?

Les 3 mots de la séance

Note ce que tu retiens de la séance en trois mots.

3 L'apprenti bourreau

→ **Je découvre un adjuvant.**

Méthode

• Pour acquérir les bons réflexes face à un texte, utilise le **rabat de ton cahier**.

1 Avant de lire le texte...

- Qu'as-tu retenu du précédent extrait ?
- As-tu pensé à lire le paratexte (titre, nom de l'auteur, date de publication, mise en contexte) ? De quoi Serine a-t-elle besoin et pourquoi ?

Ridiculisée par les autres demoiselles jalouses (elles lui ont prêté un corset usé qui s'est défait, dévoilant soudain sa poitrine en plein bal), exploitée par la reine qui lui mène la vie dure et lui a fait couper les cheveux pour s'en faire une nouvelle perruque, agressée par le secrétaire du roi qui la soupçonne d'avoir un secret, Serine a besoin de soutien. Une nuit, elle descend dans les cachots et fait la rencontre de Léon, l'apprenti bourreau, au milieu de ses instruments de torture.

- [...] Cette nouvelle coiffure vous va à ravir.

Serine lui lança un regard furibond. Et s'avisa alors qu'il n'y avait pas la moindre pointe de moquerie dans sa voix. Il était si peu au fait des modes féminines qu'il était sincère : il trouvait que les cheveux courts encadraient joliment son visage. Cela faisait longtemps que Serine n'avait pas entendu une parole aussi franche et gentille, et cela lui fit chaud au cœur.

En regardant autour d'elle, elle fut touchée de constater que le ménage avait été fait partout dans la prison. Boulets, chaînes et pinces étincelaient. Le squelette souriait dans sa cage soigneusement astiquée. Les rats qui vous frôlaient les chevilles avaient été shampouinés et portaient chacun un ruban de couleur vive autour du cou. Un feu de cheminée illuminait la pièce. Comme il était encore tôt, on entendait les prisonniers bavarder à travers les cellules. Dans la petite bibliothèque, de gros volumes proprement rangés par auteur achevaient de rendre la salle de torture chaleureuse et accueillante.

[L'apprenti] lui proposa de visiter les cachots. Serine n'y tenait pas tant que ça, mais elle n'osa refuser. Les prisonniers n'en revenaient pas. Ils ne recevaient jamais de visites.

2 À la première lecture

- Réponds à ces questions : qui ? quand ? où ? quoi ? pourquoi ?

3 À la relecture

- Donne un titre à ce passage.
- Liste tes émotions à la lecture de ce texte.

4 Faire résonner le texte

- À quels personnages, à quelles histoires (livres, films, images...) ce texte te fait-il penser ? Pourquoi ?

Et voilà qu'une véritable demoiselle avec des joues roses se penchait sur les barreaux de leurs cellules. Le premier se mit à balayer avec frénésie et pousser les araignées dans un coin, en s'excusant du désordre. Un autre s'y reprit à trois fois pour réussir sa révérence, à cause des chaînes qui lui entravaient les chevilles. Et un grand gaillard baraqué s'évanouit quand Serine lui adressa un sourire poli.
Quand ils eurent repris contenance, ils discutèrent plaisamment avec l'apprenti des prochaines séances de torture et de leur quantité de pain sec. [...]
- Bien sûr, nous formons une famille un peu étrange, reconnut l'apprenti avec un certain embarras.
Serine pensa à sa propre famille et soupira. Elle avait encore dans sa poche la lettre de sa mère. En rougissant, elle demanda à l'apprenti s'il pouvait la lui lire. Ce dernier ne se moqua pas. Il parut seulement content de pouvoir l'aider.

Flore Vesco, *De Cape et de Mots*,
© Didier Jeunesse, 2015, « Attrape-Bernet ».

texte lu
college.nathan.fr/
F6_esc5_textes

Vocabulaire

1. Dans le texte, relève les mots et expressions qui renvoient aux thèmes suivants : le soin apporté à l'apparence et à la propreté ; les relations (agréables) entre les personnes ; le cachot.

Un pilori.

Lecture & Écriture

2. À l'aide du paratexte, liste les opposants de Serine.

3. Qu'est-ce qui est surprenant et amusant concernant l'apprenti bourreau, le cachot et les prisonniers ? Donne un exemple pour chacun.

4. Relis la fin de l'extrait et explique quelle aide Léon peut apporter à Serine.

5. Choisis l'un des sujets d'écriture suivants et rédige au moins sept phrases :

- **Poursuis cet extrait en décrivant positivement et avec humour les instruments de torture de Léon.** Tu peux expliquer par exemple les avantages que tirent les prisonniers du pilori.
- **Réécris la description de la prison de Léon comme on s'attendrait davantage à la lire, c'est-à-dire ni « chaleureuse », ni « accueillante ».** Tu peux reprendre le vocabulaire employé par l'autrice (« boulets », « chaînes », « pinces ») et associer chaque détail à l'émotion qu'il suscite.

J'ai déjà fini !

6. Imagine la lettre que la mère de Serine a écrite à sa fille quand elle a découvert son départ et les raisons de celui-ci.

Différenciation

JE PRÉPARE MA MISSION

Quels sont les adjuvants et les opposants de l'héroïne ?

Les 3 mots de la séance

Note ce que tu retiens de la séance en trois mots.

4 Le bouffon

→ **Je découvre la nouvelle identité de l'héroïne.**

Méthode

- Pour acquérir les bons réflexes face à un texte, utilise le **rabat de ton cahier**.

1 Avant de lire le texte...

- Qu'as-tu retenu du précédent extrait ?
- As-tu pensé à lire le paratexte (titre, nom de l'auteur, date de publication, mise en contexte) ? Dans quelle situation se trouve Serine avant cet extrait et quel secret a-t-elle découvert ?

Renvoyée par la reine durant un bal, Serine a pénétré dans la chambre du roi pour aider Clarine, son amie lavandière, à retrouver un vêtement. Elle y a surpris le secrétaire du roi, une fiole à la main. Il l'a poursuivie pour la faire taire et Serine s'est cogné la tête à un meuble. Le secrétaire a enroulé son corps dans un tapis avant de le jeter dans les douves, la croyant morte. Réveillée par l'eau glacée, Serine a escaladé la muraille du palais et s'est engouffrée par une ouverture qu'elle a trouvée. Elle s'est évanouie sur le sol et a repris connaissance un peu plus tard.

Ses habits humides l'encombraient. Elle se dévêtit et se mit à arpenter la pièce, entièrement nue. Sa démarche était assurée. Malgré les ténèbres, elle évitait aisément tous les obstacles. Peu à peu, les formes brinquebalantes qui l'entouraient prirent sens. Elle se trouvait dans un ancien théâtre à l'abandon.

Serine enjamba une armure en fer-blanc toute cabossée, et s'approcha d'un coffre débordant de tissus scintillants. Irrésistiblement attirée, elle saisit le plus beau de ces costumes, fait de mille pièces disparates. [...]

Tous sursautèrent quand les portes de la salle de bal s'ouvrirent à grand fracas. Serine venait de s'introduire elle-même, d'un bon coup de pied dans le loquet. L'orchestre s'interrompit dans un couac discordant. Son crâne rasé et fêlé disparaissait sous un bonnet chatoyant, orné d'une couronne de piécettes dorées qui illuminait son front. Un loup[1] d'un rouge sanglant, assorti à son sourire, masquait les regards dédaigneux qu'elle distribuait à la ronde. Elle portait un costume éblouissant, tissé de losanges multicolores. Un rang de grelots cerclait ses chevilles et ses poignets. Des gants de soie cachaient ses ongles déchiquetés. Elle tenait une marotte, un bâton orné d'un pommeau représentant un visage grimaçant, qu'elle tapait lentement dans la paume de sa main d'un geste menaçant. [...]

Serine inclina le buste comme pour saluer. Elle bascula en avant, fit trois tours de roue et une légère cabriole. Un concert de grelots accompagnait

2 À la première lecture

- Réponds à ces questions : qui ? quand ? où ? quoi ? pourquoi ?

3 À la relecture

- Donne un titre à ce passage.
- Liste tes émotions à la lecture de ce texte.

4 Faire résonner le texte

- À quels personnages, à quelles histoires (livres, films, images, ...) ce texte te fait-il penser ? Pourquoi ?

1. Loup : De quel loup s'agit-il ici, à ton avis ?

chacune de ses gambades. Une dernière pirouette la déposa aux pieds du roi. [...]
Elle leva deux yeux mutins vers le roi :
- Sire, permettez-moi de me présenter : je suis le premier fou de ce royaume, et le dernier des sages, pour vous servir.

Flore Vesco, *De Cape et de Mots*,

texte lu
college.nathan.fr/
F6_esc5_textes

Lecture & Écriture

1. Relis le portrait de Serine en fou du roi, puis dessine-la en faisant attention à respecter tous les détails.

2. Recopie le tableau suivant et classes-y les expressions du texte qui opposent les blessures physiques et morales de Serine à l'apparence brillante qu'elle a prise pour son retour devant la Cour.

Blessures dissimulées	Apparence brillante

3. Chassée et maltraitée, Serine décide pourtant de revenir à la Cour. Donne au moins deux raisons.

4. De quelles qualités physiques et morales Serine fait-elle preuve dans ce passage ? Rédige au moins cinq phrases.

J'ai déjà fini !

5. Imagine ce que Serine pourrait faire par la suite sous cette nouvelle identité. Rédige au moins cinq phrases.

Différenciation

Vocabulaire

6. a. Relis dans l'extrait les phrases contenant ces adjectifs :
« brinquebalantes », « disparates », « chatoyant », « mutins ».
b. Recopie les phrases suivantes en y plaçant ces adjectifs là où ils ont du sens. Veille à les accorder !
- Maintiens la tête ... du bébé. Sa nuque est fragile.
- Le petit garçon ... a fait une grimace aux passants.
- Ce brocanteur vend des objets ..., il aime tous les styles.
- Le peintre a bien rendu les couleurs ... du coucher de soleil.

7. Donne un maximum de mots de la famille de « rebondir ».

8. Quel est le sens propre du mot « rebondir » ? Relève dans le texte les mots qui renvoient à ce thème.

9. Quel est le sens figuré du mot « rebondir » dans le contexte d'un récit ?

10. Complète tes collectes de mots centrées sur les termes « Rebondir » et « Inventer » (p. 94).

JE PRÉPARE MA MISSION

Pourquoi le verbe « rebondir » convient-il bien à cet extrait ?

Les 3 mots de la séance

Note ce que tu retiens de la séance en trois mots.

5 Remue-ménage à la Cour !

→ Je découvre le rôle du bouffon.

• **Serine devient le bouffon du roi, qui ignore sa véritable identité.**

DOC 1 Extrait de l'adaptation du roman *De Cape et de Mots* en bande dessinée, Flore Vesco / Kerascoët, © Dargaud, 2022.

Vocabulaire

1. **Quels mots employés par Serine te semblent inventés?**

2. **Qu'est-ce qu'un « parasite », d'abord au sens propre, puis au sens figuré?**

Lecture & Écriture

3. **Explique ce qui est comique dans cette scène.**

4. **À ton avis, pourquoi Serine agit-elle ainsi ? Qui veut-elle protéger et de quoi ?**

5. **À ton avis, que pense le roi de l'intervention de son fou ?** Donne au moins deux idées.

DOC 2
Extrait de l'adaptation du roman *De Cape et de Mots* en bande dessinée, Flore Vesco / Kerascoët, © Dargaud, 2022.

Lecture & Écriture

6. **Qu'est-ce qui surprend le roi cette fois ? Quels signes traduisent son incompréhension dans le dessin ?**

7. **Observe la planche : quel autre personnage n'avait pas été informé de la mode du jour ?**

8. **Pourquoi la situation dans la dernière vignette est-elle comique ?**

9. **Explique quelle « leçon » le fou a cette fois donnée au roi.** Rédige quatre phrases au moins.

Vocabulaire

10. **Dans la seconde vignette, relève deux termes qui ont un sens très proche, puis propose des antonymes pour ces termes.**

11. **Explique le sens du verbe « se pavaner » et emploie-le dans une phrase de ton invention.**

12. **Formule une hypothèse sur le sens du mot « édit » en relisant ces extraits de bande dessinée et tes réponses précédentes.**

JE PRÉPARE MA MISSION

Quel objectif poursuit Serine maintenant qu'elle est dans la peau du bouffon du roi ?

Les 3 mots de la séance

Note ce que tu retiens de la séance en trois mots.

6 La charade

→ Je lis le procès de Serine.

Méthode

- Pour acquérir les bons réflexes face à un texte, utilise le **rabat de ton cahier**.

1 Avant de lire le texte...

- Qu'as-tu retenu de la dernière séance ?
- As-tu pensé à lire le paratexte (titre, nom de l'auteur, date de publication, mise en contexte) ? Dans quelle situation se trouve Serine désormais ?

Serine a déjoué à plusieurs reprises les plans du secrétaire et de la reine pour tuer le roi. Malheureusement, un matin, le cordon de la cape du roi s'est accroché à un tiroir de sa chambre. Le roi s'est étranglé tout seul et est mort par accident. Comme le fou est la dernière personne à avoir vu le roi, le secrétaire n'a eu aucun mal à l'accuser de régicide. Voilà donc Serine au tribunal, face au juge.

- Je demanderai tout d'abord à l'inculpée de confirmer son identité, déclara-t-il.
La jeune fille rappela en souriant :
- Eh bien ! personne n'a encore deviné mon nom, que je sache.
Dans l'assemblée, tout le monde eut soudain en tête la devinette que le bouffon avait posée à son arrivée, et dont personne n'avait trouvé la réponse : « Mon premier est le premier. Mon second est le troisième. Multipliez par trois mon deuxième, ajoutez-lui mon premier, et vous obtiendrez mon troisième. Le tout est mon nom, mais je n'ai pas le droit de le dire. »
Cette charade les avait occupés pendant des semaines. Or, rien n'est plus frustrant qu'une devinette sans solution.
Le juge, que n'arrêtaient pas de telles bagatelles, haussa les épaules et entreprit de déclamer le nom de Serine, qui avait été formellement reconnue par la moitié de la Cour. Cela lui prit quelques minutes, le temps pour l'auditoire de réfléchir une dernière fois à l'énigme. On s'y mit avec d'autant plus de frénésie que le bouffon serait bientôt condamné à mort, emportant la réponse dans sa tombe. La reine elle-même fronça les sourcils à l'idée qu'elle avait souhaité quelque chose et ne l'avait pas obtenu.
Le juge poursuivit en énonçant les crimes dont Serine était accusée : travestissement et usurpation de fonction, débordements et troubles de l'étiquette, et enfin régicide. Il lui demanda si elle avait un défenseur. Elle répondit qu'elle parlerait elle-même.
- Jeune fille, je ne peux que regretter ce choix, étant donné le peu de cas que nous faisons de votre parole : il ne semble sortir de votre bouche que jeux de mots, rébus et mensonges.

Flore Vesco, *De Cape et de Mots*, © Didier Jeunesse, 2015, « Flanconades ».

texte lu
college.nathan.fr/
F6_esc5_textes

2 À la première lecture

- Réponds à ces questions : qui ? quand ? où ? quoi ? pourquoi ?

3 À la relecture

- Donne un titre à ce passage.
- Liste tes émotions à la lecture de ce texte.

4 Faire résonner le texte

- À quels personnages, à quelles histoires (livres, films, images...) ce texte te fait-il penser ? Pourquoi ?

Lecture & Écriture

1. **Par rapport au prologue, à quel moment de l'histoire se situe cet extrait?**

2. **Serine trouble l'auditoire en disant : « personne n'a encore deviné mon nom, que je sache » (l. 3) :** de quoi parle-t-elle ?

3. **Rappelle pourquoi « Cela lui prit quelques minutes » (l. 13) quand le juge dit le vrai nom de Serine.**

4. **À ton avis, pourquoi Serine a-t-elle choisi de se défendre seule à son procès ? Aurais-tu fait pareil, à sa place ?** Rédige au moins cinq phrases.

5. **Imagine le témoignage du secrétaire appelé à la barre par le juge.** Rédige au moins six phrases.

Vocabulaire

6. **Donne un maximum de mots de la famille de « inculpée » et de celle de « travestissement ».**

7. **Formule une hypothèse sur le sens du mot « étiquette », qui n'a pas son sens le plus courant ici.** Quels indices dans le texte t'ont permis de répondre ?

8. **As-tu trouvé la solution de la charade ?**
Indices :
- « Mon premier », « mon second » et « mon troisième » sont des chiffres.
- « Mon second » désigne, après « bis », le troisième élément d'une suite portant le même numéro (une maison, par exemple).

9. **Complète ta collecte de mots centrée sur les termes « Langue et parole » (p. 94).**

Honoré Daumier, *Le Défenseur*, dessin d'Honoré Daumier, 1862-1865, musée d'Orsay, Paris.

JE PRÉPARE MA MISSION

Comment Serine se montre-t-elle surprenante et audacieuse à son propre procès ?

Les 3 mots de la séance

Note ce que tu retiens de la séance en trois mots.

7 Coup de théâtre !

→ Je découvre le dénouement.

Méthode

- Pour acquérir les bons réflexes face à un texte, utilise le **rabat de ton cahier**.

1 Avant de lire le texte...

- Qu'as-tu retenu du précédent extrait ? Quelle question restait en suspens ?
- As-tu pensé à lire le paratexte (titre, nom de l'auteur, date de publication, mise en contexte) ? Quel coup de théâtre permet le dénouement ?

Lorsque le juge, convaincu par les arguments du secrétaire, déclare Serine coupable, les lavandières et les cuisiniers sortent battoirs à linge et couverts pour se battre contre les gardes dans une grande et vigoureuse bataille. Léon parvient à rétablir le calme et, debout sur le bureau du juge, il affirme être le nouveau roi : il a découvert qu'il était le fils de la défunte première épouse du roi. La sage-femme l'avait confié en secret au bourreau qui l'avait élevé sans connaître son identité. Dans le couffin, une lettre disait qu'il était « Léo IV » mais, dans l'obscurité des cachots, le bourreau avait lu « LéoN »...

- Et maintenant, qu'on fasse venir devant moi la reine et le secrétaire, afin qu'ils répondent de leurs crimes.

La reine se jeta aux pieds du nouveau roi.

- C'est le secrétaire ! C'est lui qui a organisé tous ces empoisonnements. Je n'étais au courant de rien.

La voix de Serine s'éleva, tranchante :

- Certainement, cette reine ment.

Le secrétaire éclata de rire.

- Bien entendu qu'elle était au courant. Quand je suis entré à son service, ça a été un jeu d'enfant de découvrir qu'elle avait empoisonné la première épouse du roi. Elle avait procédé avec tant de maladresse que c'est à se demander comment personne ne l'avait démasquée. Et je peux vous dire qu'elle n'a pas été longue à convaincre de recommencer.

Serine déclara d'un ton de couperet :

- Le secrétaire ne sait taire ses secrets.

À cet instant, les gardes enfoncèrent la porte. L'étonnement les arrêta. Puis ils posèrent un regard sur Léon, et reconnurent d'emblée leur nouveau roi. Suivant ses ordres, ils emmenèrent la reine dans les cachots.

[Le secrétaire s'enfuit, il s'assomme et chute par une fenêtre ouverte.]

Il tomba dans les douves.

Ou du moins, c'est ainsi que les choses se passèrent, selon les déductions de Serine, quand on repêcha son cadavre le lendemain.

2 À la première lecture

- Réponds à ces questions : qui ? quand ? où ? quoi ? pourquoi ?

3 À la relecture

- Donne un titre à ce passage.
- Liste les émotions produites par ce texte.

4 Faire résonner le texte

- À quels personnages, à quelles histoires (livres, films, images, ...) ce texte te fait-il penser ? Pourquoi ?

Personne en effet n'avait pris la peine de lui courir après. Car pendant que le secrétaire s'occupait de mourir, Léon s'était tourné vers Serine et lui avait dit :

- Maintenant que je suis roi, il faudrait à mes côtés quelqu'un qui mette le palais sens dessus dessous, se moque des courtisans, et me rappelle que je n'étais autrefois qu'un simple apprenti.

- Tu as besoin d'un fou ?

- J'ai besoin d'une reine.

Flore Vesco, *De Cape et de Mots*,

texte lu
college.nathan.fr/
F6_esc5_textes

Lecture & Écriture

1. Tu es le nouveau ou la nouvelle juge : prends un ton magistral pour faire la liste des crimes et des bassesses que tu peux reprocher à la reine, puis au secrétaire. Annonce-leur ensuite ta sentence avant l'arrivée des gardes. Tu peux d'abord préparer ta prise de parole à l'écrit.

2. Résume le dénouement du roman en dessinant trois vignettes de bande dessinée pour illustrer ce qu'il advient des personnages suivants : la reine, le secrétaire et Serine. Tu peux bien sûr ajouter Léon là où il veut être !

3. Comment l'histoire se finit-elle pour le secrétaire ? Sa situation te rappelle-t-elle quelque chose ?

4. Léon énumère des qualités, qui sont celles de Serine (l. 27):
a. Selon toi, ces qualités conviendront-elles bien au nouveau rôle de Serine ?
b. Invente ce qui pourrait se passer de surprenant à la Cour pendant le règne de Serine et de Léon. Rédige au moins quatre phrases pour répondre.

5. Imagine la lettre que Serine écrit à sa mère pour l'informer des événements qu'elle a vécus à la Cour et de l'évolution de la situation. Elle peut s'amuser de la surprise qu'elle va provoquer chez sa destinataire et adresser un mot à ses frères. Rédige au moins six phrases.

Vocabulaire

6. Quels paronymes Serine s'amuse-t-elle à dire ? À ton tour, invente deux phrases avec des termes paronymes.

7. Complète tes collectes de mots centrées sur les termes « Langue et parole », « Inventer » et « Rebondir » (p. 94).

La petite leçon

• Des **paronymes** sont des mots qui sont presque homonymes: leur prononciation ou leur orthographe sont proches, mais ils ont un sens différent. Par exemple: «poisson» et «poison», «inculper» et «inculquer», «bonheur» et «honneur», «bourreau» et «bureau»...

JE PRÉPARE MA MISSION

En quoi peut-on dire que le roman finit bien ?

Les 3 mots de la séance

Note ce que tu retiens de la séance en trois mots.

J'ACCOMPLIS MA MISSION

Le projet

Que vas-tu fabriquer ?

→ Il s'agit de **créer collectivement un jeu de sept familles** reprenant les « ingrédients » de l'aventure dans le roman *De Cape et de Mots* écrit par Flore Vesco. **Chaque famille sera composée de quatre cartes.**

Étape 1 › Définir les membres de chaque famille

- **Voici les différentes familles :**

1. Qualités de l'héroïne
2. Lieux de l'aventure
3. Opposants de l'héroïne
4. Adjuvants de l'héroïne
5. Obstacles à surmonter
6. Identités multiples
7. Ruses et jeux de mots

- D'abord au brouillon puis au tableau avec ta classe, **décide quelles cartes composeront chaque famille**.
  - Tu peux t'aider de tes collectes (voir p. 94).
  - S'il y a plus de propositions que de cartes, la classe peut voter pour les propositions jugées les plus pertinentes.

Étape 2 › Fabriquer les cartes du jeu

- Répartissez-vous en **sept groupes** (idéalement de 4 élèves).
- **Chaque groupe coupe en quatre une feuille A4,** de préférence en papier cartonné.
  Attention : chaque groupe doit disposer d'une feuille identique, de même couleur et de même épaisseur.
- **Chacun prend en charge l'écriture d'une des cartes, sur le modèle ci-contre.**

- Écris ici en lettres CAPITALES.
- N'hésite pas à décalquer ou t'inspirer des illustrations de la BD *De Cape et de Mots*.
- Mets de la couleur !
- Rédige une phrase pour expliquer le lien entre l'intitulé de la carte et le roman. Par exemple: « C'est la qualité qui permet à Serine de... / dont elle fait preuve quand... », ou bien « C'est sous cette identité que... », « C'est là que... ».
- Écris en bas de la carte le nom des quatre cartes qui composent cette famille.
- Distingue celle que tu es en train de fabriquer en coloriant/surlignant son nom ou en cochant une petite case à côté.

Étape 3 › Jouer aux sept familles du roman d'aventures

- Pour te souvenir des « ingrédients » de l'aventure de Serine et découvrir les cartes créées par les autres groupes, joue aux sept familles avec le jeu complet !

ESCALE 1 Bilan

Quiz

1. Que produit le prologue pour les lecteurs ?

a De la clarté.

b De la curiosité.

c De la joie.

2. Quelles qualités Serine montre-t-elle pour devenir demoiselle de compagnie ?

a De la créativité.

b De l'audace.

c De la politesse.

3. Que possède-t-elle en plus grand nombre ?

a Des adjuvants.

b Des opposants.

c Des robes de bal.

4. Blessée, Serine revient à la Cour pour…

a se faire soigner.

b se venger.

c sauver le roi.

5. À la fin du roman, Serine n'est plus…

a pauvre.

b seule.

c accusée de régicide.

d à la Cour.

6. Quel mot est un néologisme ?

a Attrape-bernet.

b Espérance.

c Attrape-nigaud.

d Dénouement.

Texte par texte — Je me rappelle ce que j'ai appris.

1. **Le prologue (p. 95)** : De quoi Serine est-elle accusée et que risque-t-elle ?

2. **« Esperlune » (p. 96)** : À quoi ce mot sert-il pour Serine ?

3. **L'apprenti bourreau (p. 98)** : Où Serine trouve-t-elle refuge?

4. **Le bouffon (p. 100)** : Comment Serine revient-elle à la Cour après son renvoi ?

5. **Remue-ménage à la Cour ! (p. 102)** : Quel nouvel objectif Serine s'est-elle fixé ?

6. **La charade (p. 104)** : Quelle est la réponse de la charade ?

7. **Coup de théâtre (p. 106) :** Comment finit l'histoire de Serine ?

Écriture — Je réfléchis aux ingrédients de l'aventure dans un roman.

1. **L'adjectif « rocambolesque » s'applique à un récit plein de rebondissements, de péripéties extraordinaires. Explique pourquoi il convient bien au roman de Flore Vesco.** Rédige au moins six phrases.

2. **Finalement, Serine n'avait pas grand-chose au départ pour se lancer à l'aventure, à l'exception de ses « mots » et de son sens de la répartie. Comment les mots peuvent-ils être des atouts pour réussir ?** Appuie-toi notamment sur les exemples du roman vus dans cette escale. Rédige au moins sept phrases.

Bilan personnel

→ **Raconte la mission que tu as accomplie au fil de cette escale. Développe en précisant ce que tu as aimé ou non, ce que tu as trouvé facile ou difficile, ce que tu as appris d'intéressant ou de surprenant.** Rédige au moins cinq phrases.

Les 5 mots de l'escale

Note ce que tu retiens de l'escale en cinq mots.

Fluence

Je lis vite et bien !

« Elles marchaient toutes seules, nos jambes. »

Yann persuade ses frères Fabien, Rémy, Pierre, Paul, Victor et Max de quitter la maison familiale pour échapper à leurs parents qui leur veulent du mal. Ils partent vers l'océan. Chaque personnage raconte à tour de rôle : voici un extrait du récit de Max, 11 ans.

Le jour se levait juste. De chaque côté de la voie ferrée, des maisons grises sont sorties 17
de la brume petit à petit. Dedans il y avait des gens qui dormaient au chaud sans doute. 34
Fabien aurait pu dire qu'il restait douze kilomètres, ou cent vingt, ou quatre millions : 48
pour moi et Victor, c'était du pareil au même. On a regardé nos jambes pour voir s'il 65
en restait encore, si elles étaient pas usées jusqu'aux genoux. Il en restait encore… Elles 80
marchaient toutes seules, nos jambes. Est-ce qu'elles allaient seulement nous obéir et 92
s'arrêter quand on le leur demanderait ? 98
Devant la gare, il y avait une grande place. On s'est cachés vers des poubelles. Les grands 115
et les moyens ont parlé longtemps entre eux, et avec Yann bien sûr. Victor et moi, on s'est 133
recroquevillés l'un contre l'autre parce qu'on avait très froid maintenant qu'on marchait 145
plus. Je comprenais bien ce qui les faisait hésiter, les grands : c'est qu'ils n'avaient jamais 160
pris le train et qu'ils savaient pas comment on doit faire pour les billets et tout ça. C'est 178
sans doute pas bien compliqué, mais quand on sait pas… 188
À la fin, Pierre a pris le cabas bleu, il l'a déchiré sur dix bons centimètres, Yann a grimpé 207
dedans, Pierre l'a calé sous son bras et tous les deux sont entrés dans la gare. L'horloge 224
marquait sept heures et demie. Quand ils sont ressortis, il était juste huit heures. Pierre 239
nous a distribué les billets pour Bordeaux. Il y en avait que trois, mais quand on est 256
jumeaux, ça suffit pour six, il a dit. 264

Jean-Claude Mourlevat, *L'enfant Océan*, © Pocket Jeunesse, 1999.

Je lis le texte ci-dessus et je mesure ma vitesse de lecture

Tu peux demander à un camarade de te chronométrer.

▶ *À recopier sur ton cahier :* **J'ai lu** .... **mots en une minute.**

Je vérifie que j'ai bien compris

1 **À ton avis, que signifient les passages suivants ?**

- [D]es maisons grises sont sorties de la brume petit à petit.
- On a regardé nos jambes pour voir s'il en restait encore, si elles étaient pas usées jusqu'aux genoux.

2 **Quel moyen de transport les enfants ont-ils utilisé jusqu'à leur arrivée à la gare ? Que veulent-ils faire ensuite ?**

Je m'entraîne à lire plus vite

3 **Lis rapidement…**

a. cette suite de mots.

ferrée – douze – millions – pareil – demanderait – déchiré – horloge – ressortis – heures

b. ces séries de mots.

- mètre – kilomètre – centimètre
- grise – brume – grimpe
- user – obéir – hésiter
- cheville – recroquevillés
- compliqué – complication – complètement
- ville – mille – bille – billet
- poubelle – roulette – coupelle
- longtemps – longuement

4 **Dans le texte…**

a. compte ces mots : on – gare – Pierre.

b. relève tous les noms propres.

5 **Lis ce passage sans t'arrêter, en ne bougeant que les yeux.**

À la fin, Pierre a pris le cabas bleu, il l'a déchiré sur dix bons centimètres, Yann a grimpé dedans, Pierre l'a calé sous son bras et tous les deux sont entrés dans la gare. L'horloge marquait sept heures et demie. Quand ils sont ressortis, il était juste huit heures. Pierre nous a distribué les billets pour Bordeaux. Il y en avait que trois, mais quand on est jumeaux, ça suffit pour six, il a dit.

Je relis le texte et je mesure ma vitesse de lecture

Tu peux demander à un camarade de te chronométrer.

▶ *À recopier sur ton cahier :* **J'ai lu** .... **mots en une minute.**

J'améliore mon articulation

6 **Prononce ces groupes de mots en articulant avec soin.**

c'était du pareil au même – ce qui les faisait hésiter – ça suffit pour six

7 **Prononce ces phrases le plus vite possible sans t'arrêter et en articulant.**

- Fabien aurait pu dire qu'il restait douze kilomètres, ou cent vingt, ou quatre millions.
- Les grands et les moyens ont parlé longtemps entre eux, et avec Yann bien sûr.
- On s'est recroquevillés l'un contre l'autre parce qu'on avait très froid.

Je relis le texte et je mesure ma vitesse de lecture

Tu peux demander à un camarade de te chronométrer.

▶ *À recopier sur ton cahier :* **J'ai lu** .... **mots en une minute.**

Je note mes progrès

▶ *À recopier sur ton cahier :*

1re lecture
....
mots par minute

2e lecture
....
mots par minute

3e lecture
....
mots par minute

ESCALE 6

Partir à l'aventure avec Charlot !

CAP SUR LA MISSION

- **À la fin de cette escale, tu filmeras avec des camarades une courte scène comique, et vous réaliserez en classe entière un montage de toutes vos scènes pour créer un petit film muet.**

Je fais le point sur mes connaissances

1. Qui est cet homme ?

a Charlie Chaplin.

b Buster Keaton.

c Dany Boon.

2. Que sais-tu de lui ?

a C'est un peintre.

b Il a réalisé des films.

c C'est un musicien.

d Il a joué dans des films.

e C'est un humoriste.

3. Quels adjectifs pourrais-tu utiliser pour qualifier cette silhouette ?

a Comique.

b Inquiétante.

c Célèbre.

d Triste.

e Amusante.

f Grotesque.

g Burlesque.

4. À quoi te font penser les chaussures de cet homme ?

a À la tenue d'un homme chic.

b À un clown.

c Il est pieds nus !

Collecte de mots

- **Sur le modèle du tableau p. 2, rassemble, pour chacun des termes suivants, tous les mots et toutes les expressions auxquels tu penses :**

Cabane — Riche et pauvre — Manger

Pour réussir la mission, je dois...

→ comprendre ce qui suscite un effet comique dans un film.

→ identifier les émotions produites par différentes situations.

→ être capable d'analyser le genre d'un film.

1 Les débuts du cinéma

➜ Je découvre comment est né le cinéma.

Les frères Lumière

La date de naissance officielle du cinéma est le **28 décembre 1895**, jour de la première projection cinématographique publique organisée à Paris par **Auguste et Louis Lumière**. Leur film le plus célèbre, ***L'Arrivée d'un train en gare de la Ciotat***, ne sera projeté que quelques semaines plus tard et rencontrera un franc succès. Ces premiers films en noir et blanc sont tournés en plan fixe et sont muets, car le procédé ne permet pas de maîtriser l'inscription du son sur les pellicules.

Le rôle de Georges Méliès

Parmi les premiers spectateurs, un certain **Georges Méliès**, **prestidigitateur** célèbre, propose aux frères Lumière d'acheter leur machine. Le magicien comprend rapidement que cette machine permet de réaliser des films inventifs, à base de **trucages** et de scénarios complexes, qui vont influencer les cinéastes du monde entier.

Un triomphe mondial

Le cinématographe est présenté lors de **l'Exposition universelle** de 1900 à Paris, sur un écran géant et devant 80 000 spectateurs ! En parallèle, les Américains développent leurs propres appareils et se spécialisent dans les films d'aventures, puis, dans les années 1920, dans les **films comiques et burlesques**, avec des personnages facilement identifiables, comme **Buster Keato**n ou **Charlie Chaplin**.Les films, muets, sont tournés en noir et blanc et les actions sont accompagnées d'une musique parfois jouée par un orchestre dans la salle ; des « cartons » écrits, intercalés entre les scènes, **viennent raconter** l'histoire ou affichent les dialogues.

Apogée du cinéma muet

À la fin des années 1920, le cinéma muet est à son apogée : les réalisateurs proposent des chefs-d'œuvre du genre, comme *Metropolis* de Fritz Lang ou *Le Mécano de La Générale* de Buster Keaton.
Mais l'un des artistes les plus complets du cinéma, et probablement le plus célèbre, reste **Charlie Chaplin**, qui tournera plus de 80 films entre 1914 et 1967.
À la fin des années 1920, le procédé permettant de synchroniser l'image et le son est pratiquement au point, et *Le Chanteur de jazz*, **premier film parlant** réalisé par Alan Crosland, sort sur les écrans américains le 6 octobre 1927.

JE PRÉPARE MA MISSION

Visionne les cinq premières minutes (ou plus !) du film *Cops* (Buster Keaton, 1922), disponible sur internet, et note tes impressions.

Les 3 mots de la séance

Note ce que tu retiens de la séance en trois mots.

2 Aventures en Alaska

→ **Je découvre le contexte du film *La Ruée vers l'or* (Charlie Chaplin, 1925).**

Méthode

- Pour acquérir les bons réflexes face à un texte, utilise le **rabat de ton cahier**.

1 Avant de lire le texte...

- Lis le paratexte (titre, nom de l'auteur, date de publication, mise en contexte).
- Ce texte est-il en prose ou en vers ? Est-il écrit en français au départ ou traduit ? Reconnais-tu un récit, un dialogue, un poème, un texte documentaire, un discours, une pièce de théâtre ?

DOC 1

Kit Belliou débarqua sur la grève de Dyea, en Alaska, au milieu d'un encombrement fantastique. Des milliers d'hommes y avaient entassé leurs équipements, dont chacun pesait des centaines de kilos. Ces montagnes de bagages et de denrées, vomies par les bateaux à vapeurs, commençaient à se déverser goutte à goutte dans la vallée de Dyea et à travers le Chilcoot.

Le transport, sur une distance de quarante-cinq kilomètres, ne pouvait être accompli qu'à dos d'homme. Les porteurs indiens avaient fait bondir le prix du portage de huit à quarante sous par kilo ; néanmoins ils étaient débordés de travail, et l'hiver s'abattrait certainement sur les crêtes montagneuses avant que la moitié des ballots eussent été transbordés du bon côté. Le plus tendre des pieds-tendres était Kit. Comme des centaines d'autres, il portait un gros revolver suspendu à une ceinture-cartouchière. Son oncle s'était laissé aller à la même faiblesse, en souvenir des anciens jours où la loi était absente. Mais, chez Kit, c'était du romanesque. Le pétillement mousseux de cette course à l'or lui montait à la tête, et il considérait d'un œil d'artiste cette vie tumultueuse.

Jack London, *Belliou la Fumée*, 1912,
trad. de Louis Postif, 1941, adaptée pour ce manuel.

texte lu
college.nathan.fr/
F6_esc6_textes

Repères

Jack London (1876-1916), de son vrai nom John Griffith Chaney, est un auteur américain dont les thèmes de prédilection sont l'aventure, la nature sauvage et le Grand Nord. Ses romans les plus célèbres sont *L'Appel de la forêt* (aussi traduit *L'Appel sauvage* ou *L'Appel du Grand Nord*) et *Croc-blanc*.

2 À la première lecture

- Réponds à ces questions : qui ? quand ? où ? quoi ? pourquoi ?

3 À la relecture

- Donne un titre à cet extrait.
- Liste les émotions produites par ce texte.

4 Faire résonner le texte

- À quels personnages, à quelles histoires (livres, films, images, ...) ce texte te fait-il penser ? Pourquoi ?

DOC 2

Ruée vers l'or au Klondike, au col Chilkoot, en Alaska, 1897.

Lecture & Écriture

1. **Décris le plus précisément possible la photographie (DOC 2), en indiquant ce que tu observes au premier plan et à l'arrière-plan.**

2. **Quels points communs peux-tu relever entre cette photographie et le texte de Jack London?**

3. **À ton avis, que va chercher Kit ?**

4. **Quel titre commun pourrais-tu donner à cet extrait de roman et à la photographie ?**

Vocabulaire

5. **Rédige la description de la cabane de Kit Belliou en Alaska telle que tu l'imagines, en utilisant au moins cinq mots de ta collecte (p. 112).** Ta réponse devra comporter au moins trois phrases.

6. **Le mot « aurifère » vient du latin *aurum*, « l'or » ; il signifie « qui contient de l'or ». Ainsi, une rivière aurifère est une rivière dans laquelle les aventuriers allaient chercher... de l'or !**

a. À partir de cette information, trouve (si possible sans chercher dans le dictionnaire) les définitions des mots suivants :
pétrolifère • somnifère • mortifère.

b. Que remarques-tu au sujet de la formation de ces mots ?

La petite leçon

• La **ruée vers l'or** est un phénomène qui s'est produit à plusieurs reprises dans l'Histoire, mais la plus connue a lieu au XIXe siècle, en Amérique du Nord. À cette époque, on découvre de l'or dans différentes régions, et ces découvertes attirent des milliers de personnes qui rêvent de faire fortune. Ces chercheurs d'or, appelés « prospecteurs », se précipitent vers ces zones, parfois au péril de leur vie. Des villes naissent parfois du jour au lendemain !

J'ai déjà fini !

7. **Imagine un dialogue à partir de cette photographie de la ruée vers l'or au Klondike :** une dispute éclate entre des chercheurs d'or dans la longue file qui les mène au sommet de la montagne. Invente cinq répliques en utilisant des verbes de parole (s'exclamer, hurler, crier, s'écrier...).

Différenciation

JE PRÉPARE MA MISSION

Visionne cette scène extraite de *La Ruée vers l'or* : qu'est-ce qui la rend drôle ? Éprouves-tu une autre émotion que de l'amusement en la regardant ?

vidéo

college.nathan.fr/F6_esc6_cabane

Les 3 mots de la séance

Note ce que tu retiens de la séance en trois mots.

3 *La Ruée vers l'or* – Les affiches

→ Je découvre le film par ses affiches.

- Découvre ces quatre affiches du film *La Ruée vers l'or*, que tu t'apprêtes à étudier.

1

2

3

4

Lecture & Écriture

1. Observe ces différentes affiches, puis reproduis le tableau suivant et complète-le.

	Affiche 1	Affiche 2	Affiche 3	Affiche 4
Quelle est la langue du titre ?				
Décris les personnages le plus précisément possible (vêtements, position, lien entre eux…).				
Que suggèrent ces affiches par rapport au sujet du film ?				

2. Laquelle de ces affiches te paraît le mieux correspondre au titre du film ? Justifie ton choix en t'appuyant sur des éléments précis de l'affiche.

Vocabulaire

3. Que t'évoque le mot « ruée » qui figure dans le titre du film ? Que peut-il signifier ?

4. Invente une phrase en utilisant le verbe « se ruer vers ».

5. Connais-tu un autre mot de la même famille ? Indice : il peut être utilisé pour qualifier le mouvement d'un cheval.

6. En prenant en compte le titre du film et les différentes informations données par les affiches, imagine de quoi parlera ce long-métrage. Rédige un texte de cinq phrases au moins. Utilise des mots ou expressions de tes collectes de mots (p. 112), en particulier pour parler des personnages.

J'ai déjà fini !

7. Explique en trois phrases quelle est ton affiche préférée. Tu pourras la décrire et dire pour quelle(s) raison(s) elle a ta préférence.

Différenciation

La petite leçon

- Les **affiches des films** de Charlie Chaplin sont emblématiques et reflètent l'esthétique du cinéma muet et de l'âge d'or d'Hollywood. Beaucoup d'affiches de ses premiers films sont illustrées à la main, souvent dans un style coloré et expressif.

JE PRÉPARE MA MISSION

Dans un moteur de recherche internet, tape « affiches films Charlie Chaplin ». Que remarques-tu par rapport au personnage de Charlot ? Tu peux imprimer et coller ton affiche préférée dans ton cours.

Les 3 mots de la séance

Note ce que tu retiens de la séance en trois mots.

4 *La Ruée vers l'or* – Le synopsis

→ Je découvre le film par son résumé.

En 1898, en Alaska, Charlot, un orpailleur solitaire, brave le froid et se réfugie dans une cabane isolée, occupée par Black Larsen, un criminel en cavale. Peu après, Big Jim, un autre chercheur d'or ayant mis la main sur un filon, arrive à son tour pour fuir la tempête. Tandis que la faim tenaille Charlot et Big Jim restés à l'abri, Black Larsen part en quête de provisions. Son errance l'amène par hasard à la mine de Big Jim. Lorsque ce dernier y retourne une fois la tempête passée, Larsen l'assomme avant de s'emparer de l'or. Mais son destin bascule lorsqu'il chute dans une crevasse, emportant avec lui son butin.

Pendant ce temps, au village des chercheurs d'or, Georgia, une danseuse de saloon lassée des avances d'un homme insistant, choisit Charlot comme cavalier. Séduit, il tombe sous son charme, mais elle ne voit d'abord en lui qu'un amusement, avant de comprendre qu'elle tient réellement à lui.

Plus tard, Big Jim, qui a perdu la mémoire de l'emplacement de sa mine, retrouve Charlot et lui demande de l'aider à la localiser. Après avoir traversé de nouvelles épreuves, ils finissent par récupérer leur or et deviennent riches. De retour aux États-Unis à bord d'un navire, Charlot se retrouve malencontreusement pris dans les cordages et tombe nez-à-nez avec Georgia. Leur histoire peut alors réellement commencer !

Synopsis du film *La Ruée vers l'or*, réal. Charlie Chaplin, 1925.

texte lu
college.nathan.fr/
F6_esc6_textes

Repères

Charlie Chaplin a connu une enfance miséreuse, situation dont il s'inspire pour créer son personnage de Charlot, aussi comique qu'émouvant, que les Américains surnommeront « The Tramp », « Le Vagabond ». Il jouera ce rôle dans près de 80 films, parmi lesquels *Le Kid* ou *Les Temps modernes*, toujours accompagné de son chapeau melon, sa canne en bambou et ses grandes chaussures.

Charlot (Charlie Chaplin) dans la cabane, photogramme du film *La Ruée vers l'or*, réal. Charlie Chaplin, 1925.

Vocabulaire

1. En ancien français, le terme « harpailleur » désigne une personne qui empoigne, qui se saisit de quelque chose.

a. À partir de cette information, comment définirais-tu le mot « orpailleur » que l'on trouve dans le synopsis ?

b. Quelle expression, utilisée dans le synopsis, peut être un synonyme de ce mot ?

Lecture & Écriture

2. Relève le nom des personnages dans le synopsis puis recopie le tableau ci-dessous et complète-le.

Nom du personnage	Est-il un personnage bon ou mauvais ?	Quel est son rôle dans le film ?	L'histoire se termine-t-elle bien pour ce personnage ?

3. Visionne cette bande-annonce.

a. Quels personnages reconnais-tu ?

b. Certaines scènes annoncent un film plutôt comique, d'autres un film plutôt dramatique :

- Sélectionne une scène de chaque registre et explique pourquoi elles annoncent, l'une un film drôle, l'autre, un film dramatique. Justifie ta réponse en t'appuyant sur des éléments précis de la bande-annonce, comme les attitudes des personnages, leurs actions, leurs costumes…
- Tu rédigeras ta réponse en deux temps : dans un premier paragraphe, tu diras quelle scène t'a paru comique et pour quelles raisons ; et dans un second paragraphe quelle scène t'a paru plus triste et pour quelles raisons. Tu peux revoir la bande-annonce autant de fois que nécessaire.

vidéo

college.nathan.fr/**F6_esc6_bande_annonce**

La petite leçon

• L'adjectif **« burlesque »** désigne un comique extravagant, exagéré, déroutant, et même parfois ridicule. Le mot vient de l'italien *burlesco*, de *burla* qui signifie « farce, plaisanterie ». Le burlesque fait souvent appel au comique physique, en mettant en scène notamment des coups, des chutes, des glissades... comme dans les films de Charlie Chaplin ou de Buster Keaton.

JE PRÉPARE MA MISSION

Regarde de nouveau la bande-annonce et sélectionne la scène qui te fait le plus rire. Essaie de repérer les éléments qui produisent cet effet comique et reproduis les mimiques et attitudes de Charlot devant ton miroir ou en te filmant.

Les 3 mots de la séance

Note ce que tu retiens de la séance en trois mots.

5 *La Ruée vers l'or* – Le film

→ Je regarde le film et j'analyse mes émotions.

• Toutes ces images sont des photogrammes tirés du film *La Ruée vers l'or*, que tu es en train d'étudier !

SCÈNE 1

SCÈNE 2

SCÈNE 3

SCÈNE 4

SCÈNE 5

6

Analyse filmique

Après avoir regardé le film en classe, réponds à ces questions.
Tu peux lire les questions une première fois avant de regarder le film, pour savoir à quoi tu dois faire attention pendant le visionnage !

1. Donne un titre à chacune de ces scènes.

2. Associe chaque scène à une ou plusieurs émotions que tu as éprouvées en la regardant. Tu peux t'inspirer de la liste suivante : tristesse • joie • soulagement • mélancolie • crainte • espoir • gêne.

3. Explique ce qui a pu provoquer ces émotions en toi. Tes réponses pourront suivre le modèle suivant :
Scène 1 : J'ai éprouvé ... en regardant cette scène car la situation de Charlot m'a semblé ...

4. Classe dans le tableau ci-après ces différents gags tirés du film. Certains gags peuvent entrer dans plusieurs catégories.
La cabane qui bascule au-dessus du précipice. • La danse des petits pains. • La bougie et la chaussure mangées. • La chute dans les cordages, sur le bateau. • La boule de neige reçue dans la figure. • La neige balayée devant une porte qui crée une montagne devant une autre porte (et ainsi de suite). • Charlot emporté par le vent. • Charlot se transformant en poulet. • Charlot qui essaie d'échapper au fusil. • La laisse du chien utilisée comme ceinture.

Une situation qui se répète	La reprise d'un gag connu	L'effet de surprise	Le détournement d'objet	Les coups et les chutes

5. Parmi les dix gags listés dans l'exercice précédent, indique celui qui t'a fait le plus rire. Tu pourras développer les émotions que tu as ressenties face aux actions des personnages. Rédige cinq phrases au moins.

Vocabulaire

6. Avec ton professeur et tes camarades, et à l'aide de tes connaissances et de tes intuitions, définis les termes suivants, qui sont tous en lien avec le cinéma.

réalisateur/réalisatrice • acteur/actrice • montage vidéo • plan • générique

JE PRÉPARE MA MISSION

Charlie Chaplin s'est rendu célèbre grâce à son humour, mais aussi grâce au look de son personnage (chapeau melon, canne tordue, chaussures trop grandes...). Imagine un look qui ferait de toi un personnage comique célèbre. Quels « attributs » choisirais-tu ?

Les 3 mots de la séance

Note ce que tu retiens de la séance en trois mots.

6 Un récit d'aventures ou un conte de fées ?

→ Je peux identifier le genre d'un film.

• **Voici un résumé du film *La Ruée vers l'or* trouvé dans le catalogue en ligne du site d'une médiathèque.**

Charlot est l'un de ces milliers d'aventuriers partis chercher fortune dans les immenses étendues enneigées du Grand Nord américain. Dans sa quête du précieux métal, il rencontre un ours, un assassin, un prospecteur affable qui, en proie à une hallucination, le prend pour un poulet dodu.

Black Larsen (Tom Murray) et Charlot (Charlie Chaplin), photogramme tiré du film *La Ruée vers l'or*, réal. Charlie Chaplin, 1925.

Vocabulaire

1. En latin, le terme *affabilis* désignait une personne à qui l'on pouvait parler. On y retrouve la racine « fable », qui signifie « récit » :

a. En prenant appui sur ces informations, dirais-tu que l'adjectif « affable » est mélioratif ou péjoratif ?

b. Que peut-il signifier selon toi ? Rédiges-en une définition, puis vérifie dans un dictionnaire si tu as vu juste !

Lecture & Écriture

2. Le résumé présente-t-il le film plutôt comme un récit d'aventures ou comme un conte de fées ? Relève les termes qui te permettent de répondre.

3. Que pourrais-tu rajouter à ce résumé pour faire apparaître des éléments propres au conte de fées ? Pour répondre, fais la liste des éléments qui te paraissent relever du conte dans le film (éléments merveilleux, évolution de la situation du héros entre le début et la fin, rôle des différents personnages…).

4. À partir de cette liste, rédige la suite du résumé comme si tu devais finaliser la fiche du film pour la médiathèque. Exprime-toi avec clarté et précision pour donner envie de voir le film sans tout dévoiler. Ajoute au moins trois phrases au texte existant.

JE PRÉPARE MA MISSION

Regarde de nouveau les trois dernières minutes du film : indique ce qui relève du comique et ce qui relève plutôt d'un « *happy end* ».

Les 3 mots de la séance

Note ce que tu retiens de la séance en trois mots.

7 Deux scènes d'anthologie

→ J'analyse deux scènes qui ont marqué l'histoire du cinéma.

• *La Ruée vers l'or* est restée célèbre dans l'histoire du cinéma en particulier grâce à deux scènes : la scène dans laquelle Charlot mange sa chaussure et celle dans laquelle il fait danser deux petits pains.

Analyse filmique

1. Visionne de nouveau ces deux scènes.
→ La scène de la chaussure.
→ La danse des petits pains.

vidéo
college.nathan.fr/F6_esc6_chaussure

vidéo
college.nathan.fr/F6_esc6_petits_pains

2. Pourquoi Charlot se retrouve-t-il dans ces deux situations ?

3. a. Observe les mimiques de Charlot. En quoi sont-elles drôles ?
b. Éprouves-tu une autre émotion que de l'amusement en visionnant ces scènes ? Justifie ta réponse en trois phrases.

Charlot (Charlie Chaplin) dévorant une chaussure, photogramme tiré du film *La Ruée vers l'or* (Charlie Chaplin, 1925).

Vocabulaire

4. Complète ta collecte de mots autour du verbe « Manger » (p. 112).

5. Rédige un texte de trois phrases au moins pour décrire la scène dans laquelle Charlot imagine le repas avec Georgia et ses amies. Tu utiliseras au moins cinq mots de ta collecte.

J'ai déjà fini !

6. La danse des petits pains n'a pas été inventée par Charlie Chaplin, mais par Roscoe « Fatty » Arbuckle en 1917. Tu peux aussi voir la même scène reprise dans un film avec Johnny Depp, *Benny and Joon* (Jeremiah S. Chechik, 1993). Recherche sur internet ces deux scènes, et compare-les avec la version de Chaplin. Laquelle préfères-tu ? Pourquoi ?

Différenciation

JE PRÉPARE MA MISSION

En utilisant deux crayons plantés dans deux gommes, entraîne-toi à refaire la danse des petits pains. Tu pourras choisir une musique qui te plaît. Tu peux te filmer ou demander à un ami de te filmer.

Les 3 mots de la séance

Note ce que tu retiens de la séance en trois mots.

J'ACCOMPLIS MA MISSION

Le projet

Que dois-tu réaliser ?

→ Avec ta classe, vous devrez tourner, en groupes de deux, trois ou quatre élèves, **de courtes scènes inspirées des sketchs de Charlot** qui, mises bout à bout, formeront un petit film muet.

Comment faire ?

→ Créer le synopsis

• Avec ta classe, **imaginez le synopsis** d'un film muet qui contiendrait au moins dix scènes et au moins deux personnages, qu'on retrouverait de scène en scène. Pour cela, définissez la situation initiale, les différentes péripéties (au moins huit) et la situation finale. Pensez à utiliser les mots de tes collectes (p. 112) pour trouver des idées.

→ Créer les personnages

• **Construisez ensuite vos personnages** : il peut y avoir par exemple un homme et une femme. Chacun doit avoir un caractère et des caractéristiques bien déterminés.

• Vous devez aussi choisir des **vêtements faciles à reconnaîtr**e pour chacun (plusieurs élèves joueront alternativement le même personnage !), éventuellement un **maquillage**, une **perruque**, un **postiche** (une fausse moustache ou une fausse barbe, un coussin sous la chemise pour faire un gros ventre…) qui aideront à bien les repérer.

→ Tourner les scènes

• **Répartissez-vous les différentes scènes et les personnages**, et **entraînez-vous à jouer** chaque scène avant de la filmer. Si vous travaillez à partir d'un téléphone portable, pensez à le mettre à l'horizontale pour filmer.

Étape 1 Le synopsis

A J'imagine le schéma narratif

→ En classe entière, imaginez l'histoire de votre film.

Personnages (nom, description, fonction)	Que leur arrive-t-il ?	Comment l'histoire se termine-t-elle pour chacun ?
Personnage n° 1 :		
Personnage n° 2 :		

B Je précise les actions

→ Une fois le schéma narratif du film défini, imaginez en petits groupes de trois ou quatre élèves **différents gags ou aventures** qui peuvent avoir lieu (et qui pourraient être filmés avec les moyens du bord !).

→ Mettez-les en commun en classe entière et décidez d'un ordre pour tourner les scènes en remplissant un **storyboard.**

- Numérotez les scènes (en commençant par la scène 1 : situation initiale).
- Rédigez quelques mots pour expliquer le gag.
- Donnez un titre à chaque scène.

Scène n° ...	**Scène n° ...**	**Scène n° ...**
Titre	*Titre*	*Titre*
Résumé du gag	*Résumé du gag*	*Résumé du gag*
Scène n° ...	**Scène n° ...**	**Scène n° ...**
Titre	*Titre*	*Titre*
Résumé du gag	*Résumé du gag*	*Résumé du gag*

Exemple de storyboard.

C Je rédige le synopsis

→ Pour que votre film soit cohérent et que les actions s'enchaînent bien, rédigez en classe entière le synopsis du film en vous appuyant sur votre storyboard.

Étape 2 › Le tournage

A Je prépare le tournage

→ Choisissez qui, dans votre groupe, jouera quel personnage et qui tiendra la caméra en donnant éventuellement des indications de jeu ou de cadrage.

Acteur 1 :	Rôle :	Costume : ....
Acteur 2 :	Rôle :	Costume : ....
(éventuellement) Acteur 3 :	Rôle :	Costume : ....
Réalisateur :		

B Je m'entraîne à jouer la scène

→ **Entraînez-vous plusieurs fois à jouer la scène.** Pendant les entraînements, vous pouvez vous filmer pour voir ce qui fonctionne bien, quels déplacements sont à revoir, quelles mimiques sont à accentuer, etc. N'oubliez pas d'exagérer vos expressions et vos mouvements : le film est muet, tout passe par le corps ! Il ne faut pas hésiter à en faire trop pour révéler le potentiel comique de votre gag.

C « Silence, on tourne ! »

→ Lorsque tout est prêt, **tournez la scène dans sa version définitive**, soit pendant le cours, soit hors temps scolaire.
Vous pouvez choisir de tourner en plan séquence, c'est-à-dire en une seule prise, sans couper la caméra, ou bien en plusieurs petits bouts d'enregistrement, en changeant l'angle de la caméra, ou le type de plan (par exemple en passant d'un plan large à un gros plan, ou l'inverse).

D Le montage

Avec l'aide de votre professeur, vous allez **monter votre petit film** en salle informatique ou chez vous, à l'aide d'un logiciel de montage. Il vous faudra rajouter des musiques pour accompagner vos gags. Vous trouverez un catalogue complet de musiques gratuites sur ce site :

vidéo

college.nathan.fr/**F6_esc6_musiques**

ESCALE 6 Bilan

Quiz

1. Quel animal n'apparaît pas dans le film ?

a Un ours.

b Un chien.

c Un tigre.

2. Comment s'appelle la danseuse ?

a Georgia.

b Georgina.

c Lady Gaga.

3. Quel est le surnom de Charlie Chaplin ?

a Charlie.

b Charlot.

c Charles.

4. Quel personnage n'apparaît pas dans le film ?

a Big Jim.

b Black Jack.

c Black Larsen.

5. Où le film se déroule-t-il ?

a En Russie.

b En Angleterre.

c En Alaska.

6. Quel accessoire permet de reconnaître Chaplin ?

a Son nœud papillon.

b Son chapeau melon.

c Sa chemise à carreaux.

Scène par scène

Je me rappelle ce que j'ai vu.

1. Où a lieu la première scène du film ? Quelle est la première image que voient les spectateurs ?

2. Comment Charlot se retrouve-t-il dans la cabane ?

3. Comment Charlot rencontre-t-il la belle danseuse ?

4. Cite deux scènes très connues du film.

5. Où a lieu la dernière scène du film ? Quelle est la situation finale ?

Écriture

Je réfléchis au genre du film que je viens d'étudier.

1. **Dirais-tu que *La Ruée vers l'or* est davantage un film d'action, un film comique ou un film d'amour ?** Appuie-toi sur les analyses faites durant l'escale pour rédiger ta réponse. Rappelle des scènes précises du film et rédige au moins cinq phrases pour répondre.

2. **Trouves-tu le personnage de Charlot uniquement comique ou également un peu dramatique ?** Explique ton ressenti. Ta réponse devra contenir au moins cinq phrases.

Les 5 mots de l'escale

Note ce que tu retiens de l'escale en cinq mots.

Bilan personnel

→ **Raconte la mission que tu as accomplie au fil de cette escale. Développe en précisant ce que tu as aimé ou non, ce que tu as trouvé facile ou difficile, ce que tu as appris d'intéressant ou de surprenant.** Rédige au moins cinq phrases.

Fluence

Je lis vite et bien !

Une énorme dent

Le narrateur, un scientifique, explorateur et chercheur, vient de faire l'acquisition d'un objet très particulier...

C'est au cours d'une promenade sur les docks que j'achetai l'objet qui devait à jamais 15
transformer ma vie : une énorme dent couverte de gravures étranges. L'homme qui me 28
la vendit, un vieux matelot tanné et blanchi par des années passées dans les mâtures, 43
prétendait la tenir d'un harponneur malais rencontré au cours d'une de ses lointaines 56
campagnes de pêche à la baleine. Il en demandait un bon prix, prétextant que ce n'était 72
pas une vulgaire dent de cachalot sculptée, mais une « dent de géant », sorte de talisman 87
dont il ne se séparait qu'à regret, poussé par les nécessités d'une vie que l'âge avait fini 104
par rendre misérable. Je pensai bien sûr à une supercherie, mais l'histoire était belle, et 119
j'emportai la pièce pour deux guinées. De retour chez moi, je m'empressai d'étudier cette 133
nouvelle acquisition. Ma curiosité, piquée au vif, céda peu à peu la place à l'étonnement, 148
puis à la stupéfaction. Sa taille exceptée (elle avait la grosseur d'un poing), cette dent 163
était rigoureusement semblable à n'importe quelle molaire de sujet humain adulte. Les 175
gravures étroitement entremêlées dont elle était ornée me demandèrent de long mois 187
d'observation attentive et de recherches méticuleuses. Mes efforts furent récompensés 197
par la découverte, sur l'une des faces internes de la racine, d'une minuscule carte de 212
géographie dont le dessin se perdait sous un enchevêtrement de figures bizarres. [...] 224
Je fis mes malles et me préparai pour un long voyage. 235

François Place, *Les Derniers Géants*, © Casterman, 1992, avec l'aimable autorisation de l'auteur et des éditions Casterman.

Je lis le texte ci-dessus et je mesure ma vitesse de lecture

Tu peux demander à un camarade de te chronométrer.

▶ *À recopier sur ton cahier :* **J'ai lu** .... **mots en une minute.**

Je vérifie que j'ai bien compris

1 **De quel objet est-il question dans ce texte ? Qui en aurait été le premier propriétaire ?**

2 **Quelle découverte précise déclenche chez le narrateur l'envie de partir en exploration ?**

Je m'entraîne à lire plus vite

3 **Lis rapidement...**

a. **cette suite de mots.**

transformer – harponneur – talisman – misérable – supercherie – exceptée – entremêlées – observation – géographie

b. ces séries de mots.

- gravure - bravoure
- prétextant – prétendant
- méticuleuses – merveilleuses
- description – prescription
- matelot – paletot
- stupéfaction – satisfaction
- rigoureusement – vigoureusement
- enchevêtrement – autrement

4 **Dans le texte…**

a. **compte ces mots :** dents – gravures.

b. **relève le plus vite possible les mots suivants :** cachalot – curiosité – racine.

5 **Lis plusieurs fois cette phrase, puis récite-la de mémoire.**

C'est au cours d'une promenade sur les docks que j'achetai l'objet qui devait à jamais transformer ma vie.

6 **Lis le plus vite possible le premier mot de la première ligne, puis le dernier de la deuxième, puis le premier de la troisième, et ainsi de suite.**

C'est au cours d'une promenade sur les docks que j'achetai l'objet qui devait à jamais
transformer ma vie : une énorme dent couverte de gravures étranges. L'homme
qui me la vendit, un vieux matelot tanné et blanchi par des années passées dans
les mâtures, prétendait la tenir d'un harponneur malais rencontré au cours d'une
de ses lointaines campagnes de pêche à la baleine. Il en demandait un bon prix,
prétextant que ce n'était pas une vulgaire dent de cachalot sculptée, mais une
« dent de géant », sorte de talisman dont il ne se séparait qu'à regret, poussé par
les nécessités d'une vie que l'âge avait fini par rendre misérable.

Je relis le texte et je mesure ma vitesse de lecture

Tu peux demander à un camarade de te chronométrer.

▶ *À recopier sur ton cahier :* **J'ai lu** .... **mots en une minute.**

J'améliore mon articulation

7 **Prononce ces mots en articulant avec soin.**

promenade – harponneur – curiosité – stupéfaction – méticuleuse

8 **Prononce ces phrases en respectant les intonations indiquées.**

- **En colère :** Je pensai bien sûr à une supercherie.
- **Triste :** L'ensemble représentait clairement le cours d'un fleuve.
- **Gaie :** Je fis mes malles et me préparai pour un long voyage.

Je relis le texte et je mesure ma vitesse de lecture

Tu peux demander à un camarade de te chronométrer.

▶ *À recopier sur ton cahier :* **J'ai lu** .... **mots en une minute.**

Je note mes progrès

▶ *À recopier sur ton cahier :*

1re lecture
....
mots par minute

2e lecture
....
mots par minute

3e lecture
....
mots par minute

Club lecture

• Pierre Mac Orlan, *Les Clients du Bon Chien jaune* (1926)

Dans l'auberge du Bon Chien Jaune se trament de curieuses manigances… En surprenant l'une d'entre elles, le jeune Louis-Marie se retrouve embarqué sur un bateau pirate !

• Jean-Claude Mourlevat, *La Rivière à l'envers*, tome I : Tomek (2000)

La rivière à l'envers, c'est la rivière Qjar, dont l'eau empêche de mourir. Tomek l'apprend par Hannah, qui disparaît sans laisser d'adresse. Le jeune homme se lance alors à sa recherche…

Voici 3 activités pour nourrir ton carnet de lecture

Activité 1 Journal de bord

Sélectionne six à huit moments-clés vécus par le personnage principal dans le livre : émotions fortes, défis, découvertes, etc. En te fondant sur ces passages, rédige un journal de bord illustré comme si tu étais le héros et que tu tenais un carnet pour garder trace de ces événements. À chaque fois, précise la date (même inventée !) et raconte la situation comme si tu venais de la vivre sans oublier de décrire tes émotions.

Activité 2 Carte géographique

Dessine la carte du voyage accompli par le personnage principal. Elle peut prendre la forme d'un schéma ou d'un dessin plus élaboré. Sur celle-ci, indique les étapes importantes pour le héros, et précise pourquoi elles le sont. Tu peux aussi imaginer une légende pour signaler les endroits où il y a eu des combats, où le personnage a trouvé de l'aide, a rencontré un obstacle, etc.

Activité 3 Mur d'inspiration

Mets-toi à la place de l'auteur et trouve des images en lien avec les thèmes, les lieux, les objets, les personnages du roman, qui auraient pu lui inspirer l'histoire. Fais figurer ces images sur une grande feuille ou une diapositive : à partir de ce « mur d'inspiration », qui pourra être affiché ou projeté en classe, tes camarades devront soit deviner les enjeux de l'histoire (s'ils ne l'ont pas lue), soit expliquer tes choix (s'ils l'ont lue).

Et pour aller plus loin

À lire

▶ **Tu pourras trouver la plupart de ces livres à la médiathèque ou dans ton CDI : et s'ils n'y sont pas (encore), tu peux demander à ton professeur documentaliste ou aux bibliothécaires de les commander !**

● **Jules Verne, *Le Tour du monde en 80 jours* (1872)**

Défi : fais le tour du monde en 80 jours… en 1872 (sans avion, sans TGV, sans voiture) ! Si tu survis, tente les autres voyages extraordinaires de Jules Verne : *Voyage au centre de la Terre, De la Terre à la Lune, Cinq Semaines en ballon…*

● **Robert Louis Stevenson, *L'île au trésor* (1881-1882)**

Tu connais *Pirates des Caraïbes* ? Et connais-tu Long John Silver, le pirate qui a inspiré tous les pirates de fiction ?

● **Christelle Dabos, *La Passe-Miroir* (2013-2019)**

Cette tétralogie relate les aventures d'Ophélie, qui a l'extraordinaire faculté de lire le passé des objets par un simple contact et de passer d'un lieu à un autre au travers des miroirs.

● **Daniel Pennac, *L'œil du loup* (1984)**

Une rencontre au zoo, yeux dans les yeux, entre un vieux loup borgne d'Alaska et un jeune orphelin venu d'Afrique.

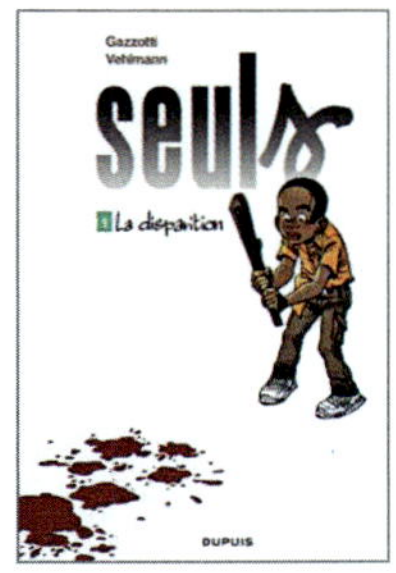

● **Fabien Vehlmann et Bruno Gazzotti, *Seuls* (depuis 2006)**

Un matin, les enfants se réveillent dans une ville déserte : plus un seul adulte. Ils doivent s'organiser pour survivre.

● **Eiichirō Oda, *One Piece* (depuis 1997)**

L'épopée – au moins comparable à celle d'Ulysse ! – de Luffy, qui arpente les mers et explore les îles à la recherche d'un trésor mythique qui ferait de lui le « roi des pirates ».

À voir

▶ **Partir à l'aventure : inutile de dire que les films abondent sur ce thème ! En voici quelques-uns, que tu pourras avoir plaisir à voir ou à revoir.**

- Joe Johnston, *Jumanji* (1981).
- Robert Zemeckis, *À la poursuite du diamant vert* (1984).
- Richard Donner, *Les Goonies* (1985).
- Roger Allers et Rob Minkoff, *Le Roi lion* (1994).
- Steven Spielberg et James Mangold, la série de films *Indiana Jones* (1981-2023).
- Andrew Adamson et Michael Apted, la série de films *Le Monde de Narnia* (2005-2010).
- Ang Lee, *L'Odyssée de Pi* (2012).

Continent 3

Créer, recréer le MONDE : récits des origines

Pourquoi lire des récits de création du monde ?

1 LES ORIGINES DU MONDE

- **T'es-tu parfois demandé comment le monde et ses habitants ont été créés ?**

2 TROUVER DES RÉPONSES

- **Auprès de qui ou de quoi est-il possible de trouver des réponses à tes interrogations ?** Cite des personnes, des livres, des références qu'il te semble possible de consulter.
- **Sais-tu ce que signifient les mots athée, croyant et agnostique ?**
- **Classe les religions que tu connais en les répartissant entre religions monothéistes et polythéistes.**

3 DES POINTS COMMUNS AU-DELÀ DE PRATIQUES CULTURELLES ET RELIGIEUSES DIFFÉRENTES

vidéo

college.nathan.fr/**F6_esc7_culture_croyance**

- **Regarde cette vidéo québécoise qui traite de culture et de croyance. Qu'en retiens-tu ?**

Connaissances et croyances

Depuis toujours, **les humains regardent le monde et s'interrogent** à son sujet. Pour répondre à leurs questions, certains s'appuient sur de **grands textes** qui les ont précédés, auxquels ils **croient** et qu'ils **questionnent** parfois. Ces textes ne demandent pas à être prouvés. La démarche des **scientifiques** est différente : pour aboutir à des connaissances, ils cherchent à mettre de côté leurs **croyances**. Ils observent, testent, comparent, prouvent, aboutissent à des connaissances qui pourront être prolongées ou corrigées par la communauté scientifique. Ces démarches ne s'opposent pas.

En route !

→ **Découvrir ce nouveau continent t'intéresse-t-il ?**

→ **T'inquiètes-tu de ce que tu vas y découvrir ou éprouves-tu de la curiosité ?**

→ **Selon toi, se poser des questions ensemble à propos de croyances et de textes religieux va-t-il nous aider à mieux nous comprendre ? Pourquoi ?**

ESCALE 7

Récits de la Genèse et culture commune

CAP SUR LA MISSION

- **À la fin de cette escale, tu te mettras en quête de documents variés qui illustrent l'importance des motifs ou symboles bibliques dans notre culture commune (œuvres d'art, textes, langage, publicité...) et tu réaliseras une affiche ou un diaporama pour présenter à ta classe le fruit de tes recherches.**

Je fais le point sur mes connaissances

Choisis, pour chaque question, la ou les réponses qui conviennent.

1. Les mots « Ta Biblia » (τὰ βιβλία) signifiaient au départ...
a ta bibliothèque. b les livres. c le livre.

2. On appelle « religions du Livre » (c'est-à-dire « en lien avec la Bible »)...
a le judaïsme. b le christianisme. c l'islam.

3. Classe par ordre chronologique d'apparition ces trois religions.
a Le christianisme. b L'islam. c Le judaïsme.

4. Le premier livre de la Bible est...
a la Genèse. b l'Apocalypse. c l'Exode.

5. Quel(s) personnage(s) figure(nt), sous des noms différents, dans la Bible et le Coran ?
a Adam et Ève. b Moïse. c Abraham.

6. Quel personnage n'apparaît pas dans la Genèse ?
a Athéna. b Caïn. c Noé.

7. Les mots « arche de Noé » te font penser à...
a un monument célèbre. c une expression de la langue française. c un épisode biblique.

Collecte de mots

- **Sur le modèle du tableau p. 2, rassemble, pour chacun des termes suivants, tous les mots et toutes les expressions auxquels tu penses :**

Croire — Savoir — Bien et mal

Pour réussir la mission, je dois...

- → Avoir lu plusieurs récits de la Genèse.
- → Retrouver des échos de ces textes dans l'art et la culture.
- → M'être posé des questions en classe.
- → Être capable d'employer les mots de mes collectes pour exprimer ma pensée.

1 Premier récit de la Création

→ **Je découvre le premier récit de Création de la Genèse.**

1 Avant de lire le texte…

- Lis le paratexte (titre, mise en contexte, repères).
- Ce texte est-il en prose ou en vers ? Est-il écrit en français au départ ou traduit ? Reconnais-tu un récit, un dialogue, un texte documentaire, une pièce de théâtre ?

Méthode

- Pour acquérir les bons réflexes face à un texte, utilise le **rabat de ton cahier**.

*La Bible (*Ta Biblia *signifie « les livres » en grec) est un ensemble de livres écrits à des époques diverses par des auteurs différents, sur papyrus ou parchemin. Il s'est passé plus de 1 000 ans entre la rédaction des plus anciens passages et des plus récents ! Ces textes ont été rassemblés au IV*e *siècle après J.-C. mais certains récits se répètent, se contredisent, se complètent. La Bible commence donc par deux récits de Création différents.*

La terre était déserte et vide et la ténèbre à la surface de l'abîme : le souffle de Dieu planait à la surface des eaux. Et Dieu dit : « Que la lumière soit ! » Et la lumière fut. Dieu vit que la lumière était bonne. Dieu sépara la lumière de la ténèbre. Dieu appela la lumière « jour », et la ténèbre il l'appela « nuit ». Il y eut un soir, il y eut un matin : premier jour.

Dieu dit : « Qu'il y ait un firmament au milieu des eaux et qu'il sépare les eaux d'avec les eaux ! » Dieu fit le firmament et il sépara les eaux inférieures au firmament d'avec les eaux supérieures. Il en fut ainsi. Dieu appela le firmament « ciel ». Il y eut un soir, il y eut un matin : deuxième jour.

Dieu dit : « Que les eaux inférieures s'amassent en un seul lieu et que le continent paraisse ! » Il en fut ainsi. Dieu appela « terre » le continent ; il appela « mer » l'amas des eaux.

[La terre est couverte de verdure, d'arbres et de semences : troisième jour. Le soleil et la lune, nommés grand et petit luminaire sont créés pour séparer le jour et la nuit : quatrième jour. Dieu crée les êtres vivants proliférant dans l'eau et dans le ciel : cinquième jour.]

Dieu dit : « Que la terre produise des êtres vivants selon leur espèce : bestiaux, petites bêtes et bêtes sauvages selon leur espèce ! » Il en fut ainsi. Dieu fit les bêtes sauvages selon leur espèce, les bestiaux selon leur espèce, et toutes les petites bêtes du sol selon leur espèce. Dieu vit que cela était bon.

Dieu dit : « Faisons l'homme à notre image, selon notre ressemblance, et qu'il soumette les poissons de la mer, les oiseaux du ciel, les bestiaux, toute la terre et toutes les petites bêtes qui remuent sur la terre. »

Repères

Écrit par des prêtres après l'exil du peuple hébreu à Babylone, ce **texte spectaculaire et poétique** rappelle les principes de la foi juive : un **Dieu unique** et puissant, une **création en six jours** suivie d'un **repos** qui rappelle aux Hébreux l'importance de respecter le sabbat (jour de repos qui correspond au samedi).

2 À la première lecture

- Quels personnages sont évoqués dans ce texte ?
- En combien de temps cette histoire se déroule-t-elle ? Quand a-t-elle lieu ?

3 À la relecture

- Repère les différents jours et note en face ce qui a été créé ce jour-là.
- Quel(s) sentiment(s) ou réflexion(s) te viennent face à ce texte ?

4 Faire résonner le texte

- À quels personnages, à quelles histoires (livres, films, images…) ce texte te fait-il penser ? Pourquoi ?

Dieu créa l'homme à son image, à l'image de Dieu, il le créa ; mâle et femelle il les créa.

Dieu les bénit et Dieu leur dit : « Soyez féconds et prolifiques, remplissez la terre et dominez-la. Soumettez les poissons de la mer, les oiseaux du ciel, et toute bête animal qui remue sur terre. » [...] Dieu vit tout ce qu'il avait fait. Voilà, c'était très bon. Il y eut un soir, il y eut un matin : ce fut le sixième jour.

Le ciel, la terre et tous leurs éléments furent achevés. Dieu acheva au septième jour l'œuvre qu'il avait faite. Il arrêta au septième jour toute l'œuvre qu'il faisait.

Dieu bénit le septième jour, et il le consacra car il avait alors arrêté tout œuvre que lui-même avait créée par son action. Telle est la naissance du ciel et de la terre lors de leur création.

La Bible, Genèse, 1-2,
Traduction œcuménique de la Bible (TOB), 2010.

texte lu
college.nathan.fr/
F6_esc7_textes

Repères

Au Proche-Orient, **Dieu a d'abord été appelé *El*,** de la racine *oul*, « être fort ». Les musulmans ont gardé cet usage : « Allah » vient de *al-llah*, « le Dieu ». Les Hébreux ont utilisé le pluriel *Elohim*. Lors de l'épisode du buisson ardent, Dieu révèle à Moïse son nom, YHWH. Les Juifs l'écrivent ainsi mais le lisent Adonaï, « Mon Seigneur ». Ce nom, « YHWH », est à l'origine des mots « Yahvé » ou « Jéhovah ».

Lucas Cranach l'Ancien, *La Création du monde*, 1534, frontispice de la Bible de Martin Luther.

Vocabulaire

1. a. **Le mot « ténèbre » est-il masculin ou féminin ?** Recopie une phrase qui le prouve.
   b. **Sous quelle forme connaissais-tu ce mot ?** Emploie-le dans une phrase de ton invention.
2. **Le mot « firmament » (l. 6) n'est pas courant. Peux-tu deviner son sens grâce au texte ?** Sinon, cherche son sens dans le dictionnaire.
3. **Sans dictionnaire, peux-tu deviner le sens des mots « féconds » et « prolifiques » (l. 27) ?** Tu pourras ensuite vérifier dans le dictionnaire si ton hypothèse était bonne.

Lecture & Écriture

4. Recopie la première parole de Dieu qui est entre guillemets. Observe ce qu'il y a de commun entre ces phrases et les autres paroles prononcées ensuite.

5. Par quelle phrase commencent de nombreux paragraphes de ce texte ? Recopie-la puis explique comment Dieu crée l'univers.

6. Quelle phrase exprime le bilan fait par Dieu après chaque création ? Le créateur te paraît-il satisfait ou inquiet face à ce qu'il a créé ?

7. Quelles phrases marquent le temps qui s'écoule ? Quel effet cette répétition produit-elle sur les lecteurs ?

8. Repère les trois lignes qui évoquent la création des humains. Comment sont-ils créés ?

9. Quels rôles ou missions Dieu donne-t-il au premier homme et à la première femme ? Justifie en citant le texte.

10. Que penses-tu de la place donnée aux humains par rapport aux animaux ? Trouves-tu cela juste ? Explique pourquoi en trouvant au moins trois arguments.
Astuce : débute ton texte par « Je trouve que c'est injuste (ou juste) parce que… ». Commence les phrases suivantes par « De plus… » et « Enfin… ».

Les grandes questions

- Selon ce texte, le monde a été créé en 6 jours. Si les scientifiques ont fait des découvertes qui contredisent ce récit, ce mythe garde une force symbolique. Il place un être divin à l'origine du monde et permet à chacun de se **poser une question intime** : Dieu, j'y crois, je n'y crois pas ou je ne sais pas ?
- **La représentation de Dieu est une question sensible dans toutes les religions :** certains redoutent de créer des idoles (des images qui représentent Dieu et qui nous détourneraient de lui), tandis que d'autres pensent qu'une image peut aider à se rapprocher de Dieu.
- Selon toi, est-il possible de croire en quelqu'un ou quelque chose que l'on n'a jamais vu ?

Nicolas Jenson, *La Création du monde*, 1476, BnF, Paris.

J'ai déjà fini !

Ce texte est à l'origine des jours où l'on ne devait pas travailler : le samedi chez les juifs, le dimanche chez les chrétiens. Peux-tu expliquer pourquoi ?

Différenciation

JE PRÉPARE MA MISSION

Ce texte te paraît-il important à connaître ? Pourquoi ? Donne au moins deux raisons.

Les 3 mots de la séance

Note ce que tu retiens de la séance en trois mots.

2 Second récit de la Création

→ **Je découvre le second récit de Création de la Genèse.**

Méthode

- Pour acquérir les bons réflexes face à un texte, utilise le **rabat de ton cahier**.

1 Avant de lire le texte…

- Lis le paratexte (titre, repères).
- Ce texte est-il en prose ou en vers ? Est-il écrit en français au départ ou traduit ? Reconnais-tu un récit, un dialogue, un texte documentaire, une pièce de théâtre ?

Repères

D'après les scientifiques, ce **second récit de la création** a été écrit avant le précédent et dans un contexte historique plus apaisé. Il donne à voir un Dieu potier plus proche de l'humain qu'il crée de ses mains.

Le jour où le SEIGNEUR[1] Dieu fit la terre et le ciel, il n'y avait encore sur la terre aucun arbuste des champs, et aucune herbe des champs n'avait encore germé, car le SEIGNEUR Dieu n'avait pas fait pleuvoir sur la terre et il n'y avait pas d'homme pour cultiver le sol. Le SEIGNEUR Dieu modela l'homme avec de la poussière prise du sol. Il insuffla dans ses narines l'haleine de vie, et l'homme devint un être vivant. Le SEIGNEUR Dieu planta un jardin en Éden, à l'orient, et il y plaça l'homme qu'il avait formé. Le SEIGNEUR Dieu fit germer du sol tout arbre d'aspect attrayant et bon à manger, l'arbre de vie au milieu du jardin et l'arbre de la connaissance de ce qui est bon ou mauvais. […] Le SEIGNEUR Dieu prescrivit à l'homme : « Tu pourras manger de tout arbre du jardin, mais tu ne mangeras pas de l'arbre de la connaissance de ce qui est bon ou mauvais car du jour où tu en mangeras, tu devras mourir. » Le SEIGNEUR Dieu dit : « Il n'est pas bon pour l'homme d'être seul. Je veux lui faire une aide qui lui soit accordée. »

Le SEIGNEUR Dieu modela du sol toute bête des champs et tout oiseau du ciel pour voir comment il les désignerait. Tout ce que l'homme désigna avait pour nom « être vivant » ; l'homme désigna par leur nom tout bétail, tout oiseau du ciel et toute bête des champs, mais pour lui-même, l'homme ne trouva pas l'aide qui lui soit accordée. Le SEIGNEUR Dieu fit tomber dans une torpeur l'homme qui s'endormit ; il prit l'une de ses côtes et referma les chairs à sa place. Le SEIGNEUR Dieu transforma la côte qu'il avait prise à

Lucas Cranach l'Ancien, *Le Paradis*, 1530, musée d'Histoire de l'art de Vienne.

2 À la première lecture

- Qui ? Quand ? Où ? Quoi ?

3 À la relecture

- Quel(s) sentiment(s) ou réflexion(s) te viennent face à ce texte ?

4 Faire résonner le texte

- À quels personnages, à quelles histoires (livres, films, images…) ce texte te fait-il penser ? Pourquoi ?
- Quelles différences repères-tu avec le récit précédent ?

l'homme en une femme qu'il lui amena. L'homme s'écria : « Voici cette fois l'os de mes os et la chair de ma chair. Celle-ci on l'appellera femme car c'est de l'homme qu'elle a été prise. » Aussi l'homme laisse-t-il son père et sa mère pour s'attacher à sa femme, et qu'ils deviennent une seule chair.

La Bible, Genèse, 2-4b, Traduction œcuménique de la Bible (TOB), 2010.

texte lu
college.nathan.fr/**F6_esc7_textes**

1. Les traducteurs ont choisi de mettre « SEIGNEUR » en majuscules pour transcrire les quatre lettres « YWVH » qui désignent Dieu dans le texte originel.

Lecture & Écriture

1. Quels sont les deux arbres mentionnés dans la première partie du texte ?

2. Adam signifie « l'être qui vient du sol ». Comment l'homme est-il créé selon ce second texte ?

3. Quel rôle a l'homme vis-à-vis des animaux dans ce texte ?

4. Dieu veut créer pour l'homme « une aide qui lui soit accordée ». Comment s'y prend-il pour cela ?

5. Quels liens ont l'homme et la femme dans ce texte ? Tu peux donner ton point de vue à ce sujet.

6. « Aussi l'homme laisse-t-il son père et sa mère pour s'attacher à sa femme » (l. 35). Cette phrase te paraît-elle bien décrire le destin des hommes et des femmes ou as-tu des réserves à formuler ? Justifie en formulant au moins deux arguments.

7. Quel récit de la Création préfères-tu et pourquoi ? Développe ta réponse en écrivant au moins quatre phrases.

8. Dans le Coran, texte de référence pour les musulmans, la Création n'est pas racontée d'une seule traite mais répartie dans plusieurs sourates (sorte de chapitres). Lis les extraits qui se trouvent rassemblés par la Bibliothèque nationale de France puis fais la liste des points communs que tu peux trouver avec le texte de la Genèse.

Vocabulaire

9. La femme est appelée *ishshah* dans le texte originel car elle a été prise de l'homme (*ish*). Sais-tu quels autres noms seront donnés au premier homme et à la première femme de la Genèse et ce qu'ils signifient ?

10. « C'est un vrai jardin d'Éden ! » Peux-tu deviner ce que signifie cette expression dans la vie courante ?

J'ai déjà fini !

11. Le tableau p. 138 illustre, à la manière d'une bande dessinée, l'histoire d'Adam et Ève. Décris ce que tu y vois.

Différenciation

site

college.nathan.fr/**F6_esc7_sourates**

JE PRÉPARE MA MISSION

Regarde sur internet la page Wikipédia consacrée à la création d'Adam peinte par Michel-Ange. Connaissais-tu cette fresque ? À ton avis, que symbolisent les deux mains situées au centre ?

Les 3 mots de la séance

Note ce que tu retiens de la séance en trois mots.

3 Hors du jardin d'Éden

→ **Je découvre comment Adam et Ève furent chassés du jardin d'Éden.**

Méthode

• Pour acquérir les bons réflexes face à un texte, utilise le **rabat de ton cahier**.

1 Avant de lire le texte…

- Lis le paratexte (titre, mise en contexte, repères).
- Ce texte est-il en prose ou en vers ? Est-il écrit en français au départ ou traduit ? Reconnais-tu un récit, un dialogue, un texte documentaire, une pièce de théâtre ?

Repères

Le fruit que mangent Adam et Ève vient de l'arbre de la connaissance : connaissance de ce qui est bon ou mauvais (*malus* en latin). Or en latin, le mot *malus* désignait aussi dans l'Antiquité le fruit du pommier. À cause d'une erreur de traduction, c'est donc une pomme que croquent Adam et Ève dans les représentations artistiques et populaires !

Tous deux étaient nus, l'homme et sa femme, sans se faire mutuellement honte.

Or le serpent était la bête la plus astucieuse de toutes les bêtes des champs que le SEIGNEUR[1] Dieu avait faites. Il dit à la femme : « Vraiment ! Dieu vous a dit : "Vous ne mangerez pas de tout arbre du jardin…" La femme répondit au serpent : « Nous pouvons manger du fruit des arbres du jardin, mais du fruit de l'arbre qui est au milieu du jardin, Dieu a dit : "Vous n'en mangerez pas et vous n'y toucherez pas afin de ne pas mourir" ». Le serpent dit à la femme : « Non, vous ne mourrez pas, mais Dieu sait que le jour où vous en mangerez, vos yeux s'ouvriront et vous serez comme des dieux possédant la connaissance de ce qui est bon ou mauvais. »

[*La femme puis l'homme mangent du fruit, ils découvrent qu'ils sont nus et se font des pagnes avec des feuilles de figuier. Dieu les rejoint et les punit.*]

Le SEIGNEUR[1] Dieu dit au serpent : « Parce que tu as fait cela, tu seras maudit entre tous les bestiaux et toutes les bêtes des champs : tu marcheras sur ton ventre et tu mangeras de la poussière tous les jours de ta vie. Je mettrai l'hostilité entre la femme et toi, entre ta descendance et sa descendance. Celle-ci te meurtrira à la tête et toi, tu la meurtriras au talon. »

Il dit à la femme : « Je ferai qu'enceinte, tu sois dans de grandes souffrances ; c'est péniblement que tu enfanteras des fils. Ton désir te poussera vers ton homme et lui te dominera. »

Giovanni di Paolo, *La Création du monde, et Adam et Ève chassés du paradis terrestre*, 1445, Metropolitan Museum of Art, New York.

2 À la première lecture

- Qui ? Quand ? Où ? Quoi ?

3 À la relecture

- Quel(s) sentiment(s) ou réflexion(s) te viennent face à ce texte ?

4 Faire résonner le texte

- À quels personnages, à quelles histoires (livres, films, images…) ce texte te fait-il penser ? Pourquoi ?

Il dit à Adam : « Parce que tu as écouté la voix de ta femme et que tu as mangé de l'arbre que je t'avais formellement prescrit de ne pas manger, le sol sera maudit à cause de toi : c'est dans la peine que tu t'en nourriras tous les jours de ta vie. Il fera germer pour toi l'épine et le chardon et tu mangeras l'herbe des champs. À la sueur de ton visage tu mangeras du pain jusqu'à ce que tu retournes au sol car c'est de lui que tu as été pris. Oui, tu es poussière et à la poussière tu retourneras. »
L'homme appela sa femme du nom d'Ève – c'est-à-dire La Vivante – car c'est elle qui a été la mère de tous les vivants.

La Bible, Genèse, 3,
Traduction œcuménique de la Bible (TOB), 2010.

texte lu
college.nathan.fr/
F6_esc7_textes

1. Les traducteurs ont choisi de mettre « SEIGNEUR » en majuscules pour transcrire les quatre lettres « YWVH » qui désignent Dieu dans le texte originel.

Lecture & Écriture

1. Quel rôle joue le serpent dans ce récit ? Que fait-il pour convaincre la femme de manger le fruit ?

2. Dans ce tableau, résume ou recopie les punitions attribuées à chaque personnage de ce texte.

Punitions attribuées au serpent	Punitions attribuées à la femme	Punitions attribuées à l'homme
Le serpent devra ...	La femme, enceinte, ...	L'homme devra ...
Le serpent subira ...	La femme ...	L'homme retournera ...

3. Que penses-tu de ces punitions ? L'une d'entre elles te choque-t-elle ou te surprend-elle particulièrement ? Explique pourquoi en donnant au moins trois arguments.

Vocabulaire

4. Trouve le nom d'un arbre présent dans ce texte puis dresse la liste d'un maximum de noms d'arbres que tu connais. Remarques-tu un suffixe commun, qui n'est cependant pas toujours présent ?

5. Recopie ce tableau, puis classe les mots que tu peux relever dans le texte et qui appartiennent aux champs lexicaux nommés. Enfin, ajoute-les à tes collectes de mots (p. 134).

Mots en lien avec la violence	Mots en lien avec la peine, la souffrance

JE PRÉPARE MA MISSION

« Une pomme, deux poires et un tas de pépins. » Ce résumé humoristique tiré de la tradition populaire montre qu'Adam, Ève et le serpent sont très célèbres. Ils sont aussi présents dans la publicité. Cherches-en des exemples sur internet en notant les mots-clés utilisés pour les trouver.

Les 3 mots de la séance

Note ce que tu retiens de la séance en trois mots.

4 La Genèse en poésie

→ **Je découvre comment la Genèse a inspiré des femmes poètes au XXᵉ siècle.**

DOC 1

Et Dieu se promena, et regarda bien attentivement
Son Soleil, et sa Lune, et les p'tits astres de son firmament.
Il regarda la terre qu'il avait modelée dans sa paume,
Et les plantes et les bêtes qui remplissaient son beau royaume.
Et Dieu s'assit, et se prit la tête dans les mains,
Et dit : « J'suis encore seul ;
J'vais m'fabriquer un homme demain. »
Et Dieu ramassa un peu d'argile au bord d'la rivière,
Et travailla, agenouillé dans la poussière.
Et Dieu, Dieu qui lança les étoiles au fond des cieux,
Dieu façonna et refaçonna l'homme de son mieux.
Comme une mère penchée sur son p'tit enfant bien-aimé,
Dieu peina, et s'donna du mal, jusqu'à c'que l'homme fût formé.
Et quand il l'eut pétri, et pétri, et repétri,
Dans cette boue faite à son image Dieu souffla l'esprit.
Et l'homme devint une âme vivante…

Marguerite Yourcenar, « La Création », *Fleuve profond, sombre rivière*,

La chanteuse de gospel américaine Mahalia Jackson se produit à Berlin (Allemagne), en 1967.

Repères

Dans son recueil de poèmes *Fleuve profond, sombre rivière* paru en 1964, **Marguerite Yourcenar** a traduit des *Negro Spirituals*, chants sacrés interprétés à l'origine par les esclaves noirs aux États-Unis.

La petite leçon

• L'**apostrophe** montre parfois que l'on a fait disparaître une lettre pour des raisons de prononciation. Dire « l'arbre » évite de dire « le arbre ». En langage courant et à l'oral, de nombreux mots sont raccourcis comme dans ce texte : « p'tit enfant » (l. 12), « jusqu'à c'que » (l. 13).

Lecture & Écriture

1. Ce texte s'inspire des deux récits de la Création dans la Genèse auxquels il ajoute des éléments. À qui Dieu est-il comparé dans ce texte ? Quel sentiment semble unir le créateur à sa créature ?

2. Pour quelle raison Dieu décide-t-il de créer l'homme selon ce poème ?

DOC 2

Avant, c'était l'Éden…
Des territoires arrachés par
l'Éternel aux ténèbres.
Des vallées à l'abri d'un ciel,
tantôt bleu soleil, tantôt d'ébène
semé d'étoiles. C'étaient des
terres fécondes d'où germaient
toutes nourritures. Des sols
sillonnés par tout ce qui rampe,
marche, court ou vole. Des
plaines peuplées de bêtes amies.

Adam passa son bras autour
des épaules de sa compagne,
elle se serra contre ses flancs.
Ils se remirent en marche.

Andrée Chedid, « Le jardin perdu », *Le Jardin perdu*, calligraphies de Hassan Massoudy, © Éditions Gallimard, 2013.

texte lu
college.nathan.fr/
F6_esc7_textes

Repères

Andrée Chedid est née en 1920 au Caire en Égypte et morte à Paris en 2011. Poète franco-syro-libanaise, elle est attentive à la question de la condition féminine et réécrit l'histoire d'Adam et Ève. Dans la fin de ce texte, elle insiste sur le compagnonnage d'Adam et Ève. Son texte est illustré des calligraphies de l'artiste irakien **Hassan Massoudy**.

Lecture & Écriture

3. De quel moment de l'histoire d'Ève et d'Adam ce poème s'inspire-t-il ? Appuie-toi en particulier sur le début et la fin du poème pour répondre.

4. Comment réagissent Adam et sa compagne ? Quels sentiments semblent les animer ? Rédige trois phrases au moins.

JE PRÉPARE MA MISSION

Choisis l'un de ces poèmes et apprends-le pour le réciter ensuite de manière expressive. Prépare-toi aussi à expliquer pourquoi tu l'as choisi : donne deux raisons au moins.

Les 3 mots de la séance

Note ce que tu retiens de la séance en trois mots.

5 Caïn et Abel

→ Je découvre Caïn et Abel, et le premier crime de l'humanité.

1 Avant de lire le texte…

- Observe le dessin de Marc Chagall avant de lire ce texte : regarde les traits, les couleurs, les formes. Quelle(s) émotion(s) te procure-t-elle ?
- Lis le paratexte (titre, repères).
- Ce texte est-il en prose ou en vers ? Est-il écrit en français au départ ou traduit ? Reconnais-tu un récit, un dialogue, un texte documentaire, une pièce de théâtre ?

Méthode

- Pour acquérir les bons réflexes face à un texte, utilise le **rabat de ton cahier**.

Repères

Caïn et Abel sont les premiers enfants d'Adam et Ève. Un fratricide (tu vas vite deviner le sens du mot) est raconté dans ce premier texte. Les débuts de l'humanité ne sont pas apaisés !

L'homme connut Ève sa femme. Elle devint enceinte, enfanta Caïn et dit : « J'ai procréé un homme, avec le Seigneur. » Elle enfanta encore son frère Abel. Abel faisait paître les moutons, Caïn cultivait le sol. À la fin de la saison, Caïn apporta au Seigneur une offrande de fruits de la terre ; Abel apporta lui aussi des prémices[1] de ses bêtes et leur graisse. Le Seigneur tourna son regard vers Abel et son offrande, mais il détourna son regard de Caïn et de son offrande. Caïn en fut très irrité et son visage fut abattu. Le Seigneur dit à Caïn : « Pourquoi t'irrites-tu ? Et pourquoi ton visage est-il abattu ? Si tu agis bien, ne le relèveras-tu pas ? Si tu n'agis pas bien, le péché, tapi à ta porte, te désire. Mais toi, domine-le. »

Caïn parla à son frère Abel et, lorsqu'ils furent aux champs, Caïn attaqua son frère Abel et le tua. Le Seigneur dit à Caïn : « Où est ton frère Abel ? » — « Je ne sais, répondit-il. Suis-je le gardien de mon frère ? » — « Qu'as-tu fait ? reprit-il. La voix du sang de ton frère crie du sol vers moi. Tu es maintenant maudit du sol qui a ouvert la bouche pour recueillir de ta main le sang de ton frère. Quand tu cultiveras le sol, il ne te donnera plus sa force. Tu seras errant et vagabond sur la terre. »

Marc Chagall, *Verve n° 37-28*, dessin pour *La Bible*, 1960, musée national Marc Chagall, Nice.

2 À la première lecture

- Quels personnages apparaissent dans ce texte ? Quel crime a lieu ? Pourquoi ?

3 À la relecture

- Quel(s) sentiment(s) ou émotion(s) te viennent face à ce texte ?

4 Faire résonner le texte

- Connais-tu d'autres textes qui racontent des luttes entre frères ?

Caïn dit au Seigneur : « Ma faute est trop lourde à porter. Si tu me chasses aujourd'hui de l'étendue de ce sol, je serai caché à ta face, je serai errant et vagabond sur la terre, et quiconque me trouvera me tuera. » Le Seigneur lui dit : « Eh bien ! Si l'on tue Caïn, il sera vengé sept fois. » Le Seigneur mit un signe sur Caïn pour que personne en le rencontrant ne le frappe.

La Bible, Genèse, 4, 1-15,
Traduction œcuménique de la Bible (TOB), 2010.

texte lu
college.nathan.fr/
F6_esc7_textes

1. Premiers nés du bétail.

Lecture & Écriture

1. Ce texte peut être lu à quatre voix. Repère les paroles des personnages et du narrateur, et propose avec quelques camarades une lecture expressive de ce texte. Vous pouvez également en donner une représentation théâtrale – mais sans vous faire mal !

2. Quelles sont les offrandes faites par Caïn et Abel à Dieu ?

3. Comment réagit-il face à ces offrandes ? Comment comprends-tu cela ?

4. Quel sentiment a pu pousser Caïn à tuer son frère ? Comment en est-il puni ? Cite le texte pour répondre.

5. Est-il uniquement puni par Dieu ? Cite le texte pour le prouver.

6. Être puni sept fois pour une faute, c'est bien plus sévère que la loi du talion qui est édictée ensuite dans la Bible, « Œil pour œil, dent pour dent ». Qui juge les fautes dans notre société et comment ?

7. Ce texte évoque la jalousie et le sentiment d'injustice que l'on éprouve parfois, et la fraternité qui n'est pas facile à mettre en œuvre. Que penses-tu du comportement de Caïn ? Sa jalousie te rappelle-t-elle une situation vécue ? Comment peut-on réagir autrement ? Développe tes idées en cinq phrases au moins.

Vocabulaire

8. Dans la Bible, le verbe « connaître » peut avoir un autre sens que celui de « savoir ». Peux-tu deviner ce que cache ce verbe dans la première phrase du texte ?

9. Relève dans le texte les mots qui évoquent la violence et la colère, et complète tes collectes de mots (p. 134).

J'ai déjà fini !

10. « Suis-je le gardien de mon frère ? » De nombreux exégètes (personnes qui commentent des textes sacrés) et intellectuels ont commenté cette phrase. Selon toi, pourquoi Caïn dit-il cela et qu'en penses-tu ?

Différenciation

JE PRÉPARE MA MISSION

Un autre récit biblique raconte le combat inégal et célèbre de David et Goliath. Renseigne-toi sur cet épisode biblique qui a donné naissance à l'expression : « C'est David contre Goliath. » Selon toi, que signifie-t-elle ?

Les 3 mots de la séance

Note ce que tu retiens de la séance en trois mots.

6 La tour de Babel

→ Je découvre un épisode expliquant la diversité des langues.

Méthode

- Pour acquérir les bons réflexes face à un texte, utilise le **rabat de ton cahier**.

1 Avant de lire le texte…

- Lis le paratexte (titre, repères).
- Ce texte est-il en prose ou en vers ? Est-il écrit en français au départ ou traduit ? Reconnais-tu un récit, un dialogue, un texte documentaire, une pièce de théâtre ?

Repères

Après l'épisode du **déluge** qui fait disparaître l'humanité à l'exception de Noé et de sa famille, les fils de Noé se sont dispersés sur la surface de la terre. Chaque frère utilise une langue différente, ce qui explique la présence de différents langages sur terre.

L'épisode de la **tour de Babel** donne une seconde explication aux langues variées parlées par les humains.

La terre entière se servait de la même langue et des mêmes mots. Or en se déplaçant vers l'Orient, les hommes découvrirent une plaine dans le pays de Shinéar et y habitèrent. Ils se dirent l'un à l'autre : « Allons ! Moulons des briques et cuisons-les au four. » Les briques leur servirent de pierre et le bitume leur servit de mortier.

« Allons ! dirent-ils, bâtissons-nous une ville et une tour dont le sommet touche le ciel. Faisons-nous un nom afin de ne pas être dispersés sur toute la surface de la terre. »

Le Seigneur descendit pour voir la ville et la tour que bâtissaient les fils d'Adam. « Eh, dit le Seigneur, ils ne sont tous qu'un peuple et qu'une langue et c'est là leur première œuvre ! Maintenant, rien de ce qu'ils projetteront de faire ne leur sera inaccessible ! Allons, descendons et brouillons ici leur langue, qu'ils ne s'entendent plus les uns les autres ! »

De là, le Seigneur les dispersa sur toute la surface de la terre et ils cessèrent de bâtir la ville. Aussi lui donna-t-on le nom de Babel car c'est là que le Seigneur brouilla la langue de toute la terre, et c'est de là que le Seigneur dispersa les hommes sur toute la surface de la terre.

La Bible, Genèse, 11, 1-9,
Traduction œcuménique de la Bible (TOB), 2010.

texte lu
college.nathan.fr/
F6_esc7_textes

2 À la première lecture

- Qui ? Quand ? Où ? Quoi ?

3 À la relecture

- Quel(s) sentiment(s) ou émotion(s) te viennent face à ce texte ?

4 Faire résonner le texte

- À quels personnages, à quelles histoires (livres, films, images…) ce texte te fait-il penser ? Pourquoi ?

Pieter Brueghel l'Ancien, *La Tour de Babel*, 1563, musée d'Histoire de l'art de Vienne.

Vocabulaire

1. **Comme presque tous les mots, le mot « langue » a plusieurs sens en français. Quelles sont les deux grandes significations que tu lui connais ?**

2. **Recopie ce tableau et classes-y les mots que tu peux relever dans le texte et qui appartiennent aux champs lexicaux nommés.**

Mots en lien avec la construction	Mots en lien avec la destruction

Lecture & Écriture

3. **Quel est l'objectif des humains dans ce texte ?**

4. **Comment pourrais-tu qualifier ce projet : te paraît-il raisonnable, ambitieux, imprudent ou démesuré ?** Explique ta réponse en citant le texte.

5. **Comment réagit le Seigneur et pourquoi ?** Cite le texte.

6. **Ce mythe explique pourquoi les humains parlent différentes langues. Il a provoqué de nombreux commentaires contradictoires. Selon toi, est-il préférable de parler la même langue ou peut-on s'entendre malgré les différences ?** Rédige au moins cinq phrases pour répondre.

La Tour de Babel, illustration, 1944.

La petite leçon

• En hébreu, il y a un **jeu de mots** entre le nom « Babel » (« Babylone » en français) qui vient de l'accadien *Bab-Ili* (« Porte des dieux ») et le verbe *bâlal* (« mêler, confondre, rendre confus »). Des mots proches en sonorités s'appellent des paronymes (voir « Petite leçon » p.107). Il y en a beaucoup dans la publicité ou dans les chansons.

J'ai déjà fini !

7. **Recopie les verbes dans les paroles prononcées par les humains : à quel mode et à quel temps sont-ils conjugués ? Pourquoi ce mode verbal est-il employé ?**

Différenciation

J'ACCOMPLIS MA MISSION

Le projet

Que dois-tu fabriquer ?

→ Il s'agit de **créer une affiche ou un diaporama** présentant quelques œuvres d'art ou éléments de culture populaire en lien avec la Bible.

Quel est l'objectif ?

→ Il te faudra montrer que ce livre constitue un **patrimoine culturel commun**, que l'on soit croyant, athée ou agnostique.

→ Ce travail te permettra d'explorer **ton domaine artistique préféré**, ou bien de t'intéresser à notre langue ou à notre manière de vivre ensemble.

A Je me décide

Choisis le domaine qui te plaît le plus (tu peux faire un autre choix avec l'accord de ton professeur) : architecture • poésie • peinture • musique • publicité • langue française • manière de vivre.

B Je fais des recherches

→ **Au CDI, à la bibliothèque ou sur internet,** effectue des recherches en croisant les mots-clés « Genèse » ou « Bible » avec le domaine que tu as choisi.

→ Fais valider tes idées par ton professeur, puis **choisis un ou deux éléments** que tu présenteras à la classe.

→ Tu devras **décrire** les éléments choisis, puis **expliquer** le lien avec la Bible (tu pourras **résumer** le passage biblique précis auxquels ces éléments renvoient). Tu choisiras un titre à ta présentation, par exemple « La Bible en musique ».

C Je présente mon travail

→ **Si tu fais une affiche**, tu auras besoin d'une feuille A3, de feutres qui se voient de loin, d'un crayon à papier et d'une règle pour tracer des traits (que tu pourras effacer ensuite) ou d'une imprimante.

→ **Si tu fais un diaporama**, tu auras besoin d'utiliser un ordinateur, de créer 3 à 5 diapositives (dont une pour le titre), de savoir faire un copier-coller (pour afficher les images) ou d'intégrer du son, et d'écrire un peu (pas trop, et en taille 20 minimum !).

D À l'oral

→ Ne lis pas tes notes : présente ton travail pendant 2 à 5 minutes, sans avoir peur de bafouiller (c'est le métier qui rentre !).

Bilan

Quiz

1. Comment s'appelle le premier texte de la Bible ?

a La Genèse.

b L'Ancien Testament.

c Le début.

2. Combien y a-t-il de versions de la Création dans la Genèse ?

a Une.

b Deux.

c Trois.

3. Quel animal « tente » les premiers humains ?

a Un crapaud.

b Un serpent.

c Un loup.

4. Dans le récit biblique, quel fruit l'homme et la femme mangent-ils ?

a Un kaki.

b Le fruit de la connaissance du bien et du mal.

c Une pomme.

5. Que signifie le prénom Ève ?

a La vivante.

b La mère.

c Le sang.

6. La tour de Babel devait toucher…

a la lune.

b le ciel.

c l'Olympe.

Texte par texte — Je me rappelle ce que j'ai appris.

1. **Premier récit de la Création (p. 135)** : Comment Dieu a-t-il créé le monde dans ce premier récit ?

2. **Second récit de la Création (p. 138)** : Comment l'homme puis la femme ont-ils été fabriqués ?

3. **Hors du jardin d'Éden (p. 140)** : Pourquoi Adam et Ève ont-ils quitté le jardin d'Éden ?

4. **La Genèse en poésie (p. 142) :** De quel type de chant s'est inspirée Marguerite Yourcenar pour son poème ?

5. **Caïn et Abel (p. 144)** : Quel meurtre est commis dans ce récit et par qui ?

6. **La tour de Babel (p. 146)** : Qu'est-ce que ce mythe cherche à expliquer ?

Écriture — Je réfléchis au récit de la Genèse.

1. **Explique, à l'aide des textes et des œuvres rencontrées, pourquoi l'on peut dire que ces textes sont utiles à connaître pour mieux comprendre notre société.** Réponds en écrivant cinq phrases au moins.

2. **En te servant des mots recueillis dans tes collectes, explique ce que tu observes comme différences et points communs entre les humains.** Ta réponse pourra être faite en deux temps : les différences d'abord, puis les points communs. N'utilise pas de prénom ou de nom propre dans ton texte : il s'agit de parler de manière générale. Réponds en écrivant cinq phrases au moins.

Les 5 mots de l'escale

Note ce que tu retiens de l'escale en cinq mots.

Bilan personnel

→ **As-tu apprécié cette escale ? Avais-tu, au départ, des réticences et, si oui, pourquoi ?**

→ **Parmi les textes que tu as lus, choisis celui que tu as trouvé le plus intéressant, le plus surprenant ou le plus difficile.** Explique ton choix.

Fluence

Je lis vite et bien !

Dans l'arche…

Noé a construit une arche pour sa famille et toutes les espèces animales afin de les sauver du Déluge. Déborah, la petite-fille de Noé dans le roman, voit l'arche se remplir…

La jeune fille, fascinée, ne pouvait quitter son poste d'observation. De nouvelles bêtes 13
passaient dans son champ de vision, tantôt lentes comme ce couple couvert d'épines 26
bien plus longues que celles des hérissons, tantôt bondissantes à la manière de ces 40
étranges créatures qui se propulsaient sur leurs pattes arrière. Quand deux énormes 52
volatiles munis d'un long cou et se dandinant sur deux pattes leur succédèrent, la fille 67
aînée de Cham n'y tint plus. Elle sauta sur ses pieds pour courir vers les femmes réunies 84
autour de la lampe. 88

- Maman, Noémi, cria-t-elle, il faut que vous veniez voir, des animaux extraordinaires 100
entrent dans l'arche ! 103

Mais à ce même instant se produisit quelque chose de stupéfiant : un courant d'air 117
se propagea dans le couloir, suivi peu après d'un vibrant bruissement. Dans la demi- 131
obscurité, Déborah sentit plus qu'elle ne vit les oiseaux qui passaient au-dessus de sa 144
tête. Ils arrivaient en vols serrés, les petits comme les grands, et ils étaient plus nombreux 160
qu'il n'était possible de l'imaginer. Un frou-frou d'ailes indiqua bientôt que les premiers 173
arrivés se posaient au fond de l'arche, près de la fenêtre découverte par la fillette. Les 189
oiseaux continuèrent d'affluer pendant un temps interminable. […] À ce que Déborah 200
pouvait voir, il y avait des flamants roses, des ibis, des oies et des canards, des vautours, 217
des hirondelles, mais aussi un grand nombre d'oiseaux qu'elle n'aurait su nommer, 229
certains au plumage multicolore ou au contraire plus blanc que le lait, d'autres pourvus 243
de serres puissantes, de longues échasses ou de crêtes hérissées vers le ciel. 256

Flore Talamon, *Noé face au déluge*, © Nathan, 2012.

Je lis le texte ci-dessus et je mesure ma vitesse de lecture

Tu peux demander à un camarade de te chronométrer.

▶ *À recopier sur ton cahier :* **J'ai lu** ………………… **mots en une minute.**

Je vérifie que j'ai bien compris

1. À quel spectacle extraordinaire Déborah assiste-t-elle ?
2. À ton avis, qui est Noémi ?
3. D'où viennent le « courant d'air » et « le bruissement » qui surprennent Déborah ?
4. Quels sont les oiseaux que tu aurais aimé voir ?

Je m'entraîne à lire plus vite

5 **Lis rapidement…**

a. cette suite de mots.

observation – vision – bondissantes – créatures – propulsaient – volatiles

b. ces séries de mots.

- stupéfiant – stupéfait
- vibrant – bravant
- fascinée – fascinant
- obscurité – sécurité
- affluer – influencer
- flamant – éléphant
- multicolore – cultivateur
- interminable – imperméable

6 **Dans le texte…**

a. compte ces mots : oiseaux – Déborah – elle.

b. relève les mots suivants : volatiles – Cham – frou-frou – Maman.

7 **Lis ce passage sans t'arrêter, en ne bougeant que les yeux.**

À ce que Déborah pouvait voir, il y avait des flamants roses, des ibis, des oies et des canards, des vautours, des hirondelles, mais aussi un grand nombre d'oiseaux qu'elle n'aurait su nommer, certains au plumage multicolore ou au contraire plus blanc que le lait, d'autres pourvus de serres puissantes, de longues échasses ou de crêtes hérissées vers le ciel.

Je relis le texte et je mesure ma vitesse de lecture

Tu peux demander à un camarade de te chronométrer.

▶ *À recopier sur ton cahier :* **J'ai lu** .... **mots en une minute.**

J'améliore mon articulation

8 **Prononce ces groupes de mots en articulant avec soin.**

ce couple couvert d'épines – des animaux extraordinaires – de longues échasses – crêtes hérissées vers le ciel

9 **Prononce chaque phrase normalement, puis très vite, puis très lentement.**

- La jeune fille, fascinée, ne pouvait quitter son poste d'observation.
- Mais à ce même instant se produisit quelque chose de stupéfiant.
- Ils étaient plus nombreux qu'il n'était possible de l'imaginer.

Je relis le texte et je mesure ma vitesse de lecture

Tu peux demander à un camarade de te chronométrer.

▶ *À recopier sur ton cahier :* **J'ai lu** .... **mots en une minute.**

Je note mes progrès

▶ *À recopier sur ton cahier :*

1re lecture .... **mots par minute**

2e lecture .... **mots par minute**

3e lecture .... **mots par minute**

ESCALE 8

Créer et recréer le monde et ses habitants

CAP SUR LA MISSION

- À la fin de cette escale, tu rédigeras ton propre récit de création d'un nouveau monde, avec ses habitants.

Je fais le point sur mes connaissances

Choisis, pour chaque question, la ou les réponses qui conviennent.

1. Qu'est-ce qu'une religion polythéiste ?
- a Une religion où la politesse compte plus que tout.
- b Une religion qui n'existe plus.
- c Une religion dans laquelle il y a plusieurs dieux et divinités.

2. Dans l'Antiquité, quel peuple était monothéiste ?
- a Les Égyptiens.
- b Les Hébreux.
- c Les Grecs et les Romains.

3. À quoi servent les récits de création ?
- a À répondre aux grandes questions que se posent les humains.
- b À savoir comment tout a vraiment commencé.
- c À se poser des questions.

4. Les dieux sont-ils toujours satisfaits de leurs créations ?
- a Ils ne sont jamais contents.
- b Ils ne peuvent pas avoir mal fait.
- c Souvent ils les détruisent et les recréent.

5. Quel dieu s'illustre par son pouvoir chez les Grecs ou les Latins ?
- a Zeus.
- b Sangoku.
- c Jupiter.

6. Les Mayas...
- a sont des abeilles.
- b sont un peuple d'Amérique centrale.
- c parlaient le quiché.

Collecte de mots

- **Sur le modèle du tableau p. 2, rassemble, pour chacun des termes suivants, tous les mots et toutes les expressions auxquels tu penses :**

Créer — Humain — Réussir et rater

Pour réussir la mission, je dois...

→ Lire les différents récits de ce chapitre.

→ Me servir de mes connaissances et de mon imagination pour inventer mon propre récit de création.

→ M'amuser à créer un texte sur un monde nouveau.

1 La naissance du monde et de Rê selon la mythologie égyptienne

→ **Je lis un récit de création polythéiste.**

1 Avant de lire le texte…

- Lis le paratexte (titre, nom de l'auteur, date de publication, mise en contexte, repères). Ce texte est-il écrit en français au départ ou traduit ?
- Ce texte est-il en prose ou en vers ? Y a-t-il beaucoup ou peu de paragraphes ? Reconnais-tu un récit, un dialogue, un poème, un texte documentaire, un discours, une pièce de théâtre ?

Méthode

- Pour acquérir les bons réflexes face à un texte, utilise le **rabat de ton cahier**.

En Égypte ancienne coexistaient plusieurs systèmes de croyance. Les textes qui évoquent la création du monde appartiennent à différentes époques, depuis l'Ancien Empire (-2 635 avant J.-C.) jusqu'à la domination romaine (-30 avant J.-C.). Le récit qui suit s'inspire de l'une des deux grandes traditions égyptiennes, la tradition d'Hermopolis.

Au commencement était le Noun, une immense masse d'eau qui contenait en elle les germes de la création. Seule une île émergeait des eaux. […] Un jour, alors que le monde était encore plongé dans les ténèbres, de curieux êtres sortirent du Noun pour se poser sur l'île, car ils souhaitaient faire apparaître la lumière. Ils étaient huit, quatre couples composés chacun d'un dieu et d'une déesse.

[…] Le premier couple, Noun et Naunèt, représentait les eaux primitives, celles qui allaient permettre à la vie de naître. Le deuxième couple, Héhou et Héhèt, constituait l'infinité spatiale qui permet à l'univers de ne pas avoir de limites. Le troisième couple, Kékou et Kékèt, formait les ténèbres, la nuit permanente qui recouvrait le monde avant que ne jaillisse la lumière. Enfin, le dernier couple, Amon et Amonèt, représentait tout ce qui est caché, ce que l'on ne connaît pas, ce que l'on ne peut pas voir mais qui pourtant existe.

Ces huit créatures étaient vraiment étranges : les mâles avaient des têtes de grenouille sur des corps d'homme, et les femelles des têtes de serpent sur des corps de femme. Tous portaient aux pieds des chaussures en tête de chien.

Pour pouvoir créer le monde, les quatre couples se transformèrent en taureaux et en vaches, et s'unirent.

Mais ils fécondèrent par accident un bouton de lotus qui se trouvait dans le Noun. En s'ouvrant, les pétales bleus de la fleur donnèrent naissance à un enfant qui portait sur la tête une couronne et un uraeus, c'est-à-dire

Repères

Ces textes ont été écrits en **hiéroglyphes**, mot qui signifie littéralement « écriture sacrée » ou en hiératiques, une écriture plus souvent employée sur papyrus ou sur des fragments de poterie, supports anciens d'écriture.

2 À la première lecture

- Réponds à ces questions : qui ? quand ? quoi ? où ?
- Quels couples sont mentionnés et à quoi ressemblent-ils ? À qui donnent-ils naissance ?

3 À la relecture

- Y a-t-il dans ce texte des passages qui t'étonnent ? Si oui, lesquels ?
- Liste les émotions produites par ce texte.

4 Faire résonner le texte

- À quels personnages, à quelles histoires (livres, films, images…) ces textes te font-ils penser ? Pourquoi ?

un cobra dressé en position d'attaque afin de le protéger. Cet enfant parfait était Rê, le jeune soleil. Lorsque le petit garçon s'éveilla et ouvrit les yeux, il illumina la terre et sépara la nuit et le jour. Il créa les dieux par sa bouche et les hommes par ses yeux.

Certains disent que Rê naquit d'un œuf et pas d'un lotus, d'autres pensent que c'est un grand oiseau – une oie du Nil – appelé le Grand Jargonneur, qui par ses cris sortit le monde du silence et pondit l'œuf contenant le dieu-soleil. Peu importe, la lumière était née, les dieux, les hommes, et toutes les choses du monde. Et grâce à cette lumière, la vie pouvait exister sur la terre.

« Le récit d'Hermopolis », *Récits de création*, sous la direction de Dominique Borne, La Documentation française, 2008.

texte lu
college.nathan.fr/
F6_esc8_textes

Sur cette stèle datant d'environ 1 000 av. J.-C., un prêtre s'adresse au dieu Rê, musée du Louvre, Paris.

Vocabulaire

1. Qu'est-ce qu'un lotus ? Si tu ne le sais pas, relis les phrases qui entourent ce mot et observe les indices permettant de deviner ce que c'est.

2. Relève les mots de la famille de « créer » présents dans le texte et complète cette liste en ajoutant un préfixe et des suffixes différents.

3. Quels synonymes du mot « créer » connais-tu ? Ajoute les mots que tu as trouvés dans les questions 2 et 3 à ta collecte (p. 152).

Lecture & Écriture

4. Relève tous les noms d'animaux de ce texte. Pourquoi peut-on dire que les couples évoqués sont vraiment étranges ?

5. Dans le dernier paragraphe, quelles expressions traduisent le doute, l'absence de certitude ?

6. « Peu importe » (l. 31) : d'après toi, pourquoi n'est-ce pas si grave de ne pas savoir ?

7. De nombreuses civilisations ont imaginé que le monde était né dans un œuf. Si tu devais développer cette idée, de quel œuf pourrait-il s'agir ? À quoi ressemblerait-il et quel animal l'aurait pondu ? Rédige cinq phrases au moins.

JE PRÉPARE MA MISSION

Relève les différents éléments dont la création est évoquée dans ce texte. Garde-les en mémoire pour pouvoir écrire ton propre texte plus tard.

Les 3 mots de la séance

Note ce que tu retiens de la séance en trois mots.

2 La naissance du monde selon la mythologie gréco-latine

→ **Je découvre un texte de création du monde écrit par Ovide.**

1 Avant de lire le texte...

- Lis le paratexte (titre, nom de l'auteur, date de publication, mise en contexte, repères). Ce texte est-il écrit en français au départ ou traduit ?
- Ce texte est-il en prose ou en vers ? Y a-t-il beaucoup ou peu de paragraphes ? Reconnais-tu un récit, un dialogue, un poème, un texte documentaire, un discours, une pièce de théâtre ?

Méthode

- Pour acquérir les bons réflexes face à un texte, utilise le **rabat de ton cahier**.

Au début de ses Métamorphoses *écrites dès l'an 2 après J.-C., Ovide raconte la formation de l'univers et de ses habitants en s'inspirant de récits grecs et latins.*

Avant la formation de la mer, de la terre et du ciel, la nature dans l'univers n'offrait qu'un seul aspect ; on l'appelait chaos, et c'était une masse informe, mélange confus d'éléments qui se combattaient entre eux. *[Un dieu sépare la terre, l'eau et le ciel.]* Les astres commencèrent à briller dans les cieux. Les étoiles et les dieux s'y fixèrent, afin qu'aucune région ne fût sans habitants. Les poissons peuplèrent l'onde ; les quadrupèdes, la terre ; les oiseaux, l'air. Un être plus noble et plus intelligent, fait pour dominer sur tous les autres, manquait encore à ce grand ouvrage.

L'homme naquit. [...] Il était différent des autres animaux dont la tête est inclinée vers la terre. Il pouvait contempler les astres et tourner ses regards vers les cieux.

L'âge d'or commença. Les hommes respectaient volontairement la justice et suivaient la vertu sans effort. On ne portait ni casque, ni épée ; et ce n'étaient pas les soldats et les armes qui assuraient le repos des nations. La terre produisait tout d'elle-même, spontanément. L'homme, satisfait des aliments que la nature lui offrait sans effort, cueillait les fruits de l'arbousier et du cornouiller, la fraise des montagnes, la mûre sauvage qui pousse sur la ronce épineuse, et le gland qui tombe de l'arbre de Jupiter. Un printemps éternel régnait.

[...] Puis commença l'âge d'argent, âge inférieur à celui qui l'avait précédé, mais préférable à l'âge d'airain qui le suivit. Jupiter abrégea la durée du printemps. Il forma quatre saisons qui partagèrent l'année : l'été, l'automne inégal, l'hiver et le printemps, actuellement si court. Alors, pour la première fois, des chaleurs dévorantes embrasèrent les airs

Repères

Ovide a vécu entre 43 av. J.-C. et 17 ap. J.-C., notamment sous le règne de l'empereur Auguste. Célèbre poète, il a écrit les *Amours* et les *Métamorphoses*. Très savant, il a puisé ses récits légendaires chez de nombreux auteurs, comme Hésiode, Homère et Virgile.

2 À la première lecture

- À quel moment se situe-t-on ?
- Quels sont les quatre âges créés ?
- Qui crée ?

3 À la relecture

- Distingue deux grandes parties dans ce texte et donne-leur un titre.
- Liste les émotions produites par ce texte.

4 Faire résonner le texte

- À quels personnages, à quelles histoires (livres, films, images...) ce texte te fait-il penser ? Pourquoi ?

et des vents glacials soufflèrent. On chercha des abris.
[...] Après les deux premiers âges vint l'âge d'airain. Les hommes, devenus féroces, ne respiraient que la guerre ; mais ils n'étaient pas encore tout à fait corrompus. L'âge de fer fut le dernier. Tous les crimes se répandirent avec lui sur la terre. La retenue, la vérité, la bonne foi disparurent. À leur place dominèrent la ruse, la trahison, la violence et la soif de posséder. Déjà dans les mains des hommes on trouvait le fer, instrument du crime, et l'or, plus malfaisant encore.

Ovide, *Les Métamorphoses*, livre I, Ier siècle ap. J. -C.,
d'après la trad. de G.T. Villenave, 1806.

texte lu
college.nathan.fr/
F6_esc8_textes

Hendrick Goltzius, gravure représentant le passage du chaos à un monde harmonieux dans *Les Métamorphoses* d'Ovide, 1590, Bnf, Paris.

Vocabulaire

1. **Quel mot venu du grec décrit la masse informe au début du récit d'Ovide ? Quels autres mots de sens proche connais-tu ?**

2. **Le mot « quadrupède » (l. 7) vient du latin : il est formé des mots *quattuor*, « quatre », et *pes* « pied, patte ». Que peut-il signifier ? Et quel est alors le sens de « bipède », terme qui caractérise l'humain ?**

3. **« Les poissons peuplèrent l'onde. » (l. 6) : selon toi, que désigne le mot « onde » dans cette phrase ? Ce mot est aussi très employé en science : pourrais-tu l'employer dans son sens scientifique ?**
Astuce : tu peux le mettre au pluriel.

4. **Comme dans la Genèse (p. 140), il est question d'arbres dans ce récit de création : cite leurs noms.**

La petite leçon

- Le chaos est à rapprocher de l'expression ***tohuwabhohu*** (« néant » et « vide » en hébreu). Elle a donné en français « tohu-bohu » qui signifie le désordre, la confusion. Par exemple : il est impossible de s'entendre dans ce tohu-bohu !

Lecture & Écriture

5. Fais la liste des êtres vivants cités dans ce texte. Lequel est fait pour « dominer les autres » ? Cela te rappelle-t-il un autre texte ? Que penses-tu de cela ?

6. Qu'est-ce qui distingue l'humain des autres êtres vivants sur terre ? Cite le texte pour répondre.

7. Comment résumerais-tu l'âge d'or et ses caractéristiques ? Résume le passage du texte qui l'évoque en trois phrases au moins.

8. Quels sont les quatre âges de l'humanité selon ce texte ?

9. Relis la dernière phrase du texte. Pourquoi le fer et l'or sont-ils considérés comme dangereux dans les mains des humains ?

10. Imagine ta vie durant l'âge d'or. Que ferais-tu de tes journées ? Écris ce récit au présent de l'indicatif ou en employant le conditionnel présent après cette amorce : « Si je vivais durant l'Âge d'or, je... » Consulte les pages consacrées au conditionnel pour t'aider (p. 326).

J'ai déjà fini !

11. Fais des recherches à propos de Lycaon, un tyran féroce de l'âge de fer, premier être que Jupiter métamorphose pour le punir. En quoi est-il transformé ?

Différenciation

Paul Signac, *Au temps d'harmonie*, 1895, Hôtel de ville de Montreuil.

Les 3 mots de la séance

Note ce que tu retiens de la séance en trois mots.

JE PRÉPARE MA MISSION

Si tu devais créer un nouveau monde, quels arbres, plantes, animaux y mettrais-tu d'abord, et pourquoi ?

3 Le déluge : Deucalion et Pyrrha dans la mythologie gréco-latine

➜ **Je découvre le récit du déluge et le nom des deux humains qui y ont échappé.**

1 Avant de lire le texte…

- Lis le paratexte (titre, nom de l'auteur, date de publication, repères). Ce texte st-il écrit en français au départ ou traduit ?
- Ce texte est-il en prose ou en vers ? Reconnais-tu un récit, un dialogue, un poème, un texte documentaire, un discours, une pièce de théâtre ?

Méthode

- Pour acquérir les bons réflexes face à un texte, utilise le **rabat de ton cahier**.

Repères

Comme dans l'épopée de Gilgamesh, récit de la Mésopotamie antique, et comme dans la Bible, un **déluge** est raconté dans *Les Métamorphoses*. Les dieux ont décidé de détruire l'humanité parce qu'elle les a déçus. Seul un couple « innocent et pieux », c'est-à-dire respectueux des dieux, est sauvé.

Neptune lui-même frappe la terre de son trident ; elle en est ébranlée, et les eaux s'échappent de ses profondeurs. Les fleuves franchissent leurs rivages et débordent dans les campagnes. Ils entraînent les arbres et les troupeaux, les hommes et les maisons, les temples et les dieux. Si quelque bâtiment résiste à la fureur des flots, les eaux s'élèvent au-dessus de sa tête, et les plus hautes tours sont ensevelies dans des gouffres profonds. La plupart des êtres humains périssent dans l'onde, et la faim lente et cruelle dévore ceux que l'eau avait épargnés. […]

Nul homme n'est meilleur que Deucalion ; nul plus juste que lui. Aucune femme n'égale Pyrrha dans son respect pour les dieux. Lorsque Jupiter voit que le monde est changé en une vaste mer et que de tant de milliers d'êtres qui l'habitaient il ne reste plus qu'un homme et une femme, couple innocent et pieux, il sépare les nuages et ordonne à l'Aquilon[1] de les dissiper. La terre entière reparaît enfin. À la vue de ce monde, immense solitude où règne un silence effrayant, Deucalion verse des larmes, et dit à Pyrrha, sa compagne : « Ô ma sœur, ô mon épouse, seul reste de toutes les femmes ! Nous avons une même origine : nous avons été unis par le sang, ensuite par le mariage, et maintenant le malheur resserre nos nœuds. Le soleil ne voit que nous deux sur la terre ; les flots ont englouti le reste des humains : peut-être même notre vie n'est-elle pas encore en sûreté ; ces nuages suffisent pour m'épouvanter. Infortunée ! Quel serait ton destin, si sans moi tu t'étais échappée seule du naufrage général ? Qui pourrait dissiper tes craintes et calmer ta douleur ? Ah ! Crois-moi, chère épouse, si les flots n'avaient pas respecté tes jours, les flots m'auraient aussi reçu dans leur sein. Que ne puis-je, à l'exemple de Prométhée mon père, créer de nouveaux hommes ? Nous sommes à nous deux le genre humain : ainsi les dieux l'ont voulu ; et nous seuls témoignons maintenant qu'il exista des hommes sur la terre. »

Ovide, *Les Métamorphoses*, livre I, Ier siècle ap. J.-C., d'après la trad. de G.T. Villenave, 1806.

1. Vent froid et violent.

texte lu
college.nathan.fr/
F6_esc8_textes

2 À la première lecture

- Réponds à ces questions : que raconte le texte ? qui déclenche le déluge et l'interrompt ? qui est sauvé ?

3 À la relecture

- Distingue trois parties dans ce texte et donne-leur un titre.
- Liste les émotions produites par ce texte.

4 Faire résonner le texte

- À quels personnages, à quelles histoires (livres, films, jeux vidéo…) ce texte te fait-il penser ? Pourquoi ?

Lecture & Écriture

1. Quel dieu déclenche le déluge ? Comment s'y prend-il pour cela ?

2. Pourquoi Deucalion et Pyrrha sont-ils différents des autres humains ? Relève les mots qui indiquent leurs différences.

3. Lorsque la terre reparaît, le monde est-il accueillant pour ses deux habitants ? Cite le texte dans ta réponse.

4. Quelles paroles semblent indiquer que Deucalion aime Pyrrha et que Pyrrha aime Deucalion ? Comment appelle-t-on ce type d'amour ?

5. Qui est le père de Deucalion ? Qu'aimerait-il faire en suivant son exemple ? Cela te rappelle-t-il d'autres textes que tu connais ?

6. Que répond Pyrrha à Deucalion d'après toi ? Imagine ses paroles et poursuis leur dialogue dans un texte d'au moins cinq phrases. Astuce : commence par ouvrir les guillemets puis à chaque changement d'interlocuteur, mets un tiret en début de ligne. Termine le dialogue en fermant les guillemets.

Vocabulaire

7. Qu'est-ce qu'un trident ? Décompose ce mot et trouve le sens de « tri- » en pensant à d'autres mots qui commencent de la même manière. Combien de mots as-tu réussi à trouver ?

8. Relève tous les mots appartenant au champ lexical de l'eau.

9. « [Si] les flots n'avaient pas respecté tes jours, les flots m'auraient aussi reçu dans leur sein » (l. 23-24) : le mot « sein » a-t-il le sens de « poitrine » ici ? Que signifie cette phrase dite par Deucalion à Pyrrha ?

Francis Danby, *Le Déluge*, 1840, Tate Gallery, Londres.

JE PRÉPARE MA MISSION

Imagine que le monde que tu as créé ne te donne pas satisfaction. Que commencerais-tu par changer ?

Les 3 mots de la séance

Note ce que tu retiens de la séance en trois mots.

4 La création du monde et des humains selon les Mayas

→ **Je découvre le cycle de création, destruction, recréation des humains dans un récit de création d'Amérique centrale.**

1 Avant de lire le texte...

- Lis le paratexte (titre, nom de l'auteur, date de publication, repères). Ce texte est-il écrit en français au départ ou traduit ?
- Ce texte est-il en prose ou en vers ? Reconnais-tu un récit, un dialogue, un poème, un texte documentaire, un discours, une pièce de théâtre ?

Méthode

- Pour acquérir les bons réflexes face à un texte, utilise le **rabat de ton cahier**.

Il n'y avait encore rien qui existât debout, il n'y avait que l'eau paisible, que la mer calme et seule. Seuls le Créateur, le Formateur, le Dominateur, le Serpent couvert de plumes étaient sur l'eau comme une lumière grandissante. Les dieux parlèrent. « Que cette eau se retire afin que la terre ici existe, qu'elle se raffermisse et présente sa surface, afin qu'elle s'ensemence. » C'est ainsi qu'ils parlèrent, tandis que la terre se formait par eux. Ensuite ils donnèrent la fécondité aux animaux de la montagne, des cerfs, des oiseaux, des lions, des serpents, de la vipère. Aussitôt existèrent les cerfs, et les oiseaux : « Bramez, gazouillez maintenant ; faites entendre votre langage, chacun selon son espèce, chacun selon son genre. Dites donc notre nom, honorez-nous. Parlez, appelez-nous et nous saluez. » Mais il leur fut impossible de parler comme l'homme, ils ne firent que caqueter, glousser, croasser. « Cela n'est pas bon. Il est possible de faire des êtres qui puissent nous saluer, capables d'obéir. Quant à votre chair, elle sera broyée sous la dent, ainsi soit-il. » Ainsi les animaux qui sont sur la surface de la terre furent réduits à être tués et mangés.

« Essayons de faire des hommes obéissants et respectueux qui soient nos soutiens et nos nourriciers. » Alors la création et la formation de l'homme eurent lieu. De terre glaise ils firent sa chair. Ils virent que ce n'était pas bien car l'être créé était sans cohésion, sans consistance, sans mouvements, sans force. Il ne remuait point la tête, sa face ne se tournait que d'un seul côté. Il avait été doué du don du langage, mais il n'avait pas d'intelligence, et aussitôt il se consuma dans l'eau sans pouvoir se tenir debout. Alors les dieux défirent et détruisirent une fois encore leur œuvre et leur création.

« Il faut faire des êtres, travaillés de bois, qui parlent et raisonnent à leur aise sur la surface de la terre. Ainsi soit-il », répondirent-ils. Dans le même instant se firent les hommes travaillés de bois. Ils existèrent

Repères

La **tribu quiché**, une des nombreuses tribus mayas, s'est transmis à l'oral et au fil des générations ce mythe de la création, intitulé le ***Popol Vuh***, « Livre de la natte ». Un prêtre espagnol l'a recueilli puis traduit au XVIIIe siècle. Il a été publié en version bilingue (quiché/français) au XIXe siècle. Ce texte présente l'assemblée des dieux mayas à l'aube du monde, et leurs multiples tentatives pour créer des humains qui leur conviennent.

2 À la première lecture

- Réponds à ces questions : qui ? quand ? quoi ? où ? pourquoi ?

3 À la relecture

- Distingue plusieurs parties dans ce texte et donne-leur un titre.
- Liste les émotions produites par ce texte.

4 Faire résonner le texte

- À quels personnages, à quelles histoires (livres, films, images...) ce texte te fait-il penser ? Pourquoi ?

et multiplièrent, ils engendrèrent des filles et des fils, êtres de bois. Mais ils n'avaient ni cœur, ni intelligence, ni souvenir de leur formateur et de leur créateur. Ils menaient une existence inutile et vivaient comme des animaux. C'est pourquoi ils ne pensaient point à élever leurs têtes vers le Formateur et le Créateur, leur père et leur Providence. Ces hommes furent également mis à mort. On dit que leur postérité se voit dans ces petits singes, qui vivent aujourd'hui dans les bois.

Les dieux pensèrent à ce qui devait rentrer dans la chair de l'homme. Les épis de maïs jaunes et les épis de maïs blancs, c'est là qu'ils obtinrent enfin les aliments qui entrèrent dans la chair de l'homme fait, de l'homme formé. Cette nourriture entrant dans le corps fit naître la force et la vigueur, et donna de la chair et des muscles à l'homme. Hommes donc ils furent ; ils parlèrent et ils raisonnèrent, ils virent et ils entendirent, ils marchèrent, ils palpèrent ; hommes parfaits et beaux, et dont la figure était une figure d'homme. La pensée fut et exista en eux, ils virent : et aussitôt leur regard s'éleva : leur vue embrassa tout, ils connurent le monde entier. Les choses les plus cachées, ils les voyaient toutes à volonté, sans avoir besoin de se mouvoir. Ils rendirent grâce au Créateur et au Formateur. Mais l'Édificateur et le Formateur n'entendirent pas ces choses avec plaisir : « Ce n'est pas bien ce que disent nos créatures. Elles savent toutes les choses, grandes et petites. Troublons un peu notre œuvre afin qu'il leur manque quelque chose. »

Représentation du serpent à plumes, appelé « Quetzalcóatl » en nahuatl, langue parlée dans différentes régions du continent américain, et particulièrement au Mexique. Tête sculptée, temple de Quetzalcóatl, Teotihuacan, Mexique.

Alors un nuage de rosée leur fut soufflé sur la prunelle des yeux, et elle se voila comme la face d'un miroir qui se couvre de vapeur : le globe de leurs yeux se trouva ainsi obscurci, ils ne virent plus que ce qui était rapproché, et les dieux furent satisfaits.

Alors existèrent aussi leurs épouses, et leurs femmes furent faites. Leurs cœurs se remplirent d'allégresse à cause de leurs épouses.

Le *Popol Vuh*, trad. du quiché
par l'abbé Brasseur de Bourbourg, 1861,
adaptée par Marie-Astrid Clair.

texte lu
college.nathan.fr/
F6_esc8_textes

Vocabulaire

1. Enrichis tes collectes de mots « Réussir et rater » et « Créer » (p. 152) grâce à ce texte.

Lecture & Écriture

2. Comment s'appellent les dieux à l'origine du monde et de l'humanité dans ce texte ? Connaissais-tu l'existence du serpent à plumes, une divinité qui a été vénérée dans toute l'Amérique centrale ?

3. Quelles sont les premières créatures formées par les dieux ? Que leur reprochent les dieux et quel triste sort leur est réservé ?

4. Dans le 2ᵉ paragraphe, les premiers humains sont créés. De quelle matière sont-ils faits et pourquoi ne conviennent-ils pas aux dieux ?

5. Dans le 3ᵉ paragraphe, de nouveaux êtres sont créés. De quelle matière sont-ils faits et pourquoi ne conviennent-ils toujours pas aux dieux ? Que deviennent ces êtres ?

6. Dans le 4ᵉ paragraphe, les hommes sont faits d'une matière étonnante : laquelle ?
Indice : cette matière est à l'origine du mot « maya ».

7. Pourquoi les dieux ne sont-ils pas complètement satisfaits de leur dernière création ? Quelle dernière modification font-ils ?

8. Les dieux semblent préférer que les hommes ne soient pas leurs égaux. Que penses-tu de cela ? Cela te fait-il penser à d'autres textes que tu as déjà lus ? Rédige quatre phrases au moins.

J'ai déjà fini !

9. Les Mayas ont développé un système d'écriture très élaboré, fondé sur des glyphes, des symboles proches du dessin et gravés dans la pierre. Tu peux te renseigner sur cette écriture en consultant le site de la BnF. Recopie ensuite l'un de ces glyphes.

vidéo

college.nathan.fr/**F6_esc8_mayas**

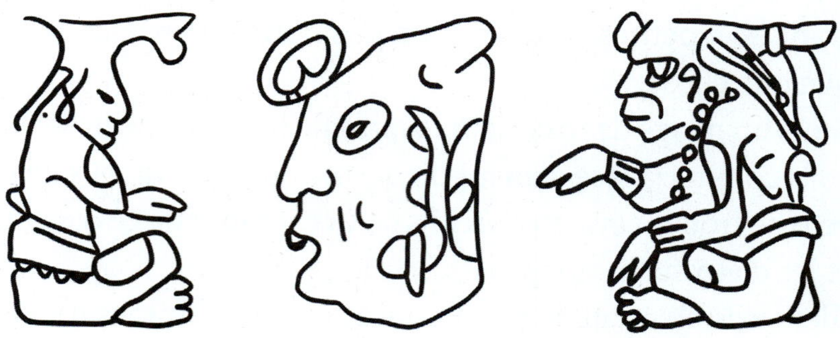

Différenciation

JE PRÉPARE MA MISSION

Avec quelle matière voudrais-tu fabriquer de nouvelles créatures, et quelle(s) apparence(s) leur donnerais-tu ?

Les 3 mots de la séance

Note ce que tu retiens de la séance en trois mots.

J'ACCOMPLIS MA MISSION

Le projet

Que dois-tu écrire ?

→ En solo ou en binôme, tu vas rédiger **un récit de création** dans lequel tu raconteras **la naissance d'un nouveau monde et de ses habitants**. L'être à l'origine de ce monde pourra s'y reprendre à plusieurs fois avant d'aboutir à un résultat satisfaisant.

→ Ce récit de création pourra être **illustré**.

Quel est l'objectif ?

→ L'objectif est de **créer par tes mots un nouveau monde et de nouvelles créatures**, en t'inspirant des récits lus en classe lors de cette escale.

→ Tu peux également te servir des monstres rencontrés dans le premier continent, car **les créatures et le monde dans lequel elles évolueront ne seront pas forcément parfaits**. Il faudra peut-être **les détruire puis recréer des êtres plus adaptés**.

Étape 1 Je prépare mon texte

→ **Réfléchis aux questions suivantes** et sur une feuille blanche, note des **mots-clés**, fais un **schéma** ou **dessine** pour mettre tes idées au clair et préparer ton texte.

- **Ton texte mettra-t-il en scène un seul créateur/une seule créatrice ou y en aura-t-il plusieurs** ? Quelle apparence et quel nom auront-ils ?
- **Combien de temps durera la création de ce nouveau monde ?** Dans quel ordre les éléments seront-ils créés et comment ? La ou les divinités créeront-elles par la parole ou feront-elles autrement ?
- **À quoi ressembleront les créatures qui peupleront ce monde ?** Seront-elles tout de suite réussies ou faudra-t-il en recréer de nouvelles ?
- **La créatrice, le créateur ou les créateurs seront-ils satisfaits de leurs créations à la fin du texte ?**

→ Attention ! Ne t'inspire pas seulement des films animés, des mangas ou des jeux vidéo : pense aussi aux textes que tu as lus.

Étape 2 Je rédige mon texte

→ **Le début de ton texte**

- Tu peux débuter ton texte par ces formules : « Au commencement… » ; « À l'origine de toute chose… » ; « Rien n'existait encore quand… ».

➜ Les étapes de ton récit

• Inspire-toi des textes lus en classe et utilise tes collectes de mots (p. 152) pour enrichir ton texte. Ton récit de création doit comporter quatre étapes au moins. Change de paragraphe à chaque étape.

• **1er paragraphe** : Présentation des créateurs/créatrices.
  ➜ N'oublie pas d'expliquer leurs motivations.
• **2e paragraphe** : Création de l'univers.
  ➜ Explique comment et dans quel ordre sont créés le soleil, la lune, la terre, le ciel, la mer, les végétaux…
• **3e paragraphe** : Création des êtres vivants.
  ➜ Précise comment ils sont faits et dans quel ordre.
• **4e paragraphe** : Le résultat.
  ➜ Explique si les créateurs/créatrices sont satisfaits de leurs créations. Que se passe-t-il dès lors : repos, abandon, recommencement ?

Les temps des verbes

Même s'il est inventé, ton récit de création doit être écrit au passé.
Pour cela, utilise les temps suivants :

• **Imparfait** : pour les actions longues et qu'on ne peut pas situer précisément dans le temps.
  Par exemple : « Au commencement rien *n'existait* » ; « les dieux *voulaient* créer… ».

• **Passé simple ou passé composé** : pour les actions brèves ou délimitées dans le temps. Choisis l'un de ces deux temps et tiens-toi à ce choix.
  Par exemple : « Les dieux *créèrent* »/« Les dieux *ont créé* » ;
  « La déesse *façonna* »/« La déesse *a façonné* ».
  Attention ! Le participe passé peut poser des difficultés d'accord ; le passé simple peut être plus facile à employer.

• **Plus-que-parfait** : pour ce qui s'est passé avant ce que tu racontes.
  Par exemple : « Le premier être que la déesse *avait fabriqué* était bête comme ses pieds. »

Étape 3 — Je révise mon texte et je le mets en forme

• **Fais relire ton premier jet** par ton professeur ou tes camarades et suis les conseils donnés pour améliorer ton texte : supprime ou remplace les passages difficiles à comprendre, ajoute du vocabulaire, harmonise les temps des verbes, ponctue tes phrases et corrige tes erreurs.
• Quand tu as terminé cette étape, **recopie soigneusement ton texte** sur une feuille ou tape-le sur un ordinateur. N'hésite pas à illustrer ton travail.

ESCALE 8 Bilan

Quiz

1. **À quels animaux sont assimilées certaines divinités croisées dans cette escale ?**

a Des grenouilles.

b Des singes.

c Des serpents.

2. **Comment le monde est-il généralement créé ?**

a Par la parole.

b Par un claquement de doigts.

c D'un clin d'œil.

3. **De quelle façon les humains sont-ils souvent éliminés par les dieux ?**

a Par un déluge.

b Par un incendie.

c Par une explosion.

4. **Comment s'appellent les survivants au déluge dans *Les Métamorphoses* ?**

a Caïn et Abel.

b Deucalion et Pyrrha.

c Noé et sa famille.

5. **Dans l'antiquité gréco-latine, quel est l'âge parfait pour l'humanité ?**

a L'âge de platine.

b L'âge d'airain.

c L'âge d'or.

Texte par texte

Je me rappelle ce que j'ai appris.

1. **La naissance du monde et de Rê selon la mythologie égyptienne (p. 153)** : À quel élément naturel est associé le dieu Rê ?

2. **La naissance du monde et les quatre âges de l'humanité selon Ovide (p. 155)** : Comment s'appelle le dernier âge de l'humanité, le moins satisfaisant de tous ?

3. **Le déluge : Deucalion et Pyrrha selon Ovide (p. 158) :** Pourquoi Deucalion et Pyrrha ont-ils été sauvés ?

4. **La création du monde et des humains selon les Mayas (p. 160)** : Quelle divinité maya est formée à partir de deux animaux différents ?

Écriture

Je réfléchis à l'intérêt de découvrir des récits très éloignés de nous.

1. **Qu'as-tu trouvé d'intéressant ou d'amusant dans le fait d'apprendre comment d'autres civilisations avaient imaginé la création du monde et de ses habitants ?**
Donne trois exemples qui ont suscité ton étonnement/ton sourire/ton intérêt.
Astuce : commence tes phrases par « J'ai trouvé ce texte ou ce passage amusant/drôle/étonnant/intéressant parce que… »

2. **Quel est ton récit de création préféré ?** Trouve trois raisons puis énumère-les en faisant trois phrases au moins.
Astuce : tes phrases peuvent commencer ainsi : « Le texte que j'ai préféré est… parce que… », « Je trouve aussi que… », « Pour finir, j'ai aimé que… ».

Bilan personnel

→ **As-tu trouvé facile, amusant, difficile ou ennuyeux de créer à ton tour un monde et des créatures nouvelles ?** Explique ta réponse en te souvenant des différentes étapes parcourues.

→ **As-tu préféré la préparation, la rédaction, la relecture ou l'illustration de ton texte ?** Explique pourquoi.

Les 5 mots de l'escale

Note ce que tu retiens de l'escale en cinq mots.

Fluence — Je lis vite et bien !

« Les Égyptiens actuels écrivent avec des hiéroglyphes. » : vrai ou faux ?

Le premier texte de ta séquence (p. 153) a été écrit originellement en hiéroglyphes. À ton avis, cette écriture est-elle toujours utilisée, aujourd'hui, en Égypte ?

« C'est faux. Les Égyptiens actuels utilisent l'alphabet arabe. Les hiéroglyphes sont 11
les signes d'écriture égyptienne les plus connus, car ils figurent sur des monuments 24
célèbres (temples, tombes…). Mais il existait d'autres formes d'écriture dans 34
l'Égypte ancienne. À cette époque, peu de personnes savaient lire et écrire. 46
Les scribes représentaient une toute petite partie de la population. De plus, les 59
Égyptiens maîtrisant l'écriture ne connaissaient pas forcément les hiéroglyphes. Au 69
quotidien, les Égyptiens capables d'écrire utilisaient des écritures cursives (en attaché), 80
plus rapides à rédiger. 84
L'écriture hiéroglyphique était sacrée, religieuse. Elle était réservée aux inscriptions sur les 96
monuments et aux textes sacrés. Les hiéroglyphes sont apparus vers 3 500 avant Jésus- 109
Christ. Ils ont ensuite été utilisés par les scribes tout au long de la civilisation égyptienne. 124
Leur histoire a pris fin lorsque l'Empire romain (ayant envahi l'Égypte (Afrique) vers 137
30 avant Jésus-Christ), devenu chrétien, a voulu christianiser l'Égypte (la rendre 148
chrétienne). Jusqu'alors, les Égyptiens pratiquaient une religion polythéiste (ils croyaient 158
en plusieurs dieux). 161
En 551, Justinien a fait fermer le dernier temple égyptien, situé sur l'île de Philae. 176
Cet empereur romain refusait l'écriture des civilisations non chrétiennes. Or, c'est 187
dans les temples que les textes étaient copiés. La fermeture du temple de Philae 201
marque donc la fin de l'écriture hiéroglyphique. » 208

Isabelle Régen, égyptologue à l'université de Montpellier (Hérault), propos recueillis par la rédaction, *Mon Quotidien*, 23 mars 2019.

Je lis le texte ci-dessus et je mesure ma vitesse de lecture

Tu peux demander à un camarade de te chronométrer.

▶ *À recopier sur ton cahier :* **J'ai lu** .... **mots en une minute.**

Je vérifie que j'ai bien compris

1. Comment s'appelle ce type de texte ?
2. Peux-tu expliquer ce que sont des hiéroglyphes ? des scribes ?
3. Quelle écriture les Égyptiens utilisaient-ils au quotidien ? Pourquoi ?
4. Qui était Justinien ?

Je m'entraîne à lire plus vite

5 **Lis rapidement…**

a. cette suite de mots.

Égyptien – alphabet – hiéroglyphes – signes – écriture – scribe – représentaient – population – quotidien – cursives

b. ces séries de mots.

- actuel – tactile
- époque – pirogue
- quotidien – toquer
- monument – entonner
- célèbre – précède
- scribe – brise
- rédiger – digérer
- empereur – apeuré

6 **Lis ce passage sans t'arrêter, en ne bougeant que les yeux.**

À cette époque, peu de personnes savaient lire et écrire. Les scribes représentaient une toute petite partie de la population. De plus, les Égyptiens maîtrisant l'écriture ne connaissaient pas forcément les hiéroglyphes. Au quotidien, les Égyptiens capables d'écrire utilisaient des écritures cursives (en attaché), plus rapides à rédiger.

Je relis le texte et je mesure ma vitesse de lecture

Tu peux demander à un camarade de te chronométrer.

À recopier sur ton cahier : **J'ai lu** .... **mots en une minute.**

J'améliore mon articulation

7 **Prononce ces phrases en faisant les liaisons nécessaires.**

- Mais il existait d'autres formes d'écriture dans l'Égypte ancienne.
- Ils ont ensuite été utilisés par les scribes tout au long de la civilisation égyptienne.
- Jusqu'alors, les Égyptiens pratiquaient une religion polythéiste.

8 **Prononce chaque phrase en accentuant les mots en gras.**

- C'est **faux**.
- À **cette** époque, peu de personnes savaient **lire** et **écrire**.
- La **fermeture** du temple de **Philae** marque donc la **fin** de l'écriture hiéroglyphique.

Je relis le texte et je mesure ma vitesse de lecture

Tu peux demander à un camarade de te chronométrer.

À recopier sur ton cahier : **J'ai lu** .... **mots en une minute.**

Je note mes progrès

À recopier sur ton cahier :

1re lecture .... **mots par minute**

2e lecture .... **mots par minute**

3e lecture .... **mots par minute**

Club lecture

• *Le premier roi du monde, L'épopée de Gilgamesh* racontée par Jacques Cassabois (2014)

L'épopée de Gilgamesh est l'une des plus anciennes œuvres littéraires de l'humanité, composée en Babylonie dès le XVIIIe siècle avant J.-C. sur des tablettes d'argile. Gilgamesh est demi-dieu et roi de la Grande Ourouk, antique cité mésopotamienne. Puissant mais cruel, il opprime son peuple. Pour le corriger, les dieux sèment en son cœur la graine de l'amitié et de l'amour. Aimeras-tu, toi aussi, Enkidou, qui devient son ami, son frère ?

• Murielle Szac, *Le feuilleton de Tsippora* (2023)

L'autrice du *Feuilleton d'Hermès* s'est emparée de la Torah : elle a choisi Tsippora, épouse de Moshe, femme noire, héroïne méconnue. Quels épisodes bibliques va-t-elle nous raconter ?

Voici 3 activités pour nourrir ton carnet de lecture

Activité 1 Un monde en 3D

Crée une maquette pour représenter l'un des mondes découverts ou créés lors de cette escale, ou encore les créatures évoquées. Tu peux te servir de carton, de mousse, de polystyrène, de brindilles, de papier, et pourquoi pas, de maïs !

Activité 2 Planche(s) de bande dessinée

Crée une ou deux planches de bande dessinée pour évoquer un personnage dont tu as lu l'histoire. Choisis un passage bref, crée ton gaufrier (les cases où tu dessineras) et choisis le texte que tu noteras dans des bulles ou des vignettes rectangulaires.

Activité 3 Épisode de feuilleton

Dans ses différents feuilletons (Hermès, Thésée, Artémis, Tsippora), Murielle Szac construit ses épisodes de la même manière. Elle raconte un bref moment vécu ou vu par le héros ou l'héroïne, qui est en lien avec de grands sujets qui interrogent les humains. Chaque fin d'épisode donne envie de savoir la suite : elle crée du suspense. Écris à ton tour un bref épisode, en choisissant un personnage principal en lien avec cette escale.

Et pour aller plus loin

À lire, à consulter

▶ **La curiosité n'est pas un vilain défaut, c'est une grande qualité ! Si tu te poses beaucoup de questions, tu trouveras au CDI, à la bibliothèque et sur les sites ci-après beaucoup de réponses… qui t'amèneront à te poser de nouvelles questions comme un vrai savant !**

DES LIVRES

- ***Que croient-ils ?*** **(2011)**
Une introduction aux trois grands monothéismes, avec des dessins, des jeux, des mots croisés, dans le respect des croyances de chacun.

- **Serge Bloch et Frédéric Boyer, *La Bible – Les récits fondateurs* (2016)**
Des histoires bibliques illustrées avec peu de textes et des dessins d'une grande modernité.

- **Sylvie Albou-Tabart, *Contes d'Égypte* (2009)**
Des contes tirés des tout premiers chefs-d'œuvre de la littérature égyptienne, vieux pour certains de plus de 4 000 ans !

- **Stewart Ross, *L'Égypte – Un voyage au cœur de l'Égypte ancienne* (2005)**
Un documentaire magnifiquement illustré, pour découvrir le mode de vie et les croyances des Égyptiens.

DES SITES FIABLES

- **Sur Arte junior,** tu trouveras de brèves vidéos qui t'en disent plus sur cinq grandes religions du monde : le christianisme, l'islam, le bouddhisme, le judaïsme et l'hindouisme.
- **Sur le site Lumni,** tu trouveras des réponses à toutes tes questions dans des vidéos courtes et animées, intitulées « 1 jour, 1 question ».
- **Sur le site de la Bnf,** tu peux indiquer les noms des livres (sacrés ou non) qui t'intéressent : tu y trouveras de nombreuses informations neutres, non prosélytes (être « prosélyte » signifie « vouloir convertir quelqu'un »).

Conseil

- N'hésite pas à te rendre dans de grands musées ou sur leurs sites pour en savoir plus sur toutes les cultures : musée du Louvre, musée national des arts asiatiques Guimet, musée d'art et d'histoire du judaïsme (mahJ), Institut du monde arabe, musée des Civilisations de l'Europe et de la Méditerranée (Mucem), musée du Quai Branly, musée des Amériques…

À voir

▶ **Découvre ici quelques films qui abordent l'histoire des religions.**

- Cecil B. DeMille, *Les Dix Commandements* (1956).
- Brenda Chapman, Steve Hickner et Simon Wells, *Le Prince d'Égypte* (1998).
- Jacques-Rémy Girerd, *La Prophétie des grenouilles* (2003).
- Anthony Stacchi, *Le Roi singe* (2023).

Continent 4

Chanter et ENCHANTER le monde : mots et merveilles

Qu'est-ce que la poésie ?

1 LA POÉSIE ET MOI

- **Sélectionne dans le nuage de mots ci-contre trois adjectifs pour décrire la poésie et explique ton choix en quelques mots.**

2 QUELS POÈMES CONNAIS-TU ?

- **Fais la liste de tous les poèmes que tu connais.** Tu peux les avoir appris en classe ou en dehors de la classe (les fables de La Fontaine et les chansons comptent aussi !).

3 DANS QUEL « CONTINENT » T'EMBARQUES-TU ?

- **Quelle différence fais-tu entre le verbe « chanter » et le verbe « enchanter » ?**
- **Que peut signifier l'expression « chanter le monde » ? Et l'expression « enchanter le monde » ?**

4 PARMI CES IMAGES, LAQUELLE QUALIFIERAIS-TU DE PLUS « POÉTIQUE » ? POUR QUELLES RAISONS ?

a. Van Gogh, *La Nuit étoilée*, 1889.

b. René Magritte, *La Grande Famille*, 1963.

c. Georgia O'Keeffe, *Nature forms – Gaspé*, 1932.

En route !

→ **Connais-tu l'expression « promettre monts et merveilles » ? Si tu la connais, expliques-en le sens à tes camarades. Si tu ne la connais pas, demande à ton professeur de te l'expliquer.**

→ **Que remarques-tu dans le nom du continent par rapport à cette expression ?**

→ **Comment comprends-tu l'association de ces deux mots, « mots et merveilles » ?**

ESCALE 9

Les pouvoirs de la poésie

CAP SUR LA MISSION

- **À la fin de cette escale, tu rédigeras un poème que tu devras réciter face à la classe. Tout ce que tu découvriras dans cette escale te permettra de réussir cette mission.**

Je fais le point sur mes connaissances

Choisis, pour chaque question, la ou les réponses qui conviennent.

1. Qu'est-ce qu'une strophe ?
- a Un groupe de vers dans un poème.
- b Une phrase dans un poème.
- c Deux mots qui riment entre eux.

2. Qu'est-ce qu'un vers ?
- a Un petit animal au corps mou sans pattes.
- b Une phrase dans un poème.
- c Une ligne dans un poème.

3. Combien y a-t-il de vers dans un tercet ?
- a Un.
- b Deux.
- c Trois.

4. Qu'est-ce qu'un haïku ?
- a Un court poème japonais de trois vers.
- b Un art martial japonais.
- c Un plat traditionnel du Japon.

5. Quelle est la différence entre une métaphore et une comparaison ?
- a Il n'y en a aucune !
- b La comparaison utilise un outil (*comme*, *tel que*…), une métaphore non.
- c La métaphore utilise un outil (*comme*, *tel que*…), une comparaison non.

6. Quel poète a écrit les *Fables* ?
- a Arthur Rimbaud.
- b Victor Hugo.
- c Jean de La Fontaine.

7. Quel mot pourrait rimer avec « soleil »?
- a Jaune.
- c Chaud.
- c Merveille.

Vocabulaire

- **Sur le modèle du tableau p. 2, rassemble, pour chacun des termes suivants, tous les mots et toutes les expressions auxquels tu penses :**

Beauté — Écrire — Sensible

Pour réussir la mission, je dois…

→ Connaître le vocabulaire de la poésie.
→ Lire correctement un poème de l'escale.
→ Écrire un poème, même très court.
→ Apprendre par cœur un poème de l'escale.

1 C'est quoi, la poésie ?

→ **Je définis la poésie.**

1 Parmi les définitions suivantes du papillon, indique celles qui relèvent du genre poétique et celles qui sont plus objectives.

1. « Papillon : Insecte ayant quatre ailes, après métamorphose de la chenille. » (Dictionnaire Le Robert)
2. « Le papillon : Ce billet doux plié en deux cherche une adresse de fleur. » (Jules Renard, *Histoires naturelles*, 1894)
3. « Le papillon, fleur sans tige, / Qui voltige » (Gérard de Nerval, « Les Papillons », *Odelettes*, 1853)
4. « Papillon. subst. masc. : Insecte lépidoptère pourvu d'ailes colorées à écailles fines et poudreuses. » (Dictionnaire CNRTL)

2 Quels mots, quelles images te permettent de différencier les définitions objectives des définitions poétiques ?

3 Dans les définitions poétiques, à quoi les poètes comparent-ils le papillon ?

4 Les poètes utilisent-ils un outil de comparaison (« comme », « pareil à »...) pour créer leurs images ?

5 Parmi ces figures de style, laquelle permet de comparer un élément à un autre sans utiliser d'outil de comparaison ?

Métaphore

Comparaison

Hyperbole

Serge Déry, *Porcelain and Butterflies* n° II, 2024, Galerie Blanche, Montréal.

6 En quoi la vision des poètes permet-elle de proposer une image différente du papillon ? Que mettent-elles en valeur chez l'insecte ?
Réponds en rédigeant au moins trois phrases. Et pour t'aider à répondre à cette question, tu peux visionner cette vidéo.

vidéo

college.nathan.fr/**F6_esc9_poesie_1jour1question**

JE PRÉPARE MA MISSION

Propose une définition poétique d'un objet ou d'un animal de ton choix. Utilise une métaphore ou une comparaison.

Les 3 mots de la séance

Note ce que tu retiens de la séance en trois mots.

2 « La poésie, c'est comme les lunettes. »

→ Je comprends à quoi sert la poésie.

1 Avant de lire le texte...

- Observe bien le paratexte (titre, nom de l'auteur, date).
- Ce texte est-il un extrait ou s'agit-il d'une œuvre complète ? Est-il en prose ou en vers ? Reconnais-tu un récit, un poème, une pièce de théâtre, un documentaire, un discours, une préface ?
- Selon toi, « la poésie, à quoi ça sert ? » (l. 1) ?

Méthode

- Pour acquérir les bons réflexes face à un texte, utilise le **rabat de ton cahier**.

On m'a souvent demandé : la poésie, à quoi ça sert ? Avec l'air de dire, sourire en coin : « Mon pauvre Monsieur, ne vous donnez pas tant de mal, avec la télévision, le cinéma, le foot et le loto, on a bien ce qu'il nous faut ! » [...] Aujourd'hui, je sais : la poésie, c'est comme les lunettes. C'est pour mieux voir. Parce que nos yeux ne savent plus, ils sont fatigués, usés.

Croyez-moi, tous ces gens autour de vous, ils ont les yeux ouverts et pourtant petit à petit, sans s'en rendre compte, ils deviennent aveugles.

Il n'y a qu'une solution pour les sauver : la poésie. C'est le remède miracle : un poème et les yeux sont neufs. Comme ceux des enfants.

À propos des enfants d'ailleurs, j'ai un conseil à vous donner : les vitamines A, B, C, D, ça ne suffit pas. Si on ne veut pas qu'en grandissant ils perdent leurs yeux magiques, il faut leur administrer un poème par jour, au moins.

Jean-Pierre Siméon, *La Nuit respire* (extrait de la préface),

texte lu
college.nathan.fr/
F6_esc9_textes

Robert Delaunay, *Rythme, joie de vivre*, 1930, Centre Pompidou, Paris.

Repères

Une **préface** est un texte placé en tête d'un livre, avant le début de l'œuvre (du roman, du recueil de poèmes, de la pièce de théâtre...). Elle sert à présenter cette œuvre.

2 À la première lecture

- À quel domaine appartiennent les termes « télévision », « cinéma », « foot » et « loto » (l. 3) ?
- Quelle figure de style est utilisée dans « la poésie, c'est comme les lunettes » (l. 4) ?
- À qui ou à quoi renvoie le terme « les » (l. 8) ?

3 À la relecture

- Qu'est-ce qui peut bien user et fatiguer nos yeux selon toi ?
- Pourquoi le poète dit-il que les yeux des enfants sont neufs ?
- Que penses-tu de l'« ordonnance » que propose le poète (l. 10-12) ?

4 Faire résonner le texte

- À quels personnages, à quelles histoires, quels livres, quels films, quelles images ce texte te fait-il penser ?

Vocabulaire

1. Le mot « loisir » désigne le temps dont on peut disposer librement, en dehors de ses occupations habituelles et des contraintes. Le mot, dérivé du verbe latin *licere* (« être permis »), renvoie d'abord à la notion de « liberté ». Puis, à partir du XVIIIe siècle, il évolue vers le sens de « divertissement ». Parmi ces activités, lesquelles relèvent du loisir, et lesquelles d'une contrainte ?

Faire les courses — Jouer aux jeux vidéo — Apprendre un instrument de musique

Lecture & Écriture

2. « La poésie, à quoi ça sert ? »
Recopie les propositions qui te paraissent résumer correctement le propos du poète.

La poésie, ça sert à…
a. redonner aux adultes la capacité de s'émerveiller face au monde.
b. enrichir sa culture générale.
c. soigner le manque de vitamines chez les enfants.
d. rendre le quotidien plus joli, presque magique.
e. voir les choses « normales » autrement, plus belles.
f. empêcher les adultes de devenir aveugles.

3. « La poésie, c'est comme… »
À quoi le poète compare-t-il la poésie ?
Parmi les propositions suivantes, signale celles qu'on ne trouve pas dans le texte. Pour les autres, indique si le poète fait une comparaison ou une métaphore lorsqu'il utilise cette image.

La poésie, c'est comme…
a. des lunettes.
b. la télévision.
c. un remède.
d. une chanson.

Atelier d'écriture poétique

• Pour écrire de la poésie, il faut accepter de laisser parler ses émotions. Entraîne-toi à écrire sur ce que tu ressens et ce que tu observes autour de toi, en suivant le modèle de Sei Shōnagon, dame de compagnie japonaise qui, au XIe siècle, rédige ses *Notes de chevet*.

Par exemple :
Choses qui font battre le cœur
Des moineaux qui nourrissent leurs petits.
Choses qui font naître un doux souvenir du passé
Les objets qui servirent à la fête des poupées.
Choses qui émeuvent profondément
Tard en automne, les gouttes de rosée qui brillent comme des perles de toutes sortes sur les roseaux du jardin.

→ Tu peux, à ton tour, lister par exemple des « Choses qui ne servent plus à rien, mais qui rappellent le passé », des « Choses qui emplissent d'angoisse », etc.

JE PRÉPARE MA MISSION

Fais une liste de choses que tu observes au quotidien autour de toi, et dont tu as perdu l'habitude de t'émerveiller. Par exemple, des fleurs sur le chemin de l'école, l'odeur de ton cartable…

Les 3 mots de la séance
Note ce que tu retiens de la séance en trois mots.

3 « Pour construire un poème... »

→ Je comprends comment écrire de la poésie.

1 Avant de lire le texte...

- « Mes histoires et mes mots sont les mêmes que les tiens. Simplement, je les assemble de telle sorte qu'ils puissent te surprendre. » Comment comprends-tu cette affirmation du poète Christian Da Silva ? À partir de cette citation, rédige une courte définition du travail du poète : « Le travail du poète consiste à... »
- Observe bien le paratexte (titre, nom de l'auteur, date).
- Ce texte est-il un extrait ou s'agit-il d'une œuvre complète ? Est-il en prose ou en vers ? Reconnais-tu un récit, un poème, une pièce de théâtre, un documentaire, un discours, une préface ?

Méthode

- Pour acquérir les bons réflexes face à un texte, utilise le **rabat de ton cahier**.

Pour construire un poème
Il faut briser le temps

Il faut prendre les mots
Dans un autre panier

Écouter les épées
Des oiseaux de l'aurore

Passer le lourd portail
Qui s'ouvre sur la mer

Enfoncer son talon
Dans l'argile du monde

Attendre que le froid
Gèle les bruits du cœur

Et contempler le mur
Où les signes regardent.

Georges Jean, « Pour construire un poème »,
Les Mots du ressac, © Seghers, 1975.

texte lu
college.nathan.fr/
F6_esc9_textes

Repères

L'aurore désigne le moment juste avant que le soleil se lève, le matin, mais aussi la lumière rosée qui accompagne cet instant, avant l'aube.

2 À la première lecture

- Réponds à ces questions : qui ? quand ? où ? quoi ? pourquoi ?

3 À la relecture

- Donne un nouveau titre à ce poème.
- Liste tes émotions à la lecture du texte.

4 Faire résonner le texte

- À quels personnages, à quelles histoires, quels livres, quels films, quelles images ce texte te fait-il penser ?

La petite leçon

- En utilisant des mots de « tous les jours » mais en les associant de manière inattendue, le poète crée des **images surprenantes**, que l'on ne comprend pas toujours, ou pas toujours à la première lecture. En poésie, il faut parfois accepter de ne pas tout comprendre pour apprécier la beauté des mots.

Lecture & Écriture

1. a. Relis le poème en silence et relève les strophes (groupes de vers en poésie) ou les vers (lignes en poésie) dans lesquels les images utilisées par le poète te paraissent peu claires.

b. À l'oral, partage avec tes camarades ces passages qui te paraissent difficiles à comprendre : avez-vous choisi les mêmes ? Quel sens pouvez-vous imaginer pour chacun d'entre eux ?

Pierre Bonnard, *Jeune Femme écrivant*, vers 1900.

2. Recopie tous les verbes à l'infinitif :

a. Parmi les verbes à l'infinitif que tu as relevés, lesquels expriment un geste, un mouvement ou une action ?

b. Deux verbes indiquent un temps de pause : lesquels ?

3. a. Dans ce poème, quelles images font appel à… la vue ? à l'ouïe ? au toucher ? au toucher et à l'ouïe réunis ?

b. Il reste deux images qui ne font pas précisément appel à l'un de nos sens. Relève les deux vers ou strophes concernés. Où sont situées ces images dans le poème ?

4. En reprenant tes réponses aux questions précédentes, que peux-tu en conclure sur le travail du poète ? Complète la définition que tu as proposée en début de séance.

5. Relis le poème. Comprends-tu mieux les strophes que tu avais relevées à la question 1 ? Apprécies-tu davantage le poème que lors de ta première lecture ? Réponds en rédigeant au moins trois phrases et en justifiant ton avis, qu'il soit positif ou négatif.

Vocabulaire

6. Rajoute dans ta collecte de mots tous les termes ou expressions rencontrés dans cette séance qui renvoient au verbe « Écrire » (p. 172).

JE PRÉPARE MA MISSION

Sur le modèle du poème de Georges Jean, rédige deux distiques (deux strophes de deux vers), qui commenceront par « Pour construire un poème / Il faut… ». Tu feras appel dans chacune des strophes à l'un de nos cinq sens.

Les 3 mots de la séance

Note ce que tu retiens de la séance en trois mots.

4 « Je lis les mots... »

→ Je découvre le vocabulaire de la poésie.

La grande leçon

Pour bien lire un poème en vers réguliers :

• Qu'est-ce qu'un vers régulier ?

Un **vers régulier** comporte un nombre de syllabes précis : le plus souvent 8 (un octosyllabe), 10 (un décasyllabe) ou 12 (un alexandrin).

• La règle du « e » muet

Le « e » à la fin d'un mot, lorsqu'il est **suivi d'un mot commençant par une consonne**, se prononce. On peut noter ces « e » prononcés ainsi : e.

Le « e » à la fin d'un mot, lorsqu'il est **en fin de vers** ou **suivi d'un mot commençant par une voyelle,** ne se prononce pas. On peut noter ces « e » non prononcés ainsi : e.

• Les diérèses

Pour obtenir le bon nombre de syllabes par vers, il faut parfois **prononcer de manière séparée deux syllabes** (par exemple « lion » devient « li-on »). On appelle cela une **diérèse**.

Lecture & Écriture

1. À l'aide de « La grande leçon » ci-contre, entraîne-toi à lire ce poème de Rimbaud en prononçant bien les 12 syllabes de chaque vers.

Par les soirs bleus d'été, j'irai dans les sentiers,
Picoté par les blés, fouler l'herbe menue :
Rêveur, j'en sentirai la fraîcheur à mes pieds.
Je laisserai le vent baigner ma tête nue.

Je ne parlerai pas, je ne penserai rien :
Mais l'amour infini me montera dans l'âme,
Et j'irai loin, bien loin, comme un bohémi-en,
Par la Nature, – heureux comme avec une femme.

Arthur Rimbaud, « Sensation », *Poésies*, mars 1870.

Repères

Arthur Rimbaud écrit ses premiers poèmes vers l'âge de quinze ans. Ses écrits, parmi lesquels "Sensation", "Le Bateau ivre", "Aube", deviendront extraordinairement célèbres, tandis que lui décidera de renoncer à la littérature vers l'âge de vingt ans et choisira une vie aventureuse.

Berthe Morizot, *La Lecture*, 1888, musée des Beaux-Arts, St-Petersburg (États-Unis).

Atelier d'écriture poétique

• Le poète surréaliste Jacques Brunius a écrit un poème pour partager les mots qu'il aime (et aussi ceux qu'il hait !). À la manière de Brunius, rédige un texte pour partager les mots que tu aimes. Avant de te lancer dans l'écriture, tu peux faire une liste de mots dont tu aimes le sens ou les sonorités. Tu peux aussi t'aider de tes collectes (p. 172).

J'aime glisser j'aime chambarder
J'aime entrer j'aime soupirer
J'aime apprivoiser les chevelures furtives
J'aime chaud j'aime ténu
J'aime souple j'aime infernal
J'aime sucré mais élastique le rideau des sources vitrifiantes
J'aime perle j'aime peau
J'aime tempête j'aime prunelle [...]

Jacques Brunius, « Les mots que j'aime » (extrait), in *La poésie surréaliste*, © Seghers, 1972.

2. À l'oral en classe entière, ou par écrit sur ton cahier, remets les vers du poème ci-après dans le bon ordre, en suivant ces indices :

- Le poème est composé de deux **quatrains** (strophes de 4 vers chacune) séparés par un espace.
- Un **alexandrin**, vers composé de 12 syllabes (compte sur tes doigts !), alterne à chaque fois avec un vers composé de 11 syllabes (hendécasyllabe).
- Les **rimes** sont **croisées** (A/B/A/B). On doit trouver les sons suivants à la fin des vers : *aj/o/aj/o* puis *é/eil/é/eil*.
- Le poème commence par un vers de 11 syllabes, qui débute par « Les ombres… ».

3. Réponds à ces questions en indiquant quel élément dans le poème (remis en ordre !) t'a permis de répondre :

a. À quelle saison cette scène se déroule-t-elle ?
b. Où se trouve la poétesse ?
c. Que fait-elle ?
d. Qui pourrait être le « toi » auquel elle parle au dernier vers ?

4. Entraîne-toi à lire le poème que tu as réécrit en appliquant ce que tu as appris durantcette séance.

5. Note les définitions des termes suivants, et apprends-les par cœur. Tu en auras besoin durant toute la suite de ta scolarité !
Strophe • quatrain • vers • alexandrin • rimes.

Je lis les mots à travers ces paysages
Rien d'autre qu'une lecture importunée
Clairs-obscurs, que projette avril aigre et pâlot.
De belles taches d'ombre et de ronds de soleil ;
Rien d'autre pour remplir la longue journée,
Les ombres du jardin dansent sur mes pages
— Sinon mon cœur qui bat pour toi, toujours pareil.
À travers le vitrage aussi clair que de l'eau.

D'après Lucie Delarue-Mardrus, « Douceur », *Horizons, Tendresses*, 1904.

La petite leçon

- On appelle « rimes » des mots qui ont les mêmes sonorités en fin de ligne.

Rimes plates (ou suivies)	Rimes croisées	Rimes embrassées
« … rien » (A)	« … rien » (A)	« … rien » (A)
« … bohémien » (A)	« … âme » (B)	« … âme » (B)
« … âme » (B)	« … bohémien » (A)	« … femme » (B)
« … femme » (B)	« … femme » (B)	« … bohémien » (A)

JE PRÉPARE MA MISSION

Rédige deux alexandrins sur le thème du jardin. Tu pourras par exemple faire rimer entre eux les mots « fontaine » et « pollen » ou « fleur » et « bonheur ».

Les 3 mots de la séance

Note ce que tu retiens de la séance en trois mots.

5 « La mer au murmure endormeur... »

→ Je perçois la musicalité et les images de l'écriture poétique.

Méthode

- Pour acquérir les bons réflexes face à un texte, utilise le **rabat de ton cahier**.

1 Avant de lire le texte...

- Observe bien le paratexte (titre, nom de l'auteur, date).
- Ce texte est-il un extrait ou s'agit-il d'une œuvre complète ? Est-il en prose ou en vers ? Reconnais-tu un récit, un poème, une pièce de théâtre, un documentaire, un discours, une préface ?

Loin des grands rochers noirs que baise la marée,
La mer calme, la mer au murmure endormeur,
Au large, tout là-bas, lente s'est retirée,
Et son sanglot d'amour dans l'air du soir se meurt. [...]

Nérée Beauchemin, « La mer » (extrait),
Les Floraisons matutinales, 1897.

texte lu
college.nathan.fr/
F6_esc9_textes

Repères

Nérée Beauchemin (son vrai prénom est Charles-Nérée) est un auteur canadien, né le 20 février 1850 et mort le 29 juin 1931. En plus de son métier d'auteur, il a aussi exercé la profession de médecin !

Henry Moret, *Le soir à Ouessant*, 1902, collection privée.

2 À la première lecture

- Réponds à ces questions : qui ? quand ? où ? quoi ? pourquoi ?

3 À la relecture

- Donne un titre à cette strophe.
- Liste tes émotions à la lecture de ce texte.

4 Faire résonner le texte

- À quels personnages, à quelles histoires, quels livres, quels films, quelles images ce texte te fait-il penser ?

Vocabulaire

1. Un sanglot est une respiration saccadée et brutale, proche d'un hoquet, qui se produit lors d'une forte crise de larmes.
a. Parmi ces expressions, lesquelles as-tu déjà entendues ?
Éclater en sanglot • pleurer à chaudes larmes • fondre en larmes • pleurer toutes les larmes de son corps.
b. Choisis-en une et insère-la dans une phrase complète.

2. Complète tes collectes de mots centrées sur les termes « Beauté », « Écrire » et « Sensible » (p. 172), puis écris cinq phrases en utilisant quelques-uns des mots que tu as listés dans ta collecte.

3. Le verbe « baiser » en poésie a généralement le sens d'« embrasser » ; et « embrasser » signifie au départ « prendre dans ses bras ». De même, tu trouveras souvent en poésie le nom commun « la nue » ou « les nues », qui désigne les nuages, comme dans l'expression « tomber des nues ».
Reformule avec tes mots ces mots d'Arthur Rimbaud : « Il est étendu dans l'herbe, sous la nue » (« Le Dormeur du Val »).

Lecture & Écriture

4. Recopie le quatrain de Nérée Beauchemin dans ton cahier, très proprement.
a. Entoure :
- les « r » dans le vers 1. - les « m » dans le vers 2.
- les « l » dans le vers 3. - les « s » dans le vers 4.

b. Quel(s) mot(s) la répétition de chacune de ces consonnes met-elle en valeur ?

5. Combien d'allitérations relève-t-on dans cet extrait de poème : 2, 3, 4 ou 5 ?

6. a. La mer peut-elle « murmurer » quelque chose ? Peut-elle avoir un « sanglot » ?
b. Parmi ces figures de style, laquelle permet d'attribuer des caractéristiques humaines à une chose inanimée ou à un élément de la nature : une hyperbole, une personnification ou une comparaison ?

7. Comment comprends-tu l'expression « son sanglot d'amour dans l'air du soir se meurt », en parlant de la mer (v. 4) ?
Rédige trois phrases pour expliquer cette expression. Tu peux te demander quelles images te viennent à l'esprit à la lecture de cette phrase, quelles émotions et sentiments (joie, tristesse, amour…) te traversent. Tu peux ensuite comparer ton interprétation avec celle de tes camarades.

La petite leçon

- Le poète peut faire entendre certains sons, comme le murmure de la mer, en insistant sur une même **consonne** qu'il répète plusieurs fois dans un vers ou dans une strophe. On appelle cela une **allitération**.
- Lorsqu'on répète un même son de **voyelle** (par exemple ici, le [a] dans l'ensemble de la strophe), on parle d'**assonance**.

Je prépare ma mission

Invente trois personnifications pour parler du vent. Tu devras utiliser trois verbes qu'on emploie généralement pour désigner une activité humaine (parler, se mettre en colère, chanter…).

Les 3 mots de la séance
Note ce que tu retiens de la séance en trois mots.

6 Écrire de la poésie

→ Je sais repérer et utiliser une allitération.

1 Avant de lire le texte…

- Observe bien le paratexte (titre, nom de l'auteur, date).
- Ce texte est-il un extrait ou s'agit-il d'une œuvre complète ? Est-il en prose ou en vers ? Reconnais-tu un récit, un poème, une pièce de théâtre, un documentaire, un discours, une préface ?

Méthode

- Pour acquérir les bons réflexes face à un texte, utilise le **rabat de ton cahier**.

J'avance lentement
Sous un soleil écrasant
Mes pieds, plus lourds à chaque pas,
S'enfoncent inlassablement
Dans le sable liquide.

Et je ne vois que des champs couverts de neige
Que des dimanches matins heureux
Dans mes montagnes fraîches et splendides.

La vieille dame m'avait dit un jour
Que le bonheur est dans le mouvement
Dans la fluidité entre deux étapes, deux états
Et nulle part ailleurs.

Devant moi, toujours, mon enfance
L'air chargé de sel, porté par le vent
Ces milliers d'étincelles dans l'eau
Ces milliers de pensées insaisissables
Et le son des galets brassés par les vagues
Qui me bercera jusqu'à l'infini.

Jules Delavigne, « Équilibre fuyant »,
Conclusions, 2008.

texte lu
college.nathan.fr/
F6_esc9_textes

Repères

Jules Delavigne est né en Angleterre en 1962, de parents français. Comme Arthur Rimbaud avant lui, Il quitte l'école et la maison familiale à dix-sept ans et entame une période de voyages, d'emplois éphémères, de liberté totale. Aujourd'hui, en plus de son métier de poète, il travaille dans l'édition.

2 À la première lecture

- Réponds à ces questions : qui ? quand ? où ? quoi ?

3 À la relecture

- Donne un nouveau titre à ce poème.
- Liste tes émotions à la lecture du texte.

4 Faire résonner le texte

- À quels personnages, à quelles histoires, quels livres, quels films, quelles images ce texte te fait-il penser ?

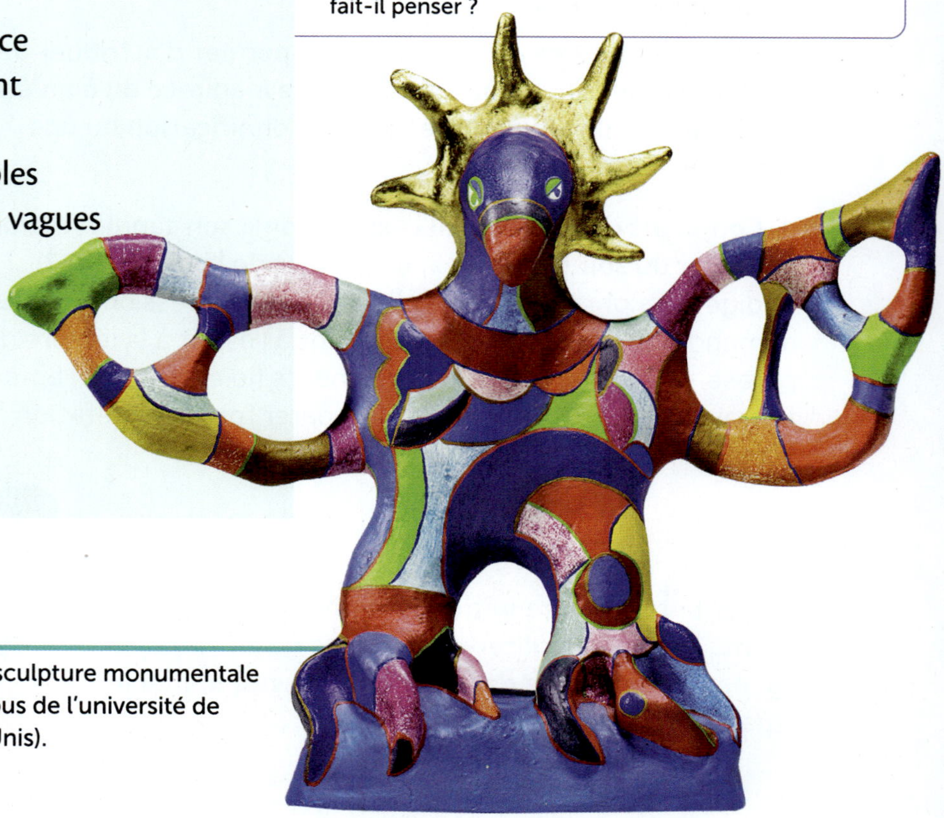

Niki de Saint Phalle, *Sun God*, sculpture monumentale inaugurée en 1983 sur le campus de l'université de Californie à San Diego (États-Unis).

Lecture & Écriture

1. **Dans la première strophe, le poète répète tout particulièrement deux consonnes : lesquelles ? Indique les mots qu'elles mettent en valeur.**

2. **Selon toi, quelle(s) sensation(s) se dégagent à la lecture de cette première strophe ? Quels mots précis produisent cet effet ?**

3. **Comment comprends-tu la métaphore du « sable liquide » (v.5) ? À ton avis, pourquoi le poète utilise-t-il cette image ? Quel effet produit-elle sur toi ?** Rédige au moins trois phrases.

Vocabulaire

4. **Essaie de donner une définition du mot « inlassablement » (v.4).** Tu peux t'aider en cherchant des mots de la même famille.

5. **Quelle(s) définition(s), parmi les propositions suivantes, correspond(ent) au verbe « se lasser » ?**
- En avoir marre de quelqu'un ou de quelque chose.
– Être trop fatigué pour faire quelque chose.
– Avoir envie de faire quelque chose ou de voir quelqu'un.

6. **Voici des exemples de phrases dans lesquelles apparaît l'adverbe « inlassablement ». À partir de ces exemples, précise ta première définition du terme.**
– Il revoit le même film inlassablement.
– Elle s'est entraînée inlassablement pour parvenir à être championne de France.
– Mon père me pose inlassablement la même question !

Atelier d'écriture poétique

• Certains titres de poèmes sont très évocateurs. Parmi les titres suivants, choisis celui qui te plaît le plus (pas forcément celui qui te paraît le plus clair !) et essaie d'imaginer ce que peut raconter le poème qui porte un tel titre. Résume le poème que tu as imaginé en cinq phrases minimum. Si le cœur t'en dit, tu peux ensuite rédiger une ou deux strophes en vers libres (sans vers imposés) qui pourraient correspondre au titre.

→ **« Contre les bûcherons de la forêt de Gastine » (Pierre de Ronsard)**

→ **« Denise disait aux merveilles » (Paul Éluard)**

→ **« La maison c'est des mains » (Eleni Cay)**

→ **« Grimper à l'arbre tendre » (Maëlle Ranoux)**

→ **« J'ai attrapé un chant d'oiseau » (Esther Granek)**

JE PRÉPARE MA MISSION

Choisis un élément naturel (la mer, la campagne, un ruisseau, un chemin…) ou urbain (la ville, le tramway, une moto…) et rédige un quatrain en utilisant au moins une allitération qui fera entendre le son de l'élément choisi. Essaie de faire des rimes à la fin des vers.

Les 3 mots de la séance

Note ce que tu retiens de la séance en trois mots.

7 Lire et apprécier un poème

→ Je me laisse porter par les émotions poétiques.

Voici venu le froid radieux de septembre :
Le vent voudrait entrer et jouer dans les chambres ;
Mais la maison a l'air sévère, ce matin,
Et le laisse dehors qui sanglote au jardin.

Comme toutes les voix de l'été se sont tues !
Pourquoi ne met-on pas de mantes aux statues ?
Tout est transi, tout tremble et tout a peur ; je crois
Que la bise grelotte et que l'eau même a froid.

Les feuilles dans le vent courent comme des folles ;
Elles voudraient aller où les oiseaux s'envolent,
Mais le vent les reprend et barre leur chemin
Elles iront mourir sur les étangs demain.

Le silence est léger et calme ; par minute
Le vent passe au travers comme un joueur de flûte,
Et puis tout redevient encor silencieux,
Et l'Amour qui jouait sous la bonté des cieux

S'en revient pour chauffer devant le feu qui flambe
Ses mains pleines de froid et ses frileuses jambes,
Et la vieille maison qu'il va transfigurer
Tressaille et s'attendrit de le sentir entrer.

Anna de Noailles, « L'Automne », *Le Cœur innombrable*, 1901.

Piet Mondrian, *Ferme près de Duivendrecht*, vers 1916, musée d'art de Dallas (États-Unis).

Repères

Le vrai nom d'**Anna de Noailles** est Anna Elisabeth Bassaraba de Brancovan ! C'est une autrice française d'origines roumaine et grecque, née à Paris le 15 novembre 1876 et morte le 30 avril 1933. Elle était très mondaine, et rencontra même, lors d'un dîner, Albert Einstein qui tomba sous son charme.

Lecture & Écriture

1. Lis le poème suivant, et note tout ce qui te vient en tête. Y a-t-il des images que tu ne comprends pas tout de suite ? T'empêchent-elles d'apprécier la musicalité du poème ? Relèves-tu des comparaisons, des métaphores, des personnifications ? Entends-tu les assonances ou les allitérations dans certains vers ?

2. Aimes-tu ce poème ? Pourquoi ? Rédige cinq phrases au moins.

3. Entraîne-toi à lire ce poème à voix haute en faisant attention aux « e » sonores et muets, aux diérèses (voir « La grande leçon » p. 178) et en faisant les liaisons.

J'ACCOMPLIS MA MISSION

Le projet

Quel est ton objectif ?

« À partir du moment où l'on porte attention à toute chose, même un brin d'herbe devient un monde en soi, mystérieux, épatant, d'une indicible beauté. » (Henry Miller)

→ Tu vas à présent rédiger un poème qui te permettra de porter un regard différent sur le monde qui t'entoure. Essaie d'utiliser des mots provenant de tes collectes (p. 172) : tu pourras les souligner dans ton poème pour bien les mettre en valeur.

Deux propositions, au choix

Quelle que soit la proposition choisie, il te faudra apprendre ton poème par cœur et le réciter à la classe.

→ **Première proposition**

• Tu vas écrire au moins un **quatrain** en **alexandrins** et en **rimes**. Si tu as de l'inspiration, tu pourras rédiger un deuxième quatrain.

→ **Deuxième proposition**

• Tu vas rédiger un poème à partir d'un de ces modèles :

Comme il est beau ce petit paysage
Ces deux rochers ces quelques arbres
et puis l'eau et puis le rivage
comme il est beau
Très peu de bruit un peu de vent
et beaucoup d'eau […]

Jacques Prévert, « La Couleur locale » (extrait), *Spectacle*, 1949.

Pleurer bleu
Rire citron
Grimacer vert
Rêver indigo
Crier rouille
Mourir rouge
Mais comment donc faire pour épuiser
toutes ces couleurs ?

Rachid Boudjedra, « Coloriage », *Greffe* (poèmes traduits de l'arabe par Antoine Moussali en collaboration avec l'auteur), © Denoël, 1984.

Tu dis sable
et déjà
la mer est à tes pieds.

Tu dis forêt
et déjà
les arbres te tendent leurs bras.

Tu dis colline
et déjà
le sentier court avec toi vers le sommet.

Tu dis nuage
et déjà
un cumulus t'offre la promesse du voyage.

Tu dis poème
Et déjà
les mots volent et dansent
comme étincelles dans la cheminée.

Joseph Paul Schneider, « Tu dis », *Entre l'arbre et l'écorce*, © Grassin, 1965.

Étape 1 › Le sujet de ton poème

→ Tu dois écrire un poème sur **quelque chose que tu aimes particulièrement** (le jardin de tes grands-parents, le trajet qui te mène à l'école, la mer ou la neige si tu les as déjà vues, le quartier dans lequel tu habites, une simple fleur… ce que tu veux !).

Étape 2 › Les mots de ton poème

→ Rédige ensuite une liste de **tous les mots qui te viennent en tête** à l'évocation de ce sujet, même les plus farfelus. Essaie de trouver au moins dix mots. Tu peux le faire sous la forme d'une marguerite à dix pétales, sur le modèle ci-contre.

→ Classe, s'il y en a, **les mots qui finissent par le même son** (par exemple « copains / chemin »). Tu pourras essayer de les faire rimer dans ton poème.

Étape 3 › Avec ou sans modèle ?

Choisis si tu veux rédiger un quatrain entièrement de ton invention **(première proposition)** ou si tu veux t'appuyer sur un modèle **(deuxième proposition)**.

→ **Première proposition**

- Rédige **un premier vers** qui indique de quel élément tu vas parler. Tu peux utiliser une métaphore pour présenter cet élément sans le nommer directement.
- N'oublie pas, tu dois rédiger **des alexandrins**, des vers de douze syllabes ! Pour cela, tu peux commencer par répéter plusieurs fois dans ta tête ou à voix haute, avec tes camarades de classe : « ta ta ta ta ta ta – ta ta ta ta ta ta » (6 fois « ta » suivi de 6 fois « ta » !). Une fois ce rythme en tête, tu auras le rythme de ta phrase.

→ **Deuxième proposition**

- Avant de choisir ton modèle, tu peux **lire les trois poèmes (p. 185) à voix haute** et choisir celui qui te touche le plus.

Étape 4 › Et pour finir…

- Une fois ton poème rédigé, **apprends-le par cœur et récite-le en classe**.

Bilan

Quiz

1. Quelle figure de style permet d'attribuer à une chose les caractéristiques d'une personne ?

a Comparaison.
b Métaphore.
c Personnification.

2. À quoi sert la poésie ?

a À voir le monde différemment.
b À changer le monde.
c À avoir des bonnes notes à l'école.

3. Qu'est-ce qu'un quatrain ?

a Une strophe de quatre vers.
b Une strophe de trois vers.
c Une strophe de deux vers.

4. Que signifie « inlassablement » ?

a Sans lacer ses chaussures.
b Sans jamais se fatiguer.
c Sans savoir comment faire.

5. Complète cette citation extraite de l'escale :

« Si on ne veut pas qu'en grandissant [les enfants] perdent leurs ... magiques, il faut leur administrer un ... par jour, au moins. »

a « pouvoirs » et « remède ».
b « yeux » et « poème ».
c « yeux » et « remède ».

Texte par texte — Je me rappelle ce que j'ai appris

1. Jean-Pierre Siméon, « La poésie, c'est comme les lunettes » (p. 174) : À quoi le poète compare-t-il la poésie ?

2. Georges Jean, « Pour construire un poème... » (p. 176) : Auxquels de nos sens le poète fait-il appel ?

3. Lucie Delarue-Mardrus, « Douceur » (p. 179) : Résume en quelques mots la scène racontée par la poétesse.

4. Nérée Beauchemin, « La mer...» (p. 180) : Comment la mer est-elle décrite dans ce quatrain ? Utilise au moins quatre adjectifs.

5. Jules Delavigne, « Écrire de la poésie » (p. 182) : Quelle métaphore le poète utilise-t-il à la fin de la première strophe ?

6. Anna de Noailles, « Lire et apprécié un poème » (p. 184) : Quelle(s) sensation(s) les images utilisées par la poétesse mettent-elles en valeur ?

Écriture — Je réfléchis à la poésie et à ses pouvoirs.

1. À ton avis, pourquoi choisit-on un jour d'écrire de la poésie ? Quelles qualités devons-nous avoir pour bien écrire de la poésie ? Pour répondre, appuie-toi sur ce que disent les poètes de notre escale et sur ton ressenti. Ta réponse devra contenir au moins cinq phrases.

2. Explique, grâce aux exemples étudiés dans cette escale, et, si tu veux, à d'autres exemples de ton choix, en quoi la poésie permet de « chanter » mais aussi d'« enchanter » le monde. Ta réponse devra contenir au moins cinq phrases.

Les 5 mots de l'escale

Note ce que tu retiens de l'escale en cinq mots.

Bilan personnel

→ **Raconte la mission que tu as accomplie au fil de cette escale. Développe en précisant ce que tu as aimé ou non, ce que tu as trouvé facile ou difficile, ce que tu as appris d'intéressant ou de surprenant.** Ta réponse devra contenir au moins cinq phrases

Fluence

Je lis vite et bien !

Chaque visage est un miracle

Chaque visage est un miracle 5
Un enfant noir, à la peau noire, aux yeux noirs, 15
aux cheveux crépus ou frisés, est un enfant. 23
Un enfant blanc, à la peau rose, aux yeux bleus ou verts, 35
aux cheveux blonds ou raides est un enfant. 43
L'un et l'autre, le noir et le blanc, ont le même sourire 55
Quand une main leur caresse le visage, 61
Quand on les regarde avec amour 67
Et leur parle avec tendresse. 72
Ils verseront les mêmes larmes si on les contrarie, 81
Si on leur fait mal. 86
Il n'existe pas deux visages absolument identiques. 93
Chaque visage est un miracle. 98
Parce qu'il est unique. 102
Deux visages peuvent se ressembler, 107
Ils ne seront jamais tout à fait les mêmes. 116
La vie est justement ce miracle, 122
ce mouvement permanent et changeant 127
Qui ne reproduit jamais le même visage. 134
Vivre ensemble est une aventure où l'amour, 141
L'amitié est une belle rencontre avec ce qui n'est pas moi, 152
Ce qui est toujours différent de moi et qui m'enrichit. 162

Tahar Ben Jelloun, « Chaque visage est un miracle », in *L'Insurrection poétique – Manifeste pour vivre ici*, © Doucey, 2015.

Je lis le texte ci-dessus et je mesure ma vitesse de lecture

Tu peux demander à un camarade de te chronométrer.

▶ *À recopier sur ton cahier :* **J'ai lu** .... **mots en une minute.**

Je vérifie que j'ai bien compris

1 **À ton avis, de quoi parle ce poème ?**

2 **Comment comprends-tu les passages suivants ?**
- « Ils verseront les mêmes larmes si on les contrarie, / Si on leur fait mal.»
- « Ce qui est toujours différent de moi et qui m'enrichit. » ?

3 **Trouves-tu facile ou difficile de lire un poème ? Pourquoi ?**

Je m'entraîne à lire plus vite

4 **Lis rapidement…**

a. cette suite de mots.

visage – miracle – caresse – tendresse – absolument – identique – unique – mouvement – permanent – changeant

b. ces séries de mots.

- dévisager - assagir
- blond – blanc
- sourire – roussir
- différent – fréquenter
- miracle – déclamer
- l'un – l'autre
- contrarier – rencontrer
- enrichir – renchérir

5 **Lis ce passage sans t'arrêter, en ne bougeant que les yeux.**

Il n'existe pas deux visages absolument identiques.
Chaque visage est un miracle.
Parce qu'il est unique.
Deux visages peuvent se ressembler,
Ils ne seront jamais tout à fait les mêmes.

Je relis le texte et je mesure ma vitesse de lecture

Tu peux demander à un camarade de te chronométrer.

▶ *À recopier sur ton cahier :* **J'ai lu** ……………… **mots en une minute.**

J'améliore mon articulation

6 **Prononce ces groupes de mots en articulant avec soin.**

chaque visage est un miracle – il n'existe pas deux visages absolument identiques – ce mouvement permanent et changeant

7 **Dis ces vers en choisissant une intonation (tu es plein d'espoir, tu es fatigué ; tu veux persuader tes camarades ; tu es un grand-parent qui donne un conseil à ses petits-enfants…).**

Vivre ensemble est une aventure où l'amour,
L'amitié est une belle rencontre avec ce qui n'est pas moi,
Ce qui est toujours différent de moi et qui m'enrichit.

Je relis le texte et je mesure ma vitesse de lecture

Tu peux demander à un camarade de te chronométrer.

▶ *À recopier sur ton cahier :* **J'ai lu** ……………… **mots en une minute.**

Je note mes progrès

▶ *À recopier sur ton cahier :*

1re lecture
……….. **mots par minute**

2e lecture
……….. **mots par minute**

3e lecture
……….. **mots par minute**

ESCALE 10

Inventer un langage, chercher « le Grand Secret »

CAP SUR LA MISSION

- **À la fin de cette escale, tu rédigeras avec la classe un mini-dictionnaire des tracas du collège à partir de néologismes, c'est-à-dire de mots que vous aurez inventés.**

Je fais le point sur mes connaissances

Choisis, pour chaque question, la ou les réponses qui conviennent.

1. Que signifie « *neo* » en grec ?
- a Nul.
- b Nouveau.
- c C'est un prénom.

2. Dans les mots « dialogue », « monologue », « prologue », la racine grecque commune est…
- a « *logos* », qui signifie « parole ».
- b « *gue* », qui signifie « discuter ».
- c Il n'y a pas de racine commune.

3. Comment appelle-t-on un mot qui sert à exprimer un son, comme « bam » ou « plouf » ?
- a Une hyperbole.
- b Une métaphore.
- c Une onomatopée.

4. Quel est le rôle principal du langage poétique ?
- a Expliquer des concepts scientifiques.
- b Raconter une histoire.
- c Éveiller des émotions chez les lecteurs.

5. Pourquoi les poètes inventent-ils parfois de nouveaux mots ?
- a Parce que notre langage est parfois trop limité.
- b Pour enrichir les dictionnaires de nouveaux mots.
- c Pour éviter de parler de la réalité.

6. Comment le langage poétique peut-il rendre un objet banal extraordinaire ?
- a En décrivant l'objet précisément.
- b En le décrivant de manière incompréhensible.
- c En utilisant le langage d'une manière nouvelle et différente.

Vocabulaire

- **Sur le modèle du tableau p. 2, rassemble, pour chacun des termes suivants, tous les mots et toutes les expressions auxquels tu penses :**

Étrange — Parler — Liberté

Pour réussir la mission, je dois…

→ Comprendre la particularité du langage poétique.

→ M'amuser avec les mots.

→ Inventer des mots.

1 J'observe les mots avec attention

→ Je comprends comment les mots sont construits.

1 En t'appuyant sur la partie du mot que tu reconnais dans les termes suivants, réponds à ces questions.

1. De combien de côtés dispose un « octogone » ?
2. Que signifie le mot « décathlon » ?
3. Que signifie le préfixe « syn- » dans « synonyme » ? et « anto- » dans « antonyme » ?
4. Que signifie le verbe « enjamber » (quelque chose) ?
5. Comment définirais-tu le mot « néoclassique » ?

2 En t'aidant éventuellement de l'étymologie, retrouve les définitions des termes suivants.

a. octosyllabe • **b.** décasyllabe • **c.** alexandrin • **d.** enjambement • **e.** néologisme

1. Vers de 8 syllabes.
2. Mot nouveau, inventé.
3. Vers de 10 syllabes.
4. Vers de 12 syllabes.
5. Deux sons prononcés en une seule syllabe.
6. Vers qui se prolonge au vers suivant.

Joan Miró, illustration pour le poème de Tristan Tzara « Parler seul », 1950, Maeght Éditeur.

La petite leçon

• La langue française invente plus de 1 500 nouveaux mots par an, mais seuls 150 d'entre eux entrent au dictionnaire. Ces **créations lexicales** permettent de nommer des choses et des idées, des actions ou des activités nouvelles.

Vocabulaire

3. Lis ces mots :

Baragouiner • Pratapol • Cucurbitacée • Emberlificoter • Dadouliner • Nycthémère

a. En t'aidant d'un dictionnaire ou de tes connaissances, dis lesquels sont des mots inventés, et lesquels tu as déjà entendus ou se trouvent dans le dictionnaire.

b. Invente une définition pour les mots qui ne sont pas encore dans le dictionnaire, en justifiant à l'oral ton choix de définition.

JE PRÉPARE MA MISSION

Invente un mot qui correspondrait à la définition suivante « Au réveil, crainte de sortir de son lit bien chaud et de sentir la fraîcheur du sol en posant les pieds par terre. » Justifie ensuite ton choix en quelques mots.

Les 3 mots de la séance

Note ce que tu retiens de la séance en trois mots.

2 Lire des poèmes à voix haute

→ **Je lis bien des poèmes en vers réguliers.**

1 Avant de lire le texte…

- Observe bien le paratexte (titre, nom de l'auteur, date, repères).
- Ce texte est-il un extrait ou s'agit-il d'une œuvre complète ?
Est-il en prose ou en vers ? Reconnais-tu un récit, un poème, une pièce de théâtre, un documentaire, un discours, une préface ?

Méthode

- Pour acquérir les bons réflexes face à un texte, utilise le **rabat de ton cahier**.

Je te salue, ô terre, ô terre porte-grains,
Porte-or, porte-santé, porte-habits, porte-humains,
Porte-fruits, porte-tours, alme[1], belle, immobile,
Patiente, diverse, odorante, fertile,
Vêtue d'un manteau tout damassé de fleurs,
Passementé de flots, bigarré de couleurs,
Je te salue, ô cœur, racine basse, ronde,
Pied du grand animal qu'on appelle le monde,
Chaste[2] épouse du ciel, assuré fondement
Des étages divers d'un si grand bâtiment.

Guillaume de Saluste du Bartas, « La Première Semaine », III,
La Sepmaine, ou Création du monde, 1578.

texte lu
college.nathan.fr/
F6_esc10_textes

1. Nourrissante, bienfaisante.
2. Pure, vertueuse.

Repères

Guillaume du Bartas (1544-1590), poète et écrivain du XVIe siècle, est surtout célèbre pour son long poème *La Sepmaine* (La Semaine) *ou la Création du monde*, inspiré par la Bible. Du Bartas s'y fait le défenseur d'une vision du monde qui place la terre en son centre, à l'inverse des théories alors avancées par Copernic, qui place le soleil au centre de l'univers.

Gustav Klimt, *Jardin de campagne*, vers 1907.

2 À la première lecture

- Réponds à ces questions : qui ? quand ? où ? quoi ? pourquoi ?

3 À la relecture

- Donne un titre au poème.
- Liste tes émotions à la lecture de ce texte.

4 Faire résonner le texte

- À quels autres textes, histoires, images ce texte te fait-il penser ?

Lecture & Écriture

1. Dans ce poème, le poète invente une série de mots nouveaux, tous construits de la même manière (v. 1 à 3).
a. Relève ces mots et explique comment le poète les a construits.
b. Cherche un mot formé de la même manière qui désigne un objet de la vie quotidienne. Quel est l'usage de cet objet ?
c. Sur quelle qualité de la terre le poète insiste-t-il grâce à ces néologismes ? Que mettent-ils en valeur ?

2. Entraîne-toi à lire ce poème.
Appuie-toi pour cela sur la « grande leçon » p. 178.
Il faut parfois ne pas s'arrêter en fin de vers et poursuivre au vers suivant sans faire de pause. C'est un enjambement, noté ici par la flèche :

La petite leçon

- Il y a plusieurs façons de créer des néologismes (des mots nouveaux). Parmi elles, on trouve les **mots-valises** qui consistent à rapprocher deux mots, soit en entier, soit en n'en gardant qu'une partie. Par exemple « bibliobus », qui est une bibliothèque dans un bus, « courriel », un courrier par e-mail.

Vocabulaire

3. Observe les mots de la description (v. 5 et 6) :
a. Relève trois adjectifs qui permettent de décrire la manière dont le manteau est décoré.
b. Connais-tu le sens précis de ces mots ?
c. Qu'est-ce qui t'a permis de les trouver dans le poème ?
d. Donnes-en une définition qui te paraît logique, puis va vérifier dans un dictionnaire si tu étais proche de la réalité.

J'ai déjà fini !

4. Entraîne-toi à lire le poème suivant.

Ah ! si la nuit venait, comme nous aurions peur ;
La nuit fait les gros yeux avec la lune ronde
Et tous les astres blonds qui pressent leur lueur
Sur le front noir de l'ombre où l'angoisse est profonde.

Cécile Sauvage, « La Tasse », *L'Âme en bourgeon*, 1910.

a. Applique pour cela les conseils de la page 178.

b. Pour savoir quels mots tu mettras en valeur dans ta lecture, réponds à la question suivante : comment la nuit est-elle décrite ? À quoi la nuit est-elle comparée ?

Différenciation

JE PRÉPARE MA MISSION

Voici des mots-valises (qui existent vraiment) : « adulescent », « alicament », « brookie », « papamobile ». Imagine leur définition en retrouvant les deux mots utilisés dans leur construction. À ton tour, invente trois mots-valises et leurs définitions.

Les 3 mots de la séance

Note ce que tu retiens de la séance en trois mots.

3 Lire des vers libres

→ **Je m'entraîne à lire de la poésie en vers libres.**

1 Avant de lire le texte...

- Observe bien le paratexte (titre, nom de l'auteur, date, repères).
- Ce texte est-il un extrait ou s'agit-il d'une œuvre complète ? Est-il en prose ou en vers ? Reconnais-tu un récit, un poème, une pièce de théâtre, un documentaire, un discours, une préface ?

Méthode

- Pour acquérir les bons réflexes face à un texte, utilise le **rabat de ton cahier**.

En pleins raisonnements et déraisonnements
la pluie s'est mise à faire fondre minuit
avec toujours ce bruit de défaite
tu, tu, tu.
Bruit sourd, tout plein de solitude,
bruit normal d'une pluie normale.

[...] Et toute la nuit j'écoute et lis la pluie,
t près d'un u, u près d'un t,
caractères de cristal entrechoqués
qui chuchotent leurs tu, tu, tu.

[...] elle m'a soûlée cette nuit la pluie
avec sa partialité[1]
tu, tu, tu, rien d'autre
comme si tout le reste ne comptait plus
et que tu sois partout.

Kikí Dimoulá, « Les souffrances de la pluie »,
Le peu de monde (suivi de) *Je te salue Jamais*,
trad. Michel Volkovitch,
© Éditions Gallimard, 2010.

1. Injustice, favoritisme.

texte lu
college.nathan.fr/
F6_esc10_textes

Repères

Kikí Dimoulá (1931-2020) est une poétesse grecque. Ses recueils les plus connus, *Le Peu du monde* (1971) et *Je te salue Jamais* (1988) ont été traduits en plusieurs langues. Elle a reçu le Prix européen de littérature en 2009.

2 À la première lecture

- Réponds à ces questions : qu'as-tu compris du texte ? De quoi parle-t-il ?

3 À la relecture

- Donne un titre à chacune des trois parties du poème.
- Liste tes émotions à la lecture de ce texte.

4 Faire résonner le texte

- À quels autres textes, à quelles histoires, quelles images ce texte te fait-il penser ?

Utagawa Hiroschige,
Le Pont Ohashi sous la pluie, gravure sur bois, 1857, musée de l'Ermitage, Saint-Pétersbourg.

Lecture & Écriture

1. **De quoi parle la poétesse ? Paraît-elle plutôt triste ou plutôt heureuse ? Quels mots te permettent de répondre ?**

2. **Relève les allitérations dans la deuxième strophe.** Quels mots ou sons ces allitérations mettent-elles en valeur ? Reporte-toi à la petite leçon de la page 181 sur les allitérations et les assonances.

3. **La syllabe « tu » renvoie à deux choses différentes dans ce poème.** Lesquelles ?

4. **Selon toi, pourquoi la poétesse utilise-t-elle cette même syllabe, « tu », pour désigner ces deux éléments pourtant distincts ? Quel effet cela produit-il ?** Réponds à ces questions en rédigeant au moins trois phrases (par exemple, une phrase pour expliquer à qui et à quoi le « tu » renvoie, une phrase pour expliquer pourquoi la poétesse fait ce rapprochement, et une phrase pour dire l'effet que cela produit sur les lecteurs).

René Magritte, *Le Chant de l'orage*, 1937, The Menil Collection, Houston (États-Unis).

JE PRÉPARE MA MISSION

Imagine à quel bruit la syllabe « vou » pourrait renvoyer, puis rédige deux phrases en vers libres : la première phrase expliquera de quoi ce « vou » est le bruit, et la deuxième fera un rapprochement entre ce son et le pronom « vous ».

Les 3 mots de la séance

Note ce que tu retiens de la séance en trois mots.

4 « Il est interdit de disturb le poète »

→ Je ressens pour mieux comprendre et je comprends pour mieux ressentir.

1 Avant de lire le texte…

- Observe bien le paratexte (titre, nom de l'auteur, date, repères).
- Ce texte est-il un extrait ou s'agit-il d'une œuvre complète ? Est-il en prose ou en vers ? Reconnais-tu un récit, un poème, une pièce de théâtre, un documentaire, un discours, une préface ?

Méthode

- Pour acquérir les bons réflexes face à un texte, utilise le **rabat de ton cahier**.

EXTRAIT 1

Pendant qu'elle digitale envoie textos
Ses orteils dansent nus vernis vernis nus
Sous son trône d'un moment siège de tram
Elle pianote joliment ses jtm

Sur le bout des doigts ses ongles papillonnent
Rose et noir et rose aux mains aux pieds
Gracieuse et concentrée tkt dsl
Elle envoie ses textos comme des bulles des baisers

Valérie Rouzeau, *Vrouz* (extrait),
© éditions de La Table ronde, 2012.

texte lu
college.nathan.fr/
F6_esc10_textes

EXTRAIT 2

il est interdit de disturb le poète
je n'y suis pour personne
quand les mots courent dans ma tête
et marchent dans mon sang
trois petits tours et puis s'en vont
attendez la fin de l'été

Michèle Voltaire Marcelin,
« Il fait un temps de poème » (extrait),
2010, *Anthologie de la poésie haïtienne contemporaine*,
© Points Poésie, 2015.

texte lu
college.nathan.fr/
F6_esc10_textes

Repères

La poésie est toujours vivante, comme le prouvent les deux autrices de cette page ! **Valérie Rouzeau** est une poétesse française née en 1967, qui donne des lectures publiques, anime des ateliers d'écriture tout en continuant, bien sûr, à écrire de la poésie. Elle a aussi rédigé plusieurs titres pour le groupe de musique Indochine. **Michèle Voltaire Marcelin** est une poétesse, peintre, romancière et comédienne née en 1955 ; elle a passé son enfance en Haïti et vit aujourd'hui aux États-Unis. Elle parle et écrit en français, espagnol, anglais et créole !

Lecture & Écriture

1. **Lis chaque poème en silence et partage tes impressions avec tes camarades.** Qu'avez-vous compris ? De qui s'agit-il ? De quoi parle la poétesse ? Quelles émotions ressentez-vous à la lecture de ce poème ?

2. **Peut-on comprendre dans quel lieu et à quel moment les scènes décrites prennent place ?** Grâce à quels termes ?

3. a. **Quels mots ou constructions de phrases vous paraissent surprenants, amusants ou incorrects ?** À quoi cette impression est-elle due à chaque fois ?
b. **Quel effet ces formes bizarres produisent-elles lors de la lecture ?** Vous pouvez chacun ressentir des émotions différentes.

Vocabulaire

4. Extrait 1
a. **Que signifie l'expression « empreintes digitales » ?**
b. **Complète ce début de définition de l'adjectif « digital » : « Qui se rapporte aux ... . »**
c. **Une digitale est aussi une fleur. Que peut apporter cette référence à ta compréhension de l'expression « Pendant qu'elle digitale envoie textos » ?**

5. Extraits 1 et 2
Rédige trois phrases pour expliquer que, même si ces poèmes peuvent paraître « étranges » à la première lecture, ils témoignent aussi d'une grande liberté de la part des poétesses. Essaie d'utiliser au moins trois mots de tes collectes de mots (p. 190).

La petite leçon

• Écrire en **prose**, c'est écrire « normalement », sans aller régulièrement à la ligne, comme dans un **roman**. L'écriture en prose s'oppose à l'écriture en **vers**, qui consiste à aller régulièrement à la ligne, comme dans un **poème**.

Atelier d'expression écrite et orale

Choisis un des deux poèmes.

• Réécris-le en prose. Ajoute la ponctuation (virgule, point, guillemets...), les termes manquants (conjonction de coordination, article...) et remplace les abréviations ou le mot étranger par leur équivalent en français courant, pour mieux comprendre le sens de chaque vers.
• Lis alors le texte original à voix haute, en prenant garde à laisser des temps de pause et à mettre en valeur certaines expressions.
• Apprends par cœur le poème que tu as choisi.

J'ai déjà fini !

6. **En les choisissant dans les deux extraits, relève et explique :**
- une comparaison ;
- une personnification ;
- une métaphore ;
- une répétition.

Différenciation

JE PRÉPARE MA MISSION

Valérie Rouzeau (extrait 1) a intitulé son recueil de poésie *Vrouz*. Invente la machine qui produit un tel bruit. Rédiges-en une courte description à la manière d'un article de dictionnaire, puis dessine-la si tu le souhaites.

Les 3 mots de la séance

Note ce que tu retiens de la séance en trois mots.

5 Chercher le « Grand Secret »

→ Je mets un poème en corps et en voix.

Méthode

• Pour acquérir les bons réflexes face à un texte, utilise le **rabat de ton cahier**.

1 Avant de lire le texte...

- Observe bien le paratexte (titre, nom de l'auteur, date, repères).
- Ce texte est-il un extrait ou s'agit-il d'une œuvre complète ? Est-il en prose ou en vers ? Reconnais-tu un récit, un poème, une pièce de théâtre, un documentaire, un discours, une préface ?

Repères

Henri Michaux (1899-1984) est un poète, écrivain et peintre belge, naturalisé français en 1955. Il commence des études de médecine, avant de devenir matelot, pour finalement choisir l'écriture et l'art comme métier ! Michaux a inventé beaucoup de mots. Il voulait « Rendre la langue moins belle, plus "compère", plus terre à terre ».

LE GRAND COMBAT

À R.-M. Hernant

Il l'emparouille et l'endosque contre terre ;
Il le rague et le roupète jusqu'à son drâle ;
Il le pratèle et le libucque et lui barufle les ouillais ;
Il le tocarde et le marmine,
Le manage rape à ri et ripe à ra.
Enfin il l'écorcobalisse.

L'autre hésite, s'espudrine, se défaisse, se torse et se ruine.
C'en sera bientôt fini de lui ;
Il se reprise et s'emmargine... mais en vain
Le cerceau tombe qui a tant roulé.
Abrah ! Abrah ! Abrah !
Le pied a failli !
Le bras a cassé !
Le sang a coulé !

Fouille, fouille, fouille,
Dans la marmite de son ventre est un grand secret
Mégères alentour qui pleurez dans vos mouchoirs ;
On s'étonne, on s'étonne, on s'étonne
Et on vous regarde
On cherche aussi, nous autres, le Grand Secret.

Henri Michaux, « Le Grand Combat »,
La nouvelle Revue Française, N° 164, 1er mai 1927,

texte lu
college.nathan.fr/
F6_esc10_textes

2 À la première lecture

- Réponds à ces questions : qui ? quand ? quoi ? où ? pourquoi ?

3 À la relecture

- Donne un titre au poème.
- Liste tes émotions à la lecture de ce texte.

4 Faire résonner le texte

- À quels autres textes, à quelles histoires, à quelles images ce texte te fait-il penser ?

Lecture & Écriture

1. Selon toi, de quoi est-il question dans ce texte ? Que font les personnages évoqués dans la 1re et la 2e strophe ? Aide-toi aussi du titre du poème pour répondre, et compare tes réponses avec celles de tes camarades.

2. Relève les expressions qui ressemblent à des onomatopées ou à des cris.

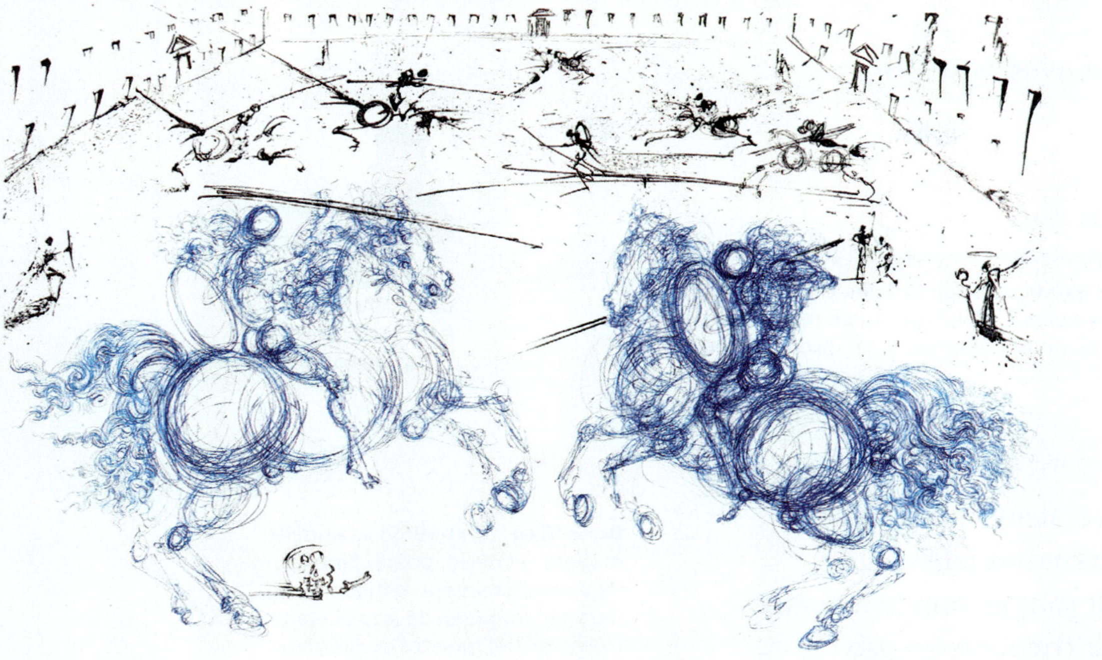

Salvador Dali,
Combat de chevaliers, 1971.

Vocabulaire

3. Relève les mots que tu ne connais pas et qui ressemblent à des verbes ; puis essaie d'en donner une définition rapide à l'oral. Pour certains mots, appuie-toi sur la racine du terme pour le définir. Par exemple, « endosque » (vers 1) est construit sur la racine « dos » ; ce verbe pourrait signifier « jeter son adversaire sur le dos ».

4. Relève deux noms communs que le poète a inventés. Pour chacun, essaie de trouver à quelle partie du corps ou à quelle réalité le mot renvoie, en justifiant ta réponse.

Atelier d'expression orale

La classe est divisée en deux groupes : ceux qui vont réciter et ceux qui vont mimer le poème.

- Les élèves qui récitent apprennent une partie des vers, puis organisent la performance. Un vers peut être dit par plusieurs élèves à la fois pour lui donner plus de puissance.
- Les élèves qui miment inventent une chorégraphie du combat. On fait semblant de se battre, sans se toucher, en s'inspirant des mouvements des arts martiaux (le karaté, le judo). Le combat a lieu au ralenti, les gestes sont précis ; ils correspondent au sens des verbes du poème.
- Une fois le poème appris et le combat chorégraphié, mettez le texte en voix et en corps. Les récitants se mettent en rond autour des deux combattants. Vous pouvez vous filmer !

JE PRÉPARE MA MISSION

Invente un verbe du premier groupe dont la définition serait la suivante : « Action de faire les gros yeux en poussant de grands cris, comme un joueur de rugby, pour faire peur à son adversaire. »

Les 3 mots de la séance

Note ce que tu retiens de la séance en trois mots.

6 À quoi servent les poètes ?

→ Je m'amuse avec le poète.

1 Avant de lire le texte...

- Observe bien le paratexte (titre, nom de l'auteur, date, repères).
- Ce texte est-il un extrait ou s'agit-il d'une œuvre complète ? Est-il en prose ou en vers ? Reconnais-tu un récit, un poème, une pièce de théâtre, un documentaire, un discours, une préface ?

Méthode

- Pour acquérir les bons réflexes face à un texte, utilise le **rabat de ton cahier**.

Si les poètes étaient moins bêtes
Et s'ils étaient moins paresseux
Ils rendraient tout le monde heureux
Pour pouvoir s'occuper en paix
De leurs souffrances littéraires
Ils construiraient des maisons jaunes
Avec de grands jardins devant
Et des arbres pleins de zoizeaux
De mirliflûtes et de lizeaux
Des mésongres et des feuvertes
Des plumuches, des picassiettes
Et des petits corbeaux tout rouges
Qui diraient la bonne aventure
Il y aurait de grands jets d'eau
Avec des lumières dedans
Il y aurait deux cents poissons
Depuis le croûsque au ramusson
De la libelle au pépamule
De l'orphie au rara curule
Et de l'avoile au canisson
Il y aurait de l'air tout neuf
Parfumé de l'odeur des feuilles
On mangerait quand on voudrait
Et l'on travaillerait sans hâte
A construire des escaliers
De formes encor jamais vues
Avec des bois veinés de mauve
Lisses comme elle sous les doigts

Repères

Boris Vian (1920-1959) a fait mille métiers : écrivain, poète, parolier, ingénieur, chanteur, critique musical, musicien de jazz (il était trompettiste), peintre et directeur artistique ! Il n'a pas vraiment connu le succès littéraire lorsqu'il était vivant, mais ses œuvres, par exemple son roman *L'Écume des jours*, sont étudiées aujourd'hui dans les collèges et lycées, en particulier en raison de l'invention langagière qui les caractérise.

2 À la première lecture

- Réponds à ces questions : qui ? quand ? quoi ? où ? pourquoi ?

3 À la relecture

- Donne un titre au poème.
- Liste tes émotions à la lecture de ce texte.

4 Faire résonner le texte

- À quels autres textes, à quelles histoires, à quelles images ce texte te fait-il penser ?

Mais les poètes sont très bêtes
Ils écrivent pour commencer
Au lieu de s'mettre à travailler
Et ça leur donne des remords
Qu'ils conservent jusqu'à la mort
Ravis d'avoir tellement souffert
On leur donne des grands discours
Et on les oublie en un jour
Mais s'ils étaient moins paresseux
On ne les oublierait qu'en deux.

Boris Vian, « Si les poètes étaient moins bêtes », *Je voudrais pas crever*, 1962, © Société Nouvelle des éditions Pauvert, © Librairie Arthème Fayard, 1999 pour l'édition en œuvres complètes.

texte lu
college.nathan.fr/
F6_esc10_textes

Boris Vian jouant de la trompette.

Lecture et mise en voix

1. a. Vers 1 à 5 : quels sont les défauts des poètes selon Boris Vian ?
b. À quels temps et mode sont conjugués les verbes « rendraient » (v. 3) et « construiraient » (v. 6) ? Qu'exprime ce temps ? Reporte-toi à la leçon de la page 326.

2. Que devraient faire les poètes s'ils étaient moins bêtes, selon Boris Vian ? Résume les vers 6 à 28 en trois phrases.

3. a. Relève dans cette première longue strophe tous les noms qui semblent inventés par le poète, et classe les animaux en deux catégories : ceux qui volent et ceux qui nagent.
b. Essaie de comprendre comment le poète a inventé ces différents noms et confronte avec tes camarades votre compréhension de chacun de ces termes.
- Choisis trois néologismes parmi ceux inventés par le poète.
- S'est-il inspiré de mots ou expressions connus, a-t-il créé des mots-valises ?
- A-t-il joué sur les sonorités et sur les mots ?

Attention : il n'y a pas forcément une seule bonne réponse !

4. Vers 29 à 36 : en quoi la fin du poème est-elle en rupture avec le début ? Appuie-toi sur le mot qui ouvre cette strophe pour répondre. Rédige une réponse en trois phrases au moins.

5. Vers 37-38 : pourquoi ces deux derniers vers sont-ils particulièrement moqueurs ?

J'ai déjà fini !

6. Quel est, selon toi et à la lecture de ce texte, l'un des « métiers » de Boris Vian ? En quoi cela rend-il ce poème particulièrement drôle ? À ton avis, de qui se moque en réalité Boris Vian lorsqu'il dit que les poètes sont « bêtes et paresseux » ? Réponds en rédigeant quatre phrases.

Différenciation

Henri Matisse, *L'Avaleur de sabres*, un tableau de la série *Jazz*, 1947, Chicago Art Institute, Chicago (États-Unis).

Lecture d'image

7. a. Observe le tableau et lis attentivement la légende. Que représente cette œuvre ?
b. Si on considère que la personne représentée est un poète, à quoi peut également faire penser ce qu'il a dans la bouche ?
c. Imagine et écris un poème qui pourrait sortir de cette bouche. Tu peux choisir le thème qui te semble le mieux convenir et rédiger ton poème dans la forme que tu préfères, en prose ou en vers, avec ou sans rimes… Ton poème doit faire au moins huit lignes.

À ton tour, invente deux noms pour chacune des deux catégories d'animaux et ajoute-les à la liste du poète. Comme Boris Vian, tu peux t'inspirer de mots ou expressions connus que tu vas détourner, créer des mots-valises, etc.

Les 3 mots de la séance

Note ce que tu retiens de la séance en trois mots.

J'ACCOMPLIS MA MISSION

Le projet

Que devez-vous fabriquer ?

➜ Vous allez devoir rédiger **un mini-dictionnaire de néologismes** qui s'inspire du *Baleinié* de Christine Murillo, Thierry Leguay et Grégoire Oestermann. C'est un dictionnaire, présenté en suivant l'ordre alphabétique, dans lequel tous les mots sont inventés.

➜ En groupes de deux ou trois, vous devez inventer des mots qui traduisent **vos petits tracas** liés à l'école. Il faut inventer au minimum vingt-six mots, au moins un pour chaque lettre de l'alphabet. Voici un exemple.

Painplancher [*pin-plan-ché*]. *verbe*. Avoir beaucoup de travail. Ex. À partir du mois d'avril, les élèves de 3e painplancheront pour réussir leur examen.

À quoi doit ressembler votre définition ?

➜ À celle d'un mot dans le dictionnaire !

➜ Votre définition doit contenir le **mot,** sa traduction phonétique, la classe grammaticale en abrégé (par ex. *n. m.* pour *nom masculin*), une définition, une phrase d'exemple contenant ce mot.

Mot → Prononciation → Classe grammaticale → Définition → Exemple

NÉOLOGISME [*né-o-lo-gizm*] *n. m.* Emploi d'un mot nouveau ou emploi d'un mot, d'une expression, préexistants dans un sens nouveau. Ex. Pour décrire et désigner des technologies nouvelles, il est indispensable de créer des néologismes.

J'ACCOMPLIS MA MISSION

Étape 1 › Je choisis les tracas que je veux exprimer

→ En classe entière, nommez **tous les petits embêtements** qui peuvent vous arriver au collège ou à la maison (mais en lien avec le collège !). Il faut en trouver au moins vingt-six (un par lettre de l'alphabet). Par exemple : avoir réussi à sortir pile au moment de la sonnerie pour la cantine mais s'apercevoir en arrivant au self qu'il y a déjà une queue de trois classes avant nous ; le bruit de la trousse qui tombe pendant un contrôle sous la surveillance du professeur qui déteste le plus ça…

Étape 2 › J'invente mon mot

→ Le professeur partage la classe en plusieurs groupes et attribue à chacun des tracas et des lettres. **Votre groupe devra inventer un mot pour désigner les tracas qui lui ont été attribués.**

→ Votre mot doit être imaginé en fonction de sa **sonorité** (par exemple, le bruit que fait la trousse lorsqu'elle tombe au sol ou le bruit que fait le professeur qui souffle lorsqu'il l'entend tomber) ou bien **en détournant des expressions connues** pour les transformer en nom commun ou en verbe. Toutes les manières d'inventer un mot sont les bienvenues.

Étape 3 › Je mets au propre mon travail et le partage avec ma classe

→ Une fois que chaque groupe a inventé ses mots et les a mis en forme selon le modèle imposé, la classe se rend en **salle informatique** et saisit ses définitions au format Word (ou autre logiciel de traitement de texte). Le professeur s'occupe de la mise en commun de toutes les définitions pour créer votre mini-dictionnaire des tracas liés à l'école.

→ Celles et ceux qui le souhaitent dessinent les lettres de l'alphabet qui ouvriront chaque entrée du dictionnaire.

ESCALE 10 Bilan

Quiz

1. Par quels moyens peut-on inventer des mots nouveaux ?

a En créant des mots-valises.

b En piochant dans des langues étrangères.

c En disant n'importe quoi.

2. Comment appelle-t-on ces mots nouveaux ?

a Novlangue.

b Néologisme.

c Novation.

3. Avec quoi les poètes de notre escale s'amusent-ils ?

a Leur stylo.

b Leur chat.

c Le langage.

4. Quel poète n'avons-nous pas rencontrér dans cette séquence ?

a Arthur Rimbaud.

b Valérie Rouzeau.

c Henri Michaux.

5. Selon Boris Vian, les poètes sont bêtes et...

a talentueux.

b paresseux.

c scrogneugneu.

Texte par texte — Je me rappelle ce que j'ai appris.

1. Guillaume de Saluste du Bartas, « La Première Semaine » (p. 192) : À partir de quel verbe le poète construit-il des néologismes désignant la terre ?

2. Kikí Dimoulá, « Les souffrances de la pluie » (p. 194) : Quel pronom personnel la poétesse utilise-t-elle pour imiter le son de la pluie qui tombe ?

3. Valérie Rouzeau, *Vrouz* (p. 196) : Où a lieu la scène que décrit la poétesse ?

4. Michèle Voltaire Marcelin, « Il fait un temps de poème » (p. 196) : Quel verbe la poétesse emprunte-t-elle à la langue anglaise ?

5. Henri Michaux, « Le Grand Combat » (p. 198) : Que se passe-t-il dans la scène décrite par le poète ?

6. Boris Vian, « Si les poètes étaient moins bêtes » (p. 200) : quelles sont les deux catégories d'animaux que décrit le poète ?

Écriture — Je réfléchis au travail du poète

1. À ton avis, les poètes peuvent-ils simplement écrire « n'importe quoi » pour créer de la poésie ? Appuie-toi sur les textes étudiés. Ta réponse fera au moins cinq phrases.

2. Penses-tu, au terme de cette escale, qu'il est important de comprendre parfaitement un poème pour l'apprécier ? Appuie-toi sur ta lecture des poèmes, et utilise le lexique des émotions (p. 354). Tu peux aussi faire des rapprochements avec ce que tu éprouves lorsque tu écoutes de la musique. Ta réponse fera au moins cinq phrases.

Les 5 mots de l'escale

Note ce que tu retiens de l'escale en cinq mots.

Bilan personnel

→ Raconte la mission que tu as accomplie au fil de cette escale. Développe en précisant ce que tu as aimé ou non, ce que tu as trouvé facile ou difficile, ce que tu as appris d'intéressant ou de surprenant. Ta réponse devra contenir au moins cinq phrases

Fluence

Je lis vite et bien !

Supposons une supposition

Suppose et supposons une supposition 5
que le mot *ver luisant* se prononce *escarcelle*, 13
que le mot *chocolat* se prononce *violon*, 20
que le mot *tirelire* se prononce *hirondelle*. 27

Les dictées tout à coup ont un air bien bizarre. 37
On regarde voler les tirelires en l'air, 44
On regarde briller l'escarcelle très tard, 50
On mange à son goûter du pain et du violon. 60

Tu me dis *baluchon* ça veut dire *grosse bête*. 69
Fourbi ? C'est un poisson. *Lézard* ? Saule pleureur. 76
Les mots ne savent plus où donner de la tête : 86
friture de fourbis, ou lézard rose en fleurs ? 94

Est-ce escarcelle ou escargot ? Est-ce cargo 100
ou tire-l'air, ou tire-l'eau, ou tire-d'aile ? 106
Est-ce chacal ou chocolat ? Est-ce hirondelle ? Est-ce rondeau ? 114
Est-ce vol-au-vent ? Est-ce violoncelle ? 118

Si on commence à faire trop de suppositions 126
tout s'en va de travers et rien ne va plus droit 137
personne ne demande aux mots la permission 144
et je signe Hérisson – qui veut dire Claude Roy. 153

Claude Roy,
« Supposons une supposition »,
Nouvelles enfantasques,

Je lis le texte ci-dessus et je mesure ma vitesse de lecture

Tu peux demander à un camarade de te chronométrer.

▶ *À recopier sur ton cahier :* **J'ai lu** .... **mots en une minute.**

Je vérifie que j'ai bien compris

1 **Pourquoi peut-on dire que, dans ce poème, l'auteur joue avec les mots ?**

Je m'entraîne à lire plus vite

2 **Lis rapidement…**

a. **cette suite de mots.**

baluchon – pleureur – friture – fourbi – lézard – luisant – escarcelle – hirondelle – chacal – supposition – permission

b. **ces séries de mots.**

- suppose – supposition
- rondeau – hirondelle
- chacal – chocolat
- permission – hérisson
- escabeau – escargot
- encercler – escarcelle
- vol-au-vent – violoncelle
- résonne – personne

3 **Dans le texte…**

a. **compte les mots suivants :** mot – mots – ou – où.

b. **relève le plus vite possible les mots suivants :** rose – ver – pain.

c. **relève tous les noms d'animaux.**

4 **Lis ce passage sans t'arrêter, en ne bougeant que les yeux.**

Si on commence à faire trop de suppositions
tout s'en va de travers et rien ne va plus droit
personne ne demande aux mots la permission
et je signe Hérisson – qui veut dire Claude Roy.

Je relis le texte et je mesure ma vitesse de lecture

Tu peux demander à un camarade de te chronométrer.

▶ *À recopier sur ton cahier :* **J'ai lu** ………………… **mots en une minute.**

J'améliore mon articulation

5 **Prononce très vite ces courtes phrases.**

- Supposons une supposition
- Est-ce violon ou violoncelle ?
- Tout s'en va de travers et rien ne va plus droit.

6 **Dis chaque vers sur différents tons.**

- Les dictées tout à coup ont un air bien bizarre.
→ *sur un ton ennuyé, surpris, puis furieux.*

- Les mots ne savent plus où donner de la tête
→ *sur un ton moqueur, admiratif, puis autoritaire.*

Je relis le texte et je mesure ma vitesse de lecture

Tu peux demander à un camarade de te chronométrer.

▶ *À recopier sur ton cahier :* **J'ai lu** ………………… **mots en une minute.**

Je note mes progrès

▶ *À recopier sur ton cahier :*

1re lecture
………… **mots par minute**

2e lecture
………… **mots par minute**

3e lecture
………… **mots par minute**

Club lecture

- **Jacques Charpentreau, *Jouer avec les poètes. 200 poèmes-jeux inédits de 65 poètes contemporains* (1999)**

Voici 200 poèmes qui sont autant d'occasions de t'amuser à comprendre comme le poète a rédigé son texte : chacun cache un « secret de fabrication » !

- **Lydia Montigny, *Jeux de mots... ou théorèmes et jeux poétiques* (2017)**

Cette poétesse contemporaine s'amuse avec les mots, les nombres, les phrases… dans un recueil qui peut se lire dans tous les sens !

Voici 3 activités pour nourrir ton carnet de lecture

Activité 1 Secret de fabrication

Choisis dans le recueil de Jacques Charpentreau le poème qui t'amuse le plus et inspire-toi de son « secret de fabrication » pour rédiger à ton tour un poème sur le même modèle.

Activité 2 Jeux de poésie grammaticale

Comme Lydia Montigny, amuse-toi avec le sens des phrases. Pioche au hasard des phrases d'exemples dans les pages de grammaire du manuel et assemble-les dans un ordre aléatoire pour construire un poème sans queue ni tête.

Activité 3 Poème cadeau

Choisis dans l'un de ces recueils deux poèmes différents, à offrir à deux personnes que tu aimes beaucoup. Envoie-leur ensuite leur poème par mail, par téléphone ou par la poste. Si c'est par courrier, tu peux le faire de manière anonyme, pour mettre un peu de mystère dans leur journée !

Et pour aller plus loin

À lire

▶ **Tu pourras trouver la plupart de ces livres à la médiathèque ou dans ton CDI : et s'ils n'y sont pas (encore), tu peux demander à ton professeur documentaliste ou aux bibliothécaires de les commander !**

- **Thierry Leguay, Christine Murillo et Grégoire Oestermann, *Le Baleinié, Dictionnaire des tracas* (2003)**

Impossible de passer à côté de la lecture du *Baleinié*, qui a inspiré l'une des missions de ce manuel !

- **Jacques Prévert, *Paroles* (1989)**

Découvre un cancre qui s'échappe de sa classe, des escargots qui partent à un enterrement, des rois qui ne savent pas compter…

- **Sabine Sicaud, *La chanson du petit caillou et autres poèmes* (1926)**

Un joli recueil, facile à lire, qui regroupe dix poèmes parlant de nature et permettant de découvrir la voix d'une poétesse prodige du début du XXe siècle, primée à 11 ans et publiée à 13 ans.

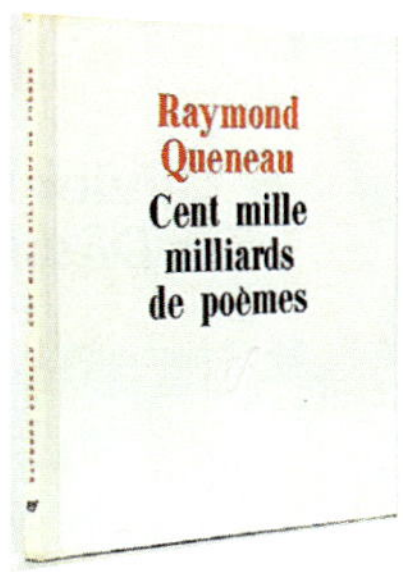

- **Raymond Queneau, *Cent mille milliards de poèmes* (1961)**

Tu peux demander au CDI de ton établissement de se procurer cet ouvrage, un exemplaire suffit pour la classe. Tu verras, c'est un livre extraordinaire qui propose un nombre infini de poèmes…

… ET BEAUCOUP D'AUTRES RECUEILS DE POÈTES !

Et voici quelques recueils de poètes contemporains supplémentaires, dont la poésie est souvent amusante et joyeuse, parfaite pour lire chez toi sans l'aide de personne !

- **Claude Haller, *Poèmes du petit matin* (2010).**
- **Claude Roy, *Poèmes* (2010).**
- **Pierre Coran, *Jaffabules* (2010).**
- **Bruno Doucey, Nathalie Novi, *La Vie est belle* (2019).**

À voir

▶ **Parfois, on trouve de la poésie ailleurs que dans un recueil ! Tu peux regarder ces films et te laisser porter par la poésie de ces œuvres.**

- Paul Grimault, *Le Roi et l'Oiseau* (1980).
- Jean-Pierre Jeunet, *Le Fabuleux Destin d'Amélie Poulain* (2001).
- Hayao Miyazaki, *Le Voyage de Chihiro* (2001).

À écouter

▶ **Nous avons choisi une sélection de musiques et de chansons autour du thème de l'oiseau, mais la liste de chansons poétiques est infinie !**

- Jean-Philippe Rameau, « Le Rappel des oiseaux » (1724).
- Barbara Pravi, « L'Homme et l'oiseau », *On n'enferme pas les oiseaux* (2021).
- Bertrand Belin, Laurent Bardainne, « Oiseau », *Tambour Vision* (2022).

Continent 5

Se masquer, jouer, déjouer : RUSES en action

Que signifie ruser ?

1 QUELS PERSONNAGES RUSÉS CONNAIS-TU ?

- **Liste les personnages rusés que tu connais.** Tu peux ensuite les classer : personnages réels ou imaginaires, sympathiques ou antipathiques, hommes ou femmes…
- **Peux-tu donner des synonymes du mot « ruse » ?**
- **Peux-tu raconter une ruse tirée d'un livre, d'un film, d'une pièce de théâtre ou de la réalité ?**

a. Mosaïque antique retrouvée à Rome, représentant des masques de théâtre.

2 JOUER, DÉJOUER, SE JOUER DE…

- **Définis ce qu'est pour toi un jeu. Tu peux, pour préciser ta définition, donner des exemples.**
- **Lis ces phrases et explique à chaque fois le sens du mot « jouer ».**
  - Les enfants jouent ensemble.
  - Le comédien joue bien son rôle.
  - Ce traître s'est joué de moi, il m'a menti !
  - Cet enfant est insolent : il joue avec le feu !
  - J'ai dit cela pour jouer, ce n'est pas sérieux.
- **Propose une définition du verbe « déjouer ».** Tu peux vérifier dans le dictionnaire si tu as juste.

b. Arlequin, personnage de la ***Commedia dell'arte***. Ce valet grossier et paresseux porte un masque noir avec une grosse verrue.

3 MASQUES : UNE TRADITION THÉÂTRALE

- **Dans l'Antiquité, les comédiens portaient des masques, et c'est le cas aussi de nombreux personnages de la *Commedia dell'arte* : comment peux-tu expliquer cette habitude ?** Tu peux faire plusieurs hypothèses.
- **À ton avis, pourquoi associe-t-on facilement le masque et la ruse ?**

d. Pantalone, personnage de la ***Commedia dell'arte***. Ce vieillard avare et bête porte un masque brun avec un long nez crochu.

En route !

→ **Aimes-tu les pièces de théâtre qui mettent en scène des ruses ? Pourquoi ?**

→ **D'après toi, les personnages rusés sont-ils forcément mauvais ?**

ESCALE 11

Olivier Py, *La Jeune Fille, le Diable et le moulin*

CAP SUR LA MISSION

• Prépare-toi au lever de rideau. À la fin de cette escale, tu devras jouer avec tes camarades un extrait de *La Jeune Fille, le Diable et le moulin* d'Olivier Py. Vous devrez ainsi apprendre le texte, réfléchir à la mise en scène et jouer !

Je fais le point sur mes connaissances

Choisis, pour chaque question, la ou les réponses qui conviennent.

1. Au théâtre, il n'y a pas de narrateur.	a Vrai.	b Faux.	
2. Lorsqu'un personnage est seul sur scène et se parle à lui-même, il s'agit de…	a un aparté.	b un monologue.	c une didascalie.
3. Comment appelle-t-on les indications scéniques présentes dans les textes de théâtre ?	a Les didascalies.	b Les informations.	c Les soliloques.
4. Quel est l'auteur de la pièce *La Jeune Fille, le Diable et le moulin* ?	a Molière.	b Joël Pommerat.	c Olivier Py.
5. Une pièce de théâtre se divise généralement en…	a chapitres.	b actes.	c strophes.
6. Comment appelle-t-on la première scène d'une pièce de théâtre ?	a La scène d'exposition.	b La scène de présentation.	c La scène d'annonce.

Collecte de mots

• **Sur le modèle du tableau p. 2, rassemble, pour chacun des termes suivants, tous les mots et toutes les expressions auxquels tu penses :**

Tromper — Sauver — Désirer

Pour réussir la mission, je dois…

→ Connaître les spécificités du genre théâtral.
→ Réfléchir à la mise en scène d'un texte théâtral.
→ M'entraîner au jeu scénique.
→ Apprendre un rôle par cœur.

1 Entrons au théâtre

→ Je découvre les caractéristiques d'un théâtre.

DOC 1

Théâtre de la Scala, à Milan (Italie), inauguré en 1778.

Repères

Ce type de théâtre est appelé **« théâtre à l'italienne »**. Cependant, il existe des théâtres construits différemment : par exemple des théâtres ronds, où, comme dans une arène, les spectateurs sont assis tout autour de la scène ; ou encore des théâtres sur tréteaux, où la scène est démontable et déplaçable, et les spectateurs, souvent debout.

DOC 2

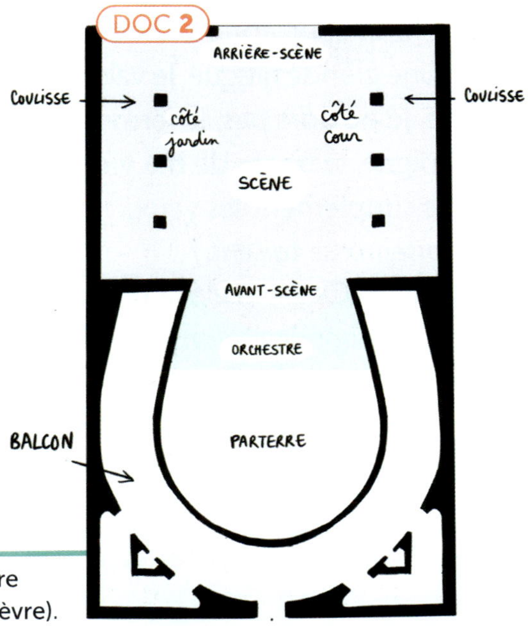

Plan du théâtre de Nevers (Nièvre).

Lecture & Écriture

1. **Observe ces documents : y a-t-il des éléments que tu découvres au sujet d'un théâtre ? Si oui, lesquels ?**

2. **Selon toi, quelles sont les places les plus prisées par les spectateurs au théâtre ? Pourquoi ?**

3. **Repère sur le DOC 2 l'arrière-scène. Si tu devais mettre en scène une pièce, comment occuperais-tu cet espace ?** Rédige trois phrases au moins pour répondre.

Vocabulaire

4. a. Propose une définition des mots suivants : dramaturge • metteur en scène • comédien • coup de théâtre. Tu peux vérifier si tu as juste en consultant un dictionnaire.
b. Rédige une phrase dans laquelle tu emploieras au moins deux de ces mots.

5. **« Baignoire », « poulailler » et « paradis » sont des mots appartenant au vocabulaire du théâtre : selon toi, que signifient ces termes ?** Justifie ta réponse, puis consulte un dictionnaire pour vérifier si tu as juste.

JE PRÉPARE MA MISSION

Les costumes, la lumière... Complète la liste des éléments dont un metteur en scène doit se préoccuper lorsqu'il met en scène une pièce.

Les 3 mots de la séance

Note ce que tu retiens de la séance en trois mots.

2 Le Diable

→ Je découvre la scène d'exposition de la pièce.

Méthode

- Pour acquérir les bons réflexes face à un texte, utilise le **rabat de ton cahier**.

1 Avant de lire les textes…

- Lis le paratexte (titre, nom de l'auteur, date de publication, numéro de la scène, repères).
- À quel moment de la pièce sommes-nous ?
- En quoi l'écriture d'une pièce de théâtre est-elle différente d'une page de roman ?

Repères

Olivier Py est à la fois dramaturge, comédien et metteur en scène. Après ses études, il fonde sa compagnie théâtrale, et met lui-même en scène ses pièces ainsi que celles d'autres auteurs.

EXTRAIT 1

Au cœur de la forêt. On entend les oiseaux.

LE PÈRE – Je ne suis jamais venu ici. Pourtant je croyais bien connaître cette forêt si profonde, si obscure que mes paupières s'alourdissent. Je sens une grande fatigue. Je vais me reposer un peu. La tête sur cette pierre sèche. Je ne dors pas. Je ferme simplement les yeux.

Il s'éloigne, le fracas de ma vie. La nuit tombe sur moi. Je ne dors pas, je ferme simplement les yeux.

(Les oiseaux se taisent.)

Le silence ! Ce silence m'a réveillé.

(Le Diable apparaît dans son dos.)

Qui est là ? Qui est là, dans mon dos ?

(Il se retourne, mais le Diable tourne avec lui.)

Non, personne.

Le Père (François Michonneau) et le Diable (Benjamin Ritter) dans la mise en scène d'Olivier Py, 2014, festival d'Avignon.

LE DIABLE – Je suis là.

LE PÈRE – Qui a parlé ?

LE DIABLE – Ici.

Le Père se retourne, le Diable aussi.

LE PÈRE – Où ?

LE DIABLE – Toujours derrière toi.

LE PÈRE – Qui êtes-vous ?

LE DIABLE – On m'a donné bien des noms.
Bruit d'orage.
Poids de rien.
Roi de ruse.
Mord la foi.
Œil de trou.
Avale qui pue.
Mais aujourd'hui,
« Celui qui est toujours derrière toi ».

2 À la première lecture

- Réponds à ces questions : qui ? quand ? où ? quoi ? pourquoi ?

3 À la relecture

- Liste les émotions produites par ces extraits.
- Donne un titre à chacun de ces extraits.

4 Faire résonner le texte

- À quels personnages, à quelles histoires (livres, films, images…) ces passages te font-ils penser ? Pourquoi ?

Le Père – Toujours derrière moi et chaque fois que je me retourne.

Le Diable – C'est un jeu.

Le Père – Ça ne m'amuse pas.

Le Diable – Alors prends ce petit miroir et regarde par-dessus ton épaule.

Le Père – Vous n'êtes pas très beau.

EXTRAIT 2

Le Père – Ma vie est dure.

Le Diable – Tu es pauvre ?

Le Père – Aussi pauvre que cette pierre qui m'a servi d'oreiller.

Le Diable – La pierre n'est pas malheureuse.

Le Père – Qu'en savez-vous ?

Le Diable – On n'entend pas sa plainte.

Le Père – Qu'en savez-vous ?

Le Diable – Crois-tu que l'argent console ?

Le Père – Je le crois.

Le Diable – L'argent ne consolerait pas cette pierre.

Le Père – Alors, cette pierre est idiote.

Le Diable – Je peux te rendre riche.

Le Père – Je n'ai rien à donner en échange, je ne sais pas chanter, et je ne suis drôle que malgré moi.

Le Diable – Je ne veux qu'une chose.

Le Père – Laquelle ?

Le Diable – Ce qu'il y a derrière ton moulin.

Le Père – Qu'y a-t-il derrière mon moulin ? Mon vieux pommier ?

Le Diable – Tu seras riche si tu jures de me donner, dans trois ans, ce qu'il y a derrière ton moulin.

Le Père – Cela vaut peut-être la peine de sacrifier mon vieux pommier. Pourtant, quelque chose me retient.

Le Diable – Je te laisse le temps de réfléchir. *(Un temps.)* Alors ?

Le Père – J'accepte.

Olivier Py, *La Jeune Fille, le Diable et le moulin*, scène 1 (extraits), © L'École des loisirs, 1995.

textes lus
college.nathan.fr/
F6_esc11_textes

Lecture & Écriture

1. a. Comment le Père réagit-il face au Diable ?
b. Pourquoi le Diable apparaît-il plus fort que le Père ?

2. Relève les mots qui rendent la scène inquiétante.

3. À la place du Père, aurais-tu accepté la proposition du Diable ? Rédige quatre phrases au moins.

Jeu théâtral

4. a. Relis le second extrait : à ton avis, sur quel(s) ton(s) les personnages pourraient-ils s'exprimer ?
b. Entraîne-toi à lire le passage en testant différents tons : lesquels fonctionnent le mieux selon toi ?

Vocabulaire

5. Donne deux synonymes par lesquels tu pourrais remplacer le verbe « sacrifier » (extrait 2, l. 22).

JE PRÉPARE MA MISSION

Relis le second extrait et ajoute trois didascalies au moins, c'est-à-dire trois indications de mise en scène.

Les 3 mots de la séance

Note ce que tu retiens de la séance en trois mots.

3 Les mains coupées

→ **Je découvre la stratégie du Diable.**

Méthode

- Pour acquérir les bons réflexes face à un texte, utilise le **rabat de ton cahier**.

1 Avant de lire le texte…

- Lis le paratexte (titre, nom de l'auteur, date de publication, numéro de la scène, repères).
- Rappelle-toi ce qui s'est passé au début de la pièce, dans la première scène. Quelle question n'avait pas été résolue ?
- Ce texte est-il en prose ou en vers ? Est-il écrit en français au départ ou traduit ? Reconnais-tu un récit, un dialogue, un poème, un texte documentaire, un discours, une pièce de théâtre ?

Repères

Le Diable tient promesse et le Père devient très riche. Face à cette soudaine fortune, la Mère l'interroge. Elle découvre alors qu'il a fait un **pacte avec le Diable** et que sans le savoir, il lui a promis sa fille qui était derrière le moulin en train d'étendre le linge. Le Diable revient trois ans plus tard dans le but d'emmener avec lui la Jeune Fille.

LE DIABLE – […] Me voici, jeune fille, tu es belle comme de manger en silence.

LE PÈRE – Belle comme de manger en silence ? Elle ne répond rien.

Le Diable fait une valse autour d'elle sans l'approcher vraiment.

LE DIABLE – Elle a tracé un cercle de craie autour d'elle. Je ne peux pas l'approcher. Va, efface-le.

Le Père balaie le cercle de craie.

LE PÈRE – Voilà.

LE DIABLE – Me voici, jeune fille, tu es belle comme de ranger sa chambre un soir d'hiver.

LE PÈRE – Belle comme de ranger sa chambre un soir d'hiver ?

Elle ne répond rien. Elle trempe ses mains dans un seau et les agite au vent. Le Diable fait une valse autour d'elle sans l'approcher vraiment.

LE DIABLE – Elle a lavé ses mains, je ne peux pas l'approcher, retire-lui le seau et la brosse.

Le Père lui retire le seau et la brosse.

LE PÈRE – Voilà.

LE DIABLE – Me voici, jeune fille. Tu es belle comme de soupirer au réveil.

LE PÈRE – Belle comme de soupirer au réveil ? Elle ne répond rien. Elle cache son visage.

Le Diable fait une valse autour d'elle sans l'approcher vraiment.

LE DIABLE – Elle a pleuré sur ses mains. Je ne peux pas l'approcher. Coupe-lui les mains.

LE PÈRE – Je ne peux pas couper les mains de ma fille.

LE DIABLE – Coupe-lui les mains. Ou c'est toi que j'emporterai.

Le Père va chercher une hache, murmure à l'oreille de sa fille et lui coupe les mains.

LA JEUNE FILLE– Ah ! mon Père ! Vous me faites très mal.

LE PÈRE – Voilà.

Olivier Py, *La Jeune Fille, le Diable et le moulin*, scène 3 (extrait), © L'École des loisirs, 1995.

texte lu
college.nathan.fr/**F6_esc11_textes**

2 À la première lecture

- Réponds à ces questions : qui ? quand ? où ? quoi ? pourquoi ?
- Quel personnage apparait ici pour la première fois ?
- Quel problème le Diable rencontre-t-il ?

3 À la relecture

- Liste les émotions produites par ce passage.
- Donne un titre de ton choix à ce passage.

4 Faire résonner le texte

- À quels personnages, à quelles histoires (livres, films, images…) ce texte te fait-il penser ? Pourquoi ?
- Cette pièce est une adaptation du conte de Grimm *La Jeune Fille sans mains* : quelle(s) différence(s) remarques-tu avec le titre choisi par Olivier Py pour sa pièce ?

La Jeune Fille (Delia Sepulcre Nativi) et son père (François Michonneau) dans la mise en scène d'Olivier Py, 2014, festival d'Avignon.

La petite leçon

• « Elle a lavé ses mains, je ne peux pas l'approcher », dit le Diable. Souvent considérée comme un symbole de pureté, l'**eau** est, à ce titre, réputée capable de repousser les démons. On peut penser par exemple à l'eau bénite dans les rituels catholiques.

Lecture & Écriture

1. Le Père répète trois fois les propos du Diable sous forme interrogative : à ton avis, pourquoi ?

2. « Coupe-lui les mains » (l. 23) : quel est le mode verbal employé ici ? Pourquoi le Diable s'exprime-t-il ainsi ?

3. Selon toi, qu'est-ce qui peut pousser le Père à obéir au Diable ?

4. À ton avis, que cherche à provoquer le dramaturge chez ses spectateurs : la pitié, le rire (ou d'autres émotions encore) ? Rédige trois phrases au moins.

Jeu théâtral

5. Théâtre-images : par groupes de trois, concertez-vous pendant cinq minutes, puis « mimez » la scène en trois images fixes, comme si l'on prenait trois photographies de la scène.

Vocabulaire

6. Complète ta collecte de mots centrée sur le verbe « Tromper » (p. 212) ; puis résume en trois phrases la tromperie du Diable en employant quelques-uns des mots de ta collecte.

J'ai déjà fini !

7. Au moment de lui couper les mains, le Père murmure quelque chose à l'oreille de sa fille : à ton avis, que lui dit-il ? Imagine ses paroles.

Différenciation

JE PRÉPARE MA MISSION

Par quels moyens un metteur en scène pourrait-il atténuer la violence de cette scène ?

Les 3 mots de la séance

Note ce que tu retiens de la séance en trois mots.

4 « J'ai faim d'une noix »

→ Je découvre le portrait d'une jeune fille innocente.

Méthode

- Pour acquérir les bons réflexes face à un texte, utilise le **rabat de ton cahier**.

1 Avant de lire le texte...

- Lis le paratexte (titre, nom de l'auteur, date de publication, numéro de la scène, repères).
- Quel acte terrible le Père commet-il dans l'extrait précédent ?
- Ce texte est-il en prose ou en vers ? Est-il écrit en français au départ ou traduit ? Reconnais-tu un récit, un dialogue, un poème, un texte documentaire, un discours, une pièce de théâtre ?

Repères

Le Diable, qui ne peut toucher la Jeune Fille, renonce à l'emmener. Celle-ci décide de **quitter sa famille**. Nous la retrouvons alors qu'elle marche dans la nature depuis plusieurs jours.

LA JEUNE FILLE – J'ai faim. Cette douleur dans mon ventre, c'était la faim. J'ai faim d'une noix, d'un gâteau, d'une cuisse de poulet. Ces poires sont si belles qu'on les dirait peintes sur bois. Les étoiles les font miroiter, la lune les éclaire comme une sœur, la brise les berce et les arrondit. Mon Dieu, faites-moi la grâce de goûter à ce fruit. Mais la rivière m'en sépare. (*Un ange apparaît au sommet d'une échelle.*) Qui est là ?

L'ANGE – Celui que tu ne peux pas voir.

LA JEUNE FILLE – C'est vrai. Je me tourne vers vous, mais au-dessus de votre tête, une lumière brille et ne me permet pas de voir votre visage.

L'ANGE – As-tu peur de moi ?

LA JEUNE FILLE – Tout m'a déjà été enlevé.

L'ANGE – As-tu confiance en moi ?

LA JEUNE FILLE – Je n'ai pas le choix.

L'ANGE – Si je pouvais te donner ce que tu désires, tout, selon ton souhait, et parce que tu le mérites, que voudrais-tu ?

LA JEUNE FILLE – Cette poire.

L'ANGE – Et demain ?

LA JEUNE FILLE – Une autre poire.

L'ANGE – Rien de plus ?

LA JEUNE FILLE – Je n'ai pas appris à désirer.

LA JEUNE FILLE – Votre voix est douce.

L'ANGE – Je suis ton ange gardien.

LA JEUNE FILLE – Ta voix est douce, Ange Gardien.

L'ANGE – Cette parole te rapproche de moi. (*L'ange descend de l'échelle.*) Maintenant, je vais te faire un pont de mon corps pour franchir ce petit ruisseau. Tu entreras dans ce

Atelier d'Évrard d'Espinques, enluminure représentant Lancelot franchissant le pont de l'Épée sous les yeux de Guenièvre et de Baudemagu, XIIIe siècle.

2 À la première lecture

- Réponds à ces questions : qui ? quand ? où ? quoi ? pourquoi ?
- Quel nouveau personnage apparaît ? Que propose-t-il à la Jeune Fille ?

3 À la relecture

- Liste les émotions produites par ce passage.
- En quoi cette scène contraste-t-elle avec les scènes précédentes ?
- Donne un titre de ton choix à ce passage.

4 Faire résonner le texte

- À quels personnages, à quelles histoires (livres, films, images...) ce texte te fait-il penser ? Pourquoi ?
- Quel(s) lien(s) peux-tu établir entre cet extrait et la représentation de Lancelot sur le pont de l'Épée ?

jardin et tu mangeras cette poire que tu désires. Tu la mangeras à même l'arbre. Il ne restera plus que le trognon pendu par sa tige à la branche. Si bien que demain, le Jardinier qui a pour travail de les compter croira que c'est un oiseau qui l'a rongée en s'appuyant sur l'air. *(Il lui fait traverser la rivière, elle mange la poire.)* Tous les malheurs du monde se sont abattus sur elle, mais elle ne pense qu'à se soûler d'une petite poire. Ce doit être cela avoir faim.

Olivier Py, *La Jeune Fille, le Diable et le moulin*, scène 4 (extrait), © L'École des loisirs, 1995.

texte lu
college.nathan.fr/
F6_esc11_textes

Lecture & Écriture

1. a. À quoi peux-tu voir que l'ange est surpris ?
b. Comment peux-tu expliquer sa surprise ?

2. En quoi la Jeune Fille s'oppose-t-elle à son père ?

3. « Je n'ai pas appris à désirer » (l. 20-21) : que révèle cette phrase de la personnalité de la Jeune Fille ? Selon toi, quelle est sa principale qualité ? Rédige au moins trois phrases.

Jeu théâtral

4. Au théâtre, une stichomythie est une succession de répliques courtes. Ce procédé crée un échange dynamique : avec un camarade, mets en voix les répliques de l'Ange et de la Jeune Fille de la ligne 16 à 25, en tenant compte du rythme créé par cette stichomythie.

Vocabulaire

5. Remplace le verbe « désirer » (l. 21) par un synonyme. Avec tes camarades, vous pouvez mettre en commun vos synonymes et compléter votre collecte de mots (p. 212).

6. Que signifie le verbe « se soûler » (l. 36) ? Quels mots t'ont permis de répondre ?

L'ange (Benjamin Ritter) dans la mise en scène d'Olivier Py, 2014, festival d'Avignon.

JE PRÉPARE MA MISSION

Comment mettrais-tu en scène des éléments difficilement représentables tels que les mains coupées de la Jeune Fille ou l'Ange faisant office de pont ?

Les 3 mots de la séance

Note ce que tu retiens de la séance en trois mots.

5 Les ruses du Diable et du Jardinier

→ **Je découvre les ruses bien différentes du Diable et du Jardinier.**

1 Avant de lire les textes…

- Lis le paratexte (titre, nom de l'auteur, date de publication, numéro de la scène, repères).
- Dans l'extrait précédent, que fait l'Ange pour aider la Jeune Fille ?
- Ces texte sont-ils en prose ou en vers ? Sont-ils écrits en français au départ ou traduits ? Reconnais-tu un récit, un dialogue, un poème, un texte documentaire, un discours, une pièce de théâtre ?

Méthode

- Pour acquérir les bons réflexes face à un texte, utilise le **rabat de ton cahier**.

Repères

La Jeune Fille rencontre un **Prince** : ils se marient et le Prince lui offre des mains en argent. Puis le Prince part à la guerre. La Jeune Fille devenue Princesse met au monde un bel enfant ; mais le Diable, pour se venger, fait croire au Prince que le bébé est affreux. Le Prince confie une lettre au Diable et lui enjoint de l'apporter à la Princesse sans se reposer.

EXTRAIT 1

LE PRINCE – Merci. *(Il pose la lettre et la lit.)* « Prince, votre fils est né. Cachez votre joie. Un bonheur vient avec un malheur. L'enfant est si laid que je ne peux soutenir sa vue. Il est dans un lieu sombre qui lui ressemble. Ses yeux rouges n'ont pas de cils. Ses mains grattent effroyablement un ventre d'écailles. Il n'a pas de jambes mais les pattes d'un insecte. Je ne peux pas tout dire de son visage et de ma terreur. Voici une page de croix noires, vous comprendrez. » Ah mon Dieu, mon Dieu ! *(Le Prince s'éloigne.)*

EXTRAIT 2

LE DIABLE – *(Il lit la réponse du Prince.)* « Ma Princesse, séchez vos larmes. L'amour d'un père est plus fort que vos tristes images. J'aime mon fils, quoi qu'il soit. Prenez soin de lui comme vous prendriez soin de moi. Je vous aime. Dieu vous donne la force et l'espoir. » Voilà ce que j'en fais de l'espoir du Prince ! Poussière dans la bourrasque. *(Il déchire la lettre.)* Et maintenant voici une autre lettre de ma main.

Le Jardinier (Léo Muscat), le Diable (Benjamin Ritter) et le Prince (François Michonneau) dans la mise en scène d'Olivier Py, 2014, festival d'Avignon.

2 À la première lecture

- Réponds à ces questions : qui ? quand ? où ? quoi ? pourquoi ?

3 À la relecture

- Liste les émotions produites par ces extraits.
- Donne un titre de ton choix à chacun de ces extraits.

4 Faire résonner le texte

- À quels personnages, à quelles histoires (livres, films, images…) ces textes te font-ils penser ? Pourquoi ?
- Connais-tu d'autres personnages rusés, par exemple chez Molière ou La Fontaine ?

EXTRAIT 3

Le Jardinier – La guerre est-elle aussi laide que les poètes le disent ?

Le Diable – Nous n'avons pas dû lire les mêmes. Voici la réponse du Prince. Étrangement elle ne s'adresse pas à la Princesse mais à toi, Jardinier.

Le Jardinier – *(Il lit la lettre.)* « Jardinier, je t'écris comme à mon plus fidèle ami. Tu exécuteras les ordres de cette lettre sans rien dire. Demain à l'aube, prends une hache et tue l'enfant nouveau-né. Arrache sa langue et ses yeux que tu garderas pour preuve. »

Non, je ne pourrai pas faire cela. Je tuerai une biche à la place et je garderai sa langue et ses yeux. Quant à la mère, j'attacherai son enfant sur son dos et lui dirai de fuir dans la forêt. L'Ange Gardien veillera sur elle. Est-il possible que la guerre ait changé le Prince à ce point ? Où est l'enfant qui piétinait mes semis ?

Olivier Py, *La Jeune Fille, le Diable et le moulin*, scène 11, 12 et 13 (extraits), © L'École des loisirs, 1995.

textes lus
college.nathan.fr/
F6_esc11_textes

La petite leçon

- Au théâtre, la **double énonciation** désigne le fait que le personnage sur scène s'adresse à un autre personnage mais qu'il est également entendu par les spectateurs.
- Lors d'un **aparté**, le personnage se parle à lui-même mais les spectateurs entendent ses paroles.

Lecture & Écriture

1. Dans la lettre du Prince, relève les termes qui marquent son affection pour la Princesse.

2. Explique la ruse du Diable et la réaction du Jardinier. Rédige deux phrases au moins.

3. Dans sa dernière réplique, à qui le Jardinier s'adresse-t-il ? Quel effet cela crée-t-il ?

4. Selon toi, le Jardinier pense-t-il vraiment le Prince capable d'agir ainsi ? Justifie ta réponse en rédigeant trois phrases au moins.

Vocabulaire

5. L'adjectif « fidèle » (extrait 3, l. 5) vient du latin *fidelis* qui signifie « en qui l'on peut avoir confiance » : propose un synonyme pour ce mot, puis un antonyme.

6. Complète ta collecte de mots autour du verbe « Sauver » (p. 212).

J'ai déjà fini !

7. Imagine la réplique du Jardinier qui demande à la Princesse de fuir dans la forêt avec son enfant.

Différenciation

JE PRÉPARE MA MISSION

Propose une mise en scène pour le second extrait : indique le ton, les déplacements et les gestes des personnages, ainsi que les accessoires et les costumes. Attention : tu dois pouvoir justifier tes choix.

Les 3 mots de la séance

Note ce que tu retiens de la séance en trois mots.

6 Les retrouvailles

→ Je compare deux fins heureuses.

Méthode

• Pour acquérir les bons réflexes face à un texte, utilise le **rabat de ton cahier**.

1 Avant de lire le texte…

• Lis le paratexte (titre, nom de l'auteur, date de publication, numéro de la scène, repères).

• Dans l'extrait précédent, quelle est la réaction du Jardinier à la lecture de la lettre que le Diable lui a remise ?

• Ce texte est-il en prose ou en vers ? Est-il écrit en français au départ ou traduit ? Reconnais-tu un récit, un dialogue, un poème, un texte documentaire, un discours, une pièce de théâtre ?

Repères

La Princesse est partie se cacher, avec son enfant, dans une maison de bûcheron. Pendant ce temps, le Prince revient de la guerre et découvre les mensonges du Diable. Le Jardinier lui révèle que **la Princesse et l'enfant sont toujours vivants** : le Prince part à leur recherche, et arrive, épuisé, dans une certaine maison de bûcheron…

LA PRINCESSE – Mon fils, ton père est là, qui dort, le visage caché par ce mouchoir.

L'ENFANT – Ma mère, vous m'avez toujours dit que mon père était au ciel, invisible à nos yeux.

LA PRINCESSE – Ton père est là. C'est lui. Il se repose et le mouchoir le protège.

L'ENFANT – Regardez, il rêve, le mouchoir est tombé.

LA PRINCESSE – Va, ramasse-le et repose-le sur le visage de ton père. Reste ici et veille sur lui.

Elle sort.

LE PRINCE – Pourquoi ta mère dit-elle que je suis ton père ?

L'ENFANT – Je ne sais pas.

LE PRINCE – Quel âge as-tu ?

L'ENFANT – Sept ans, je crois.

LE PRINCE – Va chercher ta mère. *(L'enfant sort.)* Je ne peux pas y croire.

La Princesse revient.

LE PRINCE – Est-il vrai que cet enfant est mon fils ?

LA PRINCESSE– Comme il est vrai que je suis ta femme.

LE PRINCE – La femme que j'ai aimée avait des mains d'argent, et les tiennes sont de chair.

LA PRINCESSE – Mes mains ont repoussé dans la longue nuit de l'attente. Voici les mains d'argent que tu m'as offertes au lendemain de notre mariage.

LE PRINCE – Ainsi nous nous sommes retrouvés.

LA PRINCESSE– Chaque chose est à sa place.

LE PRINCE – Viens, rentrons chez nous. Et nous célébrerons notre mariage une deuxième fois.

LA PRINCESSE– Peut-on célébrer un mariage deux fois ?

LE PRINCE – Dans mon pays, ce sera une nouvelle loi. Tous les mariages devront être célébrés deux fois. Je ne peux pas croire que tes mains aient repoussé.

LA PRINCESSE – Tu t'étonnes que mes mains aient repoussé, mais c'est ce

2 À la première lecture

• Réponds à ces questions : qui ? quand ? où ? quoi ? pourquoi ?

• Qu'est-ce qui a changé chez la Princesse ?

3 À la relecture

• Liste les émotions produites par ce passage.

• Donne un titre de ton choix à cet extrait.

4 Faire résonner le texte

• À quels personnages, à quelles histoires (livres, films, images…) ce texte te fait-il penser ? Pourquoi ?

• Connais-tu un autre texte dont le dénouement repose sur une transformation physique ?

que font les feuilles chaque année sans que tu t'en émerveilles.

LE PRINCE – Détrompe-toi, mon amour. Je m'en émerveille.

L'Enfant revient. Il le prend dans ses bras.

Olivier Py, *La Jeune Fille, le Diable et le moulin*, scène 16 (extrait),

texte lu college.nathan.fr/ **F6_es11_textes**

Texte écho

Joël Pommerat, *Pinocchio*

Geppetto, un menuisier âgé, fabrique à partir d'un morceau de bois une marionnette, Pinocchio. Celui-ci pleure, parle, rit comme un petit enfant. Son père l'encourage à aller à l'école, mais Pinocchio est immature et capricieux : il fait de mauvaises rencontres, qui le conduiront de malheur en malheur jusque dans l'estomac d'un monstre marin, où il retrouvera miraculeusement son père, Gepetto.

LE PRÉSENTATEUR – Finalement le pantin réussit, en faisant un détour très compliqué à travers l'appareil digestif de la bête, à trouver le chemin pour arriver jusqu'à son père car c'était bien son père qui était là par le plus grand des hasards il faut bien le dire.

(Le pantin et son père se serrent dans leurs bras.)

Ils restèrent comme ça dans les bras l'un de l'autre et sans bouger, pendant deux jours pour rattraper le temps perdu.

Ensuite ils se racontèrent leur vie, la vie qui s'était écoulée depuis le jour, ce matin-là, où Pinocchio avait quitté la maison pour partir à l'école.

Ils mirent des semaines avant de pouvoir tout se dire.

À la fin le pantin dit à son père quelque chose de très important.

LE PANTIN – Je te promets papa qu'à partir de maintenant je ferai tout ce que tu me diras de faire, et ça pour le restant de ma vie, je te promets aussi que je ne mentirai plus et je te promets enfin que je tiendrai toujours toutes mes promesses…

L'HOMME ÂGÉ – Merci mon fils.

Joël Pommerat, *Pinocchio*,

texte lu college.nathan.fr/ **F6_es11_textes**

Geppetto (Roberto Benigni) et Pinocchio (Federico Ielapi), photogramme tiré du film *Pinochhio*, réalisé par Matteo Garrone en 2019.

Lecture & Écriture

1. **Dans ces deux extraits, relève ce qui prouve l'attachement des personnages. N'oublie pas les didascalies !**

2. **Relis le texte de Joël Pommerat : quels temps le pantin emploie-t-il ? Que révèlent-ils sur le personnage ?**

3. **Quel enseignement retiens-tu du dénouement de la pièce d'Olivier Py ?** Rédige quatre phrases au moins.

Jeu théâtral

4. **La parole et les gestes : en binôme, travaille la mise en scène de la réplique du présentateur (Texte « écho », l. 1 à 11). L'un lira la réplique du présentateur de la manière la plus expressive possible ; l'autre accomplira les gestes et déplacements du personnage (sans parler !).** Vous devrez veiller à bien vous coordonner !

Affiche du film *La Jeune Fille sans mains* (Sébastien Laudenbach, 2016).

Vocabulaire

5. a. **Quelle est la racine du verbe « s'émerveiller » (l. 31) ?**
b. **Indique le sens de ce verbe et emploie-le dans une phrase de ton invention.**
c. **Connais-tu d'autres mots de la même famille ?**

6. **Donne deux synonymes du verbe « promettre » (Texte « écho » l. 12).**

7. **Pourquoi emploie-t-on le mot « dénouement » pour désigner la fin d'une pièce ?**

J'ai déjà fini !

8. **Cette pièce d'Olivier Py tout comme le film *La Jeune Fille sans mains* (Sébastien Laudenbach, 2016) s'inspirent d'un conte des frères Grimm. Quels points communs relèves-tu entre cette affiche et le travail d'Olivier Py ?** Rédige trois phrases au moins.

Différenciation

JE PRÉPARE MA MISSION

Pinocchio et son père restent deux jours dans le ventre de l'animal : quelle solution de mise en scène peux-tu imaginer pour rendre perceptible le passage de ces deux jours ?

Les 3 mots de la séance

Note ce que tu retiens de la séance en trois mots.

7 « Dans une boîte d'allumettes »

→ Je découvre comment Olivier Py considère le théâtre.

DOC 1

- La meilleure manière de raconter un conte, c'est de le faire voir ?

- Il y a toujours eu un lien entre l'illustrateur, l'image et le conte. Donc, on peut déjà penser le travail théâtral comme un travail d'illustrateur. Et ensuite, quand on le lit, on n'est particulièrement pas dans le conte puisqu'on est sans l'oralité. Donc en retrouvant l'oralité, en retrouvant l'illustration, il n'y a plus grand-chose à faire pour faire du théâtre.

Extrait d'une interview donnée par Olivier Py pour *Pièce (dé)montée*, n° 12, avril 2006.

DOC 2

Voici deux définitions du genre théâtral proposées par Olivier Py dans son œuvre *Les Mille et Une Définitions du théâtre*, © Actes Sud, 2020.

« Le théâtre, c'est la passion des grands espaces dans une boîte d'allumettes. »

« Le théâtre est un désert luxuriant. Plus le sol est aride, plus on le peuple de nos forêts imaginaires. »

Lecture & Écriture

1. Relis le DOC 1 : selon Olivier Py, quels liens existe-t-il entre conte et théâtre ?

2. Quelle figure de style Olivier Py emploie-t-il dans ses définitions du théâtre (DOC 2) ?

3. a. Choisis la définition que tu préfères et essaie de dessiner ce qu'elle raconte.
b. Comment comprends-tu cette définition ? Reformule-la.

4. Qu'est-ce qui te plaît dans une pièce de théâtre ? Rédige trois phrases au moins.

5. À ton tour, propose une définition du théâtre en utilisant la même figure de style qu'Olivier Py.

Portrait d'Olivier Py, auteur notamment de *La Jeune Fille, le Diable et le moulin*, et metteur en scène.

J'ACCOMPLIS MA MISSION

Le projet

Que devez-vous faire ?

→ Il s'agit de mettre en scène, en groupe, un extrait de la pièce *La Jeune Fille, le Diable et le moulin*. Chaque groupe choisira un extrait proposé dans la séquence.
Il vous faudra **proposer une mise en scène complète** : costumes, décors, jeu scénique (déplacements, gestes, tons), musique éventuellement, etc.

A Se répartir les rôles

→ Avec ton groupe, partagez-vous **les différentes fonctions** nécessaires à l'accomplissement de cette mission :

Les comédiens | Le metteur en scène | L'accessoiriste/décorateur/costumier

En fonction du nombre d'élèves par groupe, du nombre de personnages dans l'extrait choisi et des souhaits de chaque membre du groupe, il est possible de cumuler plusieurs fonctions.

B Réfléchir à la mise en scène

→ **Quelques conseils :**
- N'hésitez pas à **tester vos propositions** : c'est en mettant à l'épreuve vos idées que vous saurez si elles fonctionnent.
- Vous devez être capables d'**expliquer vos choix de mise en scène** :
« Nous avons choisi ce costume parce que le personnage… » ;
« Si le personnage parle sur ce ton, c'est en raison de… ».
- Le **metteur en scène** note les différents choix de mise en scène et veille à ce que la mise en scène choisie soit respectée par tous.

C Préparer la représentation

→ **Quelques conseils :**
- Pour **connaître parfaitement son texte**, il faut commencer à l'apprendre le plus tôt possible et le répéter chaque jour.
- Au théâtre, **le comédien ne tourne jamais le dos au spectateur** : il convient de toujours se mettre de biais lors des échanges avec d'autres personnages.
- **Tous les personnages présents sur scène jouent en permanence**, même s'ils ne parlent pas !
- Le metteur en scène **supervise les répétitions** et **apporte des conseils** sur le ton et le jeu scénique des comédiens.
- Les élèves en charge du **décor** et des **accessoires** préparent les éléments nécessaires à la représentation.

À vous de jouer !

ESCALE 11

Bilan

Quiz

1. Qui a écrit le conte *La Jeune Fille sans mains* ?

a Charles Perrault.

b Joël Pommerat.

c Jacob et Wilhelm Grimm.

2. Avec quoi la Jeune Fille parvient-elle à repousser le Diable ?

a De l'eau.

b Une branche d'arbre.

c Une prière.

3. Au théâtre, comment appelle-t-on la partie de la scène qui se trouve devant le rideau ?

a Le parterre.

b La scène côté cour.

c L'avant-scène.

4. Comment appelle-t-on un échange de répliques brèves ?

a Une stichomythie.

b Un monologue.

c La double énonciation.

5. La scène d'exposition désigne…

a la première scène de la pièce.

b le dénouement.

c la scène qui réunit tous les personnages de la pièce.

6. Dans la pièce d'Olivier Py, quel élément vient bouleverser la situation initiale ?

a La rencontre avec le Prince.

b Le pacte avec le Diable.

c Le départ de la Jeune Fille.

Texte par texte

Je me rappelle ce que j'ai appris.

1. **Entrons dans un théâtre (p. 213)** : Décris en trois phrases ce qu'est un théâtre.

2. **Le Diable (p. 214)** : Pourquoi le Diable est-il inquiétant ?

3. **Les mains coupées (p. 216)** : Pourquoi le Diable a-t-il été plus fort que le Père ?

4. **« J'ai faim d'une noix » (p. 218)** : Qu'est-ce qui illustre la simplicité de la Jeune Fille ?

5. **Les ruses du Diable et du Jardinier (p. 220)** : Qu'est-ce qui différencie la ruse du Jardinier de celle du Diable ?

6. **Les retrouvailles (p. 222)** : Quel est l'enseignement délivré par le dénouement de la pièce d'Olivier Py ?

7. **« Dans une boîte d'allumettes » (p. 225)** : À quoi Olivier Py compare-t-il le théâtre ?

Écriture

Je réfléchis à ce qui caractérise la pièce *La Jeune Fille, le Diable et le moulin*.

1. **À ton avis, la pièce *La Jeune Fille, le Diable et le moulin* est-elle une pièce joyeuse ?** Développe ta réponse en t'appuyant sur des exemples précis issus de l'œuvre. Rédige six phrases au moins.

2. **Selon toi, quel est l'intérêt d'adapter un conte en pièce de théâtre ?** Tu t'appuieras sur l'étude de la pièce d'Olivier Py, sur les contes que tu connais et, éventuellement, sur l'étude du conte de Grimm *L'Homme à la peau d'ours* (p. 34 à 53). Rédige six phrases au moins.

Les 5 mots de l'escale

Note ce que tu retiens de l'escale en cinq mots.

Bilan personnel

→ **Raconte la mission que tu as accomplie au fil de cette escale. Développe en précisant ce que tu as aimé ou non, ce que tu as trouvé facile ou difficile, ce que tu as appris d'intéressant ou de surprenant.** Rédige au moins cinq phrases.

Fluence

Je lis vite et bien !

La chimère

Mamie Ouate est à la recherche d'un papillon rarissime sur une île. Elle rencontre Kadouma ; et les voilà à quatre pattes, une loupe à la main, fascinés par un papillon qu'ils observent avec la plus grande attention.

MAMIE OUATE – Et moi je te dis que non ! 7
KADOUMA – Bien sûr que c'est elle. C'est du jamais vu, ce papillon, inconnu au 20
bataillon, c'est forcément Virginia. 24
MAMIE OUATE – Ce que tu peux être têtu ! Je te répète que ce n'est pas elle. 38
KADOUMA – Mais tu ne me dis pas pourquoi, donc ça ne compte pas ! 50
MAMIE OUATE – C'est que je ne crois pas ce que je vois, moi. 61
KADOUMA – Ah bon ? 63
MAMIE OUATE – Pas toujours non… et puis vous m'agacez monsieur le Raisonneur, 73
tiens là… regarde… l'ocelle… les trois couleurs… jaune, noir et vert… 84
KADOUMA – Pas vert, bleu ! 87
MAMIE OUATE – Pour moi c'est vert. 91
KADOUMA – Oui mais toi tu mens tout le temps. 99
MAMIE OUATE – Si je mens, alors toi aussi. Viens ici, à ma place oui, et moi à la tienne. 116
Comment c'est maintenant ? 119
KADOUMA – Cette fois c'est vert. 123
MAMIE OUATE – Et pour moi c'est bleu. 128
KADOUMA – Nous mentons tous les deux ? 133
MAMIE OUATE – Ou nous disons vrai, c'est comme tu veux. 141
KADOUMA – C'est vert ou c'est bleu, ça ne peut pas être les deux ! 153
MAMIE OUATE – Tout dépend de la lumière et de l'endroit où tu es. Apprends ça : le 167
bleu n'est pas toujours bleu, et deux et deux ne font pas toujours quatre. 181

Joël Jouanneau et Marie-Claire Le Pavec, *Mamie Ouate en Papoâsie*, © Actes Sud, 1989, 1999, 2024.

Je lis le texte ci-dessus et je mesure ma vitesse de lecture

Tu peux demander à un camarade de te chronométrer.

▶ *À recopier sur ton cahier :* **J'ai lu** .... **mots en une minute.**

Je vérifie que j'ai bien compris

1 Comment sait-on qu'il s'agit d'un texte de théâtre ?

2 Mamie Ouate dit à Kadouma : « Apprends ça : le bleu n'est pas toujours bleu, et deux et deux ne font pas toujours quatre. » À ton avis, que veut-elle dire ?

Je m'entraîne à lire plus vite

3 **Lis rapidement…**

a. cette suite de mots.

papillon – forcément – monsieur – raisonneur – ocelle – maintenant – lumière – endroit – toujours – quatre

b. ces séries de deux mots.

- jamais – magique
- têtu – à tue-tête
- pourquoi – courtois
- papillon – bataillon
- raisonner – maisonnée
- ocelle – violoncelle

4 **Lis rapidement le premier mot de la première ligne, le dernier de la deuxième ligne, le premier de la troisième ligne, et ainsi de suite.**

- Cette fois c'est vert.
- Et pour moi c'est bleu.
- Nous mentons tous les deux ?
- Ou nous disons vrai, c'est comme tu veux.
- C'est vert ou c'est bleu, ça ne peut pas être les deux !
- Tout dépend de la lumière et de l'endroit où tu es.

Je relis le texte et je mesure ma vitesse de lecture

Tu peux demander à un camarade de te chronométrer.

▶ *À recopier sur ton cahier :* **J'ai lu** .... **mots en une minute.**

J'améliore mon articulation

5 **Prononce très vite ces courtes phrases.**

- Cette fois c'est vert.
- Ça ne peut pas être les deux.

6 **Dis chaque phrase sur différents tons.**

- Ce que tu peux être têtu !

➜ *sur un ton neutre, sec, puis désespéré.*

- C'est vert ou c'est bleu, ça ne peut pas être les deux !

➜ *sur un ton explicatif, amusé, puis hésitant.*

Je relis le texte et je mesure ma vitesse de lecture

Tu peux demander à un camarade de te chronométrer.

▶ *À recopier sur ton cahier :* **J'ai lu** .... **mots en une minute.**

Je note mes progrès

▶ *À recopier sur ton cahier :*

1re lecture .... **mots par minute**

2e lecture .... **mots par minute**

3e lecture .... **mots par minute**

ESCALE 12

Molière, *Le Médecin malgré lui*

CAP SUR LA MISSION

- Au fil de cette escale, tu réaliseras un carnet de lecture. Attention : il te faudra avoir fabriqué ton carnet avant le début de la séquence, car tu le rempliras au fur et à mesure de ta lecture de la pièce. Pour des idées de fabrication, rends-toi p. 248. À toi de jouer !

Je fais le point sur mes connaissances

1. En t'inspirant de cette image et de tes connaissances, liste tous les mots que tu associes au terme « théâtre ».

2. Classe ces mots en trois catégories correspondant à ces trois expressions : « assister à une pièce de théâtre », « jouer du théâtre », « lire du théâtre ».

3. Qu'est-ce qui distingue la scène de théâtre représentée sur cette image de la photographie p. 213 ?

Alain Ayroles et Jean-Luc Masbou, *De Cape et de Crocs*, tome I « Le Secret du janissaire », © Delcourt, 1995.

Collecte de mots

- Sur le modèle du tableau p. 2, rassemble, pour chacun des termes suivants, tous les mots et toutes les expressions auxquels tu penses :

Jouer — Rire — Spectacle

Pour réussir la mission, je dois…

- → Avoir lu les cinq extraits de la pièce de Molière présents dans cette escale.
- → Savoir identifier ce qui provoque le rire au théâtre.
- → Pouvoir jouer des répliques avec une intention précise.

1 Tous en scène !

→ Je découvre les thèmes principaux de la pièce.

« Je vous apprends que votre fille est muette. »

« Oh ! la grande fatigue que d'avoir une femme ! »

« Peste soit le coquin de battre ainsi sa femme ! »

« C'est un homme qui fait des miracles ! »

« L'habile homme que voilà ! »

« Je te pardonne ; mais tu le payeras. »

« C'est à moi de parler et d'être le maître ! »

« Ne nous emportons point, ma femme. »

« Je veux une vengeance. »

« Un médecin qui coupe du bois ! »

« L'amour en est la véritable cause. »

« Un fameux médecin comme vous êtes »

« Devenez malade pour l'amour de moi. »

« Mon cœur ne saurait se soumettre à cette tyrannie. »

Jeu théâtral

1. Commençons par instituer un tour de parole : avec tes camarades, placez-vous debout en cercle dans la salle de classe et lancez-vous une boule de papier. Retiens bien qui t'a lancé la balle et à qui tu l'as ensuite donnée. Assieds-toi après avoir renvoyé la balle.

2. En suivant le tour de parole, adresse l'une des répliques ci-contre à l'un de tes camarades, sur un ton neutre.

3. Une fois que tout le monde est passé, on recommence l'exercice, cette fois en variant l'intention. Tu peux t'inspirer de la liste suivante : colère • joie • mépris • dégoût • séduction • peur • timidité • avec un accent • en chantant • en murmurant.

Vocabulaire

4. Classe chaque citation suivant son thème : médecine • couple et amour • ruse et dispute.

5. a. Complète tes collectes de mots centrées sur les termes « Jouer » et « Rire » (p. 230).

b. Comment imagines-tu l'histoire que cette pièce, *Le Médecin malgré lui*, va raconter ? Rédige trois phrases au moins, en utilisant des mots de tes collectes. Tu peux commencer par « J'imagine que… ».

JE PRÉPARE MA MISSION

Sur la première page de ton carnet, recopie tes trois répliques préférées, ainsi que ta réponse à la question 5. a.

Les 3 mots de la séance

Note ce que tu retiens de la séance en trois mots.

2 « Faut qu'on parle, papa. »

→ Je découvre qui est Molière.

1 Avant de lire le texte…

- Lis le paratexte (titre, nom de l'auteur, date de publication, repères).
- Ce texte est-il en prose ou en vers ? Est-il écrit en français au départ ou traduit ? Reconnais-tu un récit, un dialogue, un poème, un texte documentaire, un discours, une pièce de théâtre ?

Méthode

- Pour acquérir les bons réflexes face à un texte, utilise le **rabat de ton cahier**.

Momo avait déjà contrarié papa Poquelin avec ses études à rallonge, alors je ne te raconte pas sa tête quand il lui annonce son plan de carrière, en 1643, alors qu'il vient d'avoir 21 ans :

MOMO – Faut qu'on parle, papa. C'est pas mon kiff d'être avocat, tapissier, ça ne me dit rien, je serai comédien.

POQUELIN, *s'étranglant de colère.* – Tu t'égares, tu divagues, tu délires ! Je t'ai prévu un super avenir ! Je t'offre une place auprès du roi, un job de rêve, et tu fais quoi ? Tu m'achèves !

MOMO, *rassurant.* – Mais non, papa, je veux seulement vouer ma vie au théâtre et à la comédie, sois pas ronchon, ne t'en fais pas !

POQUELIN, *agacé.* – Jean-Bapt', enfin ! C'est scandaleux, honteux, immoral ! Comédien, c'est le bas de l'échelle sociale !

MOMO, *en riant.* – Pas grave, j'adore grimper, je serai brave et premier de cordée.

POQUELIN, *de plus en plus énervé.* – Arrête de faire le malin ! Tu veux devenir un bon à rien ?

MOMO, *faussement sérieux.* – Je veux être un héros sur les planches ! Je ferai pleurer de rire, j'aurai le verbe haut et la parole franche !

POQUELIN, *effondré.* – Quel gâchis, quel déboire !

MOMO, *enthousiaste.* – Quelle vie, quelle gloire !

Momo saute d'un bond sur sa chaise et ouvre les bras d'un geste grandiose, comme s'il était sur scène et que son public l'applaudissait. Son père hausse les épaules, soupire et se prend la tête entre les mains.

POQUELIN, *anéanti.* – Si c'est pas malheureux de vouloir se lancer dans le théâtre ! Un enfant studieux, parfait pour reprendre la boîte. Un gamin formé à l'atelier, avec une belle tête de tapissier ! Comment cette fichue idée a bien pu venir à mon petit J.B. ?

Cécile Alix, *Molière vu par une ado et par son chien !*,

texte lu
college.nathan.fr/
F6_esc12_textes

Repères

Voici comment **Cécile Alix**, l'autrice de ce texte, se décrit : « Petite fille émerveillée et curieuse, elle grandit dans la bibliothèque d'une charmante bourgade. Dès l'instant où elle ouvrit les livres, elle aima le vaste monde. Elle fit le tour de la terre vingt-huit fois et demie, (peut-être davantage), puis elle installa définitivement son bureau-établi dans la soupente d'un donjon, au cœur d'une région d'étangs et d'oiseaux migrateurs. » (www.elanvert.fr)

2 À la première lecture

- Réponds à ces questions : qui ? quand ? où ? quoi ? pourquoi ?

3 À la relecture

- Donne un titre à ce passage.
- Liste les émotions produites par ce texte.

4 Faire résonner le texte

- À quels personnages, à quelles histoires (livres, films, images…) ce texte te fait-il penser ? Pourquoi ?

Lecture & Écriture

1. **Calcule la date de naissance de Molière.**

2. **Quel est le véritable nom de « Momo » ? Quels indices t'ont permis de répondre ?**

3. **De quels métiers le père de Molière rêve-t-il pour son fils ?** Cite le texte pour justifier ta réponse.

4. a. **Note ce que tu as envie de savoir à propos de Molière sur des morceaux de papier (une question par morceau de papier). Avec tes camarades, mettez en commun vos questions dans une trousse par exemple, puis piochez-en cinq.**

b. **Tentez de répondre collectivement à ces questions, en puisant dans vos connaissances et en faisant des recherches.** Vous pouvez notamment consulter au CDI différentes éditions de la pièce. Une fois que vous aurez répondu aux cinq questions, si vous le souhaitez, vous pouvez continuer de piocher pour en apprendre plus sur ce célèbre auteur !

5. **Molière était assis sur ce fauteuil alors qu'il jouait le rôle principal de sa dernière pièce : *Le Malade imaginaire*. Pris d'une crise de toux sur scène, il fut emmené chez lui où il mourut quelques heures plus tard. Imagine que le fauteuil se mette à parler et qu'il raconte les derniers instants de Molière.** Rédige cinq phrases au moins. Ton texte commencera ainsi : « Je me souviens bien de ce 17 février 1673… »

Le fauteuil de Molière, en bois recouvert de cuir noir. Il date du milieu du XVIIe siècle ; le dossier est mobile et les pieds sont à roulettes.

Vocabulaire

6. **Un texte théâtral est constitué de répliques et de didascalies. En t'appuyant sur le texte, explique la différence entre ces deux mots.**

7. **« Faut qu'on parle, papa. C'est pas mon kiff d'être avocat. » (l. 4) : réécris ce passage en langage courant.**

Nicolas Mignard, *Molière en costume de César dans* La Mort de Pompée, 1656, musée de la Vie romantique, Paris.

JE PRÉPARE MA MISSION

Sur la deuxième page de ton carnet, fabrique la carte d'identité de Molière grâce aux informations issues du texte et de tes réponses aux questions.

Les 3 mots de la séance

Note ce que tu retiens de la séance en trois mots.

3 Scène de ménage

→ Je découvre la scène d'exposition d'une comédie.

1 Avant de lire le texte…

- Lis le paratexte (titre, nom de l'auteur, date de publication, repères).
- Ce texte est-il en prose ou en vers ? Est-il écrit en français au départ ou traduit ? Reconnais-tu un récit, un dialogue, un poème, un texte documentaire, un discours, une pièce de théâtre ?

Méthode

- Pour acquérir les bons réflexes face à un texte, utilise le **rabat de ton cahier**.

Une forêt près de la maison de Sganarelle.
Sganarelle, Martine, paraissant sur le théâtre en se querellant.

Sganarelle – Tu fus bien heureuse de me trouver.
Martine – Qu'appelles-tu bien heureuse de te trouver ? Un homme qui me réduit à l'hôpital, un débauché, un traître qui me mange tout ce que j'ai ?
Sganarelle – Tu as menti, j'en bois une partie.
Martine – Qui me vend, pièce à pièce, tout ce qui est dans le logis.
Sganarelle – C'est vivre de ménage.
Martine – Qui m'a ôté jusqu'au lit que j'avais.
Sganarelle – Tu t'en lèveras plus matin.
Martine – Enfin qui ne laisse aucun meuble dans toute la maison.
Sganarelle – On en déménage plus aisément.
Martine – Et qui, du matin jusqu'au soir, ne fait que jouer et que boire.
Sganarelle – C'est pour ne me point ennuyer.
Martine – Et que veux-tu, pendant ce temps, que je fasse avec ma famille ?
Sganarelle – Tout ce qu'il te plaira.
Martine – J'ai quatre pauvres petits enfants sur les bras.
Sganarelle – Mets-les à terre.
Martine – Qui me demandent à toute heure du pain.
Sganarelle – Donne-leur le fouet. Quand j'ai bien bu et bien mangé, je veux que tout le monde soit saoul dans ma maison.
Martine – Et tu prétends, ivrogne, que les choses aillent toujours de même ?
Sganarelle – Ma femme, allons tout doucement, s'il vous plaît.
Martine – Que j'endure éternellement tes insolences et tes débauches ?
Sganarelle – Ne nous emportons point, ma femme.
Martine – Et que je ne sache pas trouver le moyen de te ranger à ton devoir ?
Sganarelle – Ma femme, vous savez que je n'ai pas l'âme endurante, et que j'ai le bras assez bon.
Martine – Je me moque de tes menaces.
Sganarelle – Ma petite femme, ma mie, votre peau vous démange à votre ordinaire.

Repères

La première scène d'une pièce de théâtre est appelée **scène d'exposition** : elle donne des informations sur le lieu, les personnages, l'intrigue et le genre de la pièce. Ici, la dispute fait entrer le public directement dans l'action.

2 À la première lecture

- Réponds à ces questions : qui ? quand ? où ? quoi ? pourquoi ?

3 À la relecture

- Donne un titre à ce passage.
- Liste les émotions produites par ce texte.

4 Faire résonner le texte

- À quels personnages, à quelles histoires (livres, films, images…) ce texte te fait-il penser ? Pourquoi ?

MARTINE – Je te montrerai bien que je ne te crains nullement.
SGANARELLE – Ma chère moitié, vous avez envie de me dérober quelque chose.
MARTINE – Crois-tu que je m'épouvante de tes paroles ?
SGANARELLE – Doux objet de mes vœux, je vous frotterai les oreilles.
MARTINE – Ivrogne que tu es.
SGANARELLE – Je vous battrai.
MARTINE – Sac à vin.
SGANARELLE – Je vous rosserai.
MARTINE – Infâme.
SGANARELLE – Je vous étrillerai.
MARTINE – Traître, insolent, trompeur, lâche, coquin, pendard, gueux, belître, fripon, maraud, voleur… !
SGANARELLE *(Il prend un bâton, et lui en donne.)* – Ah ! vous en voulez donc ?
MARTINE – Ah ! ah ! ah ! ah !
SGANARELLE – Voilà le vrai moyen de vous apaiser.

Molière, *Le Médecin malgré lui*, 1666, acte I, scène 1.

texte lu
college.nathan.fr/
F6_esc12_textes

Vocabulaire

1. **Donne un synonyme pour chacun des termes suivants :** se querellant (l. 2) • ma mie (l. 30) • dérober (l. 33) • rosserai (l. 39).

2. **Repère dans le texte les synonymes des expressions suivantes :** réduit à la misère • vivre de façon économe • ne nous énervons pas.

3. **Complète ta collecte de mots centrée sur le terme « Rire » (p. 230), puis rédige au moins trois phrases pour expliquer ce que tu trouves drôle dans cette scène.**

Sganarelle (Éric Elmosnino), mise en scène de Jean Liermier, 2007, théâtre des Amandiers (Nanterre).

Jeu théâtral

4. **Choisis une réplique de Sganarelle et une de Martine, que tu diras successivement avec les intentions suivantes : autorité, indignation, moquerie, violence.**

JE PRÉPARE MA MISSION

Après cette dispute, Martine veut se venger. Écris-lui une lettre pour la conseiller et lui donner des idées. Tu pourras ensuite la recopier sur la troisième page de ton carnet.

Les 3 mots de la séance

Note ce que tu retiens de la séance en trois mots.

4 Ruse et vengeance

→ **Je comprends les différents types de comique.**

1 Avant de lire le texte…

- Lis le paratexte (titre, nom de l'auteur, date de publication, repères).
- Ce texte est-il en prose ou en vers ? Est-il écrit en français au départ ou traduit ? Reconnais-tu un récit, un dialogue, un poème, un texte documentaire, un discours, une pièce de théâtre ?

Méthode

- Pour acquérir les bons réflexes face à un texte, utilise le **rabat de ton cahier**.

Repères

Valère et Lucas cherchent un médecin pour soigner Lucinde, la fille de leur maître Géronte, devenue muette. Martine les rencontre et, pour se venger, prétend que Sganarelle est un médecin un peu fou, qui n'accepte de soigner les patients que si on le frappe à coups de bâton.

VALÈRE – Monsieur, il ne faut pas trouver étrange que nous venions à vous : les habiles gens sont toujours recherchés, et nous sommes instruits de votre capacité.

SGANARELLE – Il est vrai, Messieurs, que je suis le premier homme du monde pour faire des fagots.

VALÈRE – Ah ! Monsieur…

SGANARELLE – Je n'y épargne aucune chose, et les fais d'une façon qu'il n'y a rien à dire.

VALÈRE – Monsieur, ce n'est pas cela dont il est question.

SGANARELLE – Mais aussi, je les vends cent dix sols le cent.

VALÈRE – Ne parlons point de cela, s'il vous plaît. […]

SGANARELLE – Vous en pourrez trouver autre part, à moins : il y a fagots et fagots. Mais pour ceux que je fais… […]

VALÈRE – Faut-il, Monsieur, qu'une personne comme vous s'amuse à ces grossières feintes ? s'abaisse à parler de la sorte ? qu'un homme si savant, un fameux médecin comme vous êtes, veuille se déguiser aux yeux du monde, et tenir enterrés les beaux talents qu'il a ?

SGANARELLE, *à part*. – Il est fou.

VALÈRE – De grâce, Monsieur, ne dissimulez point avec nous.

SGANARELLE – Comment ?

LUCAS – Tout ce tripotage ne sart de rian, je savons çen que je savons.

SGANARELLE – Quoi donc ? que me voulez-vous dire ? Pour qui me prenez-vous ?

VALÈRE – Pour ce que vous êtes, pour un grand médecin.

SGANARELLE – Médecin vous-même ; je ne le suis point, et ne l'ai jamais été.

VALÈRE, *bas*. – Voilà sa folie qui le tient. (*Haut.*) Monsieur, ne veuillez point nier les choses davantage ; et n'en venons point, s'il vous plaît, à de fâcheuses extrémités.

SGANARELLE – À quoi donc ? […]

2 À la première lecture

- Réponds à ces questions : qui ? quand ? où ? quoi ? pourquoi ?

3 À la relecture

- Donne un titre à ce passage.
- Liste les émotions produites par ce texte.

4 Faire résonner le texte

- À quels personnages, à quelles histoires (livres, films, images…) ce texte te fait-il penser ? Pourquoi ?

Valère (Marcel Bozonnet), Sganarelle (Gérard Giroudon) et Lucas (Philippe Torreton), dans la mise en scène de Dario Fo, 1991, Comédie-Française, Paris.

VALÈRE, *bas.* – Je vois bien qu'il faut se servir du remède. (*Haut.*) Monsieur, encore un coup, je vous prie d'avouer ce que vous êtes.

LUCAS – Et testigué, ne lantiponez point davantage, et confessez à la franquette que v'êtes médecin. [...]

SGANARELLE – Messieurs, en un mot autant qu'en deux mille, je vous dis que je ne suis point médecin.

VALÈRE – Vous n'êtes point médecin ?

SGANARELLE – Non.

LUCAS – V'n'estes pas médecin ?

SGANARELLE – Non, vous dis-je.

VALÈRE – Puisque vous le voulez, il faut s'y résoudre.

Ils prennent un bâton, et le frappent.

SGANARELLE – Ah ! ah ! ah ! Messieurs, je suis tout ce qu'il vous plaira.

Molière, *Le Médecin malgré lui*, 1666, acte I, scène 5.

texte lu
college.nathan.fr/
F6_esc12_textes

Jeu théâtral

1. **Théâtre-images : par groupes de trois, représentez la scène en trois images fixes. Concertez-vous pendant cinq minutes, puis « mimez » la scène en trois images fixes, comme si l'on prenait trois photographies de la scène.**

Lecture & Écriture

2. **Rédige une phrase pour expliquer le malentendu sur lequel se fonde le dialogue.**

3. **Observe la photographie de mise en scène qui accompagne cet extrait : quelle phrase du dialogue permettrait de la légender ?**

4. **Donne au moins trois exemples de ce qui peut faire rire les spectateurs dans cette scène.**

5. **Imagine une courte scène de théâtre dans laquelle tu utiliseras au moins deux sortes de comique.** Rédige six répliques au moins.

La petite leçon

- Différents procédés déclenchent le rire chez le spectateur : le **comique de gestes** (coups de bâton, chutes, grimaces, poursuites…), le **comique de mots** (jeux de mots, grossièretés, accents…), le **comique de situation** (par exemple, les quiproquos), le **comique de caractère** (personnalité et défauts des personnages).

Claire Leforestier, maquette de costume pour Sganarelle, Comédie de Saint-Étienne.

Vocabulaire

6. **En latin, *quid pro quo* signifie « une chose pour une autre » : selon toi, qu'est-ce qu'un « quiproquo » au théâtre ?**

7. **Molière s'amuse avec l'accent paysan de Lucas. Réécris les répliques suivantes en langage courant :**
- « Tout ce tripotage ne sart de rian, je savons çen que je savons. » (l. 21)
- « Et testigué, ne lantiponez point davantage, et confessez à la franquette que v'êtes médecin. » (l. 32)

8. **Le mot « spectacle » vient du verbe latin *specto*, qui signifie « regarder ». Connais-tu des mots de la même famille que « spectacle » ? Liste-les et complète ta collecte (p. 230).**

JE PRÉPARE MA MISSION

Sur la quatrième page de ton carnet de lecture, dessine ou schématise une des images fixes réalisées avec tes camarades pour la question 4.

Les 3 mots de la séance

Note ce que tu retiens de la séance en trois mots.

5 Visite médicale

→ **Je m'interroge sur les pensées des personnages.**

1 Avant de lire le texte...

- Lis le paratexte (titre, nom de l'auteur, date de publication, repères).
- Ce texte est-il en prose ou en vers ? Est-il écrit en français au départ ou traduit ? Reconnais-tu un récit, un dialogue, un poème, un texte documentaire, un discours, une pièce de théâtre ?

Méthode

- Pour acquérir les bons réflexes face à un texte, utilise le **rabat de ton cahier**.

Repères

Sganarelle est devenu **médecin malgré lui** à cause d'une ruse de sa femme Martine, qui, fâchée de son attitude envers elle, a voulu se venger. Le voilà qui vient ausculter Lucinde, la fille de Géronte.

SGANARELLE – Eh bien ! de quoi est-il question ? qu'avez-vous ? quel est le mal que vous sentez ?

LUCINDE, *répond par signes, en portant sa main à sa bouche, à sa tête, et sous son menton.* – Han, hi, hon, han.

SGANARELLE – Eh ! que dites-vous ?

LUCINDE, *continue les mêmes gestes.* – Han, hi, hon, han, han, hi, hon.

SGANARELLE – Quoi ?

LUCINDE – Han, hi, hon.

SGANARELLE, *la contrefaisant.* – Han, hi, hon, han, ha : je ne vous entends point. Quel diable de langage est-ce là ?

GÉRONTE – Monsieur, c'est là sa maladie. Elle est devenue muette, sans que jusques ici on en ait pu savoir la cause : et c'est un accident qui a fait reculer son mariage.

SGANARELLE – Et pourquoi ?

GÉRONTE – Celui qu'elle doit épouser veut attendre sa guérison pour conclure les choses.

SGANARELLE – Et qui est ce sot-là, qui ne veut pas que sa femme soit muette ? Plût à Dieu que la mienne eût cette maladie ! Je me garderais bien de la vouloir guérir.

GÉRONTE – Enfin, Monsieur, nous vous prions d'employer tous vos soins pour la soulager de son mal.

SGANARELLE – Ah ! ne vous mettez pas en peine. Dites-moi un peu, ce mal l'oppresse-t-il beaucoup ?

GÉRONTE – Oui, Monsieur.

SGANARELLE – Tant mieux. Sent-elle de grandes douleurs ?

GÉRONTE – Fort grandes.

SGANARELLE – C'est fort bien fait. [...]

SGANARELLE, *se tournant vers la malade.* – Donnez-moi votre bras. Voilà un pouls qui marque que votre fille est muette.

2 À la première lecture

- Réponds à ces questions : qui ? quand ? où ? quoi ? pourquoi ?

3 À la relecture

- Donne un titre à ce passage.
- Liste les émotions produites par ce texte.

4 Faire résonner le texte

- À quels personnages, à quelles histoires (livres, films, images...) ce texte te fait-il penser ? Pourquoi ?

GÉRONTE – Eh ! oui, Monsieur, c'est là son mal ; vous l'avez trouvé tout du premier coup. [...]

SGANARELLE – Nous autres grands médecins, nous connaissons d'abord les choses. Un ignorant aurait été embarrassé, et vous eût été dire « C'est ceci, c'est cela » mais moi, je touche au but du premier coup, et je vous apprends que votre fille est muette.

GÉRONTE – Oui ; mais je voudrais bien que vous me pussiez dire d'où cela vient.

SGANARELLE – Il n'est rien plus aisé : cela vient de ce qu'elle a perdu la parole.

GÉRONTE – Fort bien ; mais la cause, s'il vous plaît, qui fait qu'elle a perdu la parole ?

SGANARELLE – Tous nos meilleurs auteurs vous diront que c'est l'empêchement de l'action de sa langue.

GÉRONTE – Mais encore, vos sentiments sur cet empêchement de l'action de sa langue ?

SGANARELLE – [...] Entendez-vous le latin ?

GÉRONTE – En aucune façon. [...]

SGANARELLE, *en faisant diverses plaisantes postures* – [...] Quia substantivo et adjectivum concordat in generi, numerum, et casus.

GÉRONTE – Ah ! que n'ai-je étudié ! [...]

SGANARELLE – Il n'y a point de mal, et vous n'êtes pas obligé d'être aussi habile que nous.

GÉRONTE – Assurément. Mais, Monsieur, que croyez-vous qu'il faille faire à cette maladie ? [...]

SGANARELLE – Mon avis est qu'on la remette sur son lit, et qu'on lui fasse prendre pour remède, quantité de pain trempé dans du vin.

Molière, *Le Médecin malgré lui*,
1666, acte II, scène 4.

texte lu
college.nathan.fr/
F6_esc12_textes

La petite leçon

- Le thème du **faux médecin** et de la **fausse malade** revient fréquemment chez Molière. C'est un ressort comique qui permet la mise en place d'une ruse en **complicité avec le public** : le public s'amuse car il en sait plus que les personnages. C'est le cas par exemple dans la pièce *Le Malade imaginaire*.

Sganarelle (Éric Elmosnino) et Lucinde (Marie Druc) dans la mise en scène de Jean Liermier, 2007, théâtre des Amandiers, Nanterre.

Lecture & Écriture

1. **Cette consultation se déroule en quatre étapes : l'auscultation, le diagnostic, l'explication, le remède. Relève une citation représentative de chacune de ces étapes.**

2. **Relève au moins un exemple de comique de gestes et de comique de mots.**

3. a. **En t'inspirant de ce passage, complète ta collecte de mots autour du terme « Jouer » (p. 230).**
b. **Décris ensuite l'attitude de Lucinde et de Sganarelle dans cette scène.** Rédige deux phrases au moins.

Vocabulaire

4. **Quels adjectifs associes-tu à chaque personnage présent dans cette scène ? Si tu le souhaites, tu peux utiliser certains des termes suivants :** crédule • rusé • admiratif • savant • naïf • autoritaire • perspicace • intelligent.

5. **Le passage écrit en latin (l. 47 à 48) n'a pas de sens médical, mais plusieurs mots sont « transparents » et cachent une règle d'orthographe que tu connais bien : à toi de la retrouver et de la reformuler… en français !**

Sganarelle déguisé en médecin, illustration pour les *Œuvres complètes de Molière* (éditions F. de P. Mellado, 1868).

Jeu théâtral

6. **Avec un camarade, joue les six premières répliques de la scène : par quels moyens peux-tu en souligner l'aspect comique ?**

J'ai déjà fini !

7. **Imagine que tu deviennes plus tard metteur ou metteuse en scène, et que tu décides de monter *Le Médecin malgré lui* : quels costumes imaginerais-tu pour Sganarelle, Lucinde et Géronte dans cette scène ? Quel décor ? Quels gestes, quels tons pour les personnages ?** Attention, il te faudra expliquer tes choix, à l'oral ou à l'écrit. Si tu travailles à l'écrit, rédige cinq phrases au moins.

Différenciation

JE PRÉPARE MA MISSION

Sur la cinquième page de ton carnet de lecture, imagine ce que pensent les personnages de cette scène. Tu peux dessiner ou coller leurs trois portraits et faire apparaître leurs pensées dans trois bulles, comme dans une bande dessinée.

Les 3 mots de la séance

Note ce que tu retiens de la séance en trois mots.

6 Père et fille

→ J'étudie une scène d'affrontement.

1 Avant de lire le texte...

- Lis le paratexte (titre, nom de l'auteur, date de publication, repères).
- Ce texte est-il en prose ou en vers ? Est-il écrit en français au départ ou traduit ? Reconnais-tu un récit, un dialogue, un poème, un texte documentaire, un discours, une pièce de théâtre ?

Méthode

- Pour acquérir les bons réflexes face à un texte, utilise le **rabat de ton cahier**.

Repères

Sganarelle a fait la rencontre de **Léandre**, l'amoureux de Lucinde. Le jeune homme lui apprend que Lucinde fait semblant d'être malade pour ne pas se marier avec Horace, l'homme que son père, Géronte, lui destine. Cependant, voilà que la jeune fille retrouve l'usage de la parole pour dire à son père tout le mal qu'elle pense du mariage qu'il a arrangé.

LUCINDE – Non, je ne suis point du tout capable de changer de sentiments.

GÉRONTE – Voilà ma fille qui parle ! Ô grande vertu du remède ! Ô admirable médecin ! Que je vous suis obligé, Monsieur, de cette guérison merveilleuse ! et que puis-je faire pour vous après un tel service ?

SGANARELLE, *se promenant sur le théâtre et s'essuyant le front.* – Voilà une maladie qui m'a bien donné de la peine !

LUCINDE – Oui, mon père, j'ai recouvré la parole : mais je l'ai recouvrée pour vous dire que je n'aurai jamais d'autre époux que Léandre, et que c'est inutilement que vous voulez me donner Horace.

GÉRONTE – Mais...

LUCINDE – Rien n'est capable d'ébranler la résolution que j'ai prise.

GÉRONTE – Quoi... ?

LUCINDE – Vous m'opposerez en vain de belles raisons.

GÉRONTE – Si...

LUCINDE – Tous vos discours ne serviront de rien.

GÉRONTE – Je...

LUCINDE – C'est une chose où je suis déterminée.

Lucinde (Sidonie Laurens), Jean-Yves Duparc (Sganarelle) et Géronte (Jean-Paul Guengant) dans la mise en scène de Yves Le Guillochet, 1994, au théâtre de Chelles.

2 À la première lecture

- Réponds à ces questions : qui ? quand ? où ? quoi ? pourquoi ?

3 À la relecture

- Donne un titre à ce passage.
- Liste les émotions produites par ce texte.

4 Faire résonner le texte

- À quels personnages, à quelles histoires (livres, films, images...) ce texte te fait-il penser ? Pourquoi ?

GÉRONTE – Mais…

LUCINDE – Il n'est puissance paternelle qui me puisse obliger à me marier malgré moi.

GÉRONTE – J'ai…

LUCINDE – Vous avez beau faire tous vos efforts.

GÉRONTE – Il…

LUCINDE – Mon cœur ne saurait se soumettre à cette tyrannie.

GÉRONTE – La…

LUCINDE – Et je me jetterai plutôt dans un couvent que d'épouser un homme que je n'aime point.

GÉRONTE – Mais…

LUCINDE, *parlant d'un ton de voix à étourdir.* – Non. En aucune façon. Point d'affaires. Vous perdez le temps. Je n'en ferai rien. Cela est résolu.

GÉRONTE – Ah ! quelle impétuosité de paroles ! Il n'y a pas moyen d'y résister. Monsieur, je vous prie de la faire redevenir muette.

SGANARELLE – C'est une chose qui m'est impossible. Tout ce que je puis faire pour votre service est de vous rendre sourd, si vous voulez.

Molière, *Le Médecin malgré lui*,
1666, acte III, scène 6.

texte lu
college.nathan.fr/
F6_esc12_textes

La petite leçon

• **L'amour des jeunes gens contrarié par les parents** est un thème traditionnel de la comédie. Il permet de révéler les défauts et le ridicule du caractère du personnage qui s'oppose à l'union.

Lecture & Écriture

1. Quel personnage parle le plus dans l'affrontement ? Quel signe de ponctuation montre la perte de parole de l'autre ?

2. Trouves-tu que Lucinde a raison de se défendre comme elle le fait ? Rédige trois phrases au moins pour répondre.

Vocabulaire

3. a. *Ludus* et *lusus* signifient en latin « jeu, plaisanterie ». Complète cet exercice et enrichis, grâce à lui, ta collecte centrée sur le terme « Jouer » (p. 230).

Plaisanter pour éviter une question. •	• Ludothèque
Fausse apparence. •	• Interlude
Pause amusante dans un spectacle. •	• Ludique
Lié au jeu. •	• Éluder
Lieu où emprunter des jeux. •	• Illusion

b. Rédige trois phrases en employant un maximum de mots travaillés dans l'exercice précédent.

JE PRÉPARE MA MISSION

Rédige une scène de dispute entre Léandre et Lucinde, en dix répliques au moins. Tu pourras recopier cette scène inventée sur la sixième page de ton carnet.

Les 3 mots de la séance

Note ce que tu retiens de la séance en trois mots.

7 Le dénouement

→ J'étudie le dénouement d'une comédie.

1 Avant de lire les textes…

- Lis le paratexte (titre, nom de l'auteur, date de publication, repères).
- Ces textes sont-ils en prose ou en vers ? Sont-ils écrits en français au départ ou traduits ? Reconnais-tu un récit, un dialogue, un poème, un texte documentaire, un discours, une pièce de théâtre ?

Méthode

- Pour acquérir les bons réflexes face à un texte, utilise le **rabat de ton cahier**.

Repères

Léandre et Lucinde se sont enfuis pour **se marier**. Géronte a découvert que Sganarelle était un **faux médecin** et qu'il les a aidés, il le fait arrêter et veut le faire pendre.

EXTRAIT 1

MARTINE – Ah ! mon Dieu ! que j'ai eu de peine à trouver ce logis ! Dites-moi un peu des nouvelles du médecin que je vous ai donné.

LUCAS – Le velà, qui va être pendu.

MARTINE – Quoi ? mon mari pendu ! Hélas ! et qu'a-t-il fait pour cela ?

LUCAS – Il a fait enlever la fille de notte maître.

MARTINE – Hélas ! mon cher mari, est-il bien vrai qu'on te va pendre ?

SGANARELLE – Tu vois. Ah !

MARTINE – Faut-il que tu te laisses mourir en présence de tant de gens ?

SGANARELLE – Que veux-tu que j'y fasse ?

MARTINE – Encore si tu avais achevé de couper notre bois, je prendrais quelque consolation.

SGANARELLE – Retire-toi de là, tu me fends le cœur.

MARTINE – Non, je veux demeurer pour t'encourager à la mort, et je ne te quitterai point que je ne t'aie vu pendu.

SGANARELLE – Ah !

Molière, *Le Médecin malgré lui*, 1666, acte III, scène 9.

EXTRAIT 2

LÉANDRE – Monsieur, je viens faire paraître Léandre à vos yeux, et remettre Lucinde en votre pouvoir. Nous avons eu dessein de prendre la fuite nous deux, et de nous aller marier ensemble ; mais cette entreprise a fait place à un procédé plus honnête. Je ne prétends point vous voler votre fille, et ce n'est que de votre main que je veux la recevoir. Ce que je vous dirai, Monsieur, c'est que je viens tout à l'heure de recevoir des lettres par où j'apprends que mon oncle est mort, et que je suis héritier de tous ses biens.

GÉRONTE – Monsieur, votre vertu m'est tout à fait considérable, et je vous donne ma fille avec la plus grande joie du monde.

SGANARELLE – La médecine l'a échappé belle !

MARTINE – Puisque tu ne seras point pendu, rends-moi grâce d'être médecin ; car c'est moi qui t'ai procuré cet honneur.

2 À la première lecture

- Réponds à ces questions : qui ? quand ? où ? quoi ? pourquoi ?

3 À la relecture

- Donne un titre à ces passages.
- Liste les émotions produites par ces textes.

4 Faire résonner le texte

- À quels personnages, à quelles histoires (livres, films, images…) ces textes te font-ils penser ? Pourquoi ?

SGANARELLE – Oui, c'est toi qui m'as procuré je ne sais combien de coups de bâton.

LÉANDRE – L'effet en est trop beau pour en garder du ressentiment.

SGANARELLE – Soit, je te pardonne ces coups de bâton en faveur de la dignité où tu m'as élevé : mais prépare-toi désormais à vivre dans un grand respect avec un homme de ma conséquence, et songe que la colère d'un médecin est plus à craindre qu'on ne peut croire.

Molière, *Le Médecin malgré lui*, 1666, acte III, scène 11.

texte lu
college.nathan.fr/
F6_esc12_textes

Lecture & Écriture

1. Dans l'extrait 1, qu'est-ce qui est drôle dans la réaction de Martine ?

2. a. Explique le « coup de théâtre » qui rend le dénouement heureux (extrait 2).
b. Propose ta définition d'un « coup de théâtre ».

3. Comment la pièce se termine-t-elle pour Lucinde et Léandre ? Et pour Martine et Sganarelle ?

4. Quel trait de caractère de Géronte est dénoncé ? Justifie ta réponse avec une citation.

Projet de costume pour Géronte, pour l'opéra-comique *Le Médecin malgré lui*, de Charles Gounod, 1858.

Vocabulaire

5. Réécris la réplique de Léandre (extrait 2, l. 1 à 9) en langage familier.

La petite leçon

• La **dernière scène d'une comédie** doit « dénouer » le nœud de l'intrigue de façon heureuse. On doit savoir ce que deviennent les personnages principaux qui sont tous présents sur scène.

J'ai déjà fini !

6. Relis la dernière réplique de Sganarelle : quelle décision prend-il selon toi ? Imagine une suite possible pour cette pièce. Résume l'intrigue de cette nouvelle pièce en cinq phrases maximum et donne-lui un titre.

Différenciation

JE PRÉPARE MA MISSION

Relève un exemple de chaque type de comique dans l'ensemble de la pièce. Recopie tes exemples sur la septième page de ton carnet, chacun accompagné d'une citation et des références de la scène.

Les 3 mots de la séance
Note ce que tu retiens de la séance en trois mots.

8 Ruses et stratagèmes

→ Je découvre comment un autre auteur du même siècle s'empare de ces thèmes.

• Mettre en scène des personnages rusés, c'est assurément donner du sel à son récit. Jean de La Fontaine, contemporain de Molière, raconte très souvent, lui aussi, l'histoire de trompeurs, parfois victorieux et parfois eux-mêmes trompés.

TEXTE 1

Le Renard et le Bouc

Capitaine Renard allait de compagnie
Avec son ami Bouc des plus haut encornés.
Celui-ci ne voyait pas plus loin que son nez ;
L'autre était passé maître en fait de tromperie.
La soif les obligea de descendre en un puits.
Là chacun d'eux se désaltère.
Après qu'abondamment tous deux en eurent pris,
Le Renard dit au Bouc : « Que ferons-nous, Compère !
Ce n'est pas tout de boire ; il faut sortir d'ici.
Lève tes pieds en haut, et tes cornes aussi :
Mets-les contre le mur. Le long de ton échine
Je grimperai premièrement ;
Puis sur tes cornes m'élevant,
À l'aide de cette machine,
De ce lieu-ci je sortirai,
Après quoi je t'en tirerai.
- Par ma barbe, dit l'autre, il est bon ; et je loue
Les gens bien sensés comme toi.
Je n'aurais jamais, quant à moi,
Trouvé ce secret, je l'avoue. »
Le Renard sort du puits, laisse son Compagnon,
Et vous lui fait un beau sermon
Pour l'exhorter à patience.
« Si le Ciel t'eût, dit-il, donné par excellence
Autant de jugement que de barbe au menton,
Tu n'aurais pas à la légère
Descendu dans ce puits. Or adieu, j'en suis hors ;
Tâche de t'en tirer, et fais tous tes efforts ;
Car, pour moi, j'ai certaine affaire
Qui ne me permet pas d'arrêter en chemin.
En toute chose il faut considérer la fin. »

Jean de La Fontaine, « Le Renard et le Bouc », *Fables*, livre III, 5, 1668.

texte lu
college.nathan.fr/
F6_esc12_textes

Repères

Jean de La Fontaine s'est inspiré des fabulistes de l'Antiquité, Ésope et Phèdre, pour écrire ses *Fables*. Il a notamment écrit « La Cigale et la Fourmi », « Le Lion et L'Agneau », « La Grenouille qui se veut faire aussi grosse que le Bœuf ».

« Le Renard et le Bouc », image d'Épinal, 1870-1880.

TEXTE 2 Le Renard et la Cigogne

Compère le Renard se mit un jour en frais,
Et retint à dîner commère la Cigogne.
Le régal fut petit et sans beaucoup d'apprêts :
Le Galand, pour toute besogne
Avait un brouet clair (il vivait chichement).
Ce brouet fut par lui servi sur une assiette.
La Cigogne au long bec n'en put attraper miette ;
Et le Drôle eut lapé le tout en un moment.
Pour se venger de cette tromperie,
À quelque temps de là, la Cigogne le prie.
« Volontiers, lui dit-il, car avec mes amis
Je ne fais point cérémonie.
À l'heure dite, il courut au logis
De la Cigogne son hôtesse ;
Loua très fort sa politesse,
Trouva le dîner cuit à point. »
Bon appétit surtout ; Renards n'en manquent point.
Il se réjouissait à l'odeur de la viande
Mise en menus morceaux, et qu'il croyait friande.
On servit, pour l'embarrasser
En un vase à long col, et d'étroite embouchure.
Le bec de la Cigogne y pouvait bien passer,
Mais le museau du Sire était d'autre mesure.
Il lui fallut à jeun retourner au logis,
Honteux comme un Renard qu'une Poule aurait pris,
Serrant la queue, et portant bas l'oreille.
Trompeurs, c'est pour vous que j'écris,
Attendez-vous à la pareille.

Jean de La Fontaine, « Le Renard et la Cigogne », *Fables*, livre I, 18, 1668.

texte lu
college.nathan.fr/
F6_esc12_textes

Lecture & Écriture

1. Quel est le personnage commun à ces deux fables ?

2. a. En t'aidant des illustrations, résume ce qui se passe dans chacune de ses fables. Tu résumeras chaque fable en deux phrases maximum.
b. Dans quelle fable le Renard est-il puni de sa ruse ?

3. Trouves-tu le Renard sympathique ? Rédige trois phrases au moins pour répondre.

Jean-Baptiste Oudry, illustration pour la fable « Le Renard et la Cigogne », XVIIIe siècle.

J'ai déjà fini ! — Différenciation

4. Représente, en utilisant la technique de ton choix (dessin, peinture, collage, etc.), un passage d'une de ces fables. Tu joindras à ton œuvre une notice où figureront, le titre de ton travail et au moins deux phrases d'explication.

JE PRÉPARE MA MISSION

Sur la huitième page de ton carnet, note le nom de personnages et d'histoires (livres, films...) auxquels *Le Médecin malgré lui* te fait penser. Pour chaque référence, explique pourquoi en quelques mots.

Les 3 mots de la séance
Note ce que tu retiens de la séance en trois mots.

J'ACCOMPLIS MA MISSION

Le projet

Que dois-tu fabriquer ?

→ Il s'agit de créer un **carnet de lecture** dans lequel tu rendras compte de ta lecture de la pièce, *Le Médecin malgré lui*.

A La création du carnet

1. Plie une feuille A3 en suivant les pointillés.

2. Puis découpe la feuille en suivant les lignes intérieures.

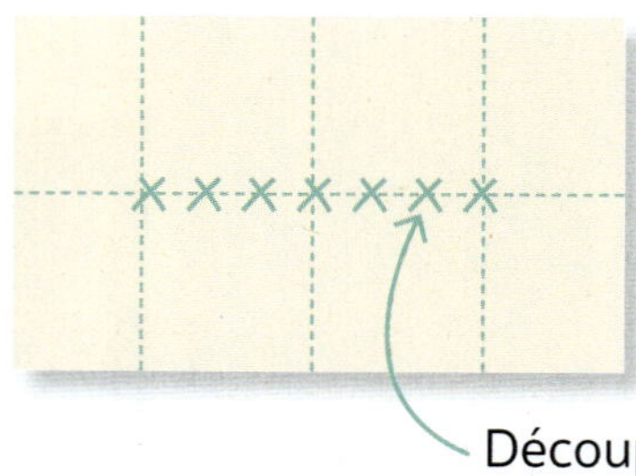

3. Plie à nouveau ta feuille pour former un carnet.

→ Pour avoir plus de pages, tu peux coller deux carnets ensemble.

B Je collecte les informations

→ Remplis ton carnet au fil de ton étude :

- Tes trois répliques préférées et tes attentes de lecture. (p. 231)
- La carte d'identité de Molière. (p. 233)
- Le fauteuil raconte… (p. 233)
- Ta lettre à Martine. (p. 235)
- Une trace de ton expérience du théâtre-images. (p. 238)
- Les pensées des personnages. (p. 241)
- Ta scène de dispute entre Léandre et Lucinde. (p. 243)
- Les autres œuvres ou personnages auxquels la pièce te fait penser. (p. 245)

→ Tu peux ajouter une carte mentale des personnages, les citations que tu trouves les plus drôles, ton bilan personnel (p. 249), …

C Je soigne la mise en page

→ Tu peux créer une couverture attrayante avec les informations suivantes : auteur, titre et date de la pièce, ton nom et la date de réalisation de ton carnet.

→ N'hésite pas à illustrer les pages avec des dessins ou des photographies.

→ Soigne ton écriture et garde une unité dans tout le carnet.

Bilan

Quiz

1. Sganarelle et Martine sont…

a frère et sœur.

b mari et femme.

c divorcés.

2. Qui sont Valère et Lucas ?

a Les serviteurs de Géronte.

b Les enfants de Sganarelle.

c Des médecins.

3. De quelle maladie Lucinde souffre-t-elle ?

a Elle a de la fièvre.

b Elle tousse beaucoup.

c Elle est muette.

4. En quoi Léandre se déguise-t-il ?

a En médecin.

b En pharmacien.

c En bûcheron.

5. Rends chaque réplique à son personnage.

a « La grande fatigue que d'avoir une femme ! »

b « Je veux une vengeance. »

c « Je vous dis que je ne suis point médecin. »

d « Ah ! Que n'ai-je étudié ? »

Texte par texte — Je me rappelle ce que j'ai appris.

1. **Momo (p. 232)** : Quel était le véritable nom de Molière ?
2. **Scène de ménage (p. 234)** : Quels défauts de Sganarelle apparaissent dès cette scène ?
3. **Ruse et vengeance (p. 236)** : Pourquoi Valère et Lucas frappent-ils Sganarelle ?
4. **Visite médicale (p. 239)** : Quelle langue Sganarelle parle-t-il pour faire croire qu'il est médecin ? Pourquoi ?
5. **Père et fille (p. 242)** : Quel est le sujet de la dispute entre Lucinde et Géronte ?
6. **Dénouement (p. 244)** : Pourquoi Géronte change-t-il d'avis pour le mariage de sa fille ?
7. **Ruses et stratagèmes (p. 246)** : Dans quelle fable le Renard est-il puni de sa fourberie ?

Écriture — Je réfléchis à l'attitude des personnages et au but de la pièce.

1. **Explique les ruses utilisées par ces personnages pour résister aux plus forts : Martine, Sganarelle, Lucinde, Léandre.** Rédige six phrases au moins et cite régulièrement le texte à l'appui de tes idées.

2. ***Castigat ridendo mores*** **: cette expression latine signifie qu'il est bon de corriger les mauvaises habitudes par le rire. À ton avis, quels défauts Molière cherche-t-il ici à corriger ?** Rédige six phrases au moins. Ton texte pourra commencer ainsi : « Dans *Le Médecin malgré lui*, Molière dénonce… en se moquant de… »

Les 5 mots de l'escale

Note ce que tu retiens de l'escale en cinq mots.

Bilan personnel

→ **Raconte la mission que tu as accomplie au fil de cette escale. Développe en précisant ce que tu as aimé ou non, ce que tu as trouvé facile ou difficile, ce que tu as appris d'intéressant ou de surprenant.** Rédige au moins cinq phrases.

Fluence

Je lis vite et bien !

Fausse accusation !

Harpagon accuse le serviteur de son fils, La Flèche, de vouloir lui dérober son argent…

La Flèche – La peste soit de l'avarice et des avaricieux ! 8
Harpagon – Comment ? que dis-tu ? 12
La Flèche – Ce que je dis ? 16
Harpagon – Oui ; qu'est-ce que tu dis d'avarice et d'avaricieux ? 24
La Flèche – Je dis que la peste soit de l'avarice et des avaricieux. 35
Harpagon – De qui veux-tu parler ? 39
La Flèche – Des avaricieux. 41
Harpagon – Qui sont-ils, ces avaricieux ? 45
La Flèche – Des vilains et des ladres. 50
Harpagon – Mais qui est-ce que tu entends par là ? 58
La Flèche – De quoi vous mettez-vous en peine ? 64
Harpagon – Je me mets en peine de ce qu'il faut. 73
La Flèche – Est-ce que vous croyez que je veux parler de vous ? 83
Harpagon – Je crois ce que je crois ; mais je veux que tu me dises à qui tu parles 100
quand tu dis cela. 103
La Flèche – Je parle… je parle à mon bonnet. 110
Harpagon – Et moi, je pourrais bien parler à ta barrette. 119
La Flèche – M'empêcherez-vous de maudire les avaricieux ? 124
Harpagon – Non ; mais je t'empêcherai de jaser et d'être insolent. Tais-toi. 134
La Flèche – Je ne nomme personne. 138
Harpagon – Je te rosserai si tu parles. 144
La Flèche – Qui se sent morveux, qu'il se mouche. 151
Harpagon – Te tairas-tu ? 154
La Flèche – Oui, malgré moi. 157
Harpagon – Ah ! ah ! 159
La Flèche – Tenez, voilà encore une poche : êtes-vous satisfait ? 166
Harpagon – Allons, rends-le-moi sans te fouiller. 171
La Flèche – Quoi ? 172
Harpagon – Ce que tu m'as pris. 177
La Flèche – Je ne vous ai rien pris du tout. 185

Molière, *L'Avare*, 1668, acte I, scène 3.

Je lis le texte ci-dessus et je mesure ma vitesse de lecture

Tu peux demander à un camarade de te chronométrer.

▶ *À recopier sur ton cahier :* **J'ai lu** .... **mots en une minute.**

Je vérifie que j'ai bien compris

1 **Qui sont les personnages dans cette scène de théâtre ? S'entendent-ils bien ?**

Je m'entraîne à lire plus vite

2 **Lis rapidement…**

a. cette suite de mots.

avaricieux – vilain – ladre – barrette – maudire – empêcherai – jaser – insolent

b. ces séries de mots.

- peste – leste – geste – reste
- ladre – sabre – marbre
- insolent – indolent - important
- avare – verra – ravage – égare
- crois – trois – droit – proie
- rosserai – roseraie – brosserai

Je relis le texte et je mesure ma vitesse de lecture

Tu peux demander à un camarade de te chronométrer.

▶ *À recopier sur ton cahier :* **J'ai lu** .... **mots en une minute.**

J'améliore mon articulation

3 **Prononce très vite ces courtes phrases.**

- La peste soit de l'avarice et des avaricieux !
- Je dis que la peste soit de l'avarice et des avaricieux.
- M'empêcherez-vous de maudire les avaricieux ?

4 **Entraîne-toi à dire ce passage avec l'intention qui convient pour chaque personnage.**

– La peste soit de l'avarice et des avaricieux !
– Comment ? que dis-tu ?
– Ce que je dis ?
– Oui ; qu'est-ce que tu dis d'avarice et d'avaricieux ?
– Je dis que la peste soit de l'avarice et des avaricieux.
– De qui veux-tu parler ?
– Des avaricieux.
– qui sont-ils, ces avaricieux ?
– Des vilains et des ladres.

Je relis le texte et je mesure ma vitesse de lecture

Tu peux demander à un camarade de te chronométrer.

▶ *À recopier sur ton cahier :* **J'ai lu** .... **mots en une minute.**

Je note mes progrès

▶ *À recopier sur ton cahier :*

1re lecture
.... **mots par minute**

2e lecture
.... **mots par minute**

3e lecture
.... **mots par minute**

Club lecture

• Molière, *Le Médecin volant* (1659)

Sganarelle, valet un peu sot, doit se faire passer pour un médecin savant pour convaincre Gorgibus que sa fille, Lucile, qui fait semblant d'être malade, doit aller se reposer à la campagne...

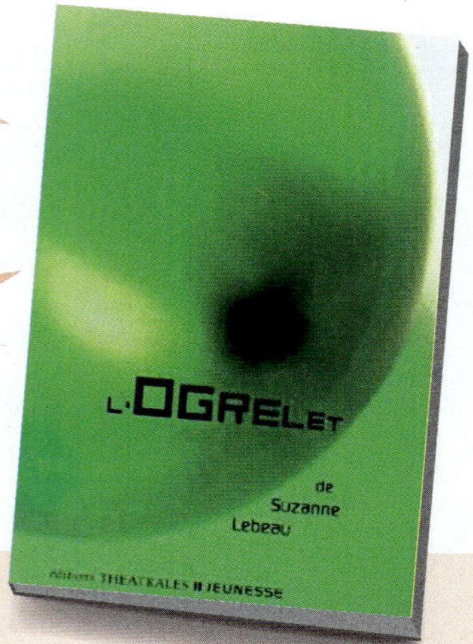

• Suzanne Lebeau, *L'Ogrelet* (1997)

L'Ogrelet ne connaît pas sa différence jusqu'au jour où il doit aller à l'école. Il lui est alors difficile de résister à la tentation du sang. Pour se délivrer de cette terrible attirance, trois épreuves l'attendent.

Voici 3 activités pour nourrir ton carnet de lecture

Activité 1 Booktube

Présente ton livre dans une vidéo (trois minutes maximum) qui exposera les éléments suivants : l'auteur, un résumé du livre, ton avis personnel appuyé par des exemples (et notamment des citations). N'hésite pas à intégrer des sons (générique, applaudissements...). Attention à bien articuler et à bien choisir l'environnement dans lequel tu enregistreras (ni trop bruyant, ni trop sombre).

Activité 2 Livre en boîte

Seul ou en groupe, fabrique une boîte qui rendra compte de ta lecture. Tu auras besoin d'une boîte en carton (une boîte à chaussures par exemple) ; d'éléments rendant compte du livre que tu as lu (petits objets, messages, dessins...) ; de tout ce que tu veux pour la décorer (feutres, paillettes, rubans, ficelle, gommettes...). L'objectif est qu'en ouvrant ta boîte, tes proches et tes camarades comprennent de quoi parle ton livre.

Activité 3 Abécédaire

Associe à chaque lettre de l'alphabet un élément tiré de l'œuvre que tu as lue : personnages, lieux, émotions, etc. Pour chaque lettre, justifie en quelques mots ton choix.

Par exemple : A comme « Argan » : personnage principal du *Malade imaginaire*, il était joué à l'origine par Molière lui-même.

Et pour aller plus loin

À lire

▶ **Tu pourras trouver la plupart de ces livres à la médiathèque ou dans ton CDI : et s'ils n'y sont pas (encore), tu peux demander à ton professeur documentaliste ou aux bibliothécaires de les commander !**

• **Marie-Christine Helgerson, *Louison et monsieur Molière* (2001)**

Molière choisit la jeune Louison pour jouer un rôle dans sa dernière pièce à la Comédie-Française…

• **Cécile Alix, *Molière vu par une ado et par son chien !* (2018)**

Inès, 12 ans, a trois passions : le slam, les pistaches et Molière ! Elle nous raconte sa vie avec humour et vivacité.

• **Nathalie Somers, *Il faut sauver Molière* (2022)**

Pierre, un jeune orphelin et Mado, la fille de Molière, enquêtent pour protéger Molière des intrigues du château de Versailles…

• **Alain Ayroles et Jean-Luc Masbou, *De Cape et de Crocs* (1995-2016)**

Dans cette série de bande dessinée, les personnages sont des animaux qui évoluent dans la société du XVIIe siècle et multiplient les références à Molière et aux ruses du *Roman de Renart*. Attention, c'est addictif !

• **Jean-Claude Grumberg, *Marie des Grenouilles* (2003)**

Face à l'attaque ennemie, Marie des Grenouilles doit vite trouver un prince dans le monde des grenouilles afin de rétablir la paix.

À voir

▶ **Voici quelques longs-métrages et spectacles filmés qui te permettront d'en apprendre plus sur Molière et l'époque à laquelle il a vécu.**

- Ariane Mnouchkine, *Molière* (1978).
- Jean Girault et Louis de Funès, *L'Avare* (1980).
- Gérard Corbiau, *Le Roi danse* (2000).
- Laurent Tirard, *Molière* (2007).
- La compagnie Colette Roumanoff a mis en scène de nombreuses pièces de Molière, dont les captations sont disponibles sur youtube.
- Une comédie musicale urbaine retrace la vie de Molière, dont tu peux voir des clips et des extraits en ligne : *Molière, le spectacle musical*, Dove Attia, 2023.

Réfléchir sur la langue

Bien conjuguer les verbes

Étude de la langue

Sommaire

Ateliers et parcours d'exercices

Réfléchir sur la langue

Bien conjuguer les verbes

Bien écrire

1 La phrase typique

J'observe, je manipule, je comprends

Je construis la leçon

Étape 1 **Observe les énoncés ci-dessous. Comment peux-tu les modifier pour les transformer en phrases typiques ?**

a. les chênes perdent leurs feuilles en hiver.

b. aimes-tu les clémentines ?

c. Formidable, c'est une excellente

d. elle se demande s'il neigera cette nuit

> • Une **phrase** est un ensemble de mots qui commence par une **majuscule** et finit par un **point**.

Étape 2 **Observe les énoncés et réécris-les pour qu'ils deviennent des phrases typiques.**

a. Le chien mange des.

b. Je m'appelle

c. Il offre à sa mère.

d. Est la terre ronde.

> • Une phrase est un ensemble de mots qui doit **signifier** quelque chose.
> • Certaines phrases ne sont pas **correctes**, car il manque des mots.

Étape 3 **Dans ces phrases, souligne de couleur différente les deux grands groupes de mots que tu penses distinguer.**

a. Le petit chat boit du lait.

b. La grand-mère de Lena fait des crêpes au sucre.

c. Les trottoirs de ma rue sont glissants.

d. Les mers et les océans doivent être protégés.

> • Une phrase typique est composée au minimum de deux grands groupes de mots : le **groupe sujet**, qui s'organise autour du sujet, est suivi du **groupe verbal** qui s'organise autour du verbe.

Étape 4 **Complète les phrases ci-dessous en inventant des détails supplémentaires.**

a. J'aime me promener.

b. Ils dorment.

c. Tu cries.

d. Un papillon s'est posé.

> • Les phrases composées d'un groupe sujet et d'un groupe verbal peuvent être complétées par un (ou plusieurs) groupes de mots appelés **groupes circonstanciels**.

Étape 5 **Observe ces phrases. Pourquoi ne sont-elles pas des phrases typiques ?**

a. Merci.

b. Encore du poulet basquaise.

c. Aïe.

d. Bravo.

e. Pas faim.

> • En français, une phrase est **atypique** lorsqu'elle ne contient pas de verbe. On dit aussi qu'elle est **averbale**.

Je retiens

Voici un schéma pour vérifier que tu as bien compris la leçon.

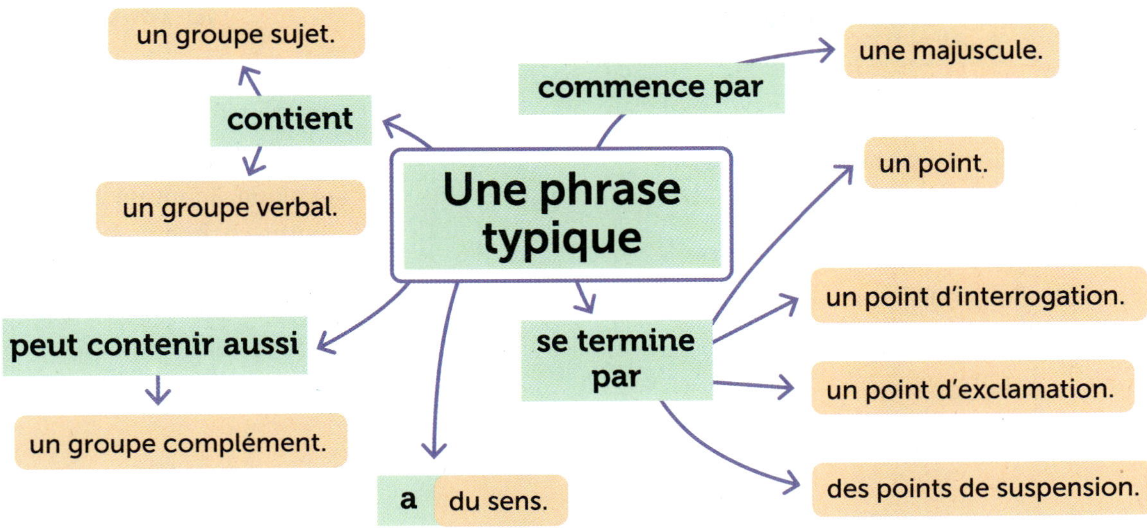

Je m'entraîne

1 Recopie les phrases suivantes et termine-les par le signe de ponctuation adapté.

a. Ça suffit maintenant

b. Je t'aime et toi

c. J'ai épluché les carottes

d. Quelle bonne nouvelle

e. On n'en dira pas plus

2 Modifie les énoncés pour qu'ils deviennent des phrases typiques.

a. il fait beau aujourd'hui

b. J'ai oublié mon cahier. Chez moi.

c. nous avons bien compris la leçon.

d. L'écureuil roux est

3 Ces phrases ne sont pas des phrases typiques. Modifie-les pour faire apparaître un groupe sujet et un groupe verbal.

a. Un pain au chocolat.

b. Aïe.

c. Voler dans les airs.

d. Encore !

e. Ce qui est chouette.

4 Compte le nombre de phrases typiques présentes dans ce dialogue. Transforme les autres pour que toutes comportent un groupe sujet et un groupe verbal.

« Tu as vu mon nouveau ballon ?
- Trop beau !
- On joue ensemble ?
- Bonne idée. Mais pas trop fort. J'ai mal au genou.
- Ah, ta chute d'hier ? Ça ne va pas mieux ?
- J'ai un gros bleu.
- Alors on se fait des passes ? Tranquille… »

5 Écris un dialogue de six phrases au moins autour d'un mot français que tu trouves joli. Tu peux utiliser une ou plusieurs phrases interrogatives si tu le souhaites.

6 Tu es passionné·e par un sport, un jeu, un objet particulier. Imagine que tu doives en expliquer le fonctionnement à une personne qui ne s'y connaît pas.

Pour t'entraîner encore PLUS → p. 264

2 Le verbe

J'observe, je manipule, je comprends

Je construis la leçon

Étape 1 **Observe les énoncés ci-dessous : comment faire pour les transformer en phrases typiques ?**

a. Le soleil.
b. La famille du brocoli tous les soirs.
c. La table de la cuisine ronde.
d. Sont partis assez vite ils.
e. Ils venus de bon matin.

- Dans une phrase typique ou canonique, il faut **un verbe**.
Ce verbe change de forme selon les phrases. Dans la phrase typique déclarative, le verbe se place **après** le groupe sujet.

Étape 2 **Repère les verbes dans les phrases des deux colonnes et essaie de comprendre pourquoi ils ont été classés ainsi : quelle sorte d'information nous apportent-ils ?**

①	②
Luna marche dans le jardin.	Elle semble heureuse.
Tu parles gentiment.	Tu es gentil.
Le vent agite les feuilles.	La nuit, le jardin paraît désert.

- Les verbes de la colonne 1 nous renseignent sur l'**action** accomplie par le sujet.
- Les verbes de la colonne 2 attribuent au sujet une qualité, une caractéristique. Ce sont des **verbes attributifs**.

Étape 3 **Dans les verbes suivants, repère les terminaisons et observe ce qui reste : il s'agit du radical.**

Je bavarde	Je finis	Je fais
Tu bavardes	On finit	Elle fait
Nous bavardons	Vous finissez	Vous faites
Elles bavardent	Ils finissent	Ils font

- Tous les verbes sont composés d'un **radical** et d'une **terminaison**. Le radical peut changer de forme selon la personne. Le verbe *finir* a 2 radicaux, *fini-* et *finiss-*, le verbe *faire* a 2 radicaux, *fai-* et *fo-*.

Étape 4 **Dans les verbes suivants, observe les terminaisons. Que remarques-tu ?**

Présent	Imparfait	Passé simple
Je tremble	Je tremblais	Je tremblai
Tu trembles	Tu tremblais	Tu tremblas

Futur	Conditionnel
Je tremblerai	Je tremblerais
Tu trembleras	Tu tremblerais

- **La terminaison d'un verbe** permet de savoir à quelle personne et à quel temps un verbe est conjugué. Ces terminaisons en partie muettes se ressemblent parfois : il est important de bien les apprendre à l'aide des tableaux de conjugaison (p. 356-358).

Je retiens

Voici un schéma pour vérifier que tu as bien compris la leçon.

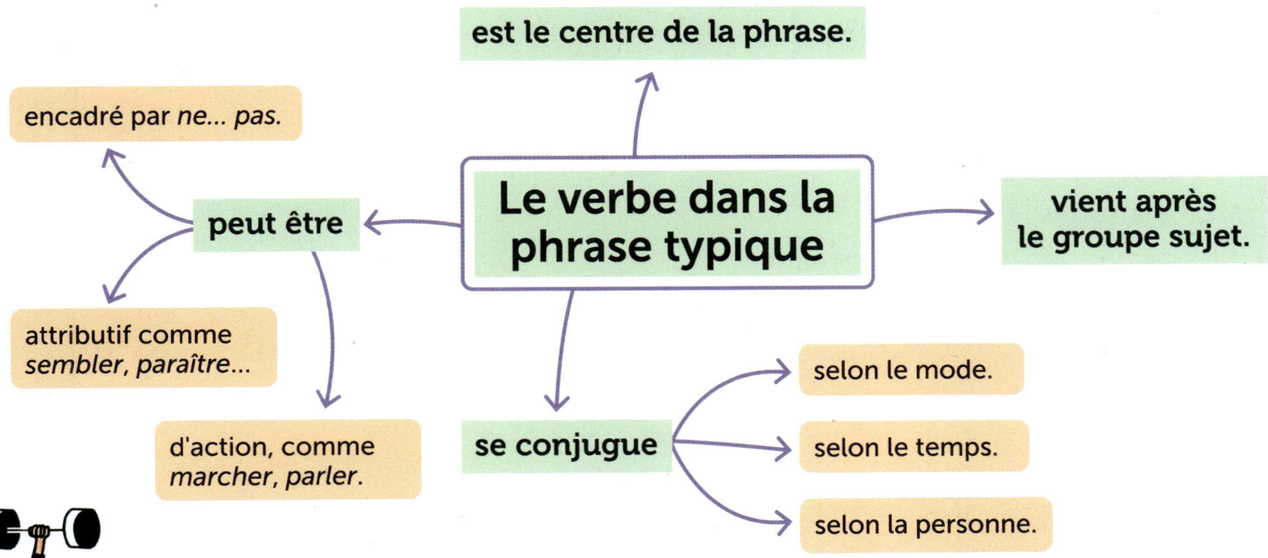

Je m'entraîne

1 Dans cette présentation d'un enfant de 11 ans, repère tous les verbes. Comment as-tu fait pour les trouver ?

Je m'appelle Florance. Je suis membre de l'ethnie Chin. Je vis en Birmanie. Mon frère adore jouer au foot. J'aime énormément mon chat. Ma maman est professeure, elle me donne les cours à la maison car c'est la guerre dans mon pays.

2 Ajoute des verbes dans ces phrases.

a. Mon frère …… toujours très lentement son petit-déjeuner.

b. Tu …… soucieuse.

c. Pendant la récréation, mes amis et moi …… dans la cour.

d. Le chat de ma grand-mère …… beaucoup.

e. Au printemps, les oiseaux …… leur nid.

3 Complète ces phrases en conjuguant le verbe *faire* au temps qui convient.

a. L'été prochain, nous …… du bateau.

b. Hier tu …… un gâteau pour nous le faire goûter.

c. Chut ! Ma sœur …… la sieste !

d. Elle était en tête quand tout à coup, elle …… une chute.

e. Tous les dimanches de mon enfance, nous …… des crêpes.

4 Transforme les phrases suivantes au pluriel, observe les modifications et justifie les changements.

a. Le renard roux se cache dans la forêt pour chasser.

b. En automne, il change de pelage pour s'adapter au froid.

c. Cet animal rusé utilise son flair pour repérer sa proie.

d. Le renard solitaire explore son territoire la nuit.

5 Écris un texte de dix phrases au moins pour dire qui tu es.

Tu peux donner les informations suivantes : ton prénom et ton âge, où tu vis et avec qui, où tu allais à l'école primaire, ce que tu aimes, ce qui ne te plaît pas, ce que tu voudrais faire plus tard. Souligne tous les verbes. Surligne parmi eux les verbes attributifs.

Pour t'entraîner encore PLUS → p. 264

3 Groupe sujet, groupe verbal, groupe circonstanciel

Je construis la leçon

J'observe, je manipule, je comprends

Étape 1 **Fais ressortir le groupe sujet en l'entourant des mots *c'est… qui.***

a. Le train arrive en gare.
b. L'orang-outan mange une pomme.
c. Cette petite souris est curieuse.
d. Ma mère a caché une surprise dans le placard.

> • Pour **repérer le groupe sujet**, je peux le mettre en relief avec les mots ***c'est… qui.***

Étape 2 **Associie les phrases de ces deux colonnes. Que remarques-tu ?**

Les étoiles filantes sont rares. •	• Ils arrivent.
Mon ami et mes frères arrivent. •	• Elle est tombée du toit.
Une tuile cassée est tombée du toit. •	• Vous êtes parties sans bruit.
Ta sœur et toi êtes parties sans bruit. •	• Elles sont rares.

> • Le groupe sujet peut être remplacé par un **pronom personnel**.

Étape 3 **Repère le groupe sujet et le groupe verbal dans ces phrases.**

a. Annie aime les coquillettes.
b. Tu sembles heureuse.
c. Cette chanson me casse les oreilles.
d. Elle s'appelle Adèle.

> • Le **groupe verbal** contient un verbe et parfois un ou deux compléments qu'on ne peut ni déplacer ni supprimer : on dit qu'ils sont **essentiels**.

Étape 4 **Délimite le groupe sujet, le groupe verbal et, s'il y en a un, le groupe circonstanciel.**

a. Mon frère dort enfin.
b. Héloïse gesticule sur sa chaise.
c. L'éléphant se déplace majestueusement.
d. C'est extraordinaire.

> • Le **groupe sujet**, le **groupe verbal** et éventuellement le **groupe circonstanciel** peuvent être formés d'un ou plusieurs mots.

Étape 5 **Déplace les compléments circonstanciels dans les phrases suivantes : quelles indications supplémentaires nous donnent-ils ?**

a. Tom a passé une très bonne journée hier.
b. Les escargots montrent leurs cornes dans l'herbe.
c. Il pleure à cause d'une défaite.
d. Le chaton a fait tomber la boîte d'un coup de patte.

> • Les **groupes circonstanciels** peuvent être **déplacés** dans la phrase. Ils donnent des indications de temps, de manière, de lieu, de cause…

Je retiens

Voici un schéma pour vérifier que tu as bien compris la leçon.

Groupe sujet, groupe verbal, groupe circonstanciel

- **Le groupe sujet**
  - ne peut être supprimé.
  - On peut en dire : *c'est... qui.*
  - peut être remplacé par un pronom.
  - est formé d'un ou plusieurs mots.
- **Le groupe verbal**
  - est formé d'un ou plusieurs mots.
  - ne peut être supprimé.
  - On peut encadrer le verbe par *ne... pas.*
  - peut contenir un complément essentiel.
- **Le groupe circonstanciel**
  - peut être supprimé.
  - peut être déplacé.
  - est formé d'un ou plusieurs mots.
  - indique le temps, la manière, la cause.
  - Il peut y en avoir plusieurs.

Je m'entraîne

1 Identifie et réduis le plus possible les groupes sujets.

a. Les dangereuses sirènes aux chants tentateurs attirent les marins.

b. Scylla, l'effroyable hurleuse aux cris de petits chiens, habite une grotte sombre.

c. Nausicaa aux bras blancs trouve Ulysse échoué sur son île.

2 Dans les phrases suivantes, repère les différents groupes et justifie tes choix.

a. Sur le tronc et les branches du grand chêne centenaire, l'écureuil grimpe à toute vitesse.

b. Après la tempête, les nuages sombres se dissipent lentement.

c. Les enfants continuent de s'amuser malgré la pluie.

d. Derrière la colline, un troupeau de moutons avance tranquillement.

e. Dans la nuit noire, le vieux manoir semble abandonné.

3 Ajoute un ou plusieurs groupes circonstanciels à ces phrases.

a. L'enfant pleure.

b. Le chien ronge un os.

c. Le musée ouvre.

4 Quel complément circonstanciel (temps, lieu, manière, cause) reconnais-tu ?

a. Pendant les vacances, nous avons visité un château médiéval.

b. Ismaël court à toute vitesse.

c. À cause du vent, l'arbre a été déraciné.

5 Te voilà explorateur ou exploratrice intrépide, faisant une découverte incroyable ! Écris cinq phrases la décrivant, en intégrant des compléments circonstanciels de temps, de lieu, de manière et de cause.

Pour t'entraîner encore PLUS → p. 264

Je me teste et je fais mes parcours

- Pour chaque notion, trouve la ou les propositions correctes.
- Vérifie tes réponses en bas de page.
- Fais alors tes parcours d'exercices.

1 La phrase typique

a. Toutes les phrases contiennent un groupe sujet, un groupe verbal et un groupe circonstanciel.
b. Une phrase typique contient au moins un verbe.
c. Une phrase typique commence toujours par une majuscule et finit par un point, un point d'exclamation, d'interrogation ou des points de suspension.
d. « Bonjour Madame ! » est une phrase typique.
e. « la pluie tombe depuis trois jours. » est une phrase.

J'ai fait une erreur : Parcours (rouge)
J'ai bien répondu : Parcours (bleu)

2 Le verbe

a. Le verbe est au cœur de la phrase typique.
b. Le groupe verbal est constitué du verbe et de son sujet.
c. Le verbe est très souvent avant le groupe sujet.
d. Le verbe exprime toujours une action dans la phrase.
e. Le verbe est parfois composé de deux mots.

J'ai fait une erreur : Parcours (rouge)
J'ai bien répondu : Parcours (bleu)

3 Groupe sujet, groupe verbal, groupe circonstanciel

a. La phrase : « Nous déjeunerons dehors. » contient un groupe sujet, un groupe verbal et un groupe circonstanciel.
b. La phrase « Les serpents sont ovipares. » contient un groupe circonstanciel.
c. Le groupe sujet peut être composé d'un seul mot.
d. Dans une phrase typique, il n'y a pas toujours de groupe verbal.
e. Il y a un complément circonstanciel dans toutes les phrases.

J'ai fait une erreur : Parcours (rouge)
J'ai bien répondu : Parcours (bleu)

Bonnes réponses : Fiche 1 : b et c. Fiche 2 : a et e. Fiche 3 : a et c.

Mes parcours d'exercices

1 La phrase typique

1 Parmi les énoncés suivants, lesquels ne sont pas des phrases typiques et pourquoi ?

a. Un chat assassin !
b. Un chat tigré dort au soleil.
c. Pourquoi un chat ?
d. Le chat rêve de souris.
e. Chez les voisins.

2 Complète les groupes de mots suivants pour en faire des phrases typiques.

a. Le livre ...
b. Les repas de la cantine ...
c. ... s'égosille dans le jardin.
d. ... ont trouvé un trésor.
e. Un œuf ...

3 Classe les phrases suivantes et explique tes choix.

a. La nuit, un silence étrange.
b. Ils attendent le bus depuis une heure.
e. Oh pardon.
f. Dans le grenier, j'ai trouvé un grimoire et une baguette magique.
g. Quelle chance incroyable de s'être qualifiés !
h. Annoncé par l'huissier, le juge entra dans la salle sans un bruit.
i. Pas un mot.

4 Identifie les phrases non typiques dans ce dialogue, puis réécris-le afin que toutes les phrases soient typiques.

– J'ai trouvé un jeu.
– Super !
– Tu serais un oiseau dans son nid. Tout mignon. Je t'apprendrais à voler.
– N'importe quoi.
– Tu te casserais la figure tout le temps…
– Aucune envie de jouer avec toi.

5 Fabrique une phrase typique à partir de ces mots. N'oublie pas le verbe !

a. Avion – aéroport.
b. Chaussures - table.
c. Parfum - mère.
d. Livre – histoire.
e. Nuit – étoiles.

6 Rétablis un verbe dans ces phrases averbales (qui ne contiennent pas de verbes).

a. Vivement le prochain numéro !
b. Au boulot.
c. Sur le toit du collège.
d. Très bien.
e. Le week-end avec Papa.
f. Te voilà enfin.

7 Écris un dialogue chuchoté par deux élèves pendant une séance de cinéma ou un cours d'EPS. Insère au moins cinq phrases non typiques.

8 Ces poèmes ne sont pas composés de phrases typiques : il manque parfois un verbe, et les auteurs jouent avec la ponctuation. Te plaisent-ils, et pourquoi ? Écris à ton tour un poème décrivant un animal.

a. Dans le soir encore
Le merle vide son sac
Salve bleue de trilles.

Alain Boudet

b. Taureau
Dans la lumière
Noir sous le ciel rouge
Ses cornes fouillant le sable
Immobile,
entre les dents d'acier.

Michèle Lévy

2 Le verbe

9 Repère les verbes dans chaque série.

Astuce : un verbe à l'infinitif peut être précédé de *ne… pas*.

a. Boire – armoire - couloir- dortoir – falloir.
b. Fuir – cuir – bondir – loisir – plaisir.
c. Pommier – plombier – crier – étudier – épicier.
d. Livre – prendre - sucre – craindre – sombre.

10 Recopie ces verbes en soulignant en bleu les radicaux et en rouge les terminaisons.

a. J'écris – j'écrivais.
b. Nous finissions – nous finirons.

c. Tu dois – tu devais – tu devras.

d. Je bois – je buvais – je bus.

e. Elles prennent – elles prendraient – elles prirent.

f. Vous allez – tu iras – ils vont.

11 **Ajoute des verbes dans ces phrases.**

a. L'enfant ... sur le canapé.

b. Nous ... un gâteau ce soir.

c. Les enfants ... dans le jardin.

d. Elle ... à la bibliothèque.

e. Tu ... ce dessin animé.

12 **Repère les verbes dans les phrases et écris-les à l'infinitif.**

a. Les élèves rangeaient leurs cahiers dans des casiers.

b. Vous verrez ce film pendant les vacances.

c. Ils vécurent heureux et eurent beaucoup d'enfants.

d. Je le plains vraiment de tout mon cœur.

e. Ils ont cousu leurs sacs eux-mêmes.

13 **Relève les verbes dans le texte suivant.**

> Un des rochers se fendit. Un œuf en sortit et roula en contrebas. Le vent joua longtemps avec lui et le féconda peut-être. Un jour, cet œuf de pierre se cassa. Un être vivant apparut. Comme une fleur qui s'ouvre, il se déploya. Il ressemblait à un homme. Mais c'était plutôt une sorte de singe.
>
> D'après Pascal Fauliot, *L'Épopée du Roi Singe*, © Casterman.

14 **Emploie chaque verbe dans une phrase, sans en changer l'orthographe.**
Attention, ne confonds pas ces verbes avec des noms.

Porte – marche – plante – coupe – tire.

15 **Place les verbes suivants à l'endroit qui convient dans le texte.**
N'oublie pas de les conjuguer.

Apparaître – observer – trembler – décider – surgir – se rassembler – protéger.

> Dieux et déesses .... sur l'Olympe. Tous .... la Terre avec inquiétude. Zeus .... alors d'agir. Des créatures étranges .... des profondeurs. Athéna .... les humains du danger. Le sol .... sous la colère des dieux. Enfin, une lumière brillante .... dans le ciel.

16 **Classe les verbes d'action et les verbes attributifs dans les phrases de ce texte.**

> Thésée est un jeune homme courageux. Il part seul vers Athènes et traverse plusieurs régions dangereuses. Sur sa route, il affronte des brigands et les bat sans pitié.
> Son père Égée est inquiet. Lorsque Thésée arrive, il devient un héros reconnu. Le peuple l'admire : le jeune homme semble plus fort que tous les autres.

17 **Classe les verbes d'action et les verbes attributifs dans ce texte.**

> C'était l'époque où le temps doux déclinait. Renart, dans sa maison, était désormais à bout de provision. Il ne trouvait plus de crédit chez les marchands. Un jour de grand faim, le goupil quitta Maupertuis et se glissa parmi les joncs, entre la rivière et le bois. Il s'accroupit dans un fossé, tendit le cou de tous côtés. Il était inquiet, quand soudain il entendit un bruit de roues. C'était des marchands revenant des bords de la mer.
> Leur cargaison semblait pleine de d'anguilles et de harengs frais.
>
> D'après *Le Roman de Renart*.

18 **Décris une personne que tu admires, en insistant sur son portrait et ses actions. Souligne ensuite les verbes attributifs et les verbes d'action que tu as employés.**

19 **Décris un adulte que tu connais et questionne-le sur son métier.**

- Demande-lui quelles qualités il faut avoir, et quelles sont ses activités les plus habituelles.
- Tâche d'employer des verbes variés. Souligne ensuite les verbes attributifs et les verbes d'action que tu as choisis.

3 Groupe sujet, groupe verbal, groupe circonstanciel

20 **Recopie les phrases en encadrant le groupe sujet et le groupe verbal.**

a. Nous passons de belles vacances.

b. La tante de Lola construit des maisons.

c. Amine et Héloïse sautillent d'excitation.

d. Le coffre de la voiture est plein à craquer.

e. Ils déménagent.

21 **Repère le groupe sujet et remplace-le par un autre groupe sujet qui pourrait convenir.**

a. Les dieux se rassemblèrent sur l'Olympe.

b. L'héroïne affronte le monstre sans peur.

c. Les créatures surgissent de l'ombre.

d. Il a froid.

e. La foule trembla en entendant le cri.

f. Une lumière éblouissante éclaira le ciel.

22 **Repère les groupes sujets dans les phrases de ce texte.**

Astuce : Ils ne peuvent pas être supprimés.

> Des vagues de terreur m'envahirent. Je pensai aux requins, en dessous de moi. Je serais mangé vivant. Je coulerais lentement. Rien ne pourrait me sauver. Puis une lueur blanche apparut dans la mer. Mon chien nageait à côté de moi ! La tête de Stella était plus noire que blanche. Or, je ne voyais que du blanc. C'était mon ballon de football.
>
> D'après Michael Morpurgo, *Le Royaume de Kensuké*, © Gallimard.

23 **Dans ces phrases, remplace le groupe verbal par le verbe *dormir*. Attention à bien le conjuguer. Ne te soucie pas du sens.**

a. Tu manges des brocolis.

b. Les biches ont dévoré les rosiers.

c. Je m'appelle Eliot.

d. Tu sembles triste.

24 **Dans lesquelles de ces phrases les groupes verbaux contiennent-ils un complément essentiel ?**

a. Ils ont construit cet immeuble dans les années 1970.

b. Ils travaillent depuis l'aube.

c. Molière a écrit cette pièce de théâtre pour se moquer des médecins.

d. Toute sa vie, Molière a écrit.

25 **Complète ces phrases en ajoutant un groupe verbal qui peut contenir un complément essentiel.**

a. Afin de s'organiser dans son travail, Sonia …… .

b. Pour mieux comprendre ses leçons, elle rédige …… .

c. Avant un contrôle, elle …… .

d. Quand elle aime particulièrement un livre, elle …… .

e. Nous …… à l'approche de l'hiver.

26 **Associe chaque groupe sujet à un groupe verbal.**

Les orangs-outans •	• sont plus longs que leurs jambes.
Leurs bras puissants •	• est particulièrement développée.
L'intelligence de ces grands singes •	• ont des mains et pieds capables de préhension.

27 **Recopie ces phrases et souligne les groupes sujets, les groupes verbaux et les groupes circonstanciels s'il y en a.**

> Ralph se laissa tomber sur le sable chaud. Il observa les autres garçons. Certains riaient. D'autres pleuraient. Certains restaient silencieux. Soudain, un cri retentit. Jack, le chef de chœur, se leva d'un bond. Il courut vers la forêt. Les enfants avaient trouvé la piste d'un cochon sauvage. Ils étaient chasseurs, désormais.
>
> D'après William Golding, *Sa Majesté des mouches*, 1954, © Gallimard.

28 **Ajoute un complément circonstanciel à ces débuts de phrase.**

a. Le vieil érable s'écroule …

b. La cabane sera construite …

c. Les légumes grillent …

d. Toute la famille s'est installée …

29 **Dans ce texte, relève des compléments circonstanciels de lieux et de temps.**

> Aux deux extrémités de la Terre, se trouvent les pôles Nord et Sud. Aux pôles, la vitesse du vent s'ajoute aux températures très basses : il y fait donc un froid intense.
> Au pôle Nord, le soleil ne se lève pas de septembre à mars, c'est ce qu'on appelle la nuit polaire. Pendant cette nuit, se forment parfois des aurores boréales.
> De mars à juin, la neige fond et les jours s'allongent. Il n'y a pas d'arbres dans la toundra, mais les fleurs sont nombreuses.

30 **Observe une image et décris-la avec le plus de compléments circonstanciels possible. Ce peut être un tableau, une photo, un dessin…**

4 Les natures ou classes grammaticales variables

Je construis la leçon

J'observe, je manipule, je comprends

Étape 1 **Qu'indique la dernière lettre des mots ci-dessous ?**

Fleur**s**	Dou**x**
Laid**s**	Tou**s**
Grand**s**	Écolie**r**
Le**s**	Au**x**
Exercice**s**	Énervé**s**

- De nombreux mots changent de forme au pluriel, on dit qu'ils sont **variables en nombre** : on leur ajoute un **« s »** ou un **« x »** au pluriel.
- Attention, certains mots comme *doux* s'écrivent de la même manière au singulier et au pluriel.

Étape 2 **Même exercice.**

Élèv**e**	Un**e**
Violent**e**	Bell**e**
Commerçant**e**	Tranquill**e**
Calm**e**	Fort**e**
Vendeus**e**	Crémièr**e**

- De nombreux mots changent de forme au féminin, on dit qu'ils sont **variables en genre** : on leur ajoute souvent un **« e »**, en faisant parfois d'autres modifications.
- Attention, certains mots sont identiques au masculin et au féminin (*élève*, *tranquille*), et tous les mots finissant par un « e » ne sont pas féminins.

Étape 3 **Propose une ou plusieurs modifications de ces mots pour prouver qu'ils sont variables.**

a. Pingouin – Train
b. Gentil – Agréable – Placé
c. Mange – Trie – Cueille
d. Le – Cet
e. Il – Lequel

- Pour savoir à quelle **catégorie de mots** j'ai affaire, je peux d'abord vérifier s'il est **variable** ou pas : déterminant, nom, adjectif, pronom, verbe…

Étape 4 **Dans ces phrases, remplace le mot en gras par un autre mot qui pourrait convenir.**

a. Lisa mange un **kaki**.
b. Cette femme est **téméraire**.
c. **Ton** chien me fait rire.
d. Ils sont **fort** méchants.

- Pour connaître la **classe grammaticale ou nature d'un mot**, j'essaie de le remplacer par un autre mot que je connais.

Je retiens

Voici un schéma pour vérifier que tu as bien compris la leçon.

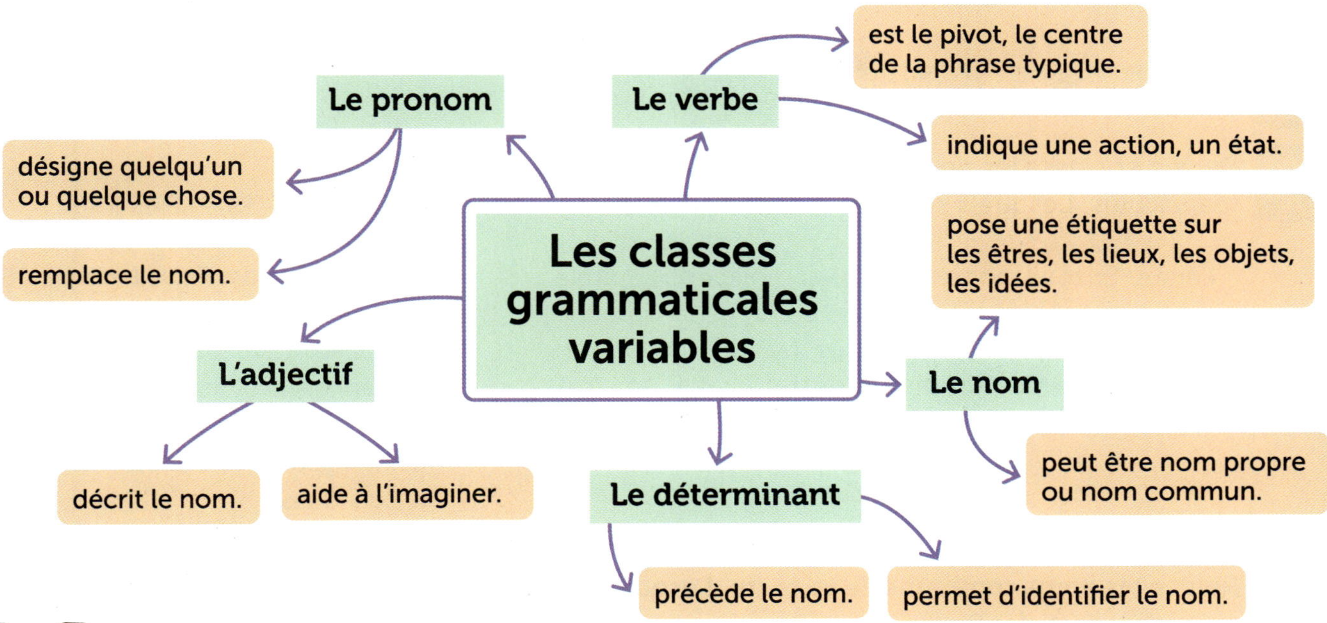

Je m'entraîne

1 Remplace les mots en gras par d'autres mots qui conviennent grammaticalement même s'ils ont un sens différent. Identifie leur nature.

Tom sortit de la maison armé d'un **baquet** de chaux et d'un **long** pinceau. Il examina la **palissade** autour du jardin. **Toute** joie l'**abandonna** et **son** âme s'emplit de mélancolie. **Trente** mètres de **planches** à **badigeonner** sur plus d'un mètre et demi de haut ; la **vie** n'était qu'**un** lourd **fardeau**.

D'après Mark Twain, *Les Aventures de Tom Sawyer*.

2 Donne la nature ou classe grammaticale des mots en gras.

Tu **casses** les œufs dans un bol
et **tu les bats** avec une **fourchette**.
Tu **fais chauffer le** beurre dans une **poêle**
à feu moyen.
Tu **verses** les œufs **battus** dans la poêle
et **tu laisses cuire** doucement sans remuer.
Quand l'omelette **commence** à prendre sur
les bords, **tu ajoutes** le fromage **râpé**.
Tu **replies** l'omelette en deux et **tu la laisses**
cuire pour qu'**elle** soit **fondante** à l'intérieur.

3 Construit des phrases en suivant chaque formule.

a. Déterminant + nom + verbe + déterminant + adjectif + nom.

b. Pronom + verbe + determinant + nom + adjectif.

c. Déterminant + nom + pronom + verbe.

d. Déterminant + adjectif + nom + verbe + déterminant + nom

4 Choisis un personnage célèbre que tu décriras en six phrases au moins, physiquement et moralement, sans dire son nom.
Selon le code couleur de ton choix, souligne les noms, les adjectifs et les pronoms que tu as employés. Ensuite, tu feras deviner à tes camarades de qui il s'agit.

Pour t'entraîner encore PLUS → p. 274

5 Les mots variables : les noms et les déterminants

Je construis la leçon

J'observe, je manipule, je comprends

Étape 1 **Relève et classe les noms commençant par des majuscules. Lesquels sont précédés d'article ?**

Léna et Enzo se sont retrouvés sur la place du Capitole. Après un café en terrasse, ils ont longé la Garonne, admirant le Pont-Neuf et les façades en briques rouges. Chez Maïté, dans le quartier Saint-Cyprien, ils ont mangé un cassoulet, plat typique du Sud-Ouest.

- **Les noms propres** portent des majuscules : ils désignent des personnes ou des lieux. Les noms de personnes sont employés sans article (sauf exception comme la mère Michel), mais pour les noms de lieux, cela dépend : Toulouse, Saint-Cyprien mais la Garonne, le Sud-Ouest.

Étape 2 **Relève les noms communs de ce texte. Lesquels sont précédés d'articles ?**

Tamara et Chloé vivent à Saint-Denis, la capitale de La Réunion. Après les cours, les amis se sont retrouvés en ville pour profiter de l'après-midi. Au marché, Tamara a acheté un jus de canne bien frais, tandis que Chloé a mangé des bonbons piments, de petites friandises faites de pois, de coriandre et de piment.

- Les **noms communs** sont utilisés pour désigner des idées, des choses, des personnes. Généralement un **déterminant** les précède. S'il a disparu, on peut le faire réapparaître.
Ex. *en ville* = dans la ville

Étape 3 **Relève et classe les déterminants de ce texte.**

Au centre de la forêt, une cane couvait ses œufs. Enfin les œufs commencèrent à se fendiller. Des petits canards tendaient leur cou hors de leur coquille, faisant tout le bruit qu'ils pouvaient. Mais un gros œuf restait intact. Enfin cet œuf creva. La cane le regarda et dit : « Quel énorme caneton ! Quel oiseau a pu le pondre ? »

- Il existe plusieurs **catégories** de déterminants, parmi lesquels les **articles**, qui peuvent être définis ou indéfinis.

Étape 4 **Réécris ce texte en remplaçant les noms masculins par des noms féminins. Quels autres changements dois-tu faire ?**

Le **chien** du **voisin** s'appelle Roméo. Son **pelage** est fauve, il ressemble au **lion** d'Afrique. Je l'emmène courir près du **lac**, c'est le plus gentil du **monde** !

- Il existe des articles qui cachent des prépositions : celles-ci réapparaissent devant un nom féminin. On les appelle les articles **définis contractés**.

Je retiens

Voici un tableau pour vérifier que tu as bien compris la leçon.

L'article indéfini	• introduit un nom indéterminé : *un, une, des*
L'article défini	• désigne un nom déjà évoqué, connu : *le, la, les*
L'article défini contracté	• rassemble un article et une préposition : *au = à + le, aux = à + les, du = de + le, des = de + le*
Le déterminant possessif	• indique un lien d'appartenance ou de proximité : *mon, ma, ta, notre, leur, leurs*
Le déterminant démonstratif	• permet de désigner quelque chose : *ce, cette, ces*
Le déterminant numéral	• exprime un nombre : *dix, trois*
Le déterminant interrogatif ou exclamatif	• introduit un nom dans une phrase interrogative : *quel, quelle, quelles, quels*
Le déterminant indéfini	• indique la totalité, l'absence, une partie : *plusieurs, quelques, certains...*

Je m'entraîne

1 Relève dans deux colonnes les noms propres et les noms communs de ce texte.

Après la guerre de Troie, Ulysse navigua sur la mer Méditerranée pour rentrer à Ithaque, son royaume. En chemin, il affronta Polyphème, un cyclope qui vivait dans une grotte sombre. Avec ses compagnons, Ulysse utilisa la ruse pour s'échapper. Après de nombreuses aventures, il retrouva enfin Pénélope et Télémaque, son fils.

2 Classe les différents déterminants et articles en gras dans ce texte.

Au début, il n'y avait rien. **Un** jour, **des** dieux décidèrent de créer **l'**univers. **Leur** première action fut de séparer **le** ciel **des** eaux. Ensuite, ils donnèrent naissance à **ces** étoiles que nous voyons encore et à **quelques** planètes. Parmi elle, il y avait **notre** monde. **Chaque** élément fut placé avec soin.

3 Ajoute aux noms suivants un déterminant de la catégorie indiquée.

a. *(Déterminant démonstratif)* tulipes
b. *(Déterminant possessif)* cabane
c. *(Déterminant indéfini)* problèmes
d. *(Déterminant interrogatif)* coutume
e. *(Article défini)* outils ... *(article défini contracté)* menuisier

4 Écris le début d'un conte. Pour évoquer ton héros ou ton héroïne, utilise des articles indéfinis et au moins trois articles définis. Si tu peux, ajoute d'autres déterminants dans ton texte. Au fur et à mesure, souligne les déterminants en utilisant une couleur par catégorie.

Pour t'entraîner encore PLUS → p. 274

6 Les mots variables : les adjectifs et les pronoms

Je construis la leçon

J'observe, je manipule, je comprends

Étape 1 **Lis le texte suivant et repère les mots qui te permettent d'imaginer la chèvre de M. Seguin.**

Ah! qu'elle était jolie la petite chèvre de M. Seguin! Qu'elle était jolie avec ses yeux doux, sa barbiche de sous-officier, ses sabots noirs et luisants, ses cornes zébrées et ses longs poils blancs qui lui faisaient une houppelande ! Et puis, docile, caressante, se laissant traire sans bouger, sans mettre son pied dans l'écuelle.

A. Daudet, *La Chèvre de Monsieur Seguin.*

• Les **adjectifs** permettent de se faire une image mentale d'un personnage, d'un animal, d'un lieu car ils donnent des précisions et aident à **décrire** les noms qu'ils qualifient.

Étape 2 **Supprime les adjectifs de cette description : te fait-elle autant rêver ?**

Les enfants, affamés et épuisés, découvrirent une maison étrange au cœur de la forêt profonde. Elle était faite de pain d'épice croustillant, de gâteaux moelleux et de bonbons colorés. Une odeur sucrée et envoûtante flottait dans l'air.

• Les adjectifs permettent de mieux **se représenter les personnes, les lieux, les choses**. On en trouve souvent dans des descriptions ou des portraits.

Étape 3 **Que remarques-tu dans le texte ci-dessous ? Comment faire pour améliorer ce texte ?**

Au cœur d'une forêt dense, une petite maison se dressait. La maison semblait abandonnée. Un jour, un jeune garçon s'aventura dans la maison et découvrit un chaudron. Ce chaudron contenait une potion. La potion pouvait accomplir tous les vœux, selon une inscription.

• Pour éviter les répétitions des mêmes noms, il est bon d'utiliser des **pronoms**. Il en existe beaucoup, qui permettent de ne pas utiliser les seuls pronoms personnels.

Étape 4 **Lis ce texte : que comprends-tu ?**

Hier, je suis allé au parc avec mon chien et mon frère. Il était super content de sortir. On a joué à la balle, et après, on a fait une course. Il a gagné, mais en trébuchant il s'est fait mal à l'oreille. Maman s'est occupée de lui et nous avons passé une bonne soirée.

• Dans ce texte, le lecteur n'est pas sûr des personnes qui se cachent derrière les pronoms « il », « on » « lui » « nous ». Songe à ceux qui te liront, assure-toi qu'ils comprendront qui est le **référent de chaque pronom**.

Je retiens

Voici un tableau pour vérifier que tu as bien compris la partie de la leçon sur les pronoms.
Tu n'as pas encore à connaître ceux en grisé.

Le pronom personnel
- Sujet, il sert à conjuguer les verbes qui le suivent : *je, tu, elle, il, on, nous, vous, ils, elles*
- Complément, il est à gauche du verbe : COD : *me, te, se, le, la, les*
  COI : *lui, leur*
- Disjoint, il n'est pas à côté du verbe : *toi, moi, eux*

Le pronom démonstratif
- Désigne quelque chose : *ceci, ça, ce, celui-là, celles-ci*

Le pronom possessif
- Désigne quelque chose en lien avec quelqu'un, quelque chose : *le mien, la leur, les nôtres, les vôtres*

Le pronom interrogatif
- Désigne ce sur quoi porte une question : *qui ? que ? quoi ? lequel ?*

Le pronom indéfini
- Indique la totalité, une quantité imprécise, la nullité *tous, certains, rien*

Je m'entraîne

1 Accorde les adjectifs suivants au féminin singulier et au féminin pluriel.

Heureux – sportif –doux – original – blanc – vieux – fin – passionné – nouveau – discret – pluriel.

2 Trouve l'antonyme (contraire) des adjectifs suivants.

Grande – beau – content – facile – parfait – brûlant – vraie – peureux.

3 Repère et si possible identifie les pronoms de ce texte (il y en a 13 !)

Alors qu'ils jouaient au parc, Léa et Thomas trouvèrent un vieux livre. Celui-ci était caché dans un buisson. Ils l'ouvrirent avec curiosité. Leur surprise fut grande lorsqu'ils découvrirent qu'il contenait des recettes mystérieuses. Qui aurait pu imaginer cela ? Léa dit à Tom : « Je pense que nous devrions le rapporter à la bibliothèque. Quelqu'un le cherche peut-être ? »

4 Dans le texte suivant, remplace les noms ou groupes de noms soulignés par des pronoms.

La sorcière attrapa Hansel de sa main rêche, conduisit Hansel dans une petite étable et y enferma Hansel. Hansel eut beau crier, cela ne servit à rien à Hansel. La sorcière s'approcha ensuite de Gretel. La sorcière secoua Gretel pour réveiller Gretel.

D'après Grimm, *Hansel et Gretel*.

5 Écris le dialogue de deux enfants qui ont trouvé un chaton. Utilise au moins six pronoms et six adjectifs dans ton texte.

Pour t'entraîner encore PLUS → p. 274

Je me teste
et je fais mes parcours

- Pour chaque notion, trouve la ou les propositions correctes.
- Vérifie tes réponses en bas de page.
- Fais alors tes parcours d'exercices.

4 Les natures ou classes grammaticales variables

a. Les mots en français peuvent être variables ou invariables.
b. Il existe cinq natures ou classes grammaticales différentes.
c. La nature d'un mot est différente de sa classe grammaticale.
d. Un nom peut varier en genre et en nombre.
e. L'adjectif « doux » est invariable.

J'ai fait une erreur : Parcours (orange)
J'ai bien répondu : Parcours (bleu)

5 Les mots variables : les noms et les déterminants

a. Il existe des déterminants propres.
b. Dans « Le cri du loup », « du » cache deux mots en un.
c. Les noms qui se terminent par « e » sont toujours féminins.
d. « Chaque enfant a des droits » : « chaque » est un déterminant possessif.
e. Les noms propres sont parfois précédés d'articles.

J'ai fait une erreur : Parcours (orange)
J'ai bien répondu : Parcours (bleu)

6 Les mots variables : les adjectifs et les pronoms

a. L'adjectif est variable en genre et en nombre.
b. « Lui » est un pronom personnel.
c. « Notre » est un pronom possessif.
d. La phrase « Elle leur a donné les siens. » compte deux pronoms.
e. Dans la phrase : « Je la porte délicatement. », « la » est un déterminant.

J'ai fait une erreur : Parcours (orange)
J'ai bien répondu : Parcours (bleu)

Bonnes réponses : Fiche 4 : a et d. Fiche 5 : b et e. Fiche 6 : a et b.

Mes parcours d'exercices

4 Les natures ou classes grammaticales variables

1 Réécris les mots suivants en les faisant varier.

Palmier – tomber – libres – bleu – un – elle – garagiste – prendra – boulangère – mer.

2 Fais varier en genre les noms qui le peuvent. Attention, il y a des intrus !

Infirmière – acteur – bébé - musiciens – touriste – lapin – tigre – ami – cousines – aïeul – nièce – étudiante – héros – loups.

3 Recopie les noms dont le pluriel ne se voit pas.

Bras – cheval - virus – chats – atlas – Pyrénées – ananas – chiffre – nez.

4 Recopie cette phrase en écrivant en bleu les mots variables et en rouge les mots invariables.

Les tyrannosaures ont disparu depuis très longtemps. Mais certains petits dinosaures à plumes ont survécu : nos oiseaux actuels ! Le raptor, ancêtre de la mésange ou du corbeau, avait aussi des plumes, le squelette et la posture de nos oiseaux, et il pondait aussi des œufs.

5 Relève dans ce texte vingt mots variables.

Je demande pardon aux enfants d'avoir dédié ce livre à une grande personne.
J'ai une excuse sérieuse : cette grande personne est le meilleur ami que j'ai au monde.
J'ai une autre excuse : cette grande personne peut tout comprendre, même les livres pour enfants.
J'ai une troisième excuse : cette grande personne habite la France, où elle a faim et froid. Elle a bien besoin d'être consolée. Si toutes ces excuses ne suffisent pas, je veux bien dédier ce livre à l'enfant qu'a été autrefois cette grande personne. Toutes les grandes personnes ont d'abord été des enfants.

Antoine de Saint-Exupéry, *Le Petit Prince*, © Gallimard.

6 Replace ces mots dans le texte. Attention aux accords.

Appuyé – assis – corps – genoux – habitude – haut – heure – jour – main – pied – quotidien – rapproché – soldat.

Phileas Fogg, carrément .... dans son fauteuil, les deux .... comme ceux d'un .... à la parade, les .... sur les ...., le .... droit, la tête ...., regardait marcher l'aiguille de la pendule, appareil compliqué qui indiquait les ...., les minutes, les secondes, les ...., les quantièmes et l'année. À onze heures et demie sonnant, Mr. Fogg devait, suivant ses ...., quitter la maison et se rendre au Reform-Club.

D'après Jules Verne,
Le Tour du monde en quatre-vingts jours.

7 Pour chacune de ces phrases, relève dans un tableau à deux colonnes les mots variables et les mots invariables.

a. L'hiver qui vient de s'écouler a été exceptionnellement froid.

b. Parfois, les cyclistes manquent de prudence.

c. Comme il fera beau demain, nous allons programmer une excursion.

8 Dans les phrases suivantes, mets au pluriel le mot souligné et fais les changements nécessaires.

a. La <u>route</u> est complètement verglacée.

b. Cette <u>voiture</u> très perfectionnée roule beaucoup trop vite.

c. Quel <u>candidat</u> parviendra en finale de la compétition ?

d. Ma <u>montre</u> s'est arrêtée brutalement.

e. Un <u>chat</u> s'est installé dans mon jardin.

9 Au marché, décris ce que tu vas acheter. Rédige six phrases au moins. Souligne tous les mots invariables de ton texte.

5 Les noms et les déterminants

10 Classe ces noms en deux catégories grammaticales que tu nommeras.

Emma – fermiers – réfrigérateur – agacement – Sacha – Corse – montagne - amitié – voiture – joie – Lilou – école – patience – Quentin – courage – Londres – arbres – bonheur – tabouret – géométrie – France.

11 **Complète ce poème avec des articles indéfinis.**

Depuis ... années,
... années,
... stalactite,
... stalagmite
Se regardaient.
Elles durent attendre ... années
... années
Avant de pouvoir se donner
... petit baiser glacé.

D'après François Bon

12 **Classe ces noms selon leur genre en les précédant d'un article. Que remarques-tu ?**

Liberté – idée – dictée – scarabée – bonté – jetée – fraternité – efficacité – portée – musée – allée – générosité – montée – trophée – sensibilité – canapé.

13 **Complète ces strophes avec des articles définis.**

Vienne ... nuit sonne ... heure
... jours s'en vont je demeure.

Guillaume Apollinaire

Hurrah ! ... bise siffle au grand bal des squelettes !
... gibet noir mugit comme un orgue de fer !
... loups vont répondant des forêts violettes :
À ... horizon, ... ciel est d'un rouge d'enfer...

Arthur Rimbaud

14 **Identifie les déterminants dans ces phrases.**

a. **Ce** livre est passionnant.

b. **Une** voiture rouge est garée devant **la** maison.

c. **Notre** chien est dans **le** jardin.

d. **Quel** beau coucher de soleil !

15 **Identifie les déterminants dans ces phrases.**

a. **Plusieurs** amis arrivent demain.

b. **Au** loin, on entend **des** oiseaux.

c. **Quelle** route avez-vous prise ?

d. Je n'ai vu **aucun** enfant.

16 **Classe tous les déterminants de ce texte.**

Durant des centaines d'années, on adora Zeus à Olympie. Tous les quatre ans, se déroulaient des Jeux. Les Jeux olympiques comportaient des épreuves variées comme la course, le saut, le lancer du javelot, la lutte et la boxe. Seuls les hommes libres pouvaient y participer.

17 **À partir des noms propres présents dans ce texte, inscris les personnages cités dans un arbre généalogique que tu peux illustrer.**

Zeus est le roi des dieux. Fils de Cronos et de Rhéa, il tient un éclair qui symbolise les cieux. Héra est à la fois la sœur et la femme de Zeus. Infidèle, Zeus a engendré beaucoup de dieux et de déesses. Aphrodite est la déesse de l'amour, fille de Zeus et de Diomé. Athéna est la déesse guerrière de la sagesse, elle est le fruit des amours de Zeus et de Métis. Poséidon est le frère de Zeus, il est le dieu de la mer et des tremblements de terre.

18 **Vérifie que les mots en gras sont des déterminants en les remplaçant par un autre déterminant. Donne ensuite le nom de leur sous-catégorie.**

Dans ***Le*** *Médecin malgré lui*, **un** bûcheron paresseux nommé Sganarelle se dispute avec **son** épouse, Martine. Elle décide de se venger et dit à **deux** valets que **son** mari est **un** médecin célèbre... qui ne veut soigner personne à moins d'être battu ! **Les** valets emmènent **ce** drôle de médecin chez **le** riche Géronte : **sa** fille Lucinde ne parle plus.

19 **Identifie le déterminant des noms en gras.**

a. Les croissants du **boulanger** sont les meilleurs de la ville.

b. Il a donné tous les livres aux **étudiants** de notre école.

c. Les habitants des **villes** touchées par le séisme ont dû déménager.

d. Au **coucher** du soleil, la forêt prend des couleurs extraordinaires.

e. Te souviens-tu du **jour** de l'éclipse solaire ?

20 **Complète le texte suivant en choisissant les déterminants qui te semblent les plus adaptés. Attention à l'orthographe, qui doit te guider. Pour les deux derniers déterminants, tu dois connaître un peu l'histoire du Déluge...**

D'après ... Bible, Dieu a ordonné de construire ... navire afin de sauver Noé et ... famille. L'arche pouvait aussi abriter ... couple de ... espèce animale afin de les sauver ... déluge qui allait se produire. En effet, ... Bible raconte que ... pluie tomba ... jours et ... nuits.

6 Les adjectifs et les pronoms

21 Accorde les adjectifs pour compléter ces noms.

a. Une potion (*amer*).

b. Une personne (*rusé*).

c. Des lunettes (*grossissant*).

d. Des poulains (*espiègle*).

e. Une nappe (*immaculé*).

22 Relève les adjectifs de ce texte. Indique à quel nom ils se rapportent et s'ils sont placés avant ou après le nom.

Le vieux château se dressait sur la colline escarpée. Ses tours massives se perdaient dans le ciel gris. Une légère brume enveloppait les murs anciens, leur donnant un air mystérieux. Le vent froid sifflait à travers les fenêtres brisées, et un silence pesant régnait sur les lieux.

23 Relève tous les adjectifs dans ce texte.

J'ai perdu mon père alors que je ne comptais guère que trois ans de séjour dans ce monde houleux. Âgé de trois ou quatre ans, je demandais à Niélé Dembélé, l'excellente femme qui m'avait élevé :
– Niélé, comment était mon père ?
Surprise, elle resta un moment sans voix puis elle s'écria : « Ton père ! Mon bon maître ! »
Et à mon grand étonnement, elle fondit en larmes, m'attira contre elle et me pressa fortement contre sa poitrine.

D'après Amadou Hampâté Bâ, *Amkoullel, l'enfant peul*, 1991, © Actes Sud.

24 Relève dix pronoms dans ce texte.

On ne sait pas qui a inventé la roue, mais il serait difficile de s'en passer. Le développement de civilisations anciennes comme celles des Mayas ou des Aztèques a été limité parce qu'elles ne l'avaient pas découverte. La première roue retrouvée, qui était en bois, date de -3 500 ans avant J.-C. Sans elle, nous n'aurions ni voiture ni train. Roues de vélo, de skateboard, de trottinette : lesquelles utilises-tu régulièrement ?

25 Recopie le début de l'histoire de Tristan et Iseut en remplaçant certains noms par des pronoms.

Exemples : qui – il – ils – l' – le – les – leur – eux – celle-ci – celui-ci – ces derniers

Tristan est le neveu du roi Marc. Le roi Marc a chargé Tristan d'aller chercher Iseut la Blonde. Le roi Marc doit épouser Iseut. La servante Brangien a préparé un philtre d'amour pour Marc et Iseut. Par erreur, Brangien donne le philtre à Tristan et Iseut. Tristan et Iseut tombent irrémédiablement amoureux.

26 À qui peuvent renvoyer les pronoms en gras ? Attention, plusieurs réponses sont possibles.

a. Le tigre effraie le chasseur, **il** est énorme.

b. Dans la rue, Jean-Paul suit Michel. **Il** marche vite.

c. À l'hôpital, Marie soigne Anna. **Elle** ne dit rien.

d. Jouant à l'*ultimate*, Inès s'élance très vite. Marie est essoufflée. **Elle** a dû aller très vite pour attraper le frisbee.

27 Remplace les groupes nominaux en gras par des pronoms.

a. Nous avons traversé **le ruisseau**.

b. Paul a confié son chat **aux amis de son fils**.

c. Je préfère **les gâteaux que tu prépares** à ceux du pâtissier.

d. **Quel voyage** as-tu choisi pour ces prochaines vacances ?

28 Remplace les pronoms en gras par des groupes nominaux. Les phrases te rappelleront certainement des fables de La Fontaine.

a. Ce jour-là, le Renard **l'**invite à souper.

b. **Il** vole le fromage du Corbeau.

c. Le Loup **l'**accuse alors qu'il est bien innocent.

d. Pour **elle**, il faut passer sa vie à danser et à chanter.

29 À qui ou à quoi se réfèrent les pronoms en gras ? Attention, plusieurs réponses sont possibles.

Je n'ai pas besoin de mots. **Ils** s'imposent à **moi** comme ces amis inopportuns **qui** font crisser nos chaises, s'installent au repas et s'indiffèrent de vos jeûnes. […] Un poème **me** sert à **les** raccompagner avec parfois avec des tendresses polies, souvent avec des violences précises. Un geste de la main suffit alors à **les en** écarter.

Carl Norac

30 Écris un poème qui s'intitulera « Le pull magique », « La peluche oubliée » ou « Le tiroir râleur ». Ton poème devra contenir au moins cinq adjectifs et trois pronoms que tu souligneras.

7 Les mots invariables : les adverbes et les interjections

Je construis la leçon

J'observe, je manipule, je comprends

Étape 1 **Quels sont les mots qui ne peuvent pas varier dans ces phrases ?**

a. Elle parle vite.
b. Les enfants jouent gentiment.
c. Cela me fait mal.
d. Mes amies ne sont pas là.
e. Demain nous partirons.
f. Il habite très loin.

- Les adverbes sont des mots **invariables** qui modifient le sens d'un mot ou d'une phrase.
- Ils peuvent exprimer l'**intensité**, la **manière**, la **négation**, le **temps**, le **lieu**.

Étape 2 **Observe ces adjectifs auxquels on a ajouté le suffixe *-ment* pour former un adverbe.**

a. Rapide → rapidement
b. Calme → calmement
c. Doux → doucement
d. Méchant → méchamment
e. Violent → violemment

- Les **adverbes de manière, en *-ment*** se forment sur le radical du mot. Pour les mots en *-ant* et en *-ent*, on garde la voyelle et le « n » se transforme en « m » : *récemment*, *couramment*.

Étape 3 **Trouve les adverbes correspondants.**

a. Conduire de manière dangereuse. → Conduire …
b. Jouer avec joie. → Jouer ….
c. Attendre avec patience. → Attendre…
d. Observer avec attention. → Observer …
e. Agir avec gentillesse. → Agir …
f. Entrer avec du bruit. → Entrer …

- Les adverbes de manière se forment souvent à partir de **l'adjectif au féminin**, mais ce n'est pas toujours le cas : *franchement*, *gentiment*.

Étape 4 **Par quelle phrase typique (verbale) pourrais-tu remplacer ces interjections ?**

a. Zut !
b. Aïe !
c. Bravo !
d. Génial !
e. Vite !

- Les **interjections** sont des mots « jetés » entre deux interlocuteurs, qui résument ce qui pourrait être dit avec une phrase. Elles expriment souvent une émotion et sont généralement suivies d'un **point d'exclamation**.

Étape 5 **Les mots en gras pourraient-ils être transformés en interjection dans un dialogue à l'oral ?**

a. Elle a de **super** résultats.
b. Il faut marcher **doucement**.
c. Il n'a **jamais** triché.
d. Il est au **top** niveau.

- Les interjections sont souvent, à l'origine, **des adverbes ou des adjectifs**.

Je retiens

Voici un schéma pour vérifier que tu as bien appris la leçon.

Les adverbes

- **sont des mots invariables.**
- **modifient le sens d'un mot ou d'un groupe de mots.**
- **peuvent être regroupés en catégories.**
  - **Adverbes d'intensité :** *très, peu, si*
  - **Adverbes de manière :** *doucement, vite, bien*
  - **Adverbes de négation :** *ne, pas, jamais*
  - **Adverbes de temps :** *jamais, toujours, hier*
  - **Adverbes de lieu :** *ici, là, partout, ailleurs*

Je m'entraîne

1 Classe les adverbes dans leur sous-catégorie.

Demain – pas – bruyamment – très – quelquefois – peu – extrêmement – ne – jamais – partout – poliment – beaucoup – loin – apparemment.

2 Parmi les mots en *-ment*, quels sont les noms et quels sont les adverbes ? Comment as-tu fait pour le vérifier ?

a. Le régiment s'est arrêté subitement.

b. Bizarrement, la chatte a refusé cet aliment.

c. Ce monument est magnifiquement décoré.

d. Dans ce vêtement, je n'ai pas le sentiment d'être ridicule.

3 Forme des adverbes à partir des adjectifs suivants.

Clair – cruel – différent – vrai – joyeux – léger – méchant.

4 Quels adverbes repères-tu dans cet article ? Tâche de les classer.

L'espace n'est pas seulement réservé aux personnes valides. John Mac Fall a appris récemment qu'il pourrait rejoindre la station spatiale internationale (ISS). Autrefois, il a perdu une jambe dans un accident et porte maintenant une prothèse à la jambe droite. Malgré cet accident, il n'a jamais renoncé : il est devenu champion d'athlétisme, chirurgien, et bientôt astronaute !

5 Écris les paroles d'un commentateur ou d'une commentatrice décrivant une compétition sportive à la radio ou à la télévision. Tu emploieras au moins six adverbes et quatre interjections.

Pour t'entraîner encore PLUS → p. 282

8 Les mots invariables : les prépositions et les conjonctions

J'observe, je manipule, je comprends

Je construis la leçon

Étape 1 **Repère le mot invariable qui se trouve dans chaque phrase. Peut-on le supprimer ?**

a. Il joue contre l'ordinateur.
b. Dans les arbres, les fruits mûrissent.
c. J'aime les pâtes à la tomate.
d. Elle parle de sa sœur.

- Les **prépositions** sont invariables et ne peuvent pas être supprimées.

Étape 2 **À quoi servent les prépositions *à* et *de* dans ces phrases ?**

a. Le chat **de** la famille s'appelle Ziggy.
b. Samuel regrette **de** partir si tôt.
c. Je vis **à** Valenciennes.
d. La corde **à** sauter est toute neuve.
e. C'est **à** toi de jouer.

- Les prépositions **servent à relier** des mots ou des groupes de mots de différentes natures.

Étape 3 **Peux-tu remplacer les mots en gras par une préposition simple, composée d'un seul mot ?**

a. Le chat s'est caché **en dessous de** la table.
b. **À l'intérieur de** cette boîte, il y a une surprise.
c. Tout le monde aime le chocolat, **à l'exception de** moi.
d. Le collège s'anime **à partir de** 7 heures.

- Les prépositions peuvent être **simples** (un seul mot) ou **composées** de plusieurs mots. Pour vérifier que j'ai affaire à une préposition, je la remplace par une autre préposition que je connais.

Étape 4 **Que relient les mots en gras ?**

a. Le soleil brille **mais** il fait froid.
b. C'est maintenant **ou** jamais !
c. J'aime les lentilles **et** les pois.
d. J'ai faim ; **or** le frigo est vide.
e. Il ne veut pas de pain **ni** de beurre.
f. Je suis parti **car** tu n'étais pas là.

- Les **conjonctions de coordination** relient des mots, des groupes de mots, des propositions.

Étape 5 **Repère les verbes dans chaque phrase et trouve le ou les mots qui font la liaison entre les deux éléments de la phrase.**

a. Je veux que tu sortes.
b. Il aime sortir quand il pleut.
c. Les enfants qui veulent un bonbon lèvent le doigt.
d. Je suis contente lorsque tu es là.

- Les **conjonctions de subordination** relient deux propositions contenant chacune un verbe conjugué. Elles sont souvent un composé de *que*, comme *lorsque* ou *parce que*.

Je retiens

Voici un schéma pour vérifier que tu as bien compris la leçon.

Mots qui relient des mots ou des groupes de mots

- **Prépositions**
  - Simples : *à, dans, par, pour, en, vers, sans, sous, sur…*
  - Composées : *par-derrière, à côté de, en dessous de, à l'exception de…*
- **Conjonctions de subordination**
  - *Quand, lorsque, dès que, puisque, comme, si …*
  - relient des propositions contenant un verbe.
- **Conjonctions de coordination**
  - *Mais, ou, et, or, ni, car*

Je m'entraîne

1 **Repère les prépositions dans cette recette pour faire des crêpes.**

Dans un saladier, mets la farine.
Ajoute les œufs et mélange avec un fouet.
Verse le lait sur la pâte pour éviter les grumeaux.
Laisse reposer pendant 30 minutes.
Fais chauffer une poêle, ajoute le beurre, verse une louche de pâte.
Retourne ta crêpe après une minute et laisse-la cuire.

2 **Ajoute la conjonction de coordination ou de subordination qui te semble convenir.**

a. Je fais des efforts ...... je veux progresser.
b. Je n'ai pas de veste ...... j'ai froid.
c. L'arbitre siffle ...... il voit une faute.
d. L'oisillon n'a rien bu ...... mangé.
e. Je partirai ...... je le veux.

3 **Réécris ce texte en choisissant la bonne préposition.**

Pour passer une nuit **dans/sur/avec** la nature, choisis un endroit qui te protégera **avec/en dessous de/contre** la pluie et le vent. Fabrique ta cabane soigneusement **par/avec/derrière** des branches et des feuilles et rapporte **de/jusqu'à/pour** chez toi tout ce qui te sera utile pour la nuit : une lampe **à/de/sur** poche, une gourde **avec/sans/pour** boire, un sac **en/avec/à** tissu **de/pour/derrière** prendre de quoi grignoter et lire. N'oublie pas **de/à/à côté de** prévenir un adulte !

4 **Écris le texte qui permettra à tes lecteurs de trouver un trésor caché au CDI. Ton texte devra contenir au moins huit prépositions simples ou composées.**

Pour t'entraîner encore PLUS → p. 282

Je me teste et je fais mes parcours

- Pour chaque notion, trouve la ou les propositions correctes.
- Vérifie tes réponses en bas de page.
- Fais alors tes parcours d'exercices.

7 Les mots invariables : les adverbes et les interjections

a. Les adverbes sont des mots qui changent de forme selon le genre et le nombre.
b. « Ne » et « pas » sont des adverbes de négation.
c. Un adverbe modifie toujours le sens d'un verbe.
d. Une interjection peut exprimer un sentiment ou une émotion.
e. Le mot « récemment » est un adverbe de manière formé à partir de *récent*.

J'ai fait une erreur : Parcours (rouge)
J'ai bien répondu : Parcours (bleu)

8 Les mots invariables : les prépositions et les conjonctions

a. Les prépositions et les conjonctions servent à lier des mots ou groupes de mots.
b. Il existe une seule sorte de conjonction.
c. « Hier » est une préposition.
d. Les prépositions peuvent être supprimées.
e. Les prépositions peuvent être formées d'un ou de plusieurs mots.

J'ai fait une erreur : Parcours (rouge)
J'ai bien répondu : Parcours (bleu)

Bonnes réponses : Fiche 7 : b et d. Fiche 8 : a et e.

Mes parcours d'exercices

7 Les mots invariables : les adverbes et les interjections

1 Classe ces différents adverbes selon ces catégories : temps et lieu. Retiens leur orthographe, ces mots s'écrivent toujours ainsi !

Tantôt – d'abord – toujours – ailleurs – quelquefois – désormais – auparavant – longtemps – constamment – là-bas – tout à l'heure – loin – tout à coup – soudain – aussitôt.

2 Recopie et classe les différents adverbes selon ces catégories : adverbes de manière et adverbes de degré. Retiens leur orthographe.

Certainement – très – difficilement – précisément – joyeusement – assez – peu – sincèrement – volontiers – moins – davantage.

3 Écris les adverbes correspondant à ces adjectifs :

a. De manière gentille : ...

b. De manière extraordinaire : ...

c. De manière bruyante : ...

d. De manière impatiente : ...

e. De manière fréquente : ...

4 Fabrique des adverbes à partir des adjectifs des listes suivantes.
Attention à leur orthographe.

a. Puissant – méchant – élégant.

b. Évident – violent– intelligent.

c. Goulu – vrai – crû.

d. Franc – vif – faux.

5 Classe les adverbes dans ce texte.
Reconnais-tu une interjection ?

> Silencieux comme une caverne de haute brousse, il ne parlait presque jamais, sauf pour dire l'essentiel. Ses lèvres fines de Peul découvraient légèrement ses dents blanches qui illuminaient constamment son visage. Mais attention !
> S'il regardait quelqu'un fixement, ses yeux de lion mâle pouvaient le faire pisser de terreur !
>
> Amadou Hampâté Bâ, *Amkoullel, l'enfant peul*, 2007, © Actes Sud.

6 Recopie ce texte en supprimant les adverbes. Combien en as-tu retiré ?

> Au Moyen-Âge, les couleurs très vives sont signe de richesse car la teinture des vêtements est une opération extrêmement coûteuse. Les vêtements populaires et le linge ordinaire sont généralement assez gris, plutôt beiges ou un peu bruns. Le rouge commun vient d'une plante plutôt courante, la garance. Plus sombre, le rouge des vêtements princiers provient d'un insecte, la cochenille. Elle donne l'écarlate, une teinture vraiment chère et très réputée.

7 Mets les lettres dans le bon ordre pour trouver des adverbes de temps.

a. JAHUDUU'RIO

b. NTUVESO

c. OORUTUSJ

d. SIOFERTUA

e. IEANDM

8 Transforme les phrases suivantes en utilisant un adverbe de manière différent, de façon à changer le sens de la phrase.

a. Il a répondu **calmement** à ma question.

b. Le témoin s'est avancé **timidement** à la barre.

c. Le navire approche **lentement** des côtes de l'Amérique.

d. Notre menuisier a fabriqué **soigneusement** le meuble que nous avions commandé.

9 Compte les adverbes contenus dans chacune de ces phrases.

a. Je ne la comprends pas bien car elle parle vite.

b. Elle organise souvent des réunions le matin.

c. Hier, nous avons vu un film vraiment réussi.

d. J'aime beaucoup ce restaurant qui est ouvert quotidiennement et propose de très bons plats.

10 Relève les interjections dans ces phrases. Dans quel type de conversation sont-elles employées ?

a. Wouah, tu as eu ton permis du premier coup !

b. Oups, je me suis trompé de destinataire.

c. Bah, je suis un peu déçu, mais ne t'inquiète pas.

d. Eh, on se voit cet après-midi ?

11 **Dans le texte suivant, relève les interjections. Sont-elles toujours employées de nos jours ?**

> SGANARELLE, *prenant M. Dimanche par le bras.* – Vous moquez-vous ?
> M. DIMANCHE. – Je veux...
> SGANARELLE, *le tirant.* – Eh.
> M. DIMANCHE. – J'entends...
> SGANARELLE, *le poussant.* – Bagatelles.
> M. DIMANCHE. – Mais...
> SGANARELLE, *le poussant.* – Fi.
> M. DIMANCHE. – Je...
> SGANARELLE, *le poussant tout à fait hors du théâtre.* – Fi, vous dis-je.
>
> Molière, *Dom Juan*.

12 **Deux personnes âgées dialoguent à propos d'un événement (un match, un concert...) qui a eu lieu récemment.**

- Emploie le plus possible d'adverbes de négation (*ne*, *jamais*, *guère*, *pas*, *ne*, *plus*).
- Emploie également des interjections. Celles-ci peuvent être régionales et en plusieurs mots comme *Vaï !*, *Vingt-Dieux !*, *Peuchère !*, *Baste !*, *Eh beh !*, *Lé bon*, etc.

13 **Un ami te demande de raconter ta journée dans un parc d'attraction : quelles interjections et adverbes vas-tu employer ?** Souligne-les dans un dialogue d'au moins six répliques. Par quoi les remplacerais-tu si tu t'adressais à un professeur ?

8 Les mots invariables : les prépositions et les conjonctions

14 **Classe les prépositions et explique ton classement. Retiens l'orthographe de ces mots qui s'écrivent toujours ainsi.**

Pendant – malgré – dès – selon – de – durant – sauf – pendant – entre – hors de – sans – parmi – à – pour – chez – dans – avec – par – en avant – après – comme.

15 **Décris ta cachette idéale, en utilisant le maximum de prépositions que tu souligneras. Pour t'aider, voici une série de prépositions du langage courant.**

Avec – contre – au-dessus de – sur – dans – entre – en dessous de – avec – devant – derrière.

16 **Relève toutes les prépositions employées dans ce texte.**

> Alexandra David-Néel est la première Européenne à avoir séjourné à Lhassa, au Tibet. Son parcours de vie est exceptionnel. Très jeune, elle se passionne pour les voyages. Elle entreprend une carrière de chanteuse lyrique et parcourt l'Inde pendant une année. Elle écrit pour les journaux, tente de publier deux romans. Passionnée d'Asie, elle quitte son mari en 1911 pour voyager encore en Inde, lui promettant de revenir au bout de quelques mois. Elle ne reviendra que quatorze ans plus tard, mais maintiendra une correspondance amicale avec lui. Lors d'un périple dans l'Himalaya, elle rencontre le jeune ermite Arthur Yongden. Elle se retire avec lui dans un monastère à 3900 mètres d'altitude. Elle est reçue en audience par le Dalaï-Lama. Elle rentre en France avec Yongden qu'elle adopte. Elle voyage avec son fils adoptif en Chine et en Inde. Elle décède à presque cent ans après avoir écrit de nombreux récits de voyage.

17 **Certaines prépositions sont composées de plusieurs mots. Repère-les dans les phrases suivantes.**

a. Elle a dû se rendre auprès de son père qui était souffrant.

b. Cet été, nous voyagerons à travers l'Europe.

c. Elle prépare un exposé au sujet de l'esclavage.

d. Ces animaux sont élevés au sein de la nature, en liberté.

18 **Complète les phrases suivantes en utilisant les prépositions qui conviennent.**

a. Tu as rendez-vous .... le dentiste .... 15 heures.

b. Le gymnase est situé .... collège.

c. Victor Hugo est né .... 1802 .... Besançon.

d. Mes cousins habitent .... un petit village .... Tours.

e. Je suis allé au théâtre .... des amis .... ma sœur.

19 **Complète ces phrases avec une des prépositions ci-dessous.**

Parmi – hormis – contre – envers.

a. Ses parents se sont montrés généreux .... lui.

b. .... le bruit des quelques enfants, tout était calme.

c. Il a préféré jouer aux échecs .... la championne régionale.

d. .... les arbres de la forêt, le grand chêne attire l'attention.

20 **Repère les conjonctions de coordination et note ce qu'elles relient.**

Amma, le créateur du monde, se tenait dans un œuf et il dessina le premier monde. Il y fit apparaître la graine d'acacia mais celle-ci contenait l'immensité : l'air, la terre, l'eau et le feu déséquilibrèrent l'œuf. Il dut recommencer car son premier essai était raté. Amma prit la graine de l'acacia et créa d'autres graines. Elles sont le signe de la vie et de la fécondité d'Amma. Il façonna des couples de jumeaux, mâle et femelle. Ils avaient la forme d'un poisson car ils devaient attendre avant de naître sous une forme ou sous une autre.

D'après Claude Helft, *La Mythologie Dogon*, 2005, © Actes Sud jeunesse.

21 **Complète ces phrases avec la conjonction de coordination qui convient.**

a. J'aime les légumes, ... je ne mange pas de céleri.

b. Elle est partie en vacances .... elle a beaucoup travaillé ces derniers mois.

c. Vous pouvez aller à la piscine .... rester à la maison pour jouer à un jeu de société.

d. Aujourd'hui, je ne prendrai .... fromage .... dessert.

e. L'an prochain, elle fera du judo .... du chant.

22 **Complète ce texte avec les conjonctions de coordination manquantes.**

Notre alphabet ne compte que 26 lettres des signes abstraits qui servent à former des mots, ... les écritures anciennes sont beaucoup plus complexes ... elles comportent d'innombrables signes. Sur des tablettes d'argile ... de pierre, l'écriture a d'abord été inventée ... les paysans voulaient garder la trace des possessions agricoles ... elle a permis aussi de conserver la mémoire des peuples ... nous les faire connaître.

23 **Complète le texte suivant avec les conjonctions de coordination qui conviennent.**

Je ramenai à leur maison la jeune femme ... son petit garçon, joli petit enfant de deux ans, qui me caressait, qui me trouvait charmant, ... qui aurait bien voulu me garder. ... je réfléchis que ce ne serait pas honnête. Mes maîtres m'avaient acheté, je leur appartenais.

Comtesse de Ségur, *Mémoires d'un âne*.

24 **Lis ce texte et relève d'une part les prépositions, et d'autre part les conjonctions de coordination.**

Delphine et Marinette jouaient aux osselets devant le fourneau. Marinette, la plus petite, qui était aussi la plus blonde, disait à sa sœur Delphine :

« Quand on n'est rien que deux, on ne s'amuse pas bien. On ne peut pas jouer à la ronde.

– C'est vrai, on ne peut jouer ni à la ronde, ni à la paume placée.

– Ni au furet, ni à la courotte malade.

– Ni à la mariée, ni à la balle fondue.

– Et pourtant, qu'est-ce qu'il y a de plus amusant que de jouer à la ronde ou à la paume placée ?

– Ah ! Si on était trois… »

Marcel Aymé, *Contes du Chat perché*, © Gallimard.

25 **Écris un texte qui contiendra au moins cinq conjonctions de coordination. Choisis une des deux consignes suivantes.**

a. Rédige un texte documentaire dans lequel tu expliques le fonctionnement d'un objet qui t'est utile.

b. Raconte l'enfance d'un personnage de ton invention.

26 **Remplace les mots soulignés par des conjonctions de coordination.**

a. J'ai vraiment bien dormi. <u>Pourtant</u>, je suis fatiguée ce matin.

b. Prendras-tu des tartines <u>ainsi qu'</u>un croissant pour ton petit-déjeuner ?

c. Sarah est partie tôt <u>parce qu'</u>elle ne voulait pas être en retard au collège.

d. Ma fille ne lit pas beaucoup ; <u>cependant</u>, elle aime les bandes dessinées.

e. Tu pourras prendre <u>soit</u> la piste rouge <u>soit</u> la bleue.

27 **Réunis les deux phrases en une seule en utilisant une conjonction de coordination.**

a. Ma mère travaille beaucoup. Elle trouve du temps pour faire du sport et voir ses amis.

b. Nous pouvons y aller en avion. Nous pouvons aussi y aller en ferry.

c. Il va jouer au rugby avec ses amis. Il a terminé ses devoirs.

d. Ce soir, je ne veux pas aller au théâtre. Je ne veux pas non plus aller au cinéma.

e. Il a ouvert grand la fenêtre. Il a vu que le soleil brillait.

9 Les manipulations grammaticales : repérer le verbe et le sujet

Je construis la leçon

J'observe, je manipule, je comprends

Étape 1 **Dans les phrases suivantes, essaie de changer de place les mots en gras. Que constates-tu ?**

a. **Les Trois ours** rentrent d'une promenade en forêt.

b. **Nager** est mon activité préférée.

c. Quand pars-**tu** ?

d. Dans une semaine, **la cabane** sera construite.

> • **Manipulation grammaticale 1 : le déplacement**. On se demande si les mots à analyser peuvent changer de place ou non dans une phrase.
> • Le **sujet** est à côté du verbe, le plus souvent à gauche, et ne peut pas être supprimé.

Étape 2 **1. Trouve un ou des mots qui pourrait être employé à la place des mots en gras.**
2. Réécris la phrase en mettant au pluriel le nom souligné.

a. **Le cyclope menaçant** descend de la montagne.

b. **Leila et moi** irons à Berlin faire un stage.

c. **Les étudiants qui sont issus de cette école de cinéma** trouvent souvent du travail à Hollywood.

> • **Manipulation grammaticale 2 : la substitution**, le fait de **remplacer**. On se demande quels mots ou groupes de mots peuvent être remplacés par d'autres et quel est l'effet produit.
> • Le sujet peut être remplacé par un **pronom personnel**.

Étape 3 **1. Quels groupes de mots entre crochets peux-tu supprimer ?**

[Dans une semaine], [elle] [passera] [son examen] [pour devenir avocate].

2. Peux-tu ajouter *très* devant le mot surligné?

a. Le corps **humain** est au programme de SVT.

b. Le corps **souple** du danseur apparaît alors.

> • **Manipulation grammaticale 3 : la suppression**. On observe si les mots à analyser peuvent être supprimés dans une phrase.
> **Le sujet et le verbe** ne peuvent pas être supprimés.
> • **Manipulation grammaticale 4 : l'ajout**. On ajoute un mot (ici *très*) pour identifier une particularité grammaticale.

Étape 4 **Dans les phrases suivantes, trouve le sujet et les verbes en t'appuyant sur les consignes.**
1. Pour repérer le sujet, encadre-le par *c'est... qui*.
2. Le verbe peut être encadré par *ne... pas*. Identifie les verbes de ce texte.

a. Cette maison, elle l'a achetée quand elle travaillait à Tours.

b. Dans cette région se trouve une abbaye magnifique.

> • **Manipulation grammaticale 5 : l'encadrement**, à l'aide mots choisis.
> • Encadrer par ***c'est... qui*** permet de repérer le sujet.

Je retiens

Voici un schéma pour vérifier que tu as bien compris la leçon.

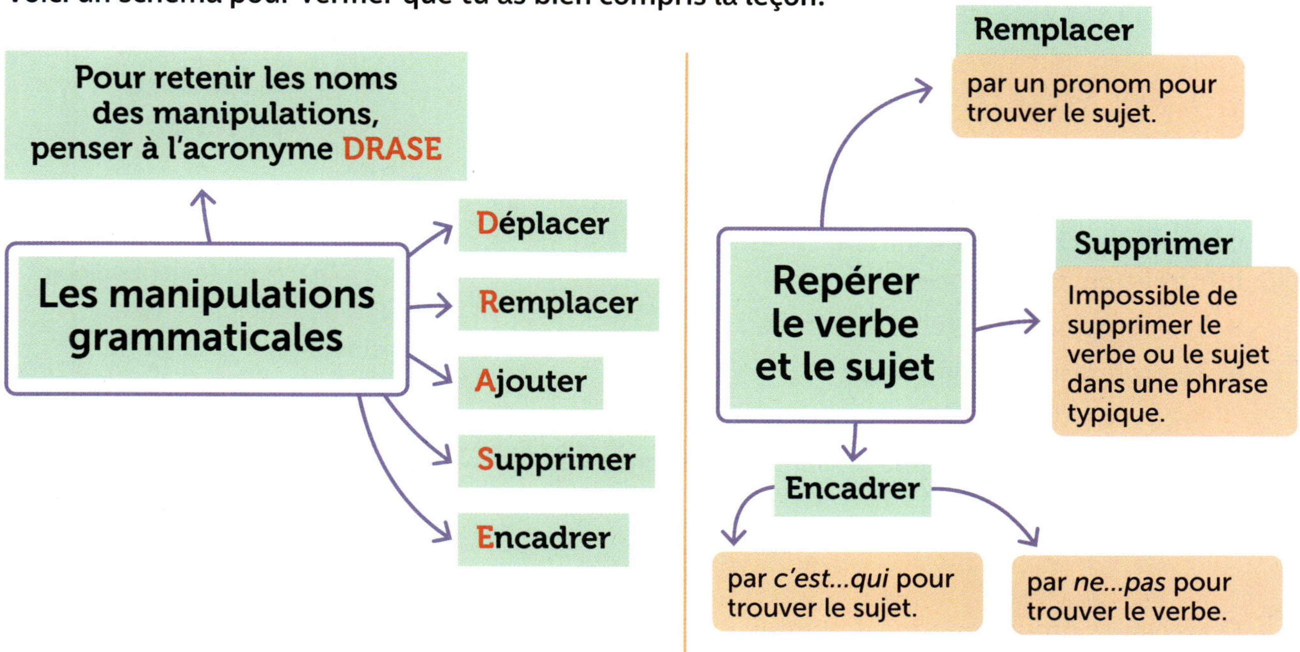

Je m'entraîne

1 Quels sont les mots ou groupes de mots que tu peux déplacer dans ces phrases ? Lesquels restent ? Identifie le sujet et le verbe.

a. Je suis parti vite.

b. Il ne peut pas vraiment courir.

c. Le monstre abominable est finalement un yéti.

d. Dans la forêt lointaine, on entend le coucou.

2 Repère le verbe et le sujet de ces phrases en t'appuyant à chaque fois sur au moins deux manipulations grammaticales.

a. Le murmure du vent s'infiltre entre les branches.

b. Elle contemplait les étoiles d'un air pensif.

c. Mon camarade et moi rédigeons un article pour le journal du collège.

d. L'ombre d'un oiseau planait dans le ciel.

e. Les vestiges du château témoignent d'un passé glorieux.

f. Tout à coup, un grondement sourd troubla le calme de la vallée.

3 Remplace « Inès » par « Inès et sa sœur », et observe les modifications que cela t'oblige à faire dans la suite du texte.

Inès est revêtue d'un chaperon rouge. Sa mère lui dit qu'elle doit aller voir sa grand-mère. Elle quitte la maison et traverse la forêt. Un ours, d'une belle taille, se présente alors devant elle.

3 Supprime tous les mots que l'on peut faire disparaître jusqu'à obtenir une phrase de cinq mots dont tu repéreras le verbe et le sujet.

Les extraterrestres qui venaient tout juste, avec leur vaisseau spatial, d'atterrir bruyamment sur la surface rouge et poussiéreuse de la planète Mars regardaient avec leurs grands yeux globuleux et curieux l'immense désert rocheux qui s'étendait devant eux sous un ciel orangé.

Pour t'entraîner encore PLUS → p. 292

10 Les manipulations grammaticales : repérer le COD, le COI, l'attribut du sujet

J'observe, je manipule, je comprends

Je construis la leçon

Étape 1 **Observe les groupes de mots en gras. Quelle information apportent-ils ?**

a. Les pompiers ont éteint **l'incendie**.
b. Tu préfères **le lait végétal**.
c. Je **te** regarde.
d. Mon père m'a donné **une ancienne photographie**.

- Les **COD (compléments d'objet direct)** désignent la chose, la personne sur laquelle porte l'action exprimée par le verbe.
- Le COD apporte une **information essentielle**. Si on l'enlève, la phrase est incomplète ou le verbe change de sens : *Je vis à Paris* n'a pas le même sens que *Je vis.*

Étape 2 **Observe les groupes de mots en gras. Quelle information apportent-ils ?**

a. Ce musicien est **un véritable virtuose**.
b. Ma mère semble **fatiguée**.
c. La lanceuse de javelot reste **invaincue**.
d. Pierre est devenu **professeur de mathématiques**.

- Les **attributs du sujet** donnent des renseignements sur le sujet et uniquement le sujet. Ils **s'accordent** donc avec lui.

Étape 3 **Observe les groupes de mots en gras. Par un mot de quelle nature (ou classe grammaticale) commencent-ils ?**

a. Tu penses sans cesse **à lui.**
b. Martin Luther King a lutté **contre les inégalités**.
c. Elle a insisté **sur ce point**.
d. Ulysse et ses compagnons échappent **au cyclope.**

- Les **COI (compléments d'objet indirect)** apportent une information essentielle de la phrase : on ne peut ni les supprimer ni les déplacer.
- Ils sont **indirects** car ils sont introduits par une **préposition**.

Étape 4 **Remplace les COD ou le COI en gras par des pronoms personnels.**

a. J'admire **le bel aquarium**.
b. La garagiste parle **à ses clients**.
c. J'ai offert une jolie pierre **à ma meilleure amie**.

- Les COD ou les COI peuvent être remplacés par des **pronoms personnels** (voir la fiche 6, p. 268).

Étape 5 **Quels sont les mots ou groupes de mots que tu peux supprimer ou déplacer ?**

a. La mésange a fait son nid dans le nichoir.
b. La poule pond tous les jours un œuf.
c. Mon père appelle ma grand-mère chaque matin.
d. Je suis dans mon lit.

- Pour distinguer les COD, les COI et les attributs des autres compléments, j'essaie de les déplacer ou de les supprimer.
- Ils ne peuvent pas être **supprimés** ou **déplacés** facilement.

Je retiens

Voici un schéma pour vérifier que tu as bien compris la leçon.

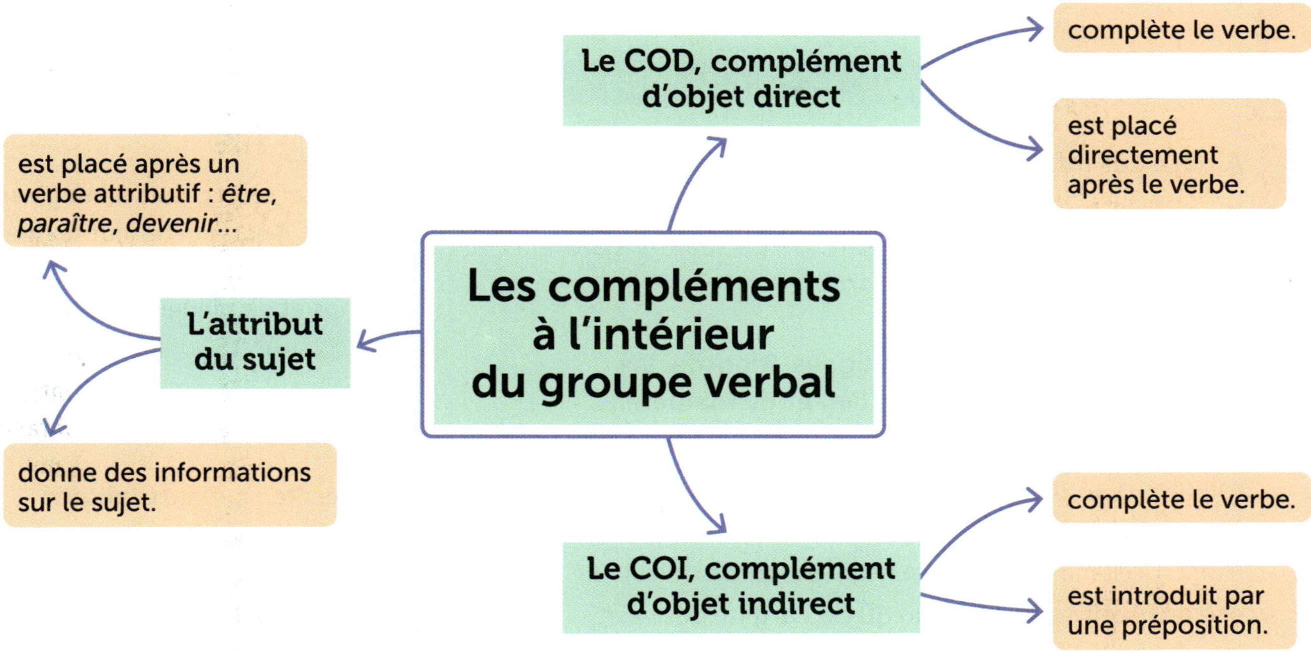

Je m'entraîne

1 Complète les phrases suivantes avec au moins un COD. Pour au moins 3 phrases, ajoute un COI.

a. La chercheuse analyse ....
b. Je raconte....
c. Elle contemple ....
d. Le journaliste interroge ...
e. Les chanteurs dédicacent ...

2 Dans les phrases suivantes, précise si le complément en gras est un COD, un COI ou un attribut du sujet.

a. Mon oncle a réparé **ma bicyclette**.
b. Ce film me semble **ennuyeux**.
c. Madame Bonnard parle souvent **de son enfance**.
d. Ma sœur adore **les romans policiers**.
e. La rivière traverse **le village**.
f. Je pense **aux prochaines générations.**

3 Remplace le COD ou le COI en gras par un pronom personnel.

a. J'ai terminé **mon devoir**.
b. Nous écrivons **à notre professeur**.
c. Tu as écouté **l'histoire** très attentivement.
d. Tu regardes **le coucher du soleil** tous les soirs.
e. Elle a raconté **son voyage** à ses amis.

4 Essaie de supprimer ou de déplacer les compléments entre crochets. Repère les COD, les COI et les attributs du sujet.

a. La rivière traverse [le village].
b. [Dans deux ans], ma sœur deviendra [médecin].
c. Je pense [souvent] [à mes grands-parents].
d. [Cette nuit], les enfants observent [les étoiles].
e. Ce chien semble [vraiment] [fatigué].

Pour t'entraîner encore PLUS → p. 292

11 Les manipulations grammaticales : repérer les compléments circonstanciels

J'observe, je manipule, je comprends

Étape 1 **Ajoute des informations dans chaque phrase pour préciser les circonstances de cette histoire.**

Une silhouette sombre avançait. Un cri se fit entendre. Quelqu'un sortit.

Étape 2 **Parmi les compléments soulignés, identifie les compléments de temps, de lieu et de manière.**

Pour retrouver le fossile d'un animal mort il y a des millions d'années, il faut réunir plusieurs conditions. Il faut que le cadavre soit resté à l'endroit où il est mort, qu'il n'ait pas été mangé. Le corps doit avoir été enseveli sous du sable ou de l'argile. Souvent, les paléontologues les découvrent près de rivières asséchées. Ces fossiles sont nettoyés avec soin avant d'être analysés patiemment.

Étape 3 **Repère les compléments qui peuvent être déplacés. Quelle est leur nature ?**

a. Sur cette île irlandaise, il n'y a qu'une maison, deux habitants et des moutons.

b. Il est rapidement parti.

c. L'année dernière, nous sommes partis en Grèce.

d. Depuis que je dessine tous les jours, j'ai progressé.

Étape 4 **Compare les différents compléments circonstanciels de temps. De quelle nature de mots sont-ils composés ?**

a. Nous sommes rentrés à vélo mardi dernier.

b. Au mois d'avril, les arbres bruissent de chants d'oiseaux.

c. Hier, j'avais de la fièvre.

d. Lorsque j'ai bien marché dans la journée, je me sens plus joyeuse.

Étape 5 **Compare les différents circonstanciels de cause.**

a. Tu es de mauvaise humeur parce qu'il pleut.

b. Je m'en suis sortie grâce à lui.

c. Ils ont agi par jalousie.

Je construis la leçon

- Pour aider les lecteurs à **imaginer une scène**, il est bon de leur donner des renseignements de **lieu**, de **temps** et de **manière**.

- Pour écrire un texte **explicatif ou documentaire**, les compléments circonstanciels sont également très utiles.

- Les compléments circonstanciels peuvent être **déplacés** dans la phrase.
- Ils peuvent être supprimés : la phrase reste correcte mais perd de l'intérêt.

- Les compléments circonstanciels peuvent être : un **groupe nominal**, un **adverbe**, une **proposition** comprenant un verbe.

- Les compléments circonstanciels de cause peuvent être **un groupe nominal** ou une **proposition**.

Je retiens

Voici un schéma pour vérifier que tu as bien compris la leçon.

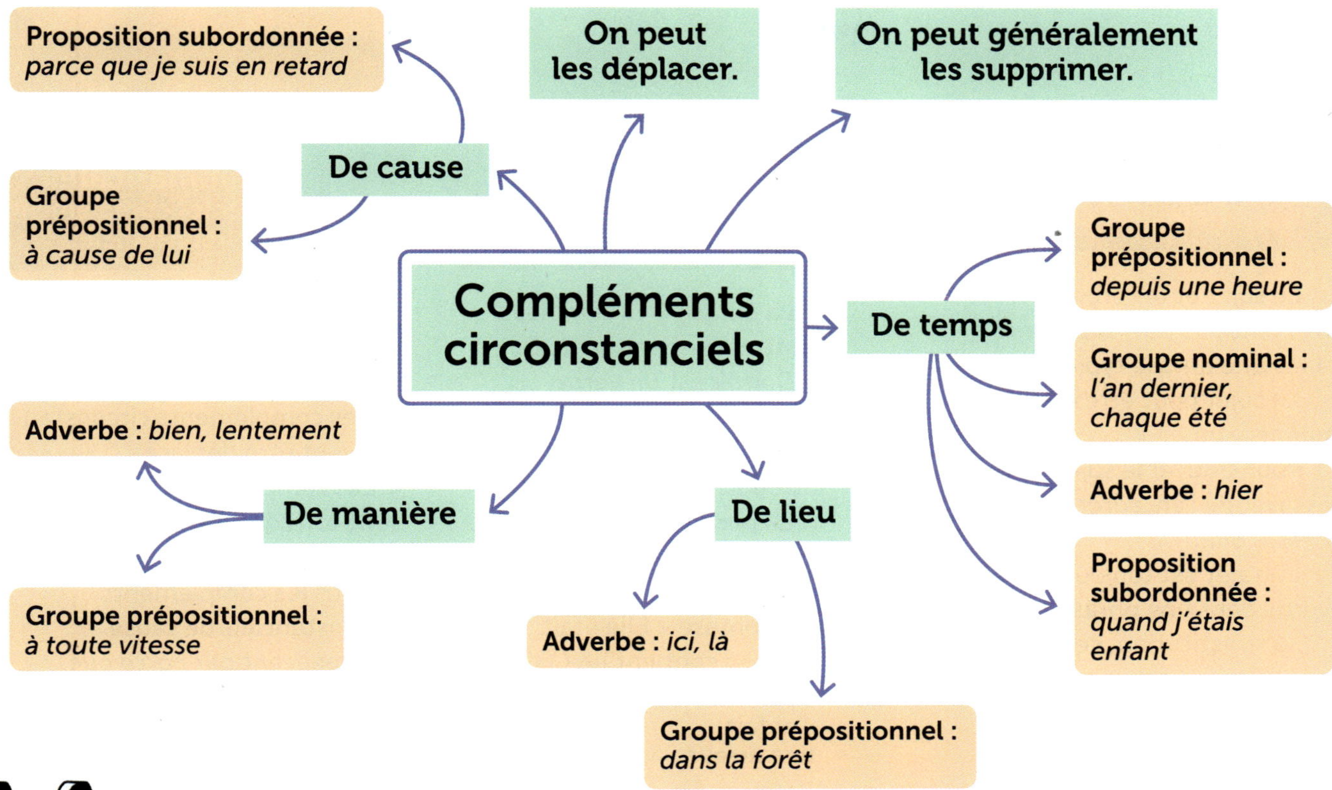

Je m'entraîne

1 Repère les compléments circonstanciels dans ce discours et indique ce qu'ils expriment.

Chers camarades,
Grâce à vos votes, nous avons été élus délégués et nous vous en remercions chaleureusement. Julia vous représentera pendant les conseils de classe, elle vous écoutera lorsque vous aurez des difficultés à lui confier. Je proposerai des zones de repos dans le collège. Parce que vous avez envie de profiter de la nature, nous aiderons à organiser des classes en extérieur chaque mois.

2 Transforme les compléments circonstanciels de temps soulignés en changeant leur nature.

a. <u>Autrefois</u>, sa famille vivait dans un village de montagne.

b. Je me sens triste <u>depuis que tu es partie</u>.

c. Nous avons cours d'arts plastiques <u>mardi</u>.

3 Par groupe de 5 élèves, fabriquez des textes surprenants grâce vos connaissances en grammaire. Prenez une feuille que vous allez progressivement plier en accordéon.

- **Le premier** écrit un complément circonstanciel de temps qu'il cache en pliant sa feuille.

Le 2e écrit un sujet puis plie la feuille.

Le 3e écrit un groupe verbal (verbe ou verbe + COD).

Le 4e écrit un complément circonstanciel de manière ou de cause.

Le 5e écrit un complément circonstanciel de lieu.

- Dépliez la feuille. Regardez si elle fonctionne grammaticalement (il faudra probablement accorder le verbe avec le sujet).
- Voyez si elle a du sens et si elle est amusante !

Pour t'entraîner encore PLUS → p. 292

Je me teste et je fais mes parcours

- Pour chaque notion, trouve la ou les propositions correctes.
- Vérifie tes réponses en bas de page.
- Fais alors tes parcours d'exercices.

9 Les manipulations grammaticales : repérer le sujet et le verbe

a. Le sujet et le verbe ne peuvent pas être supprimés dans une phrase typique.
b. Le sujet peut être encadré par *ne... pas*.
c. Pour trouver le sujet, on peut essayer de l'encadrer par *c'est... qui*.
d. Le sujet est toujours après le verbe dans une phrase typique.
e. La substitution, ce n'est pas la même chose que le remplacement.

J'ai fait une erreur : Parcours (rouge)

J'ai bien répondu : Parcours (bleu)

10 Les manipulations grammaticales : repérer les fonctions COD, COI, attribut du sujet

a. La phrase « Tu sembles triste. » contient un COD.
b. *Dormir* est un verbe attributif.
c. Un COI est toujours introduit par une préposition.
d. La phrase « Je prépare une salade de fruits. » contient un COD.
e. La phrase « Elle était partie. » contient un COD.

J'ai fait une erreur : Parcours (rouge)

J'ai bien répondu : Parcours (bleu)

11 Les manipulations grammaticales : repérer les compléments circonstanciels

a. La phrase « Tournez à droite. » contient un complément circonstanciel de lieu.
b. Les compléments circonstanciels peuvent être déplacés.
c. Les compléments circonstanciels sont tous des compléments de lieu et de temps.
d. Tous les compléments circonstanciels de cause commencent par *parce que*.
e. Les compléments circonstanciels peuvent être placés en début de phrase.

J'ai fait une erreur : Parcours (rouge)

J'ai bien répondu : Parcours (bleu)

Bonnes réponses : Fiche 9 : a et c. Fiche 10 : c et d. Fiche 11 : b et e.

Mes parcours d'exercices

9 Les manipulations grammaticales : repérer le verbe et le sujet

1 Entraîne-toi aux manipulations nécessaires pour trouver le sujet : essaye de l'encadrer par *c'est… qui* ou le remplacer par un pronom personnel sujet.

Phileas Fogg a embauché Passepartout à onze heures vingt-neuf du matin. Passepartout demeura seul dans la maison de Saville Row. Après avoir examiné cette demeure en détail, Passepartout se frotta les mains. Phileas Fogg prit place à table. Pour commencer, le déjeuner se composait d'un hors d'œuvre, d'un poisson bouilli, de roastbeef et ce n'était pas fini.

D'après Jules Verne, *Le Tour du Monde en quatre-vingts jours*.

2 Trouve les sujets des verbes dans ces phrases, en expliquant les manipulations que tu as faites.

a. Pâris, beau comme un jeune dieu, paré de la dépouille d'un léopard, armé de l'arc, de l'épée et de deux javelots, défiait au combat les plus braves des Grecs.

b. Des deux côtés, les guerriers détellent les chars, déposent les armes et préparent des bûchers pour des sacrifices.

c. Mars, à la tête des Troyens, brandit une énorme hache et marche devant Hector.

d. Junon alerte Minerve et, sans hésiter, attelle ses fiers chevaux.

e. Dans la ville et sur les tours monte une rébellion encore sourde.

3 Repère les groupes verbaux dans le texte ci-dessous et explique la manipulation que tu as choisie pour les identifier.

Les bains romains étaient des endroits agréables et assez vastes. Les thermes comportaient plusieurs pièces voutées avec des bains froids, tièdes ou chauds. Souvent, ils contenaient un terrain de jeu. Les baigneurs pouvaient jouer à la balle ou s'entrainer aux haltères. Les thermes jouaient un rôle essentiel dans la vie sociale romaine.

4 Complète le groupe verbal.

a. Zeus est …

b. Les dieux buvaient …

c. Je pris …

d. Elle appela …

e. Tu as obtenu …

5 Quelles manipulations peux-tu faire pour analyser les mots ou groupes de mots en gras ? Attention, les manipulations que tu ne peux pas faire sont très intéressantes aussi.

Marie Curie est une figure internationalement reconnue dans le monde scientifique. Née en Pologne, elle **a fait de brillantes études**. L'université de Varsovie étant fermée aux femmes, elle **émigre** en France et épouse Pierre Curie. Leur fille deviendra elle aussi prix Nobel de chimie avec son mari. Marie Curie **poursuit ses études** et est reçue première à l'agrégation de physique. En 1898, **elle** invente le terme de radioactivité. Pierre et Marie Curie reçoivent le prix Nobel de physique en 1903. En 1911, elle **obtient un second prix Nobel**.

6 Compte les verbes : y en a-t-il sept ou plus dans ce texte ?

Le chiffre sept apparait comme un chiffre merveilleux. Les Babyloniens identifiaient sept planètes, leurs temples présentaient sept niveaux, ils comptaient sept jours dans la semaine. Sept est un chiffre sacré dans de nombreuses religions, le chandelier juif a sept branches et l'on dénombre sept péchés capitaux et sept couleurs dans l'arc-en-ciel. On le trouve dans des noms d'avions comme le boeing 747 ou l'A347. Et combien de nains y avait-il autour de Blanche-Neige ?

7 Repère le sujet du verbe dans ces phrases.

a. Dans la forêt sombre, un loup solitaire hurle à la lune.

b. Enfin arrive le printemps, avec ses fleurs et ses couleurs.

c. La bande d'amis est arrivée sur la plage.

d. Sur la table de la cuisine, les biscuits au chocolat ont disparu.

e. Près du vieux chêne, une petite souris grignote une noisette.

10 Les manipulations grammaticales : repérer les fonctions COD, COI, attribut du sujet

8 Ajoute un complément d'objet à chaque phrase. De quel complément s'agit-il ?

a. Ma soeur boit ...
b. Les chats adorent ...
c. Les musiciennes écoutent ...
d. Maya dévore ...
e. Sandy lit ...

9 Ajoute un complément d'objet à chaque phrase. Par quel classe de mot commence-t-il ? Quel type de complément est-ce alors ?

a. Mon chien obéit ...
b. Ethan se souvient ...
c. Ton ami a plu ...
d. Je téléphone ...
e. Il a besoin ...

10 Repère parmi ces verbes les verbes attributifs. Ils sont parfois aussi appelés verbes d'état.

devenir – regarder – observer - sembler – comprendre – percevoir – glisser – sourire – être – pleurer – se réjouir – paraître

11 Complète les verbes afin de construire des phrases.
Entoure ensuite les prépositions qui suivent les verbes. De quel type de complément s'agit-il ?

a. Je m'intéresse ...
b. Tu te méfies ...
c. Je crois ...
d. Ils ressemblent ...
e. La présidente succède ...
f. Le chef d'entreprise renonce ...

12 Repère les COD, COI ou attributs du sujet dans ces phrases en les remplaçant par un pronom.

Exemple : J'ai mangé un bretzel → Je l'ai mangé.

a. Il retient son fou-rire.
b. Le singe a dérobé une noix
c. Je suis en pleine forme.
d. Elle parle à ses amies.
e. Ma mère vend les affaires de bébé.

13 Indique dans ces phrases si le groupe de mots souligné est COD du verbe ou attribut du sujet.

a. Tout le monde attend le week-end.
b. Le cygne est blanc comme neige.
c. Mon père lave la salade.
d. L'écureuil stocke des provisions.
e. La chenille est devenue papillon.

14 Les compléments soulignés sont-ils des COD, des COI ou des attributs du sujet ?

Tout est étrange aujourd'hui... Alice se souvint de toutes ses amies. Je ne suis pas Ada. Elle a de longs cheveux bouclés et les miens ne sont pas frisés. Je ne suis pas Mabel car je sais tout plein de choses et Mabel ne sait presque rien. Essayons la géographie : Londres est la capitale de Paris. Non ce n'est pas cela, j'en suis sûre ! Je vais tâcher de réciter Maître Corbeau.

D'après Lewis Carroll, *Alice au pays des merveilles*.

15 Lesquels des compléments soulignés sont des COI ? Quelles manipulations as-tu choisies pour le déterminer ? Il se peut que pour certaines phrases, il y ait un débat dans la classe.

a. L'enfant tape du pied.
b. Tu vis à Lyon.
c. Une multitude d'oiseaux volait dans le ciel.
d. Le pauvre homme se nourrissait des baies et de fruits.
e. Tous les matins, le déjeuner était servi dans la salle à manger.
f. Je m'abonne à ce magazine.

16 Repère les emplois du verbe *être* dans ce texte, ainsi que les attributs du sujet qui souvent le complètent.

La génétique est une science plutôt jeune. Elle est âgée de 150 ans. Gregor Mendel est le moine qui le premier a compris comment se transmet la vie. C'est avec des petits pois qu'il a tout compris. Certains petits pois étaient jaunes, mais leur enfant était vert. Il a compris que les petits pois sont des cachotiers. Qu'ils soient jaunes ou qu'ils soient verts, ils ont en eux deux recettes pour fabriquer la couleur.

D'après Albert Jacquard, *Moi, je viens d'où ?*, 2002, © Seuil.

11 Les manipulations grammaticales : les compléments circonstanciels

17 Quels types de compléments circonstanciels sont soulignés dans ce texte ?

Jusque-là, James était un petit garçon heureux. Il vivait en paix avec son père et sa mère dans une jolie maison, au bord de la mer. Puis, un jour, les parents du petit James se rendirent à Londres et tous deux furent dévorés, en plein jour, à cause d'un énorme et méchant rhinocéros échappé du jardin zoologique.

D'après Roald Dahl, *James et la grosse pêche*, © Gallimard.

18 Dans ce texte qui présente la vie de Taras, un jeune Ukrainien réfugié, identifie les compléments circonstanciels de cause.

Taras a quitté l'Ukraine à cause de la guerre. Il vit en France parce qu'une partie de sa famille a fui la guerre. Ses parents sont restés en Ukraine parce qu'il fallait combattre. Il trouve que l'école française est difficile parce qu'il y a beaucoup de devoirs. Comme, au début, il ne parlait pas encore français, il a eu du mal à se faire des amis. Il va mieux aujourd'hui. Grâce à ses nouveaux copains, il peut s'amuser comme un enfant. Il espère cependant rentrer bientôt chez lui, parce que son pays lui manque.

D'après le site *Un jour, une info*.

19 Rédige un texte qui intégrera au moins six compléments parmi les suivants.

À côté de la villa – dans cette maison – gentiment – par un beau soir d'été – à cause du soleil – souvent – grâce à leur mère – à la plage – soigneusement – avec appétit – dans le parc

20 Ajoute des compléments circonstanciels de manière à chacune des phrases.

a. Les enfants ont traversé la rue.

b. Ce chat ronronne.

c. J'ai lu ce livre.

d. Le tablier était attaché.

e. Tu as caché son trésor.

21 Les compléments ci-dessous sont-ils des COI ou des compléments circonstanciels de lieu ? Pour le vérifier, emploie le déplacement ou la suppression. Attention, la phrase doit être correcte et le verbe doit garder le même sens.

a. Je vis en ville.

b. Les souris courent dans le grenier.

c. L'ascenseur est bloqué au quatrième étage.

d. J'ai laissé mon téléphone sur mon lit.

e. Nous sommes dans la cuisine.

22 Repère au moins cinq compléments circonstanciels de manière, trois de temps et trois de lieu dans cette recette des *Doigts de sorcières* pour Halloween.

Mélange le beurre ramolli et le sucre.
Ajoute la farine. Travaille le tout vigoureusement jusqu'à obtention d'une pâte homogène.
Roule la pâte en longues saucisses d'environ 1,5 cm de diamètre. Coupe des tronçons de 7-8 cm.
Façonne chaque tronçon en forme de doigt, un peu effilé à une extrémité et avec un renflement au milieu pour l'articulation.
Enfonce une amande effilée au bout du doigt. Si les amandes sont un peu ébréchées, c'est tant mieux !
Cuis au four à 180 °C environ 10 minutes en surveillant : les doigts doivent rester clairs.
À la sortie du four, laisse refroidir un peu puis trempe chaque doigt dans la confiture, côté opposé à l'ongle.

23 Classe les compléments soulignés dans ces « *fun facts* » en deux colonnes : à gauche les compléments circonstanciels, à droite ceux qui ne peuvent pas être enlevés (COD, COI, attribut).

a. Les astronautes peuvent voter depuis l'espace.

b. Pour faire une cuillère de miel, douze abeilles ont travaillé toute leur vie.

c. Les humains ont envoyé un homme sur la Lune avant d'avoir mis des roulettes sur les valises.

d. Les vaches quand on les appelle par leur nom produisent 258 litres de lait en plus par an que les autres.

e. Un crayon papier pourrait potentiellement tracer une droite de 56 km.

f. Si la Terre faisait la taille d'un grain de sable, le Soleil ferait la taille d'une balle de tennis.

e. Les loutres se tiennent par la main quand elles dorment pour qu'aucune d'entre elles ne parte à la dérive.

12 Les expansions du nom : adjectif épithète et groupe prépositionnel

J'observe, je manipule, je comprends

Je construis la leçon

Étape 1 **Observe les phrases suivantes. Que remarques-tu ?**

a. J'ai un stylo noir.

b. J'ai un stylo à plume.

c. J'ai un stylo offert par ma mère.

- Le nom « stylo » est répété dans chaque phrase. Mais ce sont les mots qui le suivent et qui le décrivent, les **expansions**, qui me permettent vraiment de l'imaginer.

Étape 2 **Observe les noms en gras dans le texte suivant et repère les mots et groupes de mots qui les enrichissent.**

Achille retira du cadavre d'Hector sa **lance** de bronze, et il détacha ses **armes** sanglantes. Les **fils** des Achéens accoururent. Ils admiraient la **beauté** d'Hector. Alors le divin **Achille** conçut pour Hector un **traitement** outrageux. Il lui perça les pieds et y passa des **courroies** de cuir qu'il attacha à son char. Puis il monta sur le char et fouetta les **chevaux** qui s'envolèrent, vigoureux. Le **corps** traîné soulevait un **nuage** de poussière !

D'après Homère, *Iliade*.

- Un récit **riche en expansions du nom** est plus saisissant, il permet de mieux se représenter les personnes ou les choses évoquées.

Étape 3 **Dans le portrait suivant, repère tous les adjectifs situés à côté des noms qu'ils qualifient.**

C'était un grand gaillard solide ; il avait les ongles noirs et déchiquetés, et une balafre d'un blanc sale et livide, s'étalait en travers de sa joue creuse.

D'après Robert Louis Stevenson, *L'Île au trésor*.

- S'ils se trouvent avant ou après le nom pour le compléter, les **adjectifs** ont la fonction **épithète**. Plusieurs adjectifs peuvent qualifier un même nom. Ils peuvent être supprimés.

Étape 4 **Dans le portrait du même pirate, repère les prépositions qui introduisent chaque nouvelle expansion du nom.**

Sur le col d'un habit bleu, tombaient ses cheveux en queue poisseuse. Sa joue avait été marquée d'un coup de sabre. L'homme à la brouette commanda un verre de rhum et se mit à chanter une vieille chanson à boire.

D'après Robert Louis Stevenson, *L'Île au trésor*.

- Parmi les expansions du nom, **les groupes prépositionnels** ont la fonction de complément du nom. Ils sont toujours placés après le nom. Ils peuvent être supprimés.

Je retiens

Voici un schéma pour vérifier que tu as bien compris la leçon.
Tu n'as pas encore à connaître la partie grisée.

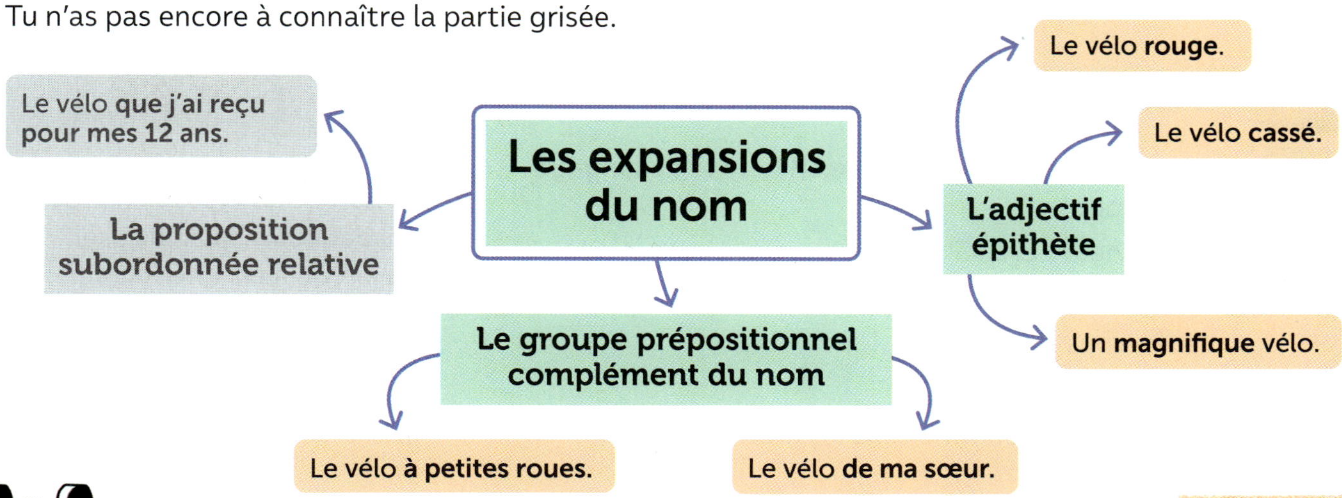

Je m'entraîne

1 Relève les expansions des noms en gras et indique si ce sont des adjectifs épithètes ou des groupes prépositionnels.

a. Le **chat** noir joue avec une **pelote** de laine.

b. La **maison** de mes voisins est un vrai **manoir** hanté.

c. L'**odeur** des jacinthes parfume la vaste **entrée**.

d. Un **livre** d'aventures passionnant m'attend sur la table.

e. La **tarte** aux pommes est d'une belle **couleur** dorée.

2 Remplace les groupes de mots en gras par un adjectif ou un groupe prépositionnel de même sens.

a. J'aime les gâteaux **qui sont faits à partir de chocolat**.

b. Un oiseau **qui avait des plumes colorées** est passé près de moi.

c. Les albums **qui viennent du Japon** s'appellent des mangas.

d. J'aimerais vivre dans un appartement **qui donnerait l'impression d'être bien accueilli**.

3 Précise cette liste en ajoutant pour chaque nom deux expansions du nom, un adjectif et un groupe prépositionnel.

Pour mon anniversaire je voudrais :

a. Un pull …

b. Un appareil …

c. Un jeu …

d. Un gâteau …

e. Des amis …

4 Décris un objet avec les expansions suivantes.

De petite taille – mobile – acheté lors de mon voyage en Irlande – en plastique – sonore – de couleur bleue.

5 Choisis une photo ancienne, de toi si possible, et décris cette photo de manière humoristique, en commentant au moins cinq éléments.

Exemple : Yeux brillants signes de mon intelligence précoce. Pull taché d'une couleur douteuse. Doudou en peluche tout fatigué…

Pour t'entraîner encore PLUS → p. 302

13 Types et formes de la phrase

J'observe, je manipule, je comprends

Je construis la leçon

Étape 1 **Classe les phrases suivantes selon le type de langage qu'elle propose.**

a. Quelle heure est-il ?
b. Il y a du soleil.
c. Levez-vous s'il vous plaît !
d. Pourquoi es-tu triste ?
e. Je mange une pomme tous les matins.
f. Viens vite !

- Il existe **trois types** de phrases : **déclaratif** pour communiquer une information, **interrogatif** pour demander une information, **impératif** pour donner un ordre, une interdiction.

Étape 2 **Que remarques-tu dans ces phrases de type interrogatif ?**

a. Pourquoi la laine conserve-t-elle si bien la chaleur ?
b. Aimes-tu les artichauts ?
c. Ça va ?
d. Tu prends du café ?
e. Est-ce que tu veux jouer ?
f. Comment elle s'appelle ?

- Le point d'interrogation à la fin d'une phrase se traduit à l'oral par une **intonation montante**.
- Certaines phrases interrogatives ne respectent pas l'**inversion du sujet** : elles sont le plus souvent employées à l'oral.

Étape 3 **Quel est le sens de ces phrases de type impératif ?**

a. Fermez la porte s'il vous plaît.
b. Écoute-moi.
c. Range ta chambre !

- L'impératif exprime un **ordre**, un **conseil**, une **interdiction**.
- Une phrase peut être à la fois **impérative et exclamative**.

Étape 4 **À quel type de phrase se combinent ces phrases exclamatives et négatives ?**

a. C'est une magnifique journée !
Laisse-moi passer !

b. N'as-tu pas déjeuné ce matin ?
Ne partez pas !
Je ne suis pas malade.

- La **forme exclamative** peut se combiner avec plusieurs types de phrases. Une phrase peut être **déclarative** et **exclamative**, ou **impérative** et **exclamative**.
- La forme négative peut se combiner avec chaque type de phrase. Une phrase peut être **déclarative** et **négative**, **interro-négative** ou encore **impérative**, **négative** et **exclamative**.

Je retiens

Voici un schéma pour vérifier que tu as bien compris la leçon.

Types et formes de phrases

- **2 formes de phrases**
  - **Négative** : pour nier ou inverser une idée.
  - **Exclamative** : pour exprimer une émotion.
- **3 types de phrases**
  - **Déclarative** : donner une information.
  - **Interrogative** : demander une information.
  - **Impérative** : donner un ordre, une interdiction.
- Les formes peuvent s'associer entre elles ou s'associer aux types de phrases.

Je m'entraîne

1 Classe ces phrases selon leur type : déclaratif, impératif, interrogatif.

a. Le chat dort sur mon lit.

b. Ferme la porte en sortant.

c. Quel âge as-tu ?

d. J'aime beaucoup les histoires de science-fiction.

e. Range ta chambre immédiatement.

f. As-tu fait tes devoirs ?

g. L'Afrique du Sud est un pays magnifique.

h. Soyez attentifs en classe.

2 Réécris ces phrases en leur ajoutant la forme négative ou la forme exclamative, et même les deux si tu peux.

a. Le soleil brille dans le ciel.

b. Fais tes exercices de maths.

c. Est-ce que tu aimes le chocolat ?

d. Le chien aboie fort.

e. Regarde attentivement ces images.

f. As-tu vu le nouveau film ?

3 Lis ces phrases interrogatives prononcées dans un collège. Reformule celles qui ne te paraissent pas correctes. Attention, la dernière est une interrogative indirecte.

a. Erwann est là ?

b. Pourquoi tu as dit ça ?

c. La prof a demandé quoi ?

d. Il t'a dit c'est où ?

4 Imagine deux discussions au collège après un devoir de mathématiques.

• Le premier dialogue concernera deux élèves, le second dialogue mettra face à face un élève et son professeur.

• Les deux dialogues évoqueront le devoir de mathématiques et compteront au moins six répliques, avec des phrases de tout type, et de forme négative et exclamative.

• Tu pourras ensuite observer à quel point les phrases changent selon la personne à qui l'on s'adresse.

Pour t'entraîner encore PLUS → p. 302

14 Phrase simple et phrase complexe

J'observe, je manipule, je comprends

Je construis la leçon

Étape 1 **Observe les deux premières phrases du mythe mossi (Burkina Faso).**

> Autrefois, le ciel était si près de la terre qu'il suffisait de tendre la main pour découper un morceau de firmament et les humains s'en nourrissaient. Wende, le dieu créateur, et les hommes vivaient dans la familiarité, les humains connaissaient l'abondance et la paix.
>
> *Récits de la mort et de l'au-delà*, La documentation française.

- Lorsqu'on veut expliquer ou raconter une histoire, il est bon d'utiliser des phrases adaptées à ce que l'on veut dire.
Les phrases décrivent souvent des pensées complexes, avec plusieurs verbes : ce sont les **phrases complexes**.

Étape 2 **Voici la suite du mythe. Lis-le récit puis compte les verbes dans chaque phrase.**

> Comme les animaux, ils se nourrissaient aussi d'aliments crus et, tout comme eux, ils ignoraient la pudeur. C'était l'âge d'or. La mort était inexistante sur terre. Mais l'homme et la femme refusèrent ce destin qui faisait d'eux les égaux des animaux.

- Certaines phrases ne comportent qu'un verbe, ce sont des **phrases simples**. Chaque phrase exprime ici une idée forte.

Étape 3 **Dans ces phrases, repère la manière dont les propositions sont reliées entre elles.**

a. À cette époque, les fils et filles des dieux étaient seuls à posséder le feu ; jamais il ne s'éteignait.

b. L'homme et la femme les épièrent car ils voulaient connaître leur secret.

c. L'homme déroba le secret du feu et du travail du fer que seuls les dieux connaissaient.

- Dans une phrase complexe, les propositions peuvent être liées par un **signe de ponctuation**, par une **conjonction de coordination** ou par un **mot qui introduit une subordonnée**.

Étape 4 **Est-ce que les propositions subordonnées soulignées pourraient exister sans la proposition principale en gras ? Où se trouvent les propositions subordonnées par rapport aux propositions principales ?**

a. **Je veux** que le ciel soit séparé de la terre !

b. Parce que les humains avaient triché, **un déluge couvrit le monde**.

c. **L'homme sauva sa famille grâce à une pirogue** qu'il avait fabriquée.

d. **La mort** qui avait été décidée par les dieux **commença son œuvre sur la terre**.

- Dans une phrase complexe, la proposition **principale** est celle dont dépend la **subordonnée**. Celle-ci est en lien avec la principale, elle ne pourrait exister toute seule.
- La proposition subordonnée peut se trouver avant ou après la principale.

Je retiens

Voici un schéma pour vérifier que tu as bien compris la leçon.

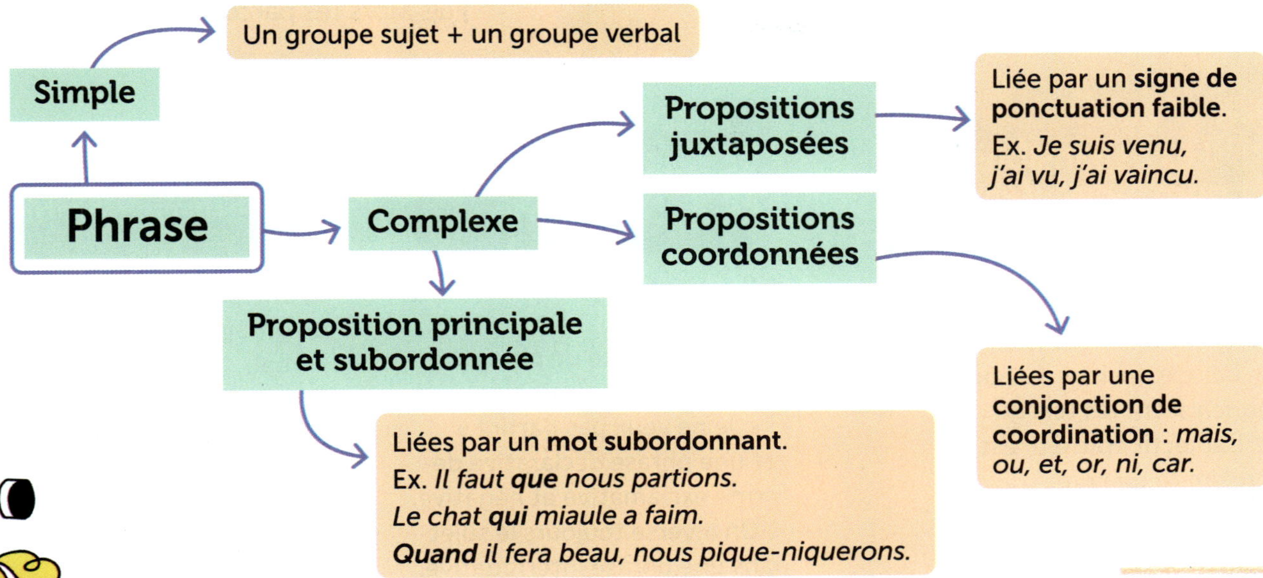

Je m'entraîne

1 **Classe les phrases complexes selon que les propositions sont juxtaposées, coordonnées ou subordonnées.**

a. Quand le chat n'est pas là, les souris dansent.

b. Le soleil s'est caché pour nous ; il apparaît à l'autre bout du monde.

c. Le professeur dit que nous devons écouter.

d. Tu peux choisir : tu prends le gâteau ou la glace.

e. La voisine qui habite en face me regarde d'un drôle d'air.

f. Mes frères s'aiment beaucoup mais ils se chamaillent souvent.

2 **Écris des phrases en associant une proposition principale à une proposition subordonnée.**

Bianca mange les crêpes •	• qu'il s'appellerait Sam.
Je me demande •	• dont ils s'occupent soigneusement.
Il faut •	• quand tu te lèves.
Ils ont planté un arbre •	• s'il fera beau demain.
Je me couche •	• que l'on s'en aille.
Nous avions décidé •	• qu'elle a préparées.

3 **Transforme ces phrases complexes en phrase simple. Le « que » doit disparaître !**

a. Ma grand-mère regrette qu'il pleuve.

b. La vie scolaire apprécie que les collégiens soient ponctuels.

c. Solal comprend que son amie soit triste.

4 **Transforme les phrases simples en phrases complexes, en introduisant la conjonction « que ».**

a. Elle attend l'arrivée d'un message.

b. Les sportifs méritent nos applaudissements du public.

c. Mon chien aime mes câlins.

d. Les élèves remarquent la fatigue de leur professeur.

5 **Termine ces phrases en complétant la proposition subordonnée.**

a. Je crois que…

b. J'ai commandé un jeu qui…

c. C'est la personne dont…

d. Elle se demande où…

e. Tu ris parce que…

f. Je crois que…

Pour t'entraîner encore PLUS → p. 302

Je me teste et je fais mes parcours

- Pour chaque notion, trouve la ou les propositions correctes.
- Vérifie tes réponses en bas de page.
- Fais alors tes parcours d'exercices.

12 Les expansions du nom : adjectif épithète et groupe prépositionnel

a. « La chatte est partie. » contient une expansion du nom.
b. Les expansions du nom enrichissent les textes.
c. L'adjectif épithète est à proximité du nom.
d. Une expansion du nom est toujours un adjectif.
e. Un adjectif épithète est séparé du nom par un verbe d'état.

J'ai fait une erreur : Parcours (rouge)
J'ai bien répondu : Parcours (bleu)

13 Types et formes de phrase

a. Il existe trois formes de phrase.
b. Type et forme de phrase ne peuvent pas s'associer.
c. « Je ne veux pas partir ! » est une phrase déclarative de forme exclamative et négative.
d. On inverse toujours le sujet dans une phrase interrogative.
e. La phrase exclamative permet d'exprimer une émotion.

J'ai fait une erreur : Parcours (rouge)
J'ai bien répondu : Parcours (bleu)

14 Phrase simple et phrase complexe

a. Une phrase simple contient un groupe sujet et un groupe verbal.
b. Dans une phrase simple, les propositions peuvent être juxtaposées.
c. Dans une phrase simple, les propositions peuvent être coordonnées.
d. La phrase « Quand le chat n'est pas là, les souris dansent » contient des propositions coordonnées.
e. Dans une phrase, il peut y avoir plusieurs propositions.

J'ai fait une erreur : Parcours (rouge)
J'ai bien répondu : Parcours (bleu)

Bonnes réponses : Fiche 12 : b et c. Fiche 13 : c et e. Fiche 14 : a et e.

Mes parcours d'exercices

12 Les expansions du nom : adjectif épithète et groupe prépositionnel

1 Repère dix noms dans ce texte et ajoute-leur dix expansions du nom.

> Je veux aujourd'hui vous rapporter une histoire. Un vilain* prit un jour, au pied de sa haie, deux perdrix. Il mit tout son soin à les préparer et les donna à sa femme pour les faire cuire. Elle alluma le feu et prépara la broche, pendant que le vilain sortait en courant pour aller inviter le prêtre. Mais il s'attarda, alors la dame retira la broche et prit un peu de peau. Elle se précipite ensuite sur l'une des perdrix et en dévore deux ailes, puis va voir dans la rue si son mari revient.
>
> D'après *Les Perdrix*, fabliau du Moyen Âge.
>
> * Un vilain est un paysan au Moyen Âge.

2 Relève les expansions du nom dans ce texte.

> La vie de Louise Michel, fille naturelle d'une servante et d'un châtelain, s'illustre dans une succession de combats et d'engagements. Après une éducation de qualité, elle devient institutrice. À Paris, elle fréquente les milieux révolutionnaires, collabore à des journaux d'opposition. Elle noue une longue correspondance avec Victor Hugo. Elle se bat sur les barricades lors de la Commune de Paris. Elle est condamnée à une déportation de dix ans en Nouvelle-Calédonie.
>
> D'après Yannick Resch et Sheina Szlamka, *Audacieuses ! 50 femmes pionnières.*

3 Va dans ta cuisine ou regarde dans la boite à outils de ta famille et dresse une liste d'au moins dix ustensiles comportant une expansion. Certains outils comportent déjà un groupe nominal prépositionnel : une cuillère à café, une perceuse sans fil…

4 Écris le portrait d'une personne que tu admires en utilisant au moins sept expansions du nom. Attention, tu n'as le droit d'employer le verbe *être* qu'une seule fois (pour éviter les attributs du sujet).

5 Fais deviner à tes camarades de classe le nom de l'animal que tu préfères, en donnant toutes ses caractéristiques : apparence, taille, pelage, plumage, caractère… Utilise le plus d'expansions possibles.

Exemple : Mon doux pelage peut être blanc, gris, multicolore.
Mon petit nez rose s'agite tout le temps.
Je peux être domestique ou de garenne.
Je passe mes journées à manger du foin de montagne.
Mes longues oreilles plaisent à tous les magiciens.
Je suis…

6 Améliore ces phrases crées par une intelligence artificielle. Rends-les plus surprenantes, amusantes, originales à l'aide d'expansions du nom. Tu peux aussi changer de vêtement pour la fille.

a. Le garçon joue dans le jardin.
b. J'ai vu un film hier soir.
c. La fille porte une robe.
d. Les élèves réussiront cet exercice.
e. Le chien aboie.

7 Alice croise de nombreux personnages étranges dans *Alice au pays des merveilles*.

- Un lapin blanc qui court avec une montre à gousset en disant : « Je suis en retard ! »
- Une grosse chenille bleue qui fume le narguilé au sommet d'un champignon.
- Un gros chat assis sur une branche, au sourire étonnant.
- Un chapelier fou qui prend le thé avec un lièvre et un loir endormi dans une théière.

Invente à ton tour un monde merveilleux en créant une liste des personnages qui l'habitent.

8 Transforme les propositions subordonnées relatives en groupes prépositionnels.

Exemple : Une forêt qui est difficile d'accès → une forêt difficile d'accès / impénétrable

a. Une poupée qui date d'une époque ancienne
b. Un bourdonnement qui fait mal aux oreilles
c. Un homme qui a la barbe bien taillée
d. Un enfant qui n'a plus ses parents
e. Un océan qui est souillé par les déchets
f. Une carotte qui vient d'être récoltée

9 Observe les deux textes et imagine le film qu'ils décrivent : quelle scène décrite est la plus riche ?

Texte 1. Après avoir gravi la dune, les enfants découvrent la mer. Ils s'effondrent sur le sable et contemplent les vagues.

Texte 2. Après avoir gravi la dune balayée par un vent frais, les jeunes enfants découvrent la mer vert émeraude, surmontée d'un ciel bleu parcouru d'une trainée de nuages blancs. Ils s'effondrent sur le sable sec et contemplent les vagues qui déposent des algues noires sur le rivage et se cognent aux rochers dans un doux fracas.

10 Repère les expansions du nom dans ces phrases. Distingue les épithètes des groupes prépositionnels.

Yasmine est mon troisième enfant. Elle est porteuse de trisomie 21 et elle a eu son bac. Ses études au collège n'ont pas été faciles. Certains camarades de classe avaient des préjugés tenaces sur elle. Il faut dire qu'elle s'était fabriqué plus jeune un système d'autodéfense, avec des comportements agressifs. Le monde des adolescents n'est pas le monde des Bisounours et elle a été souvent rejetée par des adolescents intolérants.

D'après *Yasmine, 19 ans, trisomique, bachelière*, Jamal Berraoui, 2015, © Ballard.

13 Types et formes de phrases

11 Lis les phrases de ce dialogue. Lesquelles sont interrogatives ? Comment le sais-tu ? Quelle intonation utilise-t-on pour les dire à l'oral ?

TRIVELIN : Comment vous appelez-vous ?
ARLEQUIN : Est-ce mon nom que vous demandez ?
TRIVELIN : Oui vraiment.
ARLEQUIN : Je n'en ai point, mon camarade.
TRIVELIN : Quoi donc, vous n'en avez pas ?
ARLEQUIN : Non, mon camarade, je n'ai que des surnoms que mon maître m'a donnés ; mon maître m'appelle quelquefois Arlequin, quelquefois Hé.

D'après Marivaux, *L'île des esclaves*.

12 Lis ces deux strophes de Joachim du Bellay. Quels types et formes de phrases reconnais-tu ? Quelles émotions expriment ces phrases ?

Heureux qui, comme Ulysse, a fait un beau voyage,
Ou comme cestuy-là qui conquit la toison,
Et puis est retourné, plein d'usage et raison,
Vivre entre ses parents le reste de son âge !

Quand reverrai-je, hélas, de mon petit village
Fumer la cheminée, et en quelle saison
Reverrai-je le clos de ma pauvre maison,
Qui m'est une province, et beaucoup davantage ?

13 Donne les types et formes de ces phrases. Dans quelle phrase le sujet est-il inversé ? Poursuis le dialogue en écrivant trois répliques au moins.

– Pourquoi pleures-tu ?
– Je ne trouve pas de prince charmant.
– Et c'est pour ça qu'on pleure ?

D'après Jean-Claude Grumberg, *Marie des Grenouilles*, 2013, © Actes Sud.

14 Transforme les deux phrases suivantes en phrases interrogatives, puis interro-négatives.

Un arbre est une créature miraculeuse qui abrite, nourrit et protège tous les êtres vivants. Il offre même de l'ombre aux bourreaux qui l'abattent.

Bouddha

15 Construis une interview mystère d'une personnalité que tu apprécies. Pose-lui au moins trois questions qui permettront à ton lecteur de deviner qui il ou elle est.

Exemple : Aimes-tu être capitaine de l'équipe de France ? Ton déménagement à Madrid s'est-il bien passé ? Ton ancien club de la capitale te manque-t-il ?

16 Repère dans ce texte les quatre phrases interrogatives et les quatre phrases impératives. Lis-le ensuite avec de bonnes intonations.

MARTINE. – Et que veux-tu pendant ce temps, que je fasse avec ma famille ?
SGANARELLE. – Tout ce qu'il te plaira.
MARTINE. – J'ai quatre pauvres petits enfants sur les bras.
SGANARELLE. – Mets-les à terre.
MARTINE. – Qui me demandent à toute heure, du pain.
SGANARELLE. – Donne-leur le fouet. Quand j'ai bien bu, et bien mangé, je veux que tout le monde soit saoul dans ma maison.
MARTINE. – Et tu prétends ivrogne, que les choses aillent toujours de même ?
SGANARELLE. – Ma femme, allons tout doucement, s'il vous plaît.
MARTINE. – Que j'endure éternellement, tes insolences, et tes débauches ?
SGANARELLE. – Ne nous emportons point ma femme.
MARTINE. – Et que je ne sache pas trouver le moyen de te ranger à ton devoir ?
SGANARELLE. – Ma femme, vous savez que je n'ai pas l'âme endurante: et que j'ai le bras assez bon.
MARTINE. – Je me moque de tes menaces.

Molière, *Le Médecin malgré lui*.

17 **Reformule ces questions pour qu'elles puissent être jugées correctes à l'écrit.**

a. Comment tu vas ?

b. Tu veux quoi ?

c. On va où ?

d. T'étais où ?

e. Y a quoi ?

f. T'as eu combien ?

14 Phrase simple et phrase complexe

18 **Les phrases ci-dessous sont-elles toutes des phrases simples ? Justifie ta réponse en recopiant le verbe.**

a. Les pas grinçaient sur la neige.

b. Élisa n'avait pas l'air trop d'accord non plus avec cette idée.

c. Le soir même, mon chat était revenu.

d. Pourquoi vous étiez-vous levés à cette heure si tardive ?

19 **Transforme les deux phrases simples en une seule phrase complexe.**

Exemple : Il fait beau. Je suis joyeuse. → *Quand il fait beau, je suis joyeuse.* ou *Je suis joyeuse car il fait beau.*

a. Je m'installai dans ma cabane. Je couchai à même le sol.

b. Les urgences sont saturées. Il y a beaucoup de malades.

c. Il pleut. On sort les parapluies.

d. Ils ont acheté des glaces. Je leur ai donné un peu d'argent.

e. Les lions mangent en grande quantité. Ils n'ont pas besoin de chasser tous les jours.

20 **Comment les propositions des phrases entre crochets sont-elles liées ? Sont-elles juxtaposées, coordonnées ou subordonnées ?**

> [Nous levâmes l'ancre, hissâmes la grand-voile]. [...] [Je fus vite incommodé par le mal de mer mais heureusement ma santé se rétablit rapidement.] Au cours de notre voyage, nous abordâmes plusieurs îles pour vendre ou échanger nos marchandises. [Un jour que nous filions sur les flots toutes voiles dehors, le vent tomba tout à coup.] [Notre navire était proche d'une petite île à fleur d'eau, qui ressemblait à une prairie.]
>
> D'après *le Premier voyage de Sinbad le marin.*

21 **Recopie la seule phrase simple de ce texte ainsi que la phrase complexe de ton choix. Qu'aimerais-tu savoir à ton tour sur le monde ?**

> Aussi surprenant que cela puisse paraître, nous connaissons mal le monde dans lequel nous vivons. C'est un monde encore plein de mystères ! Bien sûr les scientifiques ont pu, grâce à leur imagination, leur raisonnement et les nouvelles techniques observer de nombreux phénomènes que l'on ne soupçonnait pas il y a des dizaines d'années. [...] Mais au fur et à mesure qu'ils font des découvertes, ils se rendent compte de tout ce qu'ils ignorent encore.
>
> D'après Albert Jacquard, Marie-José Auderset, *Moi, je viens d'où ?*, 2002, © Seuil.

22 **Recopie les phrases en gras en soulignant chaque verbe et en séparant par un trait vertical les trois propositions qui les forment.**

> Les scientifiques cherchent à comprendre le monde. **Ils savent qu'il y a des choses qu'ils ignorent encore !** Mais l'aventure qui permet chaque jour de mieux connaitre le monde est merveilleuse. **Plus on connaît de choses, plus on est émerveillé par ce qui nous entoure.** Un ciel étoilé, c'est beau. **Mais quand on sait que telle lumière est une étoile et que telle autre est une galaxie, c'est plus beau encore**.
>
> D'après Albert Jacquard, Marie-José Auderset, *Moi, je viens d'où ?*, 2002, © Seuil.

23 **Tu as été choisi pour réfléchir aux conditions de vie des enfants. Fais la liste de cinq revendications (au moins) pour améliorer leur vie dans le monde.**

Tu construiras des phrases complexes, contenant le mot subordonnant *que* et tu pourras choisir des verbes parmi ces amorces : *Il faudrait que... ; nous souhaitons que... ; nous voulons que... ; nous voudrions que...*

24 **Décris le parcours rapide d'un héros ou d'une héroïne dans une forêt imaginaire ou dans un jeu vidéo. Tu devras écrire plusieurs phrases complexes contenant deux ou trois verbes par phrase !**

Exemple : Zoé s'élance vers la forêt enchantée, elle doit absolument l'atteindre avant la nuit. Quand le hibou hululera, il sera trop tard. Entre les branchages, elle court,saute, se baisse...

15 Mode et temps des verbes

Je construis la leçon

J'observe, je manipule, je comprends

Étape 1 **Dans les phrases suivantes, indique si l'action a lieu dans le passé, dans le présent ou dans le futur.**

a. Tu partiras en vacances cet été.

b. Vous avez regardé ce film pour la millième fois !

c. Elle est en route.

> • Le **temps** d'un verbe permet de dire si **l'action a lieu dans le passé, dans le présent ou dans le futur**. Chaque temps indique donc si l'action du verbe est terminée, en cours, ou à venir.

Étape 2 **1. À quel mode correspond chacune de ces quatre propositions ?**

2. Quelle différence le choix du mode fait-il pour le sens de ces propositions ?

Manger des courgettes..... •		• **indicatif**
Je mange des courgettes. •		• **impératif**
Mange des courgettes ! •		• **infinitif**
Mangeant des courgettes... •		• **participe**

> • Le **mode** du verbe permet d'indiquer **de quelle manière l'action du verbe est exprimée** : de manière certaine ou non, imposée ou interdite, accomplie ou en train de se faire...

Étape 3 **La phrase suivante est au présent de l'indicatif : « Tu offres des fleurs à ta grand-mère. »**

1. Sans ajouter de verbe, modifie-la de manière à donner un ordre.

2. Modifie-la de manière à faire comprendre que l'action a eu lieu dans le passé.

3. Qu'as-tu dû modifier pour chacune, le temps ou le mode ?

> • Le mode ne permet pas de situer l'action dans le temps ; il permet d'indiquer **de quelle manière l'action est exprimée**. C'est le temps qui permet de situer l'action de manière chronologique.

Étape 4 **Les verbes suivants sont conjugués à des modes différents.**

1. Indique les verbes conjugués à une personne précise (laquelle ?), et ceux qui ne renvoient pas à une personne précise.

2. Indique, si tu peux, le mode de chacun (infinitif – indicatif – impératif – participe).

Je vois – Entrez – Ayant – Dormir – Ils sortent – Marchant – Allonger – Nous avons chanté.

> • Les modes conjugués font référence à des personnes précises et sont des **modes personnels**. Ex. L'indicatif et l'impératif.
> • Les modes qui ne portent pas les marques d'une personne précise sont des **modes impersonnels**. Ex. L'infinitif et le participe.

Je retiens

Voici un schéma pour vérifier que tu as bien compris la leçon.

Le mode → indique de quelle **manière** l'action a lieu
- **Impersonnels** → **Indicatif**, **Infinitif**
- **Personnels** → Certaine : **indicatif** ; Imposée ou conseillée : **impératif**

Le temps → indique **quand** l'action a lieu
- Dans le **passé**.
- Au **présent**.
- Dans le **futur**.

Je m'entraîne

1 Dans les phrases suivantes, repère les verbes conjugués et classe-les en deux colonnes : une pour les verbes conjugués à l'indicatif, l'autre pour les verbes conjugués à l'impératif.

a. Range ta chambre immédiatement !

b. Paul range sa chambre tous les jours.

c. Faites attention en traversant la route !

d. Vous faites attention en traversant la route.

e. Sois prudent à vélo !

f. Tu es prudent à vélo.

2 Dans chaque série de verbes, trouve l'intrus et explique pourquoi.

a. Je chante – Nous avons joué – Tu regarderas – Écoute.

b. Regardez – Mangeons – Faites – Tu prendras.

c. Voyager – Manger – Boire – Elle chante.

3 Complète chaque phrase avec un verbe au bon mode, et explique ton choix.

a. .... ton sac avant de partir !

b. Chaque matin, je .... mon sac pour l'école.

c. .... bien avant de traverser la rue !

d. Ma sœur .... toujours avant de traverser la rue.

e. .... vos déchets à la poubelle.

f. Après le pique-nique, nous .... nos déchets dans une poubelle.

4 a. Transforme les phrases suivantes selon les indications données.
b. Précise, pour chacune, si tu as dû changer le temps, le mode, ou les deux.

a. Je mange tous les jours à la cantine.
→ Mettre l'action au passé

b. Tu prêtes tes jouets à ton frère.
→ Donner un ordre

c. Vous veniez tous les jours l'écouter.
→ Mettre l'action au présent

d. Range ta chambre.
→ Mettre l'action au futur

Pour t'entraîner encore PLUS → p. 316

16 Modes impersonnels : l'infinitif et le participe

J'observe, je manipule, je comprends

Je construis la leçon

Étape 1

1. À quel mode sont les verbes suivants ?
2. Donnent-ils une indication de temps ? Donnent-ils une indication de personne ?
3. Quelle remarque peux-tu en tirer ?

Manger – courir – lire – prendre – finir.

- L'**infinitif** ne change pas selon la personne.
- On distingue les verbes en ***-er*** **(1er groupe)**, les verbes en ***-ir*** qui font *-issons* au présent **(2e groupe)** et les autres **(3e groupe)**.

Étape 2

Observe les couples de phrases suivantes. Les deux phrases ont-elles exactement le même sens ?

a. Ils marchent et ils chantent. / Chantant, ils marchent.

b. Il avance lentement et admire le paysage autour de lui. / Il avance lentement, admirant le paysage autour de lui.

- Le participe présent est une forme du verbe qui exprime une action en train de se dérouler, **en même temps** que l'action du verbe principal.

Étape 3

Dans les phrases suivantes, la terminaison du participe présent souligné change-t-elle en fonction du temps et du sujet en gras ? Quelle remarque peux-tu en tirer ?

a. Regardant un film, **vous** prendrez votre repas.

b. Anticipant ta réaction, **elle** avait prévu un petit discours.

c. **Je** prends des vacances, savourant chaque minute de repos !

- Le **participe présent** se termine en ***-ant***.
- Employé comme un verbe, sa forme ne change pas.
- Il n'est jamais précédé d'un pronom personnel. Il fait partie des **modes impersonnels**.

Étape 4

1. Dans les phrases suivantes, comment s'appelle la partie du verbe qui est soulignée ? À quoi sert-elle ?
2. Ce mode a-t-il toujours la même terminaison ? Pourquoi ?

a. Mes sœurs ont construit une cabane avec des coussins.

b. Julie et Boris sont allés au cirque ce week-end.

c. J'ai pris un livre à la médiathèque.

d. Elles sont venues te voir.

- Le **participe passé**, utilisé après l'auxiliaire *être* ou *avoir* conjugué, sert à construire les **temps composés** (voir fiche 20, p. 322).
- Il change de forme selon l'**auxiliaire** avec lequel il est construit et le **sujet** qui le précède.
- Il n'est jamais relié directement à un pronom personnel. Il fait donc partie des **modes impersonnels**.

Je retiens

Voici un schéma pour vérifier que tu as bien compris la leçon.

Les modes impersonnels

ne sont jamais précédés d'un pronom personnel.

- **L'infinitif**
  - **1er groupe :** verbes en *-er*
  - **2e groupe :** verbes en *-ir* qui font *-issons* au présent
  - **3e groupe :** tous les autres verbes + *aller*
- **Le participe**
  - **Présent** → Sert à exprimer une action qui se fait en même temps que l'action principale. → Ne change pas de forme (*-ant*).
  - **Passé** → Sert à construire les temps composés après un auxiliaire. → Peut changer de forme.

Je m'entraîne

1 Dans le texte suivant, mets chaque verbe à l'infinitif et indique à quel groupe il appartient.

Vandana « Vandi » Verma avait 11 ans quand elle se glissa derrière le volant du tracteur de son grand-père. Elle n'avait jamais imaginé qu'un jour elle serait aux commandes d'une astromobile sur Mars. Aujourd'hui, assise à son bureau de la NASA, Verma conduit des programmes et pilote le rover Curiosity sur Mars. En utilisant l'Intelligence Artificielle, le *rover* prend des images et analyse le sol et les pierres. Il aide ainsi la NASA à comprendre le passé de la planète.

D'après Alisha Sadikot, *Le Déchiffrage du Code : les femmes qui ont changé la façon de voir les ordinateurs*, 2019.

2 Complète chaque phrase avec le participe présent du verbe entre parenthèses.

a. (*Manger*) son goûter, il regardait la télévision.

b. (*Lire*) un livre passionnant, elle ne voit pas l'heure passer.

c. (*Regarder*) par la fenêtre, Paul aperçut un chat noir.

3 Dans chaque série, trouve le mot qui n'est pas un participe présent.

a. Chantant – mangeant – dansant – évident.

b. Fatiguant – voyant – brillant – étudiant.

c. Étant – aimant – partant – gentiment.

4 a. Relève les participes passés dans le texte suivant, et indique s'ils sont conjugués avec l'auxiliaire *être* ou *avoir*.
b. Justifie leurs terminaisons.

Hier, nous avons mangé une délicieuse tarte aux pommes. Ensuite, nous sommes allés au parc où nous avons joué au ballon. La pluie s'est soudainement mise à tomber, et nous avons dû rentrer rapidement. Une fois à la maison, nous avons bu un chocolat chaud et nous nous sommes reposés devant un film.

Pour t'entraîner encore PLUS → p. 316

17 Employer et accorder le participe passé

Je construis la leçon

J'observe, je manipule, je comprends

Étape 1

1. Observe les terminaisons des participes passés dans les phrases suivantes.

**2. Donne l'infinitif du verbe conjugué.
Attention à ne pas confondre le verbe et l'auxiliaire.**

3. À quel groupe appartient-il ?

a. J'ai terminé (mon assiette).
b. Tu as fini (tes devoirs).
c. Il a pris (le train).
d. Elle a vendu (des cookies à la récré).
e. Vous avez eu (tout le temps de réfléchir).
f. Tu as été (conquis par ce film).

> Les terminaisons du participe passé sont les suivantes.
> - Verbes en ***-er* = *-é*** (*donné*)
> - Verbes en ***-ir*, *-oir* et *-re* = *-i* ou *-u*** (*fini ; voulu ; perdu*)
> - Quelques participes passés se terminent par ***-s*/*-t*/*-û*** (*pris ; fait ; dû*)

Étape 2

Dans les phrases suivantes, conjugue le verbe au passé composé.

a. Elle a 20 à son contrôle de mathématiques.
b. Charlie Chaplin est un grand acteur du XXe siècle.
c. Elsa aura 13 ans le 22 avril.
d. Nos adversaires étaient plus forts.

> - Le participe passé du verbe *avoir* est ***eu***. Le participe passé du verbe *être* est ***été***.
> - Ces deux verbes se conjuguent avec l'auxiliaire *avoir*.

Étape 3

Justifie la terminaison de chacun des participes passés dans les phrases suivantes.

a. Elle a pris le bus.
b. Les filles ont pris le bus.
c. Elles sont venues hier.
d. Il est venu hier.

> - Lorsque le participe passé est construit avec l'auxiliaire ***avoir***, **il ne s'accorde pas** avec le sujet.
> - Lorsque le participe passé est construit avec l'auxiliaire ***être***, **il s'accorde** avec le sujet.

Étape 4

Même exercice.

a. J'ai pris des pommes rouges.
b. Les pommes que j'ai prises sont rouges.
c. J'ai acheté des livres d'occasion.
d. Les livres que j'ai achetés sont d'occasion.

> - Lorsque le complément d'objet direct (COD) est placé **avant** l'auxiliaire *avoir*, **le participe passé s'accorde** avec ce COD.
> - Pour vérifier l'accord, tu peux le remplacer par le participe passé du verbe *prendre*, car on entend « **prise** » au féminin.

Je retiens

Voici un schéma pour vérifier que tu as bien compris la leçon.

Le participe passé

- **Terminaisons**
  - Verbes en *-er* : **-é**
  - Verbes en *-ir*, *-oir* et *-re* : **-i** ou **-u**
  - Cas irréguliers : **-s/ -t/ -û**
  - Avoir : ***eu***
  - Être : ***été***
- **Employé après**
  - **l'auxiliaire « être »** → s'accorde avec le sujet.
  - **l'auxiliaire « avoir »** → ne s'accorde pas avec le sujet, mais il s'accorde avec le COD placé avant le verbe.

Je m'entraîne

1 Conjugue chacun des verbes suivant au passé composé en utilisant le sujet « elle », puis « ils ».

Ex. Vendre → Elle a vendu ; ils ont vendu.

Faire – aller – dire – venir – pouvoir – voir – vouloir – prendre.

2 Complète les phrases avec la bonne terminaison du participe passé.

a. Les fleurs que j'ai **cueilli / cueillies** sentent bon.

b. Elle a **mangé / mangée** une pomme ce matin.

c. Les lettres qu'il a **écrit / écrites** étaient très belles.

d. Ils sont **parti / partis** en vacances.

e. La chanson qu'elle a **chanté / chantée** était magnifique.

3 Indique si l'accord du participe passé est correct ou incorrect. Si c'est incorrect, corrige la phrase. Explique la règle d'accord appliquée.

a. La lettre que tu as envoyée est bien arrivée.

b. Elles se sont lavés avant de sortir.

c. Nous avons terminé nos devoirs avant le dîner.

d. Les pommes sont tombés de l'arbre à cause du vent.

e. Elles se sont lavés les mains.

4 1. Dans le texte suivant, relève les participes passés et justifie leur accord.
2. Relève aussi les participes présents (voir fiche 16, p. 308).

Donc, comme il fallait tuer cette demi-heure, le mauvais temps vous empêchant de le faire en vous promenant dans les rues, vous avez traversé l'avenue de l'Opéra et vous l'avez remontée sur le trottoir de gauche, refaisant en sens inverse le chemin par lequel tout à l'heure vous étiez venu de votre bureau jusqu'au Louvre [...].

Michel Butor, *La Modification*, 1957 © Éd. de Minuit.

Pour t'entraîner encore PLUS → p. 316

18 Modes personnels : temps simples et temps composés

J'observe, je manipule, je comprends

Je construis la leçon

Étape 1 **Indique pour chaque verbe lequel est conjugué à un temps simple, et lequel est conjugué à un temps composé. Quelle est la différence entre les deux ?**

a. Venir : Je viens – Je suis venu.

b. Manger : Tu mangeais – Tu avais mangé.

c. Finir : Vous finirez – Vous aurez fini.

d. Vouloir : Elles voudraient – Elles auraient voulu.

- Un verbe conjugué à un **temps simple** ne comporte qu'**un** mot.
- Un verbe conjugué à un **temps composé** est construit avec deux mots : l'**auxiliaire** *être* ou *avoir* conjugué et le **participe passé** du verbe.

Étape 2 **Dans le texte suivant, les verbes sont tous conjugués à un temps composé, le passé composé. Combien de verbes sont conjugués avec l'auxiliaire *avoir*, combien avec l'auxiliaire *être* ? Quelle remarque peux-tu faire ?**

> Hier, on a joué dans notre collège *Le Malade imaginaire*, la pièce que nous avons répétée toute l'année avec notre professeur de français et une comédienne. Les spectateurs sont venus nombreux, et ont applaudi à tout rompre à la fin du spectacle.

- La plupart des verbes se conjuguent avec l'auxiliaire ***avoir***, quelques-uns se conjuguent avec **être**, dont beaucoup sont des verbes de mouvement.

Étape 3 **Dans ces phrases, les verbes sont conjugués à des temps composés. À quel temps sont conjugués les auxiliaires soulignés ?**

a. J'ai lu un roman fabuleux.

b. J'avais pris le bus.

c. Elles ont pris peur en le voyant.

d. Tu seras arrivée en avance.

- Le temps composé du verbe se forme en **mettant l'auxiliaire au temps simple** correspondant, et en rajoutant le **participe passé** du verbe.

Étape 4 **Relie chaque temps simple à son temps composé. Aide-toi du temps de l'auxiliaire pour faire l'exercice.**

Présent (*je danse*) •	• Plus-que-parfait (*j'avais dansé*)
Imparfait (*je dansais*) •	• Futur antérieur (*j'aurai dansé*)
Passé simple (*je dansai*) •	• Passé antérieur (*j'eus dansé*)
Futur (*je danserai*) •	• Conditionnel passé (*j'aurais dansé*)
Conditionnel présent (*je danserais*) •	• Passé composé (*j'ai dansé*)

- Le **présent** permet de construire le **passé composé**.
- L'**imparfait** permet de construire le **plus-que-parfait**.
- Le **passé simple** permet de construire le **passé antérieur**.
- Le **futur** permet de construire le **futur antérieur**.
- Le **conditionnel présent** permet de construire le conditionnel passé.

Je retiens

Voici un schéma pour vérifier que tu as bien compris la leçon.
Tu n'as pas encore besoin de connaître les temps indiqués en grisé.

Temps simples		→	Temps composés	
Présent	*Elle travaille*	→	Passé composé	*Elle a travaillé*
Imparfait	*Elle travaillait*	→	Plus-que-parfait	*Elle avait travaillé*
Passé simple	*Elle travailla*	→	Passé antérieur	*Elle eut travaillé*
Futur	*Elle travaillera*	→	Futur antérieur	*Elle aura travaillé*
Conditionnel présent	*Elle travaillerait*	→	Conditionnel passé	*Elle aurait travaillé*

Je m'entraîne

1 Dans un tableau, relève dans une colonne les verbes conjugués aux temps simples et dans l'autre les verbes aux temps composés

a. Les deux jeunes chevaliers étaient si gais et si aimables que chacun leur voulait du bien.

b. Un messager vint prévenir Sir Amyle qu'on avait perdu la trace de ses parents.

c. Il eut bien de la peine à se séparer de Sir Amys qu'il aimait tendrement.

d. Ils se sont dit adieu, en se promettant de ne jamais oublier le lien qui les unissait.

2 1. Indique quel temps simple est utilisé dans chaque phrase.
2. Réécris chaque phrase en la passant au temps composé correspondant. Fais attention à l'accord du participe passé avec l'auxiliaire être !

a. Nous prenons nos décisions avec sagesse.

b. Vos soeurs venaient vous voir tous les jours.

c. Vous pensez à elle à chaque instant.

d. Amélie écrivait chaque jour une lettre à sa mère.

e. Vas-tu à ce concert ?

3 Classe les verbes conjugués de ce texte en deux colonnes : temps simples et temps composés.

« Cette chute n'en finira donc pas ! Je suis curieuse de savoir combien de milles j'ai déjà faits », dit-elle tout haut. « Je dois être bien près du centre de la terre. Voyons donc, cela serait à quatre mille milles de profondeur, il me semble. » (Comme vous voyez, Alice avait appris pas mal de choses dans ses leçons [...].)

D'après Lewis Carroll, *Alice au pays des merveilles*.

4 Réécris cette phrase en remplaçant *profitent* par *profitaient*.

Mes parents ne profitent pas de leur maison car l'orage en a retardé la construction.

5 Écris trois phrases en utilisant des temps simples, puis récris-les en passant chaque temps au temps composé qui lui correspond.

Pour t'entraîner encore PLUS → p. 316

19 Modes personnels : l'impératif

J'observe, je manipule, je comprends

Je construis la leçon

Étape 1 **Relève les verbes conjugués dans les phrases suivantes. À quelle personne chacun est-il conjugué ? Quelle remarque peux-tu faire par rapport au pronom personnel ?**

a. Reviens me voir demain.

b. Prenons nos affaires.

c. Rangez vos cahiers.

- Le mode **impératif** ne se conjugue qu'à **trois personnes** : *tu*, *nous*, *vous*.
- Ce mode a pour particularité de **ne pas faire apparaître les pronoms personnels** ; il n'est donc jamais précédé d'un sujet.

Étape 2 **Observe les terminaisons des verbes et essaie de formuler une règle concernant la conjugaison de l'impératif.**

1. Verbes du 1er groupe

Repass**e** – repass**ons** – repass**ez**.

Repens**es**-y – repens**ons**-y – repens**ez**-y.

2. Majorité des verbes du 2e et 3e groupes

Fini**s** – finiss**ons** – finiss**ez**.

Prend**s** – pren**ons** – pren**ez**.

- Les terminaisons du présent de l'impératif sont, au **1er groupe :** ***-e/-ons/-ez***.

Attention : contrairement au présent de l'indicatif, on n'ajoute pas de « s » à la terminaison de la 2e personne du singulier des verbes en *-er*, sauf quand il est nécessaire pour une liaison.

Ex. Arrêt**e** ! Mange**s**-en

- Généralement, les terminaisons de l'impératif au **2e et 3e groupes** sont : ***-s/-ons/-ez***.

Étape 3 **Donne l'infinitif des verbes à l'impératif en gras dans les phrases suivantes.**

a. **Va** ouvrir la porte s'il te plaît.

b. **Aie** confiance en toi, c'est important pour réussir.

c. **Sois** honnête, c'est toi qui as copié sur ton voisin !

d. **Cueille** cette fleur avant qu'elle ne se fane.

- Certains verbes ont une conjugaison **irrégulière**, comme les verbes *aller, cueillir, être, avoir*.

Étape 4 **Indique les phrases qui expriment un ordre, et celles qui expriment une interdiction. Que remarques-tu par rapport au verbe ?**

a. Prends ce stylo.

b. Ne prends pas ce livre.

c. Attache tes cheveux pour travailler.

d. N'attache pas tes cheveux pour danser.

- Le mode impératif permet de formuler un **ordre** ou un **conseil**.
- Lorsque le verbe est à la **forme négative**, la phrase exprime une **interdiction**.

Je retiens

Voici un schéma pour vérifier que tu as bien compris la leçon.

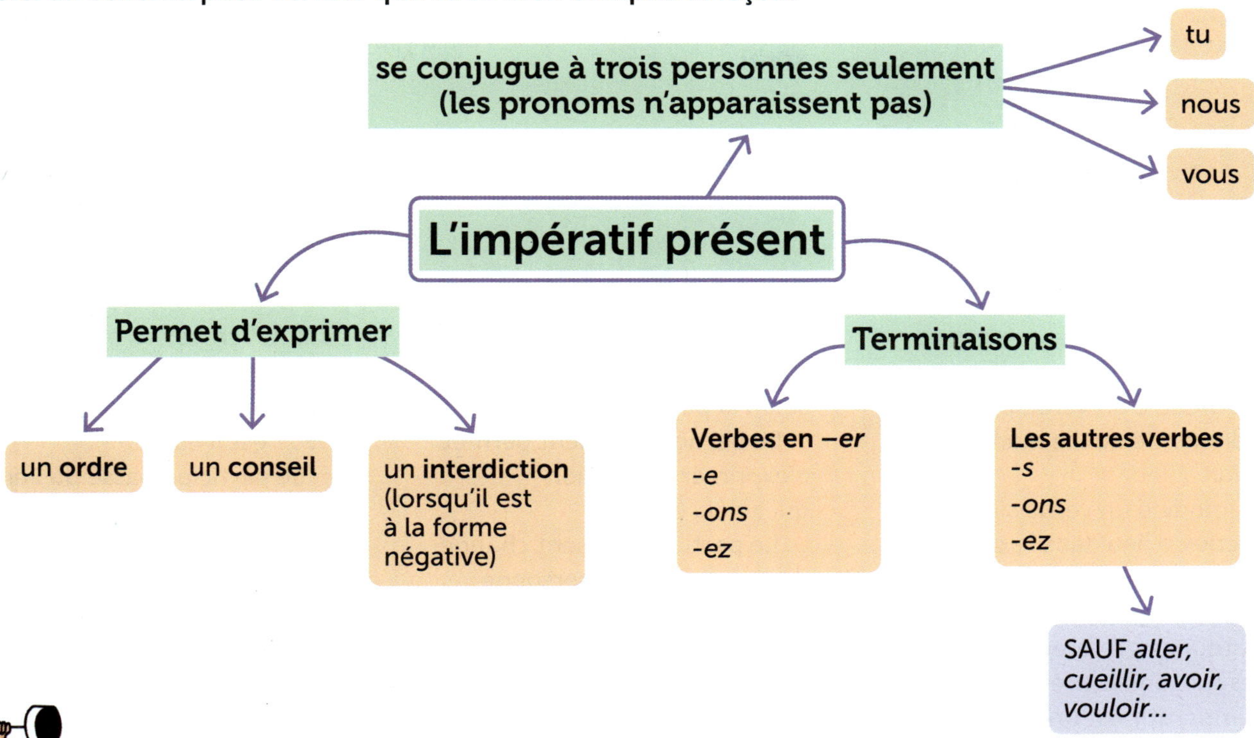

Je m'entraîne

1 Transforme les phrases suivantes à l'impératif.

a. Tu coupes les carottes en petits dés.

b. Nous prenons le train.

c. Vous avez honte de votre attitude.

d. Tu achètes un vélo.

2 Transforme les phrases suivantes en conjuguant les verbes au présent de l'indicatif.

a. Ignore-le, c'est un imbécile.

b. Arrêtez de vous disputer !

c. Quitte la salle avant la fin du cours.

3 Transforme les phrases suivantes en remplaçant le complément d'objet souligné par le pronom *en* ou *y*.

Ex : Coupe des pommes → Coupes-en.

a. Repense à mon conseil.

b. Raconte des histoires à ton petit frère.

c. Ajoute des explications à ton devoir.

d. Apporte des bonbons à mon anniversaire.

4 Conjugue chacun des verbes suivants à l'impératif présent, aux trois personnes *tu*, *nous*, *vous*.

Faire – aller – avoir – dire – venir – prendre – être.

5 Indique, pour chacune des phrases suivantes, si l'impératif permet de formuler un ordre, un conseil ou une interdiction.

a. Fais tes devoirs immédiatement !

b. Prends un parapluie, il pleut dehors.

c. Ne parle pas si fort !

d. Écoute bien ce que je vais te dire.

e. Va te coucher tôt ce soir, tu as une grosse journée demain.

6 Écris cinq phrases prononcées par un coach sportif lors d'un entraînement. Les verbes seront à l'impératif.

Pour t'entraîner encore PLUS → p. 316

Je me teste et je fais mes parcours

- Pour chaque notion, trouve la ou les propositions correctes.
- Vérifie tes réponses en bas de page.
- Fais alors tes parcours d'exercices.

15 Mode et temps des verbes

a. Le temps d'un verbe permet d'indiquer quand a lieu l'action.
b. Le mode d'un verbe permet d'indiquer de quelle manière l'action a lieu.
c. Le mode d'un verbe signale si l'action a lieu dans le passé ou le futur.
d. Les modes impersonnels font toujours référence à des personnes précises.
e. L'impératif est un mode impersonnel.

J'ai fait une erreur : Parcours (orange)
J'ai bien répondu : Parcours (bleu)

16 Modes impersonnels : l'infinitif et le participe

a. L'infinitif est un mode.
b. L'infinitif change de forme selon la personne employée.
c. Le participe présent permet d'exprimer une action qui a déjà eu lieu.
d. Le participe présent change de forme selon la personne employée.
e. Le participe passé permet de construire les temps composés.

J'ai fait une erreur : Parcours (orange)
J'ai bien répondu : Parcours (bleu)

17 Employer et accorder le participe passé

a. Les verbes en *-er* font leur participe passé en *-i*.
b. Le participe passé du verbe *avoir* est « eut ».
c. Le participe passé du verbe *être* est « été ».
d. Le participe passé s'accorde toujours avec le sujet.
e. Lorsque le COD est placé avant l'auxiliaire *avoir*, le participe passé s'accorde avec ce COD.

J'ai fait une erreur : Parcours (orange)
J'ai bien répondu : Parcours (bleu)

Bonnes réponses : 15 : a et b. 16 : a et e. 17 : c et e. 18 : b et e. 19 : a et c

Besoin d'aide ?
→ leçons
p. 306 à 315.

18 Modes personnels : temps simples et temps composés

a. Le futur antérieur est un temps simple.
b. Les temps composés se conjuguent avec deux mots : l'auxiliaire et le participe passé.
c. Dans un temps composé, le participe passé est conjugué à un temps simple.
d. Le présent permet de composer le conditionnel passé.
e. L'imparfait permet de construire le plus-que-parfait.

J'ai fait une erreur : Parcours (orange)
J'ai bien répondu : Parcours (bleu)

19 Modes personnels : l'impératif présent

a. L'impératif est un mode.
b. L'impératif se conjugue à toutes les personnes, de « je » à « ils ».
c. Les verbes en *-er* font leur impératif en *-e* à la deuxième personne du singulier.
d. L'impératif sert toujours à exprimer un ordre.
e. À la forme négative, l'impératif exprime une autorisation.

J'ai fait une erreur : Parcours (orange)
J'ai bien répondu : Parcours (bleu)

Mes parcours d'exercices

15 Mode et temps des verbes

1 Dans les phrases suivantes, classe les verbes conjugués en deux colonnes : une pour les verbes à l'indicatif, l'autre pour les verbes à l'impératif.

a. Apporte-moi ton carnet de correspondance.

b. Sois gentille avec ta sœur.

c. Margaux déteste la K-pop, alors que son frère l'adore.

d. Écoutez les conseils de vos professeurs, vous réussirez mieux à l'école.

e. Tu es gentil avec tes grands-parents, tu vas les voir tous les week-ends.

2 Réécris chaque phrase en changeant le mode du verbe en gras.

a. **Rangez** vos affaires en vitesse. (→ Indicatif)

b. Nous **regardons** passer les avions de la patrouille de France. (→ Impératif)

c. Tu ne **manges** pas tous les bonbons avant le dîner s'il te plaît. (→ Impératif)

d. **Plonge** ta tête sous l'eau. (→ infinitif)

e. Vous vous **entraînez** pour remporter des médailles.

3 Trouve l'intrus et explique pourquoi.

a. Assieds-toi – attrape – ranges – explique-moi.

b. Bougeons – apprenons – nettoyons – renversont.

c. Prenez – danser – voyager – regarder.

4 Indique si le verbe est à l'indicatif ou à l'impératif, puis précise son temps (présent, passé composé ou futur).

a. Il chante.

b. Ouvre la porte !

c. Elles sont parties.

d. Je viendrai te voir en août.

e. N'oubliez pas vos affaires.

5 Lis le texte suivant et relève les verbes. Pour chacun, indique son mode (indicatif ou impératif) et, si tu le peux, son temps.

> Hier, il pleuvait beaucoup, je n'avais pas mon parapluie et j'étais trempée en rentrant chez moi ! Demain, je ferai plus attention. Toi aussi, prends ton parapluie, s'il te plaît !

6 Invente une phrase pour chaque combinaison de mode et de temps demandée.

a. **Mode :** indicatif / **temps :** présent

b. **Mode :** indicatif / **temps :** futur

c. **Mode :** impératif / **temps :** présent

d. **Mode :** indicatif / **temps :** passé composé

7 Associe chaque phrase au mode et au temps correspondants.

Il partira demain. •	• Indicatif passé composé
Étudie pour réussir. •	• Impératif présent
Finis ton assiette ! •	• Indicatif futur
Nous avons vu un film. •	• Impératif présent

16 Modes impersonnels : l'infinitif et le participe

8 Complète les phrases suivantes avec un verbe à l'infinitif qui a du sens.

a. Il est important de .... avant de traverser la rue.

b. .... trop de sucreries peut être mauvais pour la santé.

c. Pour réussir cet examen, il faut .... régulièrement.

d. Elle a choisi de .... une robe bleue pour la soirée.

9 Indique si le verbe en gras est à l'infinitif, à l'indicatif ou à l'impératif.

a. **Manger** des légumes est bon pour la santé.

b. Il faut que tu **manges** tes légumes.

c. **Mange** tes légumes !

d. Elle aime **lire** des livres.

d. **Lis** ce livre, il est passionnant.

10 Souligne les verbes à l'infinitif dans les phrases suivantes.

a. Il faut être en avance pour ne pas rater son train.

b. Partir en vacances est toujours agréable.

c. Elle a décidé de chanter lors de la fête.

d. Apprendre une nouvelle langue demande du temps.

e. Pour réussir, il est important de travailler régulièrement.

11 **Trouve les participes passés, puis les participes présents des verbes suivants.**

Astuce : pour trouver le participe passé, conjugue le verbe à la première personne du passé composé. Pour trouver le participe présent, mets « En » devant.
Exemple : *Vendre : J'ai vendu / En vendant.*

a. Attraper – cueillir – ouvrir – descendre.

b. Faire – aller – dire – venir.

c. Pouvoir – voir – vouloir – prendre.

d. Savoir – croire – être – avoir.

12 **Transforme les verbes entre parenthèses en participes présents pour compléter les phrases.**

Exemple : lire → *Lisant* ce livre, j'ai appris beaucoup de choses.

a. Manger → .... trop vite, il s'est étouffé.

b. Rire → Les enfants, ... aux éclats, ont égayé la soirée.

c. Écouter → .... attentivement, elle a compris la leçon.

d. Danser → .... toute la nuit, ils étaient épuisés le lendemain.

e. Savoir → .... cela, il s'est abonné pour un an au journal.

13 **Remplace les groupes de mots soulignés par un participe présent.**

Exemple : *Les élèves qui travaillent réussissent.*
→ *Les élèves travaillant réussissent.*

a. Un livre qui passionne les lecteurs a été vendu à 100 000 exemplaires.

b. Une personne qui sourit à tout est souvent aimée.

c. Les oiseaux qui chantent dès l'aube annoncent le printemps.

d. L'urbaniste a proposé un projet qui intéresse tous les habitants de la ville.

14 **Choisis la forme qui convient : participe passé ou infinitif du verbe.**

a. Astrid a **regardé / regarder** des vidéos toute la soirée.

b. Mes amis sont venus avec un gâteau à **partagé / partager**.

c. Très **attachée / attacher** à son poisson rouge, elle a **pleuré / pleurer** lorsqu'il est mort.

d. Suzanne ne veut plus **voyagé / voyager** en avion.

e. **Dîné / Dîner** chez vous la semaine prochaine me ferait plaisir.

15 **Relève les participes passés dans le texte suivant, et indique s'ils sont conjugués avec l'auxiliaire *être* ou *avoir*. Justifie ensuite leurs terminaisons.**

Ce matin, je suis parti tôt de chez moi. J'ai rencontré mon ami Paul à la gare. Nous avons pris le train pour aller à la campagne. Une fois arrivés, nous sommes allés nous promener dans les bois. Les paysages que nous avons vus étaient magnifiques. Nous avons cueilli des fleurs et des champignons. Les fleurs que j'ai choisies étaient très colorées. Ensuite, nous avons mangé un pique-nique au bord de la rivière. Le soir venu, nous sommes rentrés à la maison, fatigués mais heureux. La journée que nous avons passée ensemble restera un souvenir inoubliable.

17 Employer et accorder le participe passé

16 **Accorde le participe passé avec le sujet dans les phrases suivantes.**

a. Elles sont (*partir*) hier.

b. Elle a (*manger*) une pomme

c. Ils ont (*voir*) un film.

d. Paul et Adrien sont (*arriver*) à l'heure.

e. C'est gentil, Alicia, tu es (*venir*) me voir.

f. J'ai (*écrire*) une lettre.

17 **Accorde le participe passé lorsque le COD est placé avant le verbe.**

a. Les livres que j'ai (*lire*) sont passionnants.

b. La chanson qu'elle a (*chanter*) était belle.

c. Les fleurs que nous avons (*cueillir*) sont déjà fanées.

d. Les lettres que tu as (*écrire*) sont sur la table.

d. Les films qu'ils ont (*voir*) étaient intéressants.

18 **Écris le participe passé du verbe, et accorde-le si nécessaire.**

a. Elle a (*manger*) une cerise.

b. Les cerises qu'elle a (*manger*) étaient délicieuses.

c. Ils sont (*partir*) en vacances.

d. Nous avons (*voir*) un spectacle extraordinaire.

19 **Réécris les phrases en accordant correctement le participe passé.**

a. Elle a regardé une série. → La série qu'elle a ....

b. Nous avons admiré les tableaux. → Les tableaux que nous avons ....

c. J'ai attendu les soirées d'été avec impatience. → Les soirées d'été que j'ai .... avec impatience.

20 **Indique si l'accord du participe passé est correct ou incorrect. S'il est incorrect, corrige la phrase.**

a. Les livres que j'ai lu étaient passionnants.

b. Elle est arrivée en retard à l'école.

c. Nous avons vus un film hier soir.

d. Les enfants que j'ai rencontré étaient très polis.

e. Ils sont partis faire les courses ensemble.

21 **Choisis la bonne forme du participe passé et justifie ton choix.**

a. La pizza que tu as **commandé / commandée** est déjà froide.

b. J'ai **écrit / écrite** une lettre à mon ami.

c. Les clés qu'il a **perdu / perdues** étaient dans sa poche.

d. Elle a **pris / prise** son sac et elle est **sorti / sortie**.

e. Les gâteaux que nous avons **fait / faits** ont été **mangé / mangés** en quelques minutes.

22 **Complète et accorde les participes passés si nécessaire.**

Julie a attendu ... le jour de Noël avec impatience. Le 25 décembre, elle s'est levé ... à l'aube et elle est descendu ... dans le salon en espérant que les cadeaux seraient posé ... sous le sapin. Mais rien ! Elle s'est mis ... à pleurer. Heureusement, ses parents l'ont entendu ... et ont pu ... la rassurer. Julie avait mélangé ... les jours, nous n'étions que le 24 !

18 Temps simples et temps composés

23 **Les verbes soulignés sont-ils conjugués à un temps simple ou à un temps composé ? Justifie ta réponse.**

a. Aujourd'hui, je <u>lis</u> un roman que j'<u>ai acheté</u> hier.

b. Je partais chaque été à la campagne, car j'y <u>avais passé</u> mon enfance.

c. Si tu <u>étais venue</u> plus tôt, nous <u>serions allés</u> au cinéma.

d. Ils <u>choisissent</u> ce restaurant parce qu'ils y <u>ont déjà dîné</u> plusieurs fois.

24 **Repère les verbes conjugués. À quels temps sont-ils ? Précise s'il s'agit d'un temps simple ou d'un temps composé.**

a. Nous avions étudié la leçon avant que le professeur ne nous interroge.

b. Quand je sortis de chez moi, la pluie s'était arrêtée.

c. Je jouerais volontiers au tennis si j'en avais le temps.

d. Demain, tu feras tes devoirs, et tu auras appris toutes tes leçons.

25 **Repère les verbes conjugués. À quels temps composés sont-ils ? Quel est le temps de l'auxiliaire ?**

a. Il avait déjà terminé son repas lorsque nous sommes arrivés.

b. J'avais souvent rêvé de voyager, mais je n'en avais jamais eu l'occasion.

c. Nous sommes partis plus tôt car vous nous avez prévenus à temps.

d. J'ai voulu aller le chercher à la gare, mais elle avait déjà commandé un taxi.

26 **Même exercice que le précédent.**

a. Ils auraient réussi leur examen s'ils avaient étudié plus sérieusement.

b. Si tu avais mieux planifié, nous serions arrivés à l'heure.

c. Si j'avais su la vérité, je n'aurais jamais accepté cette proposition.

d. Elle aurait dit oui si elle n'avait pas déjà pris un autre engagement.

27 **Mets ces verbes conjugués à un temps simple au temps composé qui correspond.**

Exemple : *Je disais → j'avais dit*

Tu écris. – Je voyais. – Vous allez. – Elle offrait. – Nous rompions. – Nous lisons. – Elles modelaient.

28 **Même consigne.**

Tu cueilles. – Vous concluez. – Tu dormais. – Je maudissais. – Je chante. – Nous concevons.

29 **Mets les verbes entre parenthèses au temps indiqué et précise s'il s'agit d'un temps simple ou d'un temps composé.**

Je (*marcher*, présent) tranquillement dans la forêt, profitant de la fraîcheur matinale. La semaine dernière, je (*croiser*, passé composé) un cerf majestueux près de ce sentier. Si je (*pouvoir*, imparfait) le revoir, je (*rester*, conditionnel présent) immobile pour ne pas l'effrayer. Demain, je (*revenir*, futur) avec mon appareil photo pour capturer ce moment.

30 **Mets les verbes entre parenthèses au temps qui convient. Indique quels sont les temps choisis, et précise s'il s'agit d'un temps simple ou d'un temps composé.**

Aujourd'hui, je (*visiter*) un vieux château rempli de mystères. Hier, je (*découvrir*) un passage secret dans la bibliothèque. Si je (*être*) plus téméraire, je (*descendre*) seul pour explorer les souterrains. Mais je (*décider*) de revenir demain avec une lampe et un plan. Peut-être que je (*trouver*) un trésor caché dans ces profondeurs oubliées !

19 Les modes personnels : impératif présent

31 **Conjugue ces verbes aux trois personnes du présent de l'impératif.**

a. Jouer – voir – faire – aller.

b. Rester – être – partir – regarder.

c. Avoir – donner – lire – apprendre.

d. Chanter – rire – boire – manger.

32 **Complète les terminaisons de ces verbes à l'impératif.**

a. Méfi...-toi de ce cours d'eau.

b. Va...-y si tu y tiens vraiment.

c. Pren... nos affaires et all...-y !

d. Ven... saluer votre nouveau directeur.

e. Cour... si vous voulez avoir votre train !

33 **Transforme les phrases suivantes à l'impératif présent.**

a. Tu dois te protéger du soleil.

b. Nous demandons notre chemin à ces passants.

c. Vous ne devez pas prendre peur face à l'ampleur de la tâche.

d. Tu vas à la piscine à 16h.

e. Nous nous dépêchons car nous sommes en retard.

34 **Indique, pour chacune des phrases suivantes, si l'impératif permet de formuler un ordre, un conseil ou une interdiction.**

a. Ne me fais pas attendre.

b. Mets ton manteau, il gèle ce matin.

c. Ne touchez pas les objets exposés.

d. Prends ce sirop pour la gorge, ça devrait vite aller mieux.

e. Prenez soin de vous.

35 **Réécris ce texte en passant les verbes à l'impératif et à la personne de ton choix.**

Éplucher et couper la banane en rondelles. Couper une pomme en quatre, peler les quartiers et ôter les pépins. Laver les fraises, retirer les pédoncules et les couper en deux. Ouvrir la boîte d'ananas, couper chaque tranche en morceaux. Répartir les morceaux de fruits dans chaque coupe. Verser un peu de jus d'ananas sur les fruits.

36 **Donne l'infinitif des verbes à l'impératif.**

« Commence par démolir ton palais et récupères-en le bois [...]. Répartis sa hauteur sur sept étages [...]. Aménage neuf chambres par niveau où tu entreposeras tout ce qu'il te faut pour vivre, à ta femme et toi. Ensuite, attends mon signal. »

Jacques Cassabois, *Le Premier roi du monde. L'épopée de Gilgamesch*, 2004, © Le Livre de Poche jeunesse.

37 **Reprends le texte de l'exercice précédent et passe les verbes à la deuxième personne du pluriel, en faisant les changements nécessaires.**

38 **Transforme ces phrases en remplaçant le complément d'objet souligné par un pronom.**

Exemple : *Coupe des pommes* → *Coupes-en.*

a. Réfléchis à ma proposition.

b. Raconte des blagues à tes amis.

c. Offre des cadeaux à ta sœur.

d. Mange des légumes tous les soirs.

39 **Repère dans ce texte les verbes à l'impératif. Quel aspect du personnage révèlent-ils ?**

SCAPIN, *à Octave.* – Chut ! *(À Hyacinte.)* Allez-vous-en, vous, et soyez en repos. *(À Octave)* Et vous, préparez-vous à soutenir avec fermeté l'abord de votre père. [...]

OCTAVE.– Je ferai du mieux que je pourrai.

SCAPIN.– Là, essayons un peu pour vous accoutumer. Répétons un peu votre rôle, et voyons si vous ferez bien. Allons. La mine résolue, la tête haute, les regards assurés.

OCTAVE.– Comme cela ?

SCAPIN.– Encore un peu davantage.

OCTAVE.– Ainsi ?

SCAPIN.– Bon ! Imaginez-vous que je suis votre père qui arrive, et répondez-moi fermement comme si c'était à lui-même.

Molière, *Les Fourberies de Scapin*.

20 Employer le présent et le passé composé

J'observe, je manipule, je comprends

Je construis la leçon

Étape 1 **Parmi ces verbes, reconnais ceux qui sont au présent. À quelle(s) personne sont-il conjugués ?**

Vois – ai – connaissais – essaie – disions – fut – couds – mordez – prendront – écrivit – tiens – descendons – croient – donnèrent – perdis – ferions – conduis – détestes.

- Les **terminaisons** au **présent** de l'indicatif au singulier sont *-e*/*-es*/*-e* (verbes en *-er*), *-s*/*-s*/*-t* (autres verbes), et aux 3 personnes du pluriel *ons*/ *ez*/ *ent*.

Étape 2 **Parmi ces verbes, reconnais ceux au passé composé.**

Avions pris – es partie – avez mangé – avait couru – sont montés – s'était ennuyé – se sont disputés.

- Le **passé composé** de l'indicatif est composé de l'auxiliaire au présent et du participe passé du verbe.

Étape 3 **Indique les temps utilisés dans ces phrases. Pour chacune d'elle, l'action est-elle en train de se faire ou est-elle terminée ?**

a. La mer a été calme, ils ont donc pu faire une belle promenade.

b. Cesario arrive sur sa barque et attache le petit bateau au ponton.

c. Il a pêché des dizaines de petits poissons bleus.

- Le **présent** de l'indicatif indique qu'une action est **en train de se faire**.
- Le **passé composé** de l'indicatif indique qu'une action est **terminée**, qu'elle est **accomplie**.

Étape 4 **Voici la même histoire, racontée au passé simple puis au passé composé. Laquelle te semble plus proche du présent ?**

a. Passé simple. Notre grand-père décida de nous emmener au cirque. Quand les clowns arrivèrent sur la piste, nous nous levâmes en tapant dans nos mains et en riant.

b. Passé composé. Notre grand-père a décidé de nous emmener au cirque. Quand les clowns sont arrivés sur la piste, nous nous sommes levés en tapant dans nos mains et en riant.

- Dans le **passé composé**, l'auxiliaire est au **présent**. Le passé composé est donc employé pour parler d'actions passées qui ont un **lien avec le présent**, par exemple dans un passé proche. Pour un passé éloigné du présent comme dans les contes, on emploie généralement **le passé simple.**

Étape 5 **Dans les phrases suivantes, précise si les verbes au présent expriment un passé proche ou un futur proche.**

a. Le professeur arrive dans cinq minutes.

b. Ton amie vient de partir.

c. Mon stage se termine dans deux semaines.

d. La série s'achève à l'instant.

- Le **présent** de l'indicatif sert le plus souvent à parler d'une action en même temps qu'elle a lieu, c'est ce qu'on appelle le présent d'énonciation.
- Mais il peut aussi indiquer un **passé proche** ou un **futur proche**.

Je retiens

Voici un schéma pour vérifier que tu as bien compris la leçon.

Le présent
- se compose de : 1 seul mot. Les terminaisons sont, au singulier, *-s/-s/-t*, ou *-e/-es/-e*, et au pluriel, *-ons/-ez/ent*.
- se réfère à : une action en train de se faire.
- sert à :
  - Principalement : parler d'une action en même temps qu'elle a lieu.
  - Parfois : parler d'un futur proche ou d'un passé proche.

Le passé composé
- se compose de : 2 mots : auxiliaire *être* ou *avoir* au présent + participe passé.
- se réfère à : une action terminée.
- sert à :
  - Principalement : parler d'une action passée qui est proche du présent.

Je m'entraîne

1 **Conjuguez les verbes suivants au présent de l'indicatif à la personne indiquée.**

Être (tu) – *avoir* (elle) – *faire* (je) – *permettre* (je) – *dorer* (il) – *dormir* (elle).

2 **Conjugue les verbes au temps indiqué.**

a. Nous (*manger*, présent) tous les jours à la cantine, mais hier, nous (*prendre*, passé composé) un sandwich à la boulangerie.

b. Je (*jouer*, présent) souvent au foot avec mes amis ; ce matin, nous (*jouer*, passé composé) pendant deux heures !

c. Vous (*lire*, présent) un livre qui (*rencontrer*, passé composé) un grand succès en librairie.

3 **Conjugue les verbes au passé composé.**

> J'(*avoir*), au cours de ma vie, des tas de contacts avec des tas de gens sérieux. J'(*vivre*) chez les grandes personnes. Je les (*voir*) de très près. Ça (*ne pas améliorer*) mon opinion.
>
> D'après Antoine de Saint-Exupéry, *Le Petit Prince*.

4 **Sépare la partie du texte au passé composé de celle qui contient des verbes au présent. Explique la raison de ce changement.**

> Ma bien-aimée, je t'ai laissée là-bas au fond du monde, j'ai regagné ma chambre d'homme de la ville avec ses meubles familiers sur lesquels j'ai si souvent posé mes mains, avec ses livres qui m'ont nourri, avec son vieux lit où a dormi mon enfance. Et tout ce décor qui m'a vu grandir me paraît aujourd'hui étranger. Ce monde qui n'est pas le tien est devenu un monde faux, dans lequel ma place n'a jamais existé. C'est mon pays pourtant…
>
> D'après René Barjavel, *La Nuit des temps*, 1968, © Presses de la Cité

5 **En quatre phrases, fais un rapide autoportrait au présent.**

6 **Écris un texte de quatre phrases au sujet d'une sortie récente. Emploie le temps qui te paraît convenir.**

Pour t'entraîner encore PLUS → p. 332

21 Employer l'imparfait et le plus-que-parfait

Je construis la leçon

J'observe, je manipule, je comprends

Étape 1

Parmi ces verbes, lesquels sont conjugués à l'imparfait. À quelle personne sont-ils conjugués ?

Allions – mangez – dirais – prends – vîmes – voyiez – faisais – veulent – voulaient – prenait – balaies – jetais – prête – relevâmes – venais.

- Les terminaisons de l'**imparfait de l'indicatif** sont **toujours les mêmes** : *-ais/-ais/-ait* aux trois personnes du singulier, *-ions/-iez/-aient* aux trois personnes du pluriel.

Étape 2

1. Lis les verbes suivants à voix haute et indique à quel temps chacun est conjugué.
2. Quelle lettre permet de faire la différence entre les deux temps ?

a. Vous gagnez. Vous gagniez.

b. Nous crions. Nous criions.

c. Nous balayons. Nous balayions.

- **Il ne faut pas confondre le présent et l'imparfait** pour les verbes en *-ier, -yer* et *-gner*, même quand les deux verbes se prononcent presque pareil !
On reconnaît l'imparfait des verbes en *-ier* grâce aux **deux « i »** qui sont l'un à côté de l'autre (le « i » du radical et celui de la terminaison).

Étape 3

1. Indique les verbes qui sont conjugués à un temps simple, et ceux conjugués à un temps composé.
2. À quel temps l'auxiliaire est-il conjugué dans les temps composés ? Sais-tu comment s'appelle ce temps composé ?

a. Lola avait attendu Anton jusqu'à deux heures du matin.

b. Quand il avait pris son petit-déjeuner, Zacharie partait pour l'école.

c. Malheureusement, le train était déjà parti.

d. À l'heure dite, il avait terminé son travail.

- Le **plus-que-parfait** de l'indicatif est un temps composé qui se conjugue en mettant l'auxiliaire *être* ou *avoir* à l'imparfait, suivi du participe passé du verbe.

Étape 4

1. Indique les propositions dans lesquelles l'action est en train de se faire, et celles dans lesquelles l'action est déjà terminée, en précisant quel temps est utilisé à chaque fois.
2. Dans la dernière phrase, à quoi sert l'imparfait ?

a. Quand il avait terminé ses devoirs, il passait à table.

b. Nous nous promenions dans le parc quand il avait commencé à pleuvoir.

c. Elle était très fatiguée parce qu'elle avait couru toute la journée.

d. Il était grand, il avait les yeux noirs et ses jambes paraissaient longues comme des échasses.

- Dans un récit au passé, **l'imparfait** indique qu'une action est en train de se faire, et le **plus-que-parfait** que l'action est terminée.
- On utilise aussi l'imparfait pour faire une **description** dans un texte au passé.

Je retiens

Voici un schéma pour vérifier que tu as bien compris la leçon.

L'imparfait

- **se conjugue toujours avec les mêmes terminaisons**
  - -ais
  - -ais
  - -ait
  - -ions
  - -iez
  - -aient.
- **signale dans un récit au passé**
  - une habitude.
  - une description.

Le plus-que-parfait

- **se conjugue avec**
  - l'auxiliaire à l'imparfait + participe passé.
- **signale dans un récit au passé**
  - une action déjà terminée.

Je m'entraîne

1 Indique le temps des verbes conjugués.

a. Ils se promenaient dans le parc au moment où ils avaient vu un écureuil.

b. Je lisais un livre quand mon frère avait appelé pour me dire qu'il arrivait.

c. Les élèves attendaient dans le hall quand la directrice était arrivée.

d. Alors qu'Antoine était en train de préparer le dîner, il avait reçu un message de son ami.

2 Recopie dans ton cahier ou ton classeur uniquement les phrases conjuguées à l'imparfait.

a. Nous envoyons toujours des invitations pour nos événements.

b. Quand j'étais plus jeune, nous étudiions beaucoup pour nos examens.

c. Vous choisissiez toujours les meilleurs films à regarder ensemble.

d. Nous gagnons souvent nos matchs grâce à notre travail d'équipe.

e. Nous nettoyions la maison tous les samedis matin.

3 Récris ces phrases en conjuguant les verbes entre parenthèses à l'imparfait ou au plus-que-parfait. Justifie ton choix à l'oral.

a. Quand je suis arrivé chez mes amis, ils (*déjà partir*).

b. Hier, pendant que je (*regarder*) la télévision, mon frère est arrivé.

c. Nous (*manger*) au restaurant quand mon frère déclara qu'il (*vendre*) sa maison un mois auparavant.

d. Avant de partir en vacances, nous (*réserver*) l'hôtel.

4 En quatre phrases, décris ton voisin ou ta voisine de classe en utilisant l'imparfait.

5 Raconte en quatre phrases une aventure qui t'est arrivée dans la cour de récréation (tu peux aussi inventer). Ton texte commencera par « Nous étions dans la cour lorsque… ».

Pour t'entraîner encore PLUS → p. 332

22 Employer le futur et le conditionnel présent

Je construis la leçon

J'observe, je manipule, je comprends

Étape 1

1. **Parmi ces verbes, classe dans un tableau ceux qui sont conjugués au futur, et ceux qui sont conjugués au conditionnel présent.**
2. **Que remarques-tu ?**

Je viendrai – je viendrais – tu pourrais – tu pourras – elle ira – elle irait – nous viendrions – nous viendrons – vous feriez – vous ferez – ils auront – ils auraient.

● Le **futur de l'indicatif** et le **conditionnel présent** se construisent le plus souvent à partir de l'**infinitif** du verbe, auquel on ajoute les terminaisons de chaque temps.

Étape 2

1. **À partir des infinitifs, conjugue les verbes suivants à la personne indiquée, d'abord au futur puis au conditionnel présent.**
2. **Que reste-t-il de l'infinitif dans le verbe conjugué ?**

a. **Partir :** je … **Crier :** nous …
Finir : tu … **Accepter :** vous …
Danser : elle … **Dormir :** ils …

b. **Faire :** je … **Voir :** nous …
Aller : tu … **Vouloir :** vous …
Venir : il … **Courir :** elles …

● Il existe **quelques verbes dont le radical change**, en partie ou complètement, comme *faire*, *aller*, *venir*, *voir*, *vouloir*, *être* et *avoir*…

Étape 3

Lesquels des verbes sont conjugués au futur, et lesquels sont conjugués au conditionnel présent. Quels indices t'ont permis de répondre ?

a. Je prendrai le train pour aller à Paris.
b. Je viendrais à ta fête si je n'étais pas occupé.
c. Je verrai mes amis demain après-midi.
d. Je mangerais ce gâteau s'il était au chocolat.

● À la 1re personne du singulier, le futur de l'indicatif et le conditionnel présent **se prononcent de la même manière**. Le « **s** » permet, à l'écrit, de faire la différence.
● Pour entendre la différence, on peut conjuguer le verbe à la **2e personne du singulier** : au futur, la terminaison est *-as* (on entend [a]) et au conditionnel présent, la terminaison est *-ais* (on entend [é]).

Étape 4

Indique, lorsque le verbe est souligné, si l'action va arriver de manière presque certaine, ou si elle va arriver à certaines conditions.

a. Tu visiteras Paris cet été.
b. Elle viendrait à ta fête si elle n'avait pas un autre rendez-vous.
c. Nous prendrons des photos pendant mon séjour.

● Le **futur de l'indicatif** indique qu'une action va avoir lieu de manière quasi certaine.
● Le **conditionnel présent** indique qu'une action pourrait avoir lieu, selon certaines conditions.

Je retiens

Voici un schéma pour vérifier que tu as bien compris la leçon.

Le futur simple de l'indicatif → signale → une action quasi certaine.

Le conditionnel présent → signale → une action qui ne se réalisera qu'à certaines conditions.

Le futur simple de l'indicatif et le conditionnel présent → **Se construisent à partir de l'infinitif du verbe et des terminaisons**

- **Futur :** -rai ; -ras ; -ra ; -rons ; -rez ; -ront
- **Conditionnel présent :** -rais ; -rais ; -rait ; -rions ; -riez ; -riont
- (SAUF quelques exceptions : *faire, aller, venir, pouvoir, voir, vouloir, être, avoir*...)

Je m'entraîne

1 Conjugue les verbes suivants, au futur puis au conditionnel de la personne demandée.

a. *Faire* : je ... b. *Être* : tu ...
c. *Aller* : elle ... d. *Avoir* : nous ...

2 Mets les verbes suivants au futur simple.

a. Ils allaient b. On a défait
c. Je veux d. Nous menions.

3 Indique les temps des verbes soulignés.

Demain, Paul partira en voyage avec sa famille. « Si j'avais plus de courage, je tenterais l'escalade », pensa-t-il en préparant son sac. Sa sœur, elle, était impatiente : « Je prendrai plein de photos ! » Le lendemain, comme prévu, ils montèrent jusqu'au sommet. « Plus tard, j'aimerais revenir ici avec mes amis », dit Paul, ébloui par la vue. Sa sœur lui répondit : « Moi, je construirais une cabane dans ces montagnes si je le pouvais. »

4 Réécris ces phrases en conjuguant les verbes entre parenthèses au futur ou au conditionnel présent. Justifie ton choix.

a. Demain, nous (*aller*) à la plage pour profiter du soleil.
b. Si tu faisais plus attention, tu (*réussir*) cet exercice facilement.
c. Je (*finir*) mon livre avant de regarder un film ce soir.
d. La semaine prochaine, ils (*partir*) en voyage pour découvrir une nouvelle ville.

5 En quatre phrases, raconte ce que tu vas faire ce week-end, en utilisant le futur de l'indicatif.

6 Raconte en quatre phrases ce que tu rêves de faire lorsque tu seras adulte. Ton texte commencera par « Si je devenais... ».

Pour t'entraîner encore PLUS → p. 332

23 Employer le passé simple

J'observe, je manipule, je comprends

Je construis la leçon

Étape 1

1. **Au passé simple, par quelle voyelle commencent les terminaisons des verbes en *-er* ?**
2. **Quelle personne fait exception à cette règle ?**

Je parlai – tu donnas – elle s'enthousiasma
nous acceptâmes – vous délirâtes – ils sombrèrent.

- Au **passé simple de l'indicatif**, les terminaisons des verbes en **-*er*** se forment à partir de **la lettre « a »** : *-ai/-as/-a/-âmes/-âtes.*
- Seule la dernière personne du pluriel se forme en -*èrent*.

Étape 2

1. **Au passé simple, par quelle voyelle commencent les terminaisons de ces verbes en *-ir* ?**
2. **À quel autre temps les trois personnes du singulier te font-elles penser ?**

Je réfléchis – tu grandis – il réagit
nous punîmes – vous choisîtes – elles finirent.

- Les terminaisons des verbes du 2e groupe (-*ir*) et de certains verbes du troisième groupe se forment à partir de **la lettre « i »** : *tu grandis ; nous grandîmes.*
- Au passé simple, les trois premières personnes du singulier se conjuguent comme le présent.

Étape 3

Parmi les propositions suivantes, choisis la forme qui te paraît correcte.

a. Je **sus / sachis** ma leçon.
b. Tu **fis / faisis** attention.
c. Nous **pûmes / puissîmes** le rencontrer.
d. Vous **eûtes / avûtes** peur.
e. Ils **prirent / prenèrent** le train.
e. Ils **vécurent / vivèrent** heureux.

- **Certains verbes du 3e groupe** se conjuguent à partir de **la lettre « u »** : *je connus; ils connurent.*
- Fais confiance à ton oreille pour choisir la **bonne conjugaison**, et apprends certains **verbes courants** par cœur (ex. *savoir, faire, vouloir, vivre, écrire, voir, pouvoir, avoir, être*).

Étape 4

Trouve les infinitifs de ces verbes au passé simple. Que notes-tu de particulier dans ces conjugaisons ?

Je vins – tu tins – il advint – nous retînmes –
vous revîntes – elles obtinrent.

- Les **verbes *tenir*, *venir*** et leurs composés se conjuguent à partir de **la syllabe « in »** : *je tins ; vous tîntes.*

Étape 5

Dans les phrases suivantes, précise si le passé simple signale une action de premier plan, ou une succession d'actions brèves.

a. Le chien bondit hors de la maison, la factrice ne s'y attendait pas.
b. Ils montèrent dans le train qui démarra quelques secondes plus tard.
c. Tu pensais à ton prochain anniversaire lorsque ta sœur déboula dans ta chambre.

- Le **passé simple** s'utilise principalement dans les récits au passé, par exemple dans les contes. Il permet d'exprimer une **action n'ayant eu lieu qu'une fois** dans le passé, ou une succession d'**actions brèves**.

Je retiens

Voici un schéma pour vérifier que tu as bien compris la leçon.

Le passé simple

- signale, dans un récit au passé
  - une action de premier plan.
  - une succession d'actions brèves.
- se conjugue
  - Verbes en *-er* : -ai, -as, -a, -âmes, -âtes, -èrent
  - Verbes du 2e groupe : -is, -is, -it, -îmes, -îtes, -irent
  - Verbes du 3e groupe : -is, -is, -it, -îmes, -îtes, -irent ou -us, -us, -ut, -ûmes, -ûtes, -urent
  - *Tenir*, *venir* et leurs composés : -ins, -ins, -int, -înmes, -întes, -inrent

Je m'entraîne

1 **Donne l'infinitif des verbes au passé simple soulignés, puis indique s'ils se conjuguent en « a », en « i », en « u » ou en « in ».**

Le roi Midas alla se coucher, et dormit profondément jusqu'à ce qu'un rayon de soleil, se glissant à travers une fente du volet, vint se jouer sur la couverture. Il se frotta les yeux, et regarda… Oui ! la couverture était tout en or ! Midas, plein de joie, sauta hors de son lit et se mit à courir par la chambre, touchant tout ce qui se trouvait à sa portée. Il saisit les colonnes de son lit : elles devinrent des piliers d'or pur. Il tira un rideau, et le rideau se changea en drap d'or. Il enfila rapidement ses habits et se trouva revêtu de toile d'or…

D'après *Le Toucher d'or*, adapté par Élisée Escande.

2 **Conjuguez les verbes suivants au passé simple, à la 1re personne du singulier et du pluriel.**

Sortir – paraître – jouer – bâtir – construire – se hâter.

3 **Conjugue les verbes entre parenthèses et indique leur valeur.**

a. Ils (*prendre*) leurs affaires et (*quitter*) rapidement la maison.

b. Le chevalier (*dégainer*) son épée, (*avancer*) vers l'ennemi et (*se mettre*) face à lui.

c. Je (*s'asseoir*) sur le banc.

4 **Invente trois phrases au passé simple dans lesquelles au moins trois verbes d'action s'enchaînent à chaque fois.**

5 **En quatre phrases, invente la suite d'un conte qui commencerait par cette phrase : « Il y eut des cris d'horreur lorsque le prince maudit pénétra dans la salle de bal. »**

Pour t'entraîner encore PLUS → p. 332

24 Conjuguer quelques verbes particuliers

Je construis la leçon

J'observe, je manipule, je comprends

Étape 1 **Observe ces verbes au présent de l'indicatif, et essaie de formuler une règle concernant l'emploi de la lettre « t ».**

a. **Jeter :** je jette – tu jettes – il jette – nous jetons – vous jetez – elles jettent.

b. **Acheter :** j'achète – tu achètes – il achète – nous achetons – vous achetez – elles achètent.

- **Les verbes en *-eter*** doublent généralement leur « t » devant un « e » muet. À l'oral, on prononce le son [è] : *il jettera*.
- Le verbe *acheter* est une exception : *il achètera*.

Étape 2 **Observe ces verbes au présent de l'indicatif, et essaie de formuler une règle par rapport à l'emploi de la lettre « l ».**

a. **Peler :** je pèle – tu pèles – il pèle – nous pelons – vous pelez – elles pèlent.

b. **Appeler :** j'appelle – tu appelles – elle appelle – nous appelons – vous appelez – Ils appellent.

- **Les verbes en *-eler*** s'écrivent avec un accent grave lorsqu'on entend le son [è] : *nous pèlerons*.
- Le verbe *appeler* est une exception : *nous appellerons*.

Étape 3 **Observe ces verbes au présent de l'indicatif, et essaie de formuler une règle par rapport à l'emploi de la lettre « i ».**

a. **Appuyer :** j'appuie – nous appuyons.
Aboyer : tu aboies – vous aboyez .
Employer : elle emploie – nous employons.
Nettoyer : ils nettoient – vous nettoyez.

b. **Payer :** je paie *ou* je paye.
Essayer : tu essaies *ou* tu essayes.
Balayer : elle balaie *ou* elle balaye.

- **Les verbes en *-yer*** au présent de l'indicatif s'écrivent avec un « i » quand celui-ci est suivi d'un « e » muet : *tu envoies*.
- **Les verbes en *-ayer*** peuvent conserver le « y » dans toute la conjugaison, ou le remplacer par un « i » : *tu payes* ou *tu paies*.

Étape 4 **Observe les verbes suivants, et essaie de formuler une règle concernant les verbes en *-ger*.**

Protéger : je protège – nous protégeons.
Manger : tu mangeas – elles mangèrent.
Changer : il changea – nous changeâmes.
Voyager : ils voyagent – nous voyageons.

- Pour préserver la prononciation [j] du verbe, il faut parfois que **la lettre « g » soit suivie de la lettre « e »** avant les voyelles « a », « o » ou « u ».

Étape 5 **Observe avec attention les verbes suivants, et essaie de formuler une règle concernant les verbes en *-cer*.**

Placer : je place – nous plaçons.
Prononcer : tu prononças – elles prononcèrent.
Lancer : il lança – nous lançâmes.
Menacer : ils menacent – nous menaçons.

- Pour préserver la prononciation [s] du verbe dans toutes ses conjugaisons, il faut que **la lettre « c » prenne une cédille** avant les voyelles « a », « o » ou « u » : *nous plaçons*.

Je retiens

Voici un schéma pour vérifier que tu as bien compris la leçon.

Quelques verbes particuliers

- **Les verbes en *-eter*** : prennent deux « t » lorsqu'on entend le son [è] → SAUF *acheter* qui prend un accent grave.
- **Les verbes en *-eler*** : s'écrivent avec un accent grave lorsqu'on entend le son [è] → SAUF *appeler* qui double son « l ».
- **Les verbes en *-yer*** : s'écrivent avec un « i » avant un « e » muet → SAUF les verbes en *-ayer* qui peuvent garder le « y ».
- **Les verbes en *-ger* et en *-cer*** :
  - prennent un « e » après le « g » avant « a », « o », « u ».
  - prennent une cédille au « c »avant « a », « o », « u ».

Je m'entraîne

1 **Conjugue les verbes suivants au présent de l'indicatif aux personnes demandées.**

a. **Projeter :** Je – elle – vous – ils.

b. **Rejeter :** Tu – il – nous – elles.

c. **Acheter :** Tu – il – vous – elles.

2 **Conjugue les verbes suivants au présent de l'indicatif aux personnes demandées.**

a. **Peler :** Je – elle – vous – ils.

b. **Appeler :** Tu – il – nous – vous.

c. **Épeler :** Je – tu – nous – vous.

3 **Conjugue les verbes suivants au présent de l'indicatif aux personnes demandées.**

a. **Appuyer :** Tu – il – nous – elles.

b. **Essayer :** Je – tu – nous – Vous.

c. **Employer :** Il – nous – vous – elles.

4 **Conjugue les verbes suivants au présent de l'indicatif aux personnes demandées.**

a. **Mélanger :** Il – nous – vous – elles.

b. **Nager :** Tu – il – nous – elles.

c. **Placer :** Tu – il – nous – elles.

5 **Conjugue les verbes entre parenthèses au temps de l'indicatif indiqué.**

a. **Présent :** Tu (*harceler*) tes parents afin qu'ils te laissent aller à ce concert, mais ils (*rejeter*) ton idée car ils te trouvent trop jeune.

b. **Futur :** Nous (*appeler*) notre chat Garfield et nous lui (*acheter*) une souris en peluche.

c. **Imparfait :** J'(*avancer*) le long de la piscine, je (*déplacer*) les serviettes posées sur le bord et je (*plonger*) d'un coup. A chaque fois, ma mère était surprise !

d. **Présent :** Nous (*ranger*) notre chambre avant que nos parents (*jeter*) tout par la fenêtre.

Pour t'entraîner encore PLUS → p. 332

Je me teste et je fais mes parcours

- Pour chaque notion, trouve la ou les propositions correctes.
- Vérifie tes réponses en bas de page.
- Fais alors tes parcours d'exercices.

20 Employer le présent et le passé composé

a. Dans « elle partit », le verbe est au présent.
b. On utilise le passé composé surtout dans les contes.
c. Dans « Le rat a aidé le lion. », le verbe est au passé composé.
d. Dans « Le rat aida le lion. », le verbe est au passé composé.
e. Le présent peut permettre d'exprimer une action ayant eu lieu dans un passé proche.

J'ai fait une erreur : Parcours (rouge)
J'ai bien répondu : Parcours (bleu)

21 Employer l'imparfait et le plus-que-parfait

a. Le plus-que parfait est un temps simple.
b. Dans « nous marcherions », le verbe est à l'imparfait.
c. Le plus-que-parfait est construit en mettant l'auxiliaire à l'imparfait.
d. Dans « ils s'étaient promenés », le verbe est au plus-que-parfait.
e. Le plus-que-parfait signale qu'une action a eu lieu après une autre action dans le passé.

J'ai fait une erreur : Parcours (rouge)
J'ai bien répondu : Parcours (bleu)

22 Employer le futur et le conditionnel présent

a. Dans « vous dévaleriez », le verbe est au futur.
b. Dans « elles courront », le verbe est au futur.
c. Dans « j'appellerais », le verbe est au conditionnel.
d. Quand le verbe est au futur, on n'est pas certain que l'action va se réaliser.
e. Dans « Pourrais-je avoir du pain ? », le verbe est au conditionnel présent.

J'ai fait une erreur : Parcours (rouge)
J'ai bien répondu : Parcours (bleu)

Bonnes réponses : 20 : c et e. 21 : c et d. 22 : b, c et e. 23 : a et e. 24 : b. et e.

23 Employer le passé simple

a. Dans « tu courus », le verbe est au passé simple.
b. Le passé simple appartient aux temps composés.
c. Dans « ils sont partis », le verbe est au passé simple.
d. Le passé simple s'emploie souvent à l'oral.
e. Le valeur principale du passé simple est d'exprimer une action de premier plan dans un récit au passé.

J'ai fait une erreur : Parcours (orange)
J'ai bien répondu : Parcours (bleu)

24 Conjuguer quelques verbes particuliers

a. Dans « ils envoyent », le verbe est conjugué au présent de l'indicatif.
b. Dans « vous nettoyiez », le verbe est à l'imparfait.
c. Le verbe *peler* à la 3e personne du singulier du présent s'écrit « il pelle ».
d. La 2e personne du singulier de l'imparfait de l'indicatif du verbe *relancer* s'écrit « relancait ».
e. La 1re personne du pluriel du présent de l'indicatif du verbe *gager* s'écrit « gageons ».

J'ai fait une erreur : Parcours (orange)
J'ai bien répondu : Parcours (bleu)

Mes parcours d'exercices

20 Employer le présent et le passé composé

1 Relève uniquement les verbes conjugués au présent.

a. J'écris un roman en ce moment, mais je n'ai pas encore imaginé la fin.

b. Le comte partit, sans s'apercevoir que Don Da Silva était caché derrière le rideau. Ce dernier entre dans la pièce, regarde autour de lui et s'assoit près de la fenêtre.

2 Conjugue les verbes au présent à la personne demandée.

Courir (elle) – *finir* (nous) – *aller* (tu) – *prendre* (ils) – *voir* (je) – *offrir* (vous) – *être* (il) – *boire* (nous) – *faire* (elles) – *venir* (vous) – *lire* (je) – *dire* (elle) – *appeler* (tu) – *pleuvoir* (il) – *manger* (nous).

3 Dans ces phrases, conjugue les verbes au passé composé, à la même personne.

a. Je lis un roman d'aventures palpitant.

b. Léo et Astrid partent par le train de 12h58.

c. Nous vendons les fruits ramassés dans le jardin de nos grands-parents.

d. Prends-tu ton manteau pour sortir ?

4 Mets chaque verbe au temps indiqué.

a. Je (*regarder*, présent) le ciel avec inquiétude parce que tout à l'heure, le tonnerre (*gronder*, passé composé).

b. Ce (*être*, présent) les vacances, nous (*jouer*, présent) aux jeux vidéo toute la journée, et hier, nous (*déjà faire*, passé composé) exactement la même chose !

5 Relève les verbes conjugués au présent et ceux au passé composé dans ce texte. À quel moment renvoie le passé composé ?

> Le chien reprend sa place derrière les talons de son maître. Plus profonde, la piste laissée par les derniers traîneaux qui sont passés là est encore visible. Mais la neige a recouvert toute trace de pas humains. Il y avait un mois que personne n'a remonté le silencieux vallon.
>
> D'après Jack London, *Construire un feu*.

6 Dans ce poème, quels sont les temps employés ? Relève-les et classe-les.

> Le temps a laissé son manteau
> De vent, de froidure et de pluie,
> Et s'est vêtu de broderie,
> De soleil riant, clair et beau.
>
> Il n'y a bête ni oiseau
> Qu'en son jargon ne chante ou crie :
> Le temps a laissé son manteau
> De vent, de froidure et de pluie.
>
> Charles d'Orléans, *Rondeaux*.

7 Dans l'extrait suivant, mets les verbes au présent ou au passé composé, en fonction du sens.

> Depuis son enfance, Sara (*jouer*) au basket tous les jours après l'école. Le mois dernier, son équipe (*participer*) au tournoi régional, un événement très attendu. Sara qui (*occuper*) le poste de « meneuse » (*marquer*) des paniers décisifs. Lors de la finale, son équipe (*vaincre*) des adversaires pourtant très combattives.

21 Employer l'imparfait et le plus-que-parfait

8 Classe les verbes conjugués à l'imparfait et les verbes conjugués au plus-que-parfait dans un tableau à deux colonnes.

a. Chaque été, je jouais dans le jardin avec mes cousins.

b. Avant de partir, ils avaient vérifié que toutes les fenêtres étaient fermées.

c. J'avais terminé mon devoir bien avant la récréation.

e. Nous avions déjà mangé notre dessert, alors qu'eux commençaient à peine leur repas.

9 Conjugue les verbes entre parenthèses au plus-que-parfait.

a. Elle (*terminer*) son devoir avant l'arrivée de ses amis.

b. Lorsque nous sommes arrivés, il (*déjà quitter*) la salle.

c. J'(*apprendre*) la nouvelle bien avant qu'elle ne soit annoncée officiellement.

d. L'orage (*surprendre*) les promeneurs sur le chemin de la bergerie.

e. Le voleur (*s'enfuir*) à l'arrivée de la police.

10 Conjugue les verbes entre parenthèses au temps indiqué.

Ceux qui (*manifester*, plus-que parfait) à la maison de retraite (*se trouver*, imparfait) au grand complet dans l'ancienne étable, le samedi suivant. Le rendez-vous manqué les (*sidérer*, plus-que parfait). Dès le mercredi soir, Louis (*faire*, plus-que-parfait) circuler l'information par SMS, promettant des détails pour le lendemain au lycée.

D'après Jacques Cassabois, *La Colère des hérissons*, 2013, © Hachette Romans.

11 Indique pour chacun des verbes à l'imparfait s'il sert à décrire ou à exprimer des habitudes.

a. Chaque soir, il lisait un chapitre de son livre avant de dormir.

b. Le jardin était immense, rempli de fleurs colorées et de grands arbres.

c. En arrivant, il portait encore son casque de vélo.

d. Les enfants jouaient dans le salon quand le facteur sonna.

e. Comme il s'entraînait trois fois par semaine, il était désormais un très bon joueur de tennis.

12 Même exercice pour le texte suivant.

Mme Loisel semblait vieille, maintenant. Elle était devenue la femme forte, et dure, et rude, des ménages pauvres. Mal peignée, avec les jupes de travers et les mains rouges, elle parlait haut, lavait à grande eau les planchers. Mais parfois, lorsque son mari était au bureau, elle s'asseyait auprès de la fenêtre, et elle songeait à cette soirée d'autrefois, à ce bal, où elle avait été si belle et si fêtée.

Guy de Maupassant, *La Parure*.

13 Mets les verbes entre parenthèses à l'imparfait ou au plus-que-parfait, en fonction du sens du texte.

Pendant de longues années le roi Conn et la reine Eda gouvernèrent ainsi avec sagesse ; ils (*avoir*) un fils qui (*porter*) le nom de Conn-Eda, car lors de sa naissance, les Druides (*prédire*) qu'il hériterait des qualités de ses parents. Le prince Conn-Eda (*devenir*) un beau et fort jeune homme, lorsque sa mère tomba malade.

(D'après la légende irlandaise *Les Pommes d'or du lac Erne*.)

14 Conjugue les verbes entre parenthèses à l'imparfait ou au plus-que-parfait. Justifie tes choix à l'oral.

Colin (*terminer*) sa toilette. […] Sa tête (*être*) ronde, ses oreilles petites. Il (*sourire*) souvent d'un sourire de bébé, et, à force, cela lui (*faire*) venir une fossette au menton.

D'après Boris Vian, *L'Écume des jours*.

22 Employer le futur et le conditionnel présent

15 Indique quel temps est utilisé dans les verbes soulignés et justifie ce choix.

a. Si je gagnais à la loterie, je partirais faire le tour du monde.

b. Tu ouvriras au livreur pendant mon absence.

c. J'aimerais tellement voir cette pièce de théâtre avec toi.

d. Vous rencontrerez le directeur à 14 heures précises.

16 Justifie le choix du futur ou du conditionnel présent dans les phrases suivantes.

a. Nous irons à la plage dès que le soleil sera au rendez-vous.

b. Tu devrais écouter ses conseils, car ils pourraient t'aider.

c. Elle choisirait cette robe si elle était encore disponible en magasin.

d. Je te téléphonerai ce soir pour te donner des nouvelles.

17 Conjugue les verbes entre parenthèses au futur ou au conditionnel présent et justifie ton choix.

a. Demain, je (*ranger*) ma chambre avant de sortir.

b. Elle (*partir*) tôt pour éviter les embouteillages.

c. Il (*aimer*) acheter cette maison s'il en avait les moyens.

d. Nous (*visiter*) New York pendant les vacances d'été.

18 Récris ce texte en conjuguant les verbes entre parenthèses au futur ou au conditionnel présent.

Élise rêve depuis longtemps de voir la mer. « L'année prochaine, je (*partir*) enfin en Bretagne avec mes amis », se dit-elle. Elle imaginait déjà les vagues et les coquillages. « Si j'avais plus de temps, je (*réserver*) tout de suite un petit chalet », ajouta-t-elle avec un soupir.
Mais Élise avait une crainte : « Si je ne trouvais pas un bon hébergement, ça (*gâcher*) un peu le séjour… ».

19 **Recopie ces phrases en choisissant la forme du verbe qui convient.**

a. Si elle étudiait plus, elle **réussira / réussirait** sans problème.

b. Nous **partirions / partirons** en voyage la semaine prochaine.

c. Si tu avais plus de temps, tu **liras / lirais** plus souvent.

d. J' **achèterais / achèterai** une nouvelle voiture bientôt.

20 **Réécris les verbes en gras en soulignant leurs terminaisons. Indique s'il s'agit d'un futur ou d'un conditionnel présent.**

a. J'**aimerais** vous voir dans quelques minutes.
J'**aimerai** sans doute ton nouvel ami.

b. Elles **tiendront** leur réunion en juin.
Il **tiendrait** sa promesse s'il était sûr de gagner son pari.

c. Vous **verrez** que ce film est un chef-d'œuvre.

d. Si tu venais plus souvent, tu **verrais** comme Mathieu a grandi.

21 **Rédige une phrase pour chaque situation suivante, en utilisant le futur de l'indicatif pour une action qui se passera dans l'avenir et le conditionnel présent pour une situation hypothétique.**

Situation 1 : Tu es invité à une fête demain. (Futur de l'indicatif)

Situation 2 : Tu n'as pas d'argent et tu voudrais partir en vacances. (Conditionnel présent)

Situation 3 : Vous avez un projet important à terminer cette semaine. (Futur de l'indicatif)

Situation 4 : Si tu avais plus de temps, tu voudrais apprendre à jouer du piano. (Conditionnel présent)

22 **Mets au conditionnel présent les verbes au futur dans cette citation. Qu'est-ce que cela change au sens ?**

> « Mon étoile, ça sera pour toi une des étoiles.
> Alors, toutes les étoiles, tu aimeras les regarder…
> Elles seront toutes tes amies. »
>
> Antoine de Saint-Exupéry.

23 Employer le passé simple de l'indicatif

23 **Conjugue les verbes entre parenthèses au passé simple.**

a. Elle (*rester*) deux jours chez ses grands-parents avant de repartir.

b. Il (*trébucher*) sur une pierre, (*tomber*) lourdement et (se fracturer) l'arcade sourcilière.

c. Le navire (*prendre*) le large et (*disparaître*) à l'horizon.

d. Vexé, il (*partir*) en claquant la porte.

24 **Mets tous les verbes au présent au passé simple.**

a. Un éclair illumine le ciel.

b. Il ouvre la fenêtre, prend une grande inspiration, ferme les yeux, puis s'assied calmement.

c. La porte s'ouvre soudain, et un inconnu entre dans la pièce.

d. Elle vit à Grenoble et apprécie beaucoup cette ville.

25 **Relève les verbes au passé simple. À quel temps sont conjugués les verbes qui ne sont pas au passé simple ?**

a. Je marchai longtemps avant d'apercevoir le village.

b. Je rêvais souvent de voyages dans des contrées lointaines.

c. Je regardai les étoiles et fis un vœu en silence.

d. Je dessinais des paysages imaginaires pendant des heures.

26 **Dans ce texte, relève puis corrige tous les passés simples farfelus.**

> Un jour, la petite poule rousse sorta de chez elle pour aller en ville. Elle metta la clé dans sa poche. Hélas ! la poche était percée et la clé tombit par terre. La petite poule ne s'en aperceva pas et poursuiva son chemin. Tandis qu'elle s'éloignait, maître Renard apparaissa. Depuis longtemps, il avait envie de croquer la poulette. Quand il voya la clé perdue, il la ramassit et coura ouvrir la porte de la maisonnette.
>
> Yak Rivais, *Les Contes du miroir*, 1988, © École des Loisirs.

27 **Réécris ces phrases en passant de la 1re personne du singulier à la 2e personne du singulier.**

a. Je regardais les étoiles depuis ma fenêtre.

b. Je ramassai les fleurs dans le jardin.

c. Je parlai avec le professeur pour clarifier mes doutes.

d. Je dessinais des paysages.

e. Je rangeai ma trottinette en arrivant à l'école.

28 **Indique les valeurs des passés simples et justifie ton choix.**

a. Soudain, il trébucha sur une pierre.

b. Elle ouvrit la fenêtre et appela ses amis.

c. Un coup de tonnerre retentit dans la nuit silencieuse.

29 Relève tous les verbes au passé simple dans ce texte et indique leur valeur.

Une violente querelle s'éleva entre les deux seigneurs. Bruce accusa Comyn d'avoir révélé ses projets au roi Édouard et, dans sa rage, il frappa Comyn de son poignard et s'enfuit aussitôt. Prévoyant que toute l'armée anglaise allait le poursuivre, il rassembla ses vassaux, appela à lui tous les grands seigneurs d'Écosse et se fit couronner en toute hâte dans l'abbaye de Scone.

D'après *Les Aventures de Robert Bruce*, adapté et traduit par Élisée Escande.

30 Aide Madame d'Aulnoy à rédiger le début du conte, en conjuguant les verbes entre parenthèses, soit à l'imparfait, soit au passé simple.

Il y (*avoir*) une fois un roi et une reine qui n'(*avoir*) qu'une fille. Sa beauté, sa douceur et son esprit qui (*être*) incomparables, la (*faire*) nommer Gracieuse. […] Cependant la reine (*tomber*) malade et (*mourir*). La princesse Gracieuse (*penser*) mourir aussi de douleur d'avoir perdu une si bonne mère ; le roi (*regretter*) beaucoup une si bonne femme. Il (*demeurer*) près d'un an enfermé dans son palais.

Marie-Catherine d'Aulnoy, *Gracieuse et Percinet*.

24 Conjuguer quelques verbes particuliers

31 Conjugue les verbes suivants au présent de l'indicatif aux personnes demandées.

a. **Avancer** : je / nous / vous / ils.

b. **Corriger** : je / tu / nous / vous.

c. **Prononcer** : je / tu / nous / vous.

32 Complète les phrases suivantes en conjuguant les verbes entre parenthèses au présent de l'indicatif.

a. Je (*essayer*) de comprendre la leçon.

b. Nous (*manger*) souvent au restaurant.

c. Ils (*nettoyer*) leur chambre chaque samedi.

d. Tu (*payer*) tes factures en ligne.

33 Chaque phrase contient une erreur de conjugaison au présent de l'indicatif. Corrige-la.

a. Elle jète ses affaires par la fenêtre.

b. Nous lancons souvent des ballons à nos amis.

c. Vous appellez votre maman tous les soirs.

d. Tu nettoyes les fenêtres tous les matins.

e. Nous changons d'idée trop souvent.

34 Conjugue les verbes au futur simple à la personne demandée, puis invente une phrase complète à l'aide de ces verbes.

a. Je (*payer*).

b. Nous (*manger*).

c. Elle (*lancer*).

d. Ils (*nettoyer*).

35 Complète les phrases suivantes en employant la forme correcte du verbe entre parenthèses, au présent ou au futur de l'indicatif.

a. Je (*appeler*) mes amis ce soir.

b. Nous (*jeter*) les papiers dans la poubelle après le dîner.

c. Ils (*modeler*) l'argile pour faire des sculptures.

d. (*Acheter*)-tu un nouveau livre demain ?

e. Elle (*épeler*) le mot lentement pour tout le monde.

36 Complète les phrases suivantes en conjuguant le verbe entre parenthèses au présent de l'indicatif.

a. Lors de l'examen, le professeur (*épeler*) les mots difficiles lentement.

b. Nous (*appeler*) souvent nos grands-parents pour prendre des nouvelles.

c. Ils (*modeler*) de la pâte à modeler pour créer des figurines.

d. (*Projeter*)-tu de partir en vacances cet été ?

e. Elle (*rappeler*) son nom à chaque fois qu'elle rencontre quelqu'un de nouveau.

f. Vous (*acheter*) toujours vos vêtements en ligne ?

37 Réécris les phrases suivantes en remplaçant « je » par « nous », et en faisant toutes les modifications nécessaires.

a. J'avance sur la piste, je commence mon discours et je lance des confettis au public.

b. Je roule à toute allure sur mon vélo, je jette des bonbons aux passants, j'appelle mon ami dans la foule.

c. Comme je projette de partir ce week-end, je range mes affaires et je nettoie mon appartement.

d. Grosse dispute ! Je menace mon frère d'éteindre le jeu, je lui jette la manette à la figure et j'appelle ma mère.

25 Écrire de manière lisible

J'observe, je manipule, je comprends

Je construis la leçon

Étape 1 **Compare ces différents écrits d'élèves. Lesquels te paraissent les plus faciles et les plus agréables à lire et pourquoi ?**

a. 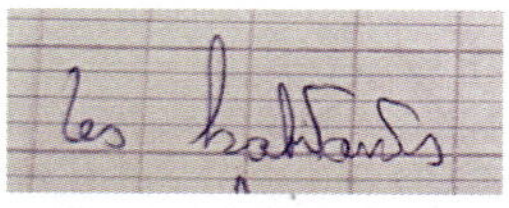

b. 

c. 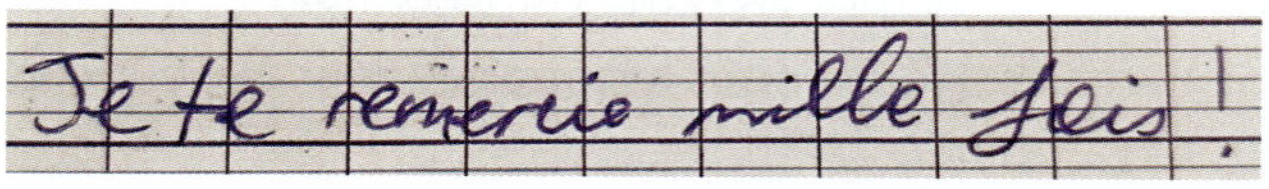

d. 

- Une **écriture manuscrite** n'a pas forcément besoin d'être parfaite, mais il est souhaitable qu'elle soit **régulière et lisible**. On peut choisir une écriture **cursive** ou une écriture **script**.

Étape 2 **Quelles suggestions d'amélioration pourrais-tu faire à propos de ces phrases écrites par des collégiens ?**

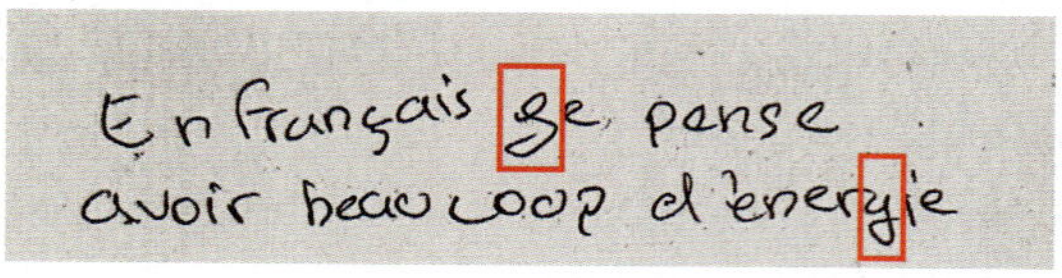

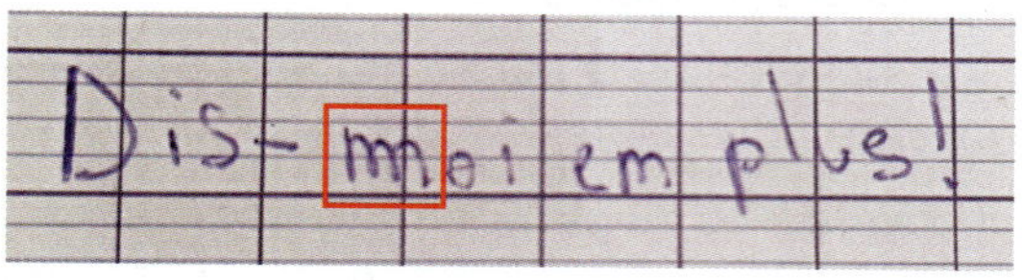

- Les mots doivent suivre une même **ligne horizontale**.
- Les lettres d'un même mot doivent être bien **regroupées** et les mots bien séparés.
- Dans ces phrases, certaines lettres (**« j »**, **« g »**, **« m »**) sont mal tracées.

Étape 3 **Quelles suggestions d'amélioration pourrais-tu faire à propos de ces mots écrits par des collégiens ?**

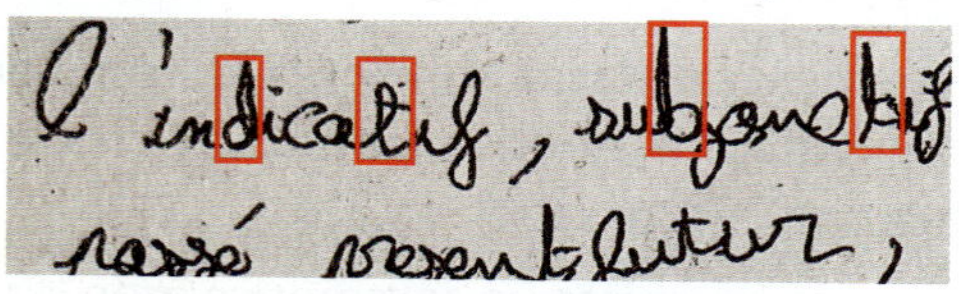

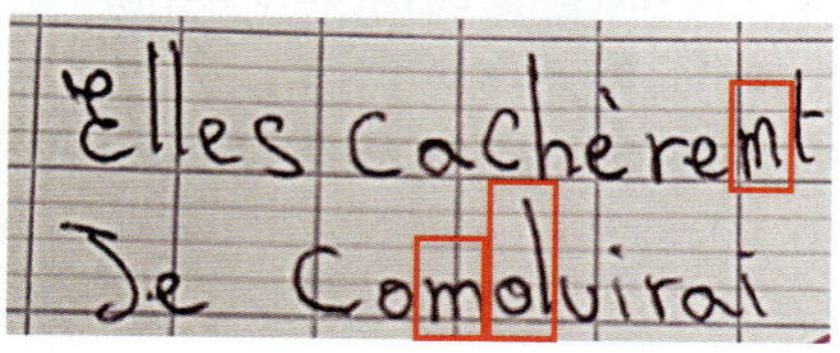

- Les barres de **« d »**, **« b »** et **« t »** (qu'on appelle **étrécies**) ne doivent pas être des boucles.
- Toutes les lettres doivent avoir la **même taille**.
- Dans ces phrases, le **« n »** ne doit pas être confondu avec un **« m »**, et le « d » doit former une seule lettre.

Étape 4 **Ces mots sont difficiles à lire. Quelles difficultés repères-tu ?**

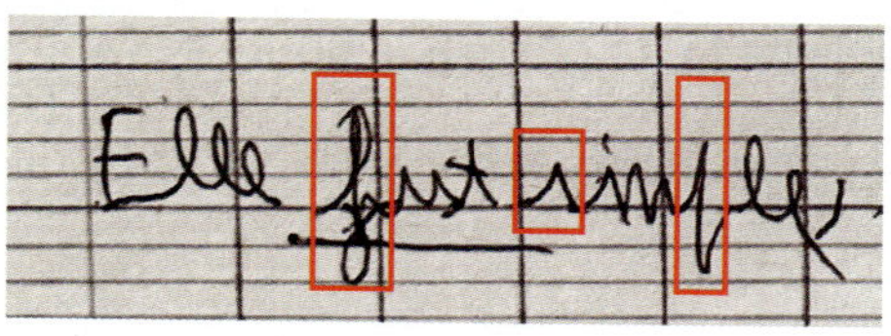

- Le **« f »** a été **tracé avec difficulté**. **Le « s » de *simple*** n'est pas recourbé et le **« p » est mal tracé**. Il est important de rendre des copies **lisibles** et agréables à corriger !

Je retiens

Voici un schéma pour vérifier que tu as bien compris la leçon.

Pour être lisible, j'essaie de…

- me tenir droit, bien positionné, tenir mon stylo de manière souple.
- utiliser un stylo qui glisse bien et qui s'efface.
- caler mes lettres sur les lignes.
- bien séparer chaque mot.
- rapprocher les lettres d'un même mot.
- calibrer petites et grandes lettres.
- fermer le rond des lettres rondes.
- tracer de belles étrécies (les barres des « t », des « d », des « p »…).

Je m'entraîne

1 **Quelles différences observes-tu entre ces manières d'écrire ? Quelle est ta version préférée ? Explique pourquoi.**

a. *Tu adores les choux à la crème.*

b. *Je préfère les choux de Bruxelles.*

c. Tu adores les choux à la crème.

2 **Écris les groupes de mots suivants de différentes manières.**
1. **En cursive puis en script.**
2. **Dans ton écriture préférée : ce sera sans doute un mélange des deux écritures.**

a. Les chats

b. Ce léopard (en cursive, « leopard » s'écrit d'une traite, l'accent s'ajoute en dernier)

c. Un jaguar

d. Quatre hippopotames

e. Trois zèbres (attention à la liaison entre le *b* et le *r*)

3 **Observe tes copies ou tes cahiers et repère les lettres que tu écris le moins bien.**
1. **Choisis ton modèle, script ou cursives.**
2. **Entraîne-toi à écrire ces lettres seules, puis à l'intérieur d'un mot.**
3. **Élimine si besoin les œilletons (petites boucles du *o*, du *r*, du *b*, du *z*…), qui déséquilibrent parfois l'écriture d'un mot.**

4 **Écris ton propre abécédaire.**

a. Au début de chaque ligne, écris en majuscules puis en minuscules (cursives ou script, selon ton choix) les 26 lettres de l'alphabet utilisé en France.

b. Ensuite, écris avec soin 26 mots qui te plaisent et qui commencent par chaque lettre.
Reviens à la ligne à chaque nouvelle lettre.

5 **Sur une feuille avec des lignes, recopie un texte trouvé dans un livre ou sur internet à propos d'un sport, d'une activité, d'un loisir que tu apprécies. Présente ce texte le mieux possible sans oublier de mettre un titre. Le texte doit faire au moins cinq lignes.**

Si tu t'en sens capable, écris ce même texte sur une feuille blanche.

Conseil : tu peux tracer des lignes très légères au crayon papier pour te guider.

26 Identifier les types d'erreurs dans une dictée

J'observe, je manipule, je comprends

Je construis la leçon

Il y avait une fois un marchant qui étais Extrêmement riche. il avait six enfant, trois garçons et trois fille ; et, comme se marchant étais un homme X espri, il n'épargna rien pour l'education de ses enfants.

Étape 1 **Observe cette dictée écrite par un élève de 6e et repère les différents types d'erreurs signalées par des feutres de couleur.**

a. Quel type d'erreur est signalé en orange ?

b. Sur quelle nature ou classe de mot porte-t-elle particulièrement ?

- Les **erreurs d'accords** sont fréquentes en français car la majorité des mots est **variable**.
- Les noms, adjectifs, déterminants s'accordent en genre (masculin ou féminin), et en nombre (singulier ou pluriel). Les verbes sont l'occasion de nombreuses erreurs, qui imposent de bien connaître les conjugaisons. Ce sont des erreurs faciles à corriger.

Étape 2 **Certaines erreurs sont signalés en rose. De quel type d'erreur s'agit-il selon toi ?**

un marchant | espri

l'education

- On corrige les erreurs **lexicales** ou **d'usage** à l'aide d'un dictionnaire ou grâce à des astuces. Pour trouver la lettre muette à la fin de « marchand », on passe par son féminin : « marchan**de** ». Attention également aux accents, comme dans « **é**ducation ».

Étape 3 **Quel type d'erreur est signalé en vert ?**

qui étais Extrêmement riche

il avait six enfant

- Une dictée contient des mots mais aussi des signes de **ponctuation**. Après un **point**, il ne faut pas oublier la **majuscule**.

Étape 4 **Quel type d'erreur reconnais-tu dans cette phrase ?**

se marchand et veuf, il à six enfants.

- En français, les mots qui ont les mêmes sonorités mais s'écrivent de façons différentes sont des **homophones grammaticaux**, comme *a* et *à*, *son* et *sont*…

Étape 5 **À quoi correspond la croix rouge ?**

homme X espri

- Pour **ne pas oublier un mot**, assure-toi que tu comprends le sens du texte.

Je retiens

Voici un schéma pour vérifier que tu as bien compris la leçon.

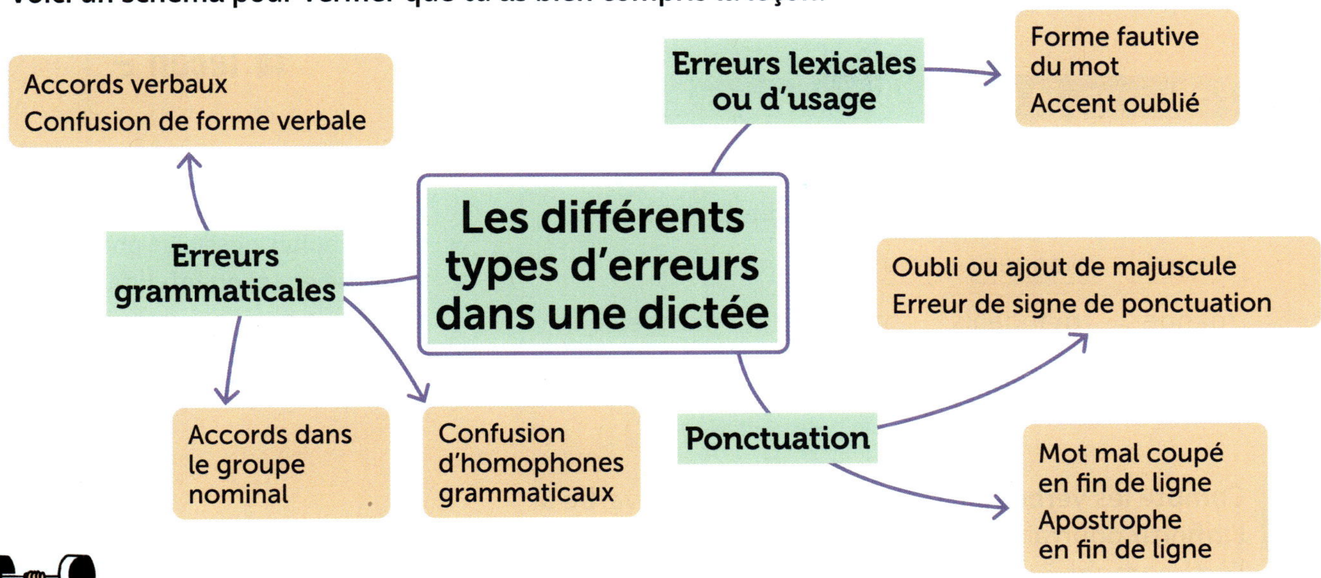

Je m'entraîne

1 Dans les phrases ci-dessous, corrige les erreurs, puis prolonge chaque phrase en prenant garde aux accords.

a. Ses fille était très belle…

b. Quand elle était petite, on appelaient la cadette « la belle enfant »…

c. La cadette qui était plus belle que ses sœur étaient aussi meilleur qu'elle…

d. Les deux sœurs aînée refusaient d'approché le monstre, alors que…

2 Repère les dix erreurs de ponctuation de ce texte dialogué. Attention : les majuscules données à la Belle et la Bête n'en font pas partie.

– La Belle, Lui dit ce monstre, voulez-vous bien que je vous voie souper
– Vous êtes le maître répondit la Belle en tremblant.
– Non, Répondit la Bête, il n'y a ici de maîtresse que vous. Vous n'avez qu'à me dire de m'en aller si je vous ennuie ; Je sortirai tout de suite. Dites-moi n'est-ce pas que vous me trouvez bien laid ?
– cela est vrai, dit la Belle, car je ne sais pas mentir ; mais je crois que vous êtes fort bon !

D'après J.-M. Leprince de Beaumont, *La Belle et la Bête*.

3 Classe les erreurs de ces phrases en fonction des catégories données par les étiquettes.

Les seurs aller tout les jour au bal, à la comedy, à la praumenade, est ce moqué de leur cadète qui employaient la plus grandes parties de son temp a lire de bon livre.

Erreurs d'accord | Erreur de terminaison verbale | Erreur d'homophone | Erreur lexicale

4 Dans l'extrait suivant, justifie les formes verbales à l'oral.

Arrivés à leur maison de campagne, le marchand et ses trois fils s'occupèrent à labourer la terre. La Belle se levait à quatre heures du matin, et se dépêchait de nettoyer la maison et d'apprêter à dîner pour la famille. – […]
Tu ne me pries pas de t'acheter quelque chose ? lui dit son père. — Puisque vous avez la bonté de penser à moi, lui répondit-elle, je vous prie de m'apporter une rose, car il n'en vient pas ici.

D'après J.-M. Leprince de Beaumont, *La Belle et la Bête*.

Conseil : Les formes verbales doivent attirer ta vigilance, comme tu vas le voir dans la fiche suivante.

27 Choisir la bonne terminaison d'un verbe en [é], [è], [i]

J'observe, je manipule, je comprends

Je construis la leçon

Étape 1 **Ces formes verbales existent-elles ? Lesquelles reconnais-tu et comment les prononces-tu ?**

Mangé | mangée | mangés | mangées
manger | mangeais | mangeait | mangeaient
mangeai | mangez

- Il y a de nombreuses orthographes possibles pour un **verbe en [é] ou [è]**. Il faut donc analyser la phrase pour trouver la bonne forme du verbe.

Étape 2 **Compte les verbes à l'infinitif. Par quel autre verbe à l'infinitif pourrais-tu les remplacer afin d'en vérifier l'orthographe ?**

Le roi se laissa aller à la joie. Mais la paix n'allait pas durer. Un soldat vint lui annoncer tout effrayé : « Une armée est en train d'avancer sur Troie ! » Le roi s'adressa aux dieux qui l'avaient aidé : « Allez-vous laisser ma ville se faire écraser ? Plutôt me tuer que de la voir ruinée.

- Les **formes verbales en *-er*** correspondent à l'**infinitif**.
- Pour vérifier leur orthographe, remplace les verbes que tu veux écrire en *-er* par *prendre*, *mordre* ou *vendre*.

Étape 3 **Compte les verbes au participe passé. Par quel autre verbe au participe passé pourrais-tu le remplacer pour en vérifier l'orthographe ?**

Offensée par les autres dieux, Eris, déesse de la discorde, s'estime humiliée. Les déesses Héra, Athéna et Aphrodite sont invitées à un banquet pendant lequel Eris a jeté une pomme d'or au milieu des invités. Elle a gravé sur cette pomme « À la plus belle ». L'orgueil des trois déesses a été piqué. Pour éviter la dispute, Zeus a désigné Pâris comme juge.

- **Remplacer par « pris »** ou **« surpris »** est plus efficace que par « mordu » ou « vendu ». Il permet de faire apparaître le féminin et aide à accorder correctement.

Étape 4 **Ces formes verbales existent-elles ? Lesquelles reconnais-tu ?**

Dis | dit | parti | partie | partis | parties
surpris | bondi | bondit
plie | plies | plient

- Il y a beaucoup d'orthographes possibles pour un même **verbe en [i]** : il peut être conjugué à l'indicatif, au présent mais aussi au passé simple. Il peut aussi être au participe passé, à l'impératif présent ou au subjonctif présent.
- Il faut donc analyser la phrase pour trouver la bonne forme du verbe.

Je retiens

Voici un schéma pour vérifier que tu as bien compris la leçon.

Verbes en [é]

- **Je remplace par** « pris » → Participe passé en *-é, -ée, -és, -ées.*
- **Je remplace par** « prendre » → Infinitif en *-er.*
- **Je remplace par** « prenez » → en *-ez.*
  - « prit » ou « vint » → Passé simple : *-ai* pour la personne « je ».
  - « prenait » ou « venait » → Imparfait : *-ais/ -ait/ -aient.*

Verbes en [i]

- **Participe passé** → Terminaison en [i] : *fini/ie/is/ies*
- **Présent de l'indicatif** → Verbes en *-ier* : je *trie*, tu *tries*, elle *trie*. Verbes en *-ir* : je *finis*, tu *finis*, il *finit*
- **Passé simple** → Verbes en *-ir* et verbes en *-re* : je *pris*, il *prit*
- **Présent de l'impératif** → *Souris* ! *Plie* !

Je m'entraîne

1 Classe ces formes verbales en [é] ou [è] : participe passé, infinitif, imparfait, présent à la 2e personne du pluriel, passé simple.

Elle a sauté. – Tu vas manger. – Je sautai. – Elle est allée marcher. – Les oiseaux chantaient. – Vous m'étonnez. – La médaille que tu as gagnée va se détacher. – Partez ! – Ils s'enfuyaient.

2 Indique le temps de l'indicatif auquel ces verbes sont conjugués.

Je t'envie. – Il a appris. – Tu partis. – Ils s'ennuient. – Tu as fini. – Je pris. – Tu pries. – Elle dit. – Il fit. – Elle répondit.

3 Donne le temps des verbes dans les phrases suivantes.

a. Le lion rugit.
b. Elle est partie.
c. La lune éclairait la façade.
d. Vous m'entendez ?
e. Elle m'identifie aussitôt.

4 Complète le texte en choisissant les bonnes terminaisons des verbes [é] ou [è].

La guerre de Troie a commenc... quand Pâris a enlev... Hélène. Les Grecs ont décid... d'attaqu... Troie. Ils ont combattu, cri... : « All...-vous vous rendre ? » Après dix ans, ils ont tromp... les Troyens avec un cheval géant. Les soldats grecs, cach... dedans, ont attaqu... la ville. La ville a été brûl..., et les vainqueurs sont rentr... .

5 Complète le texte en choisissant les bonnes terminaisons des verbes en [i].

Pâris, surpr..., regarde Aphrodite qui lui sour... : « Je te pr... de me donner cette pomme. Si tu me chois..., tu seras rav.... ». Sédu..., il s'avance vers Aphrodite. « Tu nous oubl... » semblent dire les deux autres déesses, envah... par la déception. Pâris réfléch... et pl.... le torse : épr..., il donne la pomme à Aphrodite.

28 Choisir la bonne orthographe d'un homophone

Je construis la leçon

J'observe, je manipule, je comprends

Étape 1

1. Reconnais-tu ces différents mots ? Emploie-les dans une phrase.

A | as | à | ha | ah

2. Associe chacun de ces mots à sa définition.

Où •	• Mot qui exprime un choix
Ou •	• Plante qui fleurit à Noël
Houx •	• Mot qui fait référence à un lieu

- Un **mot qui se prononce [a]** peut être selon les phrases le verbe *avoir* au présent, la préposition *à* ou une interjection.
- Un **mot qui se prononce [ou]** peut être selon les phrases une conjonction de coordination, un adverbe de lieu ou un nom.

Étape 2

1. Reconnais-tu ces différents mots correspondant aux sons [son] ? Emploie-les dans une phrase.

Sont | son | son(s)

2. Dans la phrase suivante, place les mots *on* et *ont* à l'endroit qui convient.

Quand ... voit paraître un arc-en-ciel, les nuages ... généralement déjà disparu.

- Un **mot qui se prononce [son]** peut être le verbe *être*, un déterminant possessif ou un nom.
- Un **mot qui se prononce [on]** peut être selon les phrases le verbe *avoir* ou un pronom personnel.

Étape 3

1. Reconnais-tu ces différents mots qui tous correspondent aux sons [é] et [è]? Emploie-les dans une phrase.

Es | est | ai | aie | aies | aient | hais | hait | haie(s) | et

2. Classe-les en deux catégories, les verbes et les noms. Lequel n'appartient à aucune catégorie?

- Le **mot qui se prononce [é] ou [è]** peut être selon les phrases et les prononciations le verbe *être*, le verbe *avoir*, le verbe *haïr*, un nom ou une conjonction de coordination.

Étape 4

1. Reconnais-tu ces différents mots qui tous correspondent aux sons [cé] et [cè] ? Emploie-les dans une phrase.

C'est | s'est | ses | sait | sais

2. Associe ces mots qui correspondent au son [cet] à leur définition.

Cet •	• 7
Cette •	• Un déterminant démonstratif
Sept •	

- Un **mot qui se prononce [cé] ou [cè]** peut être selon les phrases et les prononciations un pronom démonstratif + le verbe *être*, le pronom réfléchi *se* + le verbe *être*, déterminant possessif ou le verbe *savoir*.
- Un **mot qui se prononce [cèt]** peut être selon les phrases un déterminant démonstratif ou un déterminant numéral.

Je retiens

Voici un schéma pour vérifier que tu as bien compris la leçon.

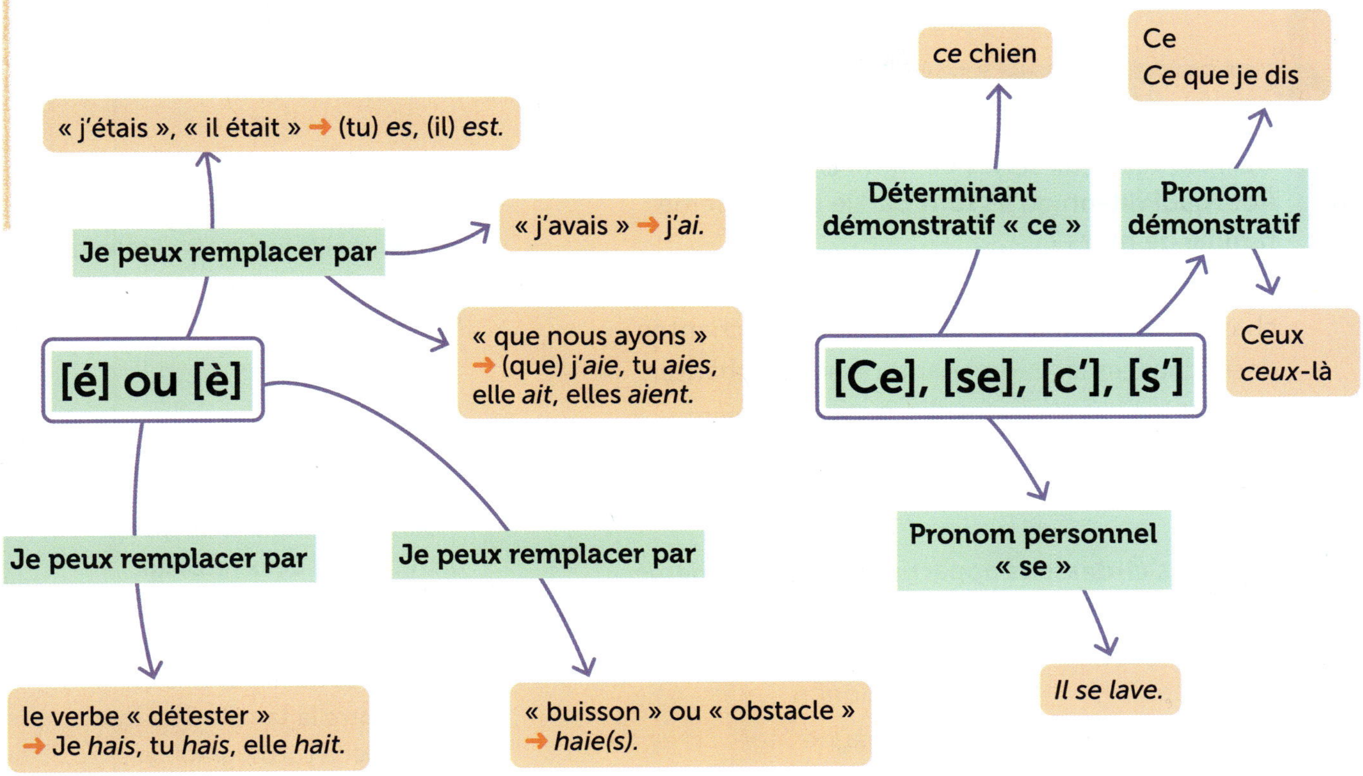

Je m'entraîne

1 **Relève tous les homophones présents dans chaque phrase et ajoute les autres manières dont on aurait pu les écrire.**

a. Ma mère est dans la cour.

b. Ils ont si faim !

c. Mais où est Ornicar ?

d. Ils ont laissé leurs vélos à l'école.

2 **Repère et corrige les erreurs d'homophone dans ces phrases.**

a. Ils son allés au parc hier.

b. Est-ce que tu à compris la leçon ?

c. Ont a pris le train.

d. Elle ne c'est pas levée ce matin.

e. Ou a-t-il oublié son sac ?

f. Je crois qu'il ai en retard.

3 **Construis trois phrases contenant les homophones suivants.**

Son/sont	Si/S'y
Ou/où	Et/Est
Ces/ses	Ton/Tons
C'est/s'est	Moi/Mois
Se/ceux	

4 **Complète les phrases suivantes avec les homophones qui se disent [vèr].**

« Et il y a le ...... de terre. [...]
L'amoureux qui écrit en ......,
Le ...... d'eau plein de lumière »
D'après Maurice Carême, *Le Mât de cocagne*.

5 **Recopie trois phrases dans un livre de ton choix et entoure tous les homophones que tu peux repérer.**

29 Reconnaître les mots d'une même famille

J'observe, je manipule, je comprends

Je construis la leçon

Étape 1 **Observe les deux séries de mots ci-dessous. Pourquoi dit-on qu'ils font partie d'une même famille de mots ?**

a. Chant – chanter – enchantement – enchanté – chanson – chanteur – chanteuse – désenchantée – désenchantement – enchanteresse – déchanter.

b. Soleil – solaire – ensoleillé – ensoleillement – insolation.

- Les mots appartiennent à une même famille lorsqu'ils contiennent un **radical commun**. Ici, les radicaux sont *chant-* et *sol-*.

Étape 2 **Les mots ci-dessous appartiennent à une même famille de mots. Quelle remarque peux-tu faire en les observant ?**

décamper	champignon
campagne	champagne
camper	champ
camping	champêtre

- Dans cette famille de mots, on reconnaît **deux radicaux** : *champ-* et *camp-*. Cela tient à l'évolution de la prononciation du français au fil des siècles.
- Connaître la famille d'un mot peut aider à l'orthographier : *cham**p***, de la famille de *champignon* est différent de *chan**t***, de la famille de *chanter*.

Étape 3 **Souligne les éléments qui précèdent ou qui suivent le radical.**

a. Détonation – intonation – tonalité.

b. Longueur – élongation – allonger – rallonger.

c. Douceur – adoucir – redoux – doucement.

- Les radicaux peuvent être précédés par un **préfixe** (qui vient avant le radical) ou par un **suffixe** (qui suit le radical).

Étape 4 **1. Repère les préfixes de ces mots et essaie de deviner leur sens.**

Inutile – inapte – impossible – imparfait – irrégulier – illisible – défaire – désordre.

2. Repère les suffixes de ces mots et tache de deviner leur sens.

Lavable – mangeable – lisible – compréhensible – possible.

- Les **préfixes *in-*, *im-*, *il-*, *dé-*, *dés-*** indiquent l'absence, le contraire.
- Les **suffixes *-able* et *-ible*** indiquent la possibilité : ce que l'on peut laver, lire…

Je retiens

Voici un schéma pour vérifier que tu as bien compris la leçon.

Une famille de mots

- **Origine commune, visible grâce au radical**
  - Un radical commun : ***porter***, ***portable***
  - Plusieurs radicaux : ***raison*** et ***rationnel***, ***lecture*** et ***lisible***
- **Quelques suffixes (après le radical)**
  - *-ment* (adverbes) : ***doucement***
  - *-ique*, *-al*, *-able* (adjectifs) : ***magique***, ***vital***, ***aimable***
  - *-ier*, *-isme*, *-té* (noms) : ***pâtissier***, ***optimisme***, ***liberté***
- **Quelques préfixes (avant le radical)**
  - *In*, *im*, *il dé* (inverse, contraire) : ***impossible***, ***défaire***
  - *re*, *ré* (répétition) : ***relecture***, ***réécrire***
  - *pré* (avant) et *post* (arrière) : ***prévoir***, ***postérité***
  - *com*, *con* (avec) : ***cohabiter***, ***combattre***

Je m'entraîne

1 Trouve au moins trois mots de la famille des mots suivants.

Chant – soleil – courage – jouer – écrire.

2 Quels radicaux repères-tu pour ces deux familles de mot ?

a. Mer – marin – maritime – marée – submerger – immerger.

b. Lecture – lire – lisible – illisible – lecteur – lisant.

c. Envolée – survoler – voltige – volière – voleter.

3 Complète les familles de mots ci-dessous en ajoutant au moins deux mots.

a. Baigner – baignade …

b. Fraternel – frérot …

c. Unité – union …

d. Amour – amical …

e. Journal – aujourd'hui …

4 Crée les plus longues listes possibles de mots appartenant à la famille de :

Lumière – Chaleur – Étoile

5 Écris un texte de quatre phrases au moins dans lequel apparaîtront des mots de la famille de « savoir » et « science ».

6 « Dans la famille d'*Amour*, je voudrais… » Seul·e ou à plusieurs, crée un jeu des sept familles à partir des sept noms communs suivants. Il faudra trouver pour chaque famille un verbe, un adjectif et un adverbe.

Amour – Calme – Violence – Énervement – Paix – Fragilité – Émotion

30 Choisir le mot juste

J'observe, je manipule, je comprends

Je construis la leçon

Étape 1 **Observe ces phrases : quel verbe est employé ? Pourrais-tu le remplacer par d'autres verbes ?**

a. Je fais un gâteau.
b. Je fais 1 mètre 30.
c. Je fais de la grammaire.
d. Je fais un rêve.
e. Je fais une erreur.
f. Je fais un jeu.

- Le verbe ***faire*** signifie « produire quelque chose par une action, un travail ».
- Le verbe *faire* est très employé à l'oral. Il est parfois préférable d'utiliser des **verbes plus précis** et plus variés pour enrichir son expression.

Étape 2 **Observe ces deux séries de phrases. Que penses-tu de la 2e formulation ?**

a.
- Elle va à l'aventure.
  → Elle part à l'aventure.
- Il va bien.
  → Il se porte bien.
- Elle va chez le médecin.
  → Elle se rend chez le médecin.

b.
- Elle dit qu'elle veut un bonbon.
  → Elle réclame un bonbon.
- Il lui dit non.
  → Il refuse.
- Elle lui dit oui.
  → Elle accepte.

- Le verbe ***aller*** est très employé car il est bref et indique un **déplacement** dans l'espace ou dans le temps. Il donne aussi des indication sur un état de santé. Il peut souvent être remplacé par des verbes plus précis.
- Le verbe ***dire*** peut être remplacé par des verbes plus précis, indiquant la **nature de la parole prononcée** : *déclarer*, *crier*, *murmurer*...

Étape 3 **Quel adjectif préférerais-tu entendre à propos d'une de tes réalisations ? Explique ton choix.**

Bien | Impeccable | Splendide | Génial | Top | Ingénieux | Magnifique | Parfait | Brillant

- Un mot rare et précis est plus **marquant** qu'un mot fréquent au sens plus vague.

Étape 4 **De qui est-il question dans les phrases suivantes ? Quelle déduction fais-tu en les lisant ?**

a. On a faim.
b. On s'aime bien.
c. On a toujours besoin d'un plus petit que soi.
d. On part !

- Le pronom ***on*** permet de désigner toutes les personnes (*je*, *tu*, *nous*...).
- Il est très employé à l'oral. Souvent,il manque de précision, le lecteur ne sait pas à qui il est fait référence.

Je retiens

Voici un schéma pour vérifier que tu as bien compris la leçon.

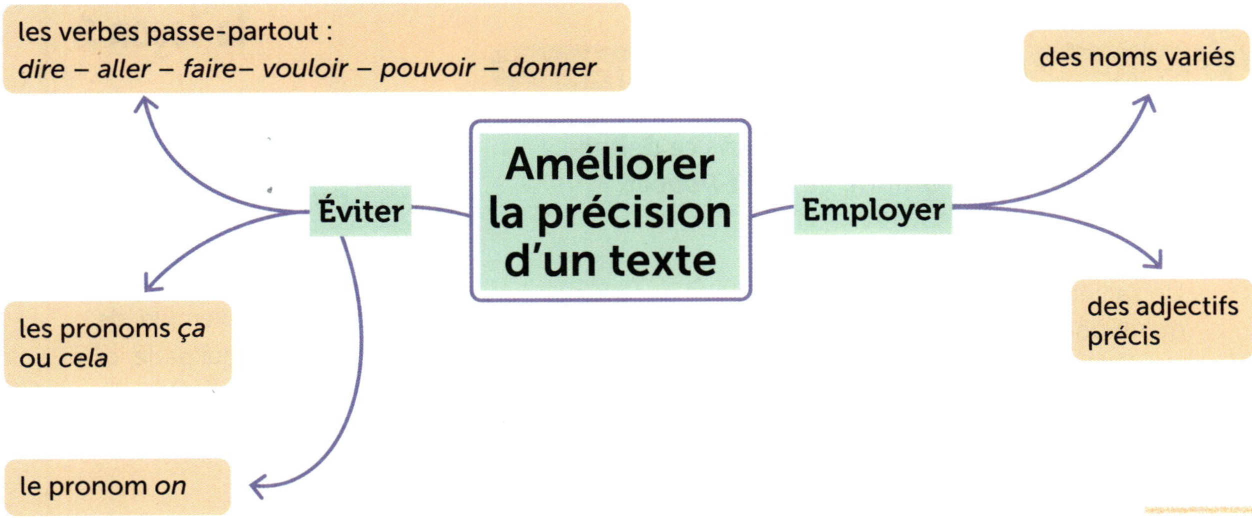

Je m'entraîne

1 Parmi les verbes suivants, choisis celui qui te semble le plus juste pour remplacer le verbe *dire* : Affirmer – confier – murmurer – bégayer – clamer.

a. Dire (doucement) des propos
b. Dire (avec hésitation) un mensonge
c. Dire un secret
d. Dire son innocence
e. Dire une opinion

2 Remplace le verbe *faire* par un verbe plus précis. Dans un cas, conserve le verbe *faire*.

a. Elle fait une statue.
b. L'usine fait des poissons panés.
c. Je fais une jupe.
d. Il fait un livre.
e. Elle fait un film.
f. Les hommes font une tour qui monte jusqu'au ciel.

3 Remplace le verbe *voir* par un verbe plus précis.

a. Au loin, je vois un paysage.
b. Il se voit dans la glace.
c. Tout à coup, il la voit !
d. J'ai vu cette plante au microscope.

4 Remplace dans ces phrases les adjectifs *bon* et *mauvais* par des adjectifs plus précis.

a. Comme le gâteau était bon, j'en ai repris.
b. Le temps était mauvais, et on commençait à entendre l'orage.
c. Votre camarade a produit un bon travail.
c. Grâce à l'importante documentation qu'il a rassemblée, votre camarade a produit un bon travail.
d. Après le passage de la tornade, les habitants de l'île se sont trouvés dans une mauvaise situation.

5 Remplace les pronoms *on* par des pronoms ou des termes plus précis.

a. On ne met pas ses coudes sur la table.
b. On a mal aux pieds avec ce type de chaussures.
c. On se demandait comment on allait faire.

6 Repère les imprécisions de ce texte et réécris-le en ajoutant ou en changeant des mots.

L'homme s'en va. Ça va mal pour lui. Il veut quelque chose mais il ne peut pas. On se demande ce qu'il va faire.

31 Ponctuer correctement

J'observe, je manipule, je comprends

Je construis la leçon

Étape 1 **La ponctuation a été supprimée dans ce début de conte des frères Grimm, *Le Petit Poucet*. Que constates-tu ?**

Un tailleur avait un fils qui était petit et pas plus gros qu'un pouce c'est pourquoi on l'appelait le Petit Poucet il était très courageux et un beau jour dit à son père je dois aller voir le monde tu as raison mon fils répondit le vieil homme

- Un texte sans ponctuation est difficile à lire. La **ponctuation** permet, par exemple, de comprendre qui parle, où et quand se situe l'action.

Étape 2 **Il n'y a pas de ponctuation dans les phrases suivantes. Quelles remarques peux-tu faire ?**

a. venez manger les enfants

b. le médecin dit il est malade

- Sans ponctuation, les phrases peuvent avoir **deux sens tout à fait différents**. La virgule après *manger*, ou avant et après *dit-il*, change tout !

Étape 3 **Observe et compte les signes de ponctuation dans cet extrait du conte de Charles Perrault, *Le Chat botté*.**

Un meunier ne laissa pour tous biens à trois enfants qu'il avait, que son Moulin, son âne, et son chat. Les partages furent bientôt faits, ni le notaire, ni le procureur n'y furent point appelés. Ils auraient eu bientôt mangé tout le pauvre patrimoine.

- Un texte est plus facile à comprendre s'il est **bien ponctué**.
- Ici, les phrases ne comptent pas plus de deux verbes, et les virgules soulignent les énumérations.

Étape 4 **Voici des discussions par SMS. Qu'observes-tu dans ces dialogues ?**

La prof m'a mis 20

Bravo

Tu veux que je t'apporte un goûter ?

Avec plaisir

Le chaton s'est endormi dans ton lit.

Oh la petite boule d'amourrr

- **Dans les SMS**, les normes orthographiques et syntaxiques de l'écrit ne sont pas respectées.
- Les points sont souvent oubliés, car ils semblent clore la discussion. Les **emojis** remplacent certains signes de ponctuation.

Je retiens

Voici un schéma pour vérifier que tu as bien compris la leçon.

La ponctuation

En début de phrase
- Majuscule

En fin de phrase
- Point
- **Point d'exclamation :** intonation montante, expression de sentiments
- **Point d'interrogation :** intonation descendante
- **Points de suspension :** interruption, sous-entendus

À l'intérieur de la phrase
- **Guillemets :** avant et après les paroles rapportées
- **Deux points :**
  - Introduisent un discours.
  - Introduisent une explication.
- **Point-virgule :** sépare des propositions
- **Virgule :**
  - Est une pause brève.
  - Ponctue une énumération.
  - Sépare les compléments.
  - Sépare les propositions.
  - Détache l'apostrophe.

Je m'entraîne

1 **Deux ponctuations sont possibles pour chacune de ces phrases, amenant un sens différent. Retrouve-les.**

a. il écrit maman

b. l'enfant dit elle va partir

2 **Explique les signes de ponctuation de ce texte.**

Cinq cents pas plus loin, le Renard s'arrêta.
« Oublieux que je suis ! Je ne songeais plus qu'on m'attend pour un baptême... C'est pourtant moi qui suis le parrain. Loup, marche devant. Je ne tarderai guère à te rejoindre. »
Tandis que le Loup marchait devant, le Renard courut entamer le pot de miel. Cinq minutes plus tard, il avait rejoint le Loup.
« Dis-moi, Renard, quel nom as-tu donné à ton filleul ?
— Loup, je lui ai donné le nom d'Entamé. »

D'après *Le Renard et le Loup*, conte populaire de Gascogne.

3 **Recopie ce texte en ajoutant la ponctuation nécessaire là où elle manque.**

Renart le Loup voyageaient ensemble. Sur leur chemin........ ils trouvèrent un pot de miel.
...Bonne affaire...... Loup.... dit le Renard. Si tu veux me croire... nous enterrerons ici le pot de miel et nous le partagerons en revenant....
... Renard... je le veux bien...
Le Renard et le Loup enterrèrent donc le pot de miel et repartirent....

D'après *Le Renard et le Loup*, conte populaire de Gascogne.

4 **Rétablis la ponctuation dans le texte suivant.**

il était onze heures du soir sous cette latitude au commencement du mois de mars les nuits sont courtes encore les premières blancheurs du jour ne devaient apparaître que vers cinq heures du matin

D'après Jules Verne, *Deux ans de vacances*.

32 Relire et améliorer un texte

Je construis la leçon

J'observe, je manipule, je comprends

Étape 1 **Voici une consigne d'écriture. Quelles activités suppose-t-elle ?**

> Imagine que tu es un des frères du Petit Poucet, lorsque vos parents vous ont abandonnés dans la forêt, à la tombée de la nuit. Tu devras décrire ce que tu vois, ainsi que l'atmosphère. Tu parleras de ton lien avec ton frère le Petit Poucet. As-tu confiance en lui pour sortir de cette situation ?

- Pour préparer l'écriture, il faut être attentif aux **activités demandées par la consigne**. Souligne sur ton sujet les éléments qu'il ne faudra pas oublier : ici, la description, le lexique des émotions, l'expression de pensées…

Étape 2 **Imagine que tu doives traiter le sujet précédent.**

a. Comment t'y prendras-tu pour y répondre ?

b. Penses-tu qu'il faut avoir toutes ses idées dans sa tête pour commencer à écrire ?

- Tu peux commencer par faire un **dessin** ou un **schéma**…
- Si aucune idée ne te vient, commence par écrire un début de phrase et poursuis-la : tu verras où elle te mènera !

Étape 3 **Tu commences à écrire. À quoi ressemble ton premier jet ?**

a. À un texte écrit une ligne sur deux, pour pouvoir ajouter des éléments supplémentaires lors des relectures.

b. À un texte écrit au crayon papier pour pouvoir tout gommer si besoin.

c. À un texte parfaitement propre. Tu ne supportes pas les ratures.

- Le **premier jet** est fait pour être repris et rectifié après l'avoir laissé reposer. Écris avec le stylo que tu veux mais saute des lignes, sans crainte de futures ratures.

Étape 4 **Quels sont les gestes d'écrivain que tu peux appliquer à ton premier jet pour améliorer ta rédaction ?**

a. Déplacer des mots

b. Remplacer des mots

c. Ajouter des mots

d. Supprimer des mots

- Toutes ces propositions sont bonnes. Ces gestes permettent d'**améliorer le premier jet**. Il ne s'agit pas seulement de modifier l'orthographe, mais aussi d'ajouter ou de supprimer des mots.

Je retiens

Voici un schéma pour vérifier que tu as bien compris la leçon.

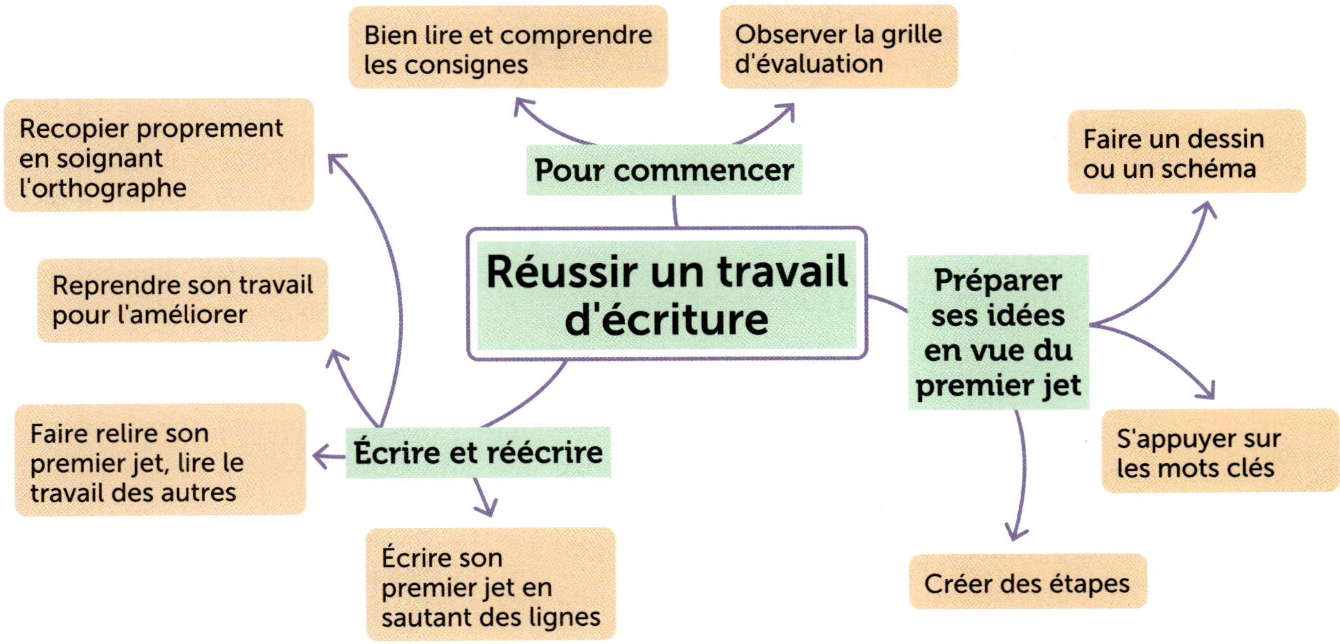

Je m'entraîne

1 Tu dois écrire une scène de dispute au théâtre. À quoi dois-tu d'abord penser ?

a. Aux prénoms des personnages.

b. Au décor.

c. Au nombre de personnages présents sur scène et à la raison pour laquelle ils se disputent.

d. Aux éléments les plus importants avant de se consacrer aux détails.

2 Observe cette consigne d'écriture.

> Invente l'arrivée du Petit Prince dans une autre planète et sa rencontre avec un nouveau personnage. Ton récit devra comporter la description de la planète et un bref dialogue. Il s'achèvera par le départ du petit prince et cette phrase : « Le petit prince s'en alla, songeant à sa rose ».

1. Parmi les tâches proposées, relève celles que tu as à accomplir.

- Respecter l'histoire du Petit Prince.
- Raconter la vie du Petit Prince sur sa planète.
- Inclure une phrase spécifique dans ta rédaction.
- Écrire une scène de théâtre.
- Ajouter obligatoirement un personnage féminin.
- Inventer un nouveau personnage.
- Décrire une planète.

2. Observe ces trois débuts de rédaction. Ces premières phrases te semblent-elles prometteuses ? Choisis celle que tu préfères et poursuis l'écriture. Rédige au minimum six phrases.

a. « Tu fais quoi chez moi ?

b. « Je… je… je ne sais pas. Excusez-moi. »

Le petit prince poursuivit son chemin et atteignit une planète recouverte de forêt. Une famille d'orang-outang y vivait.

c. Le petit prince arrive sur une planète molle comme du chewing-gum.

33 Exprimer des émotions

J'observe, je manipule, je comprends

Je construis la leçon

Étape 1 **Observe ces consignes. Dans quelles circonstances se pose-t-on ces questions ?**

a. Quelles émotions ou sentiments ce texte provoque-t-il en toi ?

b. Quelles réactions ce tableau suscite-t-il en toi ?

> • Face à une œuvre d'art, on te demande souvent d'exprimer **tes propres émotions, sentiments ou réactions**. En effet, un texte, un tableau ou un morceau de musique est perçu différemment par chaque personne. Attention : au pluriel, il faut en nommer au moins deux.

Étape 2 **Voici des réponses à la question : « quelle sensation est évoquée dans le texte ? »**
Une réponse parmi les trois suivantes ne peut pas être juste.

a. Une sensation de froid.

b. Une sensation de peur.

c. Une sensation de curiosité.

> • Une sensation est nécessairement liée **au corps**, et concerne les cinq sens : on tremble de froid ou de peur.
> • Un sentiment, comme la curiosité, relève de l'émotion.

Étape 3 **Voici des exemples de réponses à deux questions posées à la lecture d'un texte en classe. Lesquelles te semblent les plus intéressantes ?**

1. Que t'inspire ce texte ?

a. Rien.

b. Ce texte me fait rire.

c. Ce texte ne me plaît pas.

d. Ce texte me fait réfléchir, parce que…

2. Ce texte te rappelle-t-il une expérience personnelle ?

a. Non.

b. Ce texte me rappelle le jour où quelqu'un…

c. En lisant ce texte, je me souviens de ce que j'ai éprouvé quand…

> • Évite, évidemment, la première réponse.
> • Tu peux dire qu'**un texte te fait rire, rêver, réfléchir** ou qu'il ne te plaît pas, mais il faut expliquer pourquoi. Tu peux évoquer **des souvenirs**, sans dévoiler ce que tu veux garder pour toi.

Étape 4 **Observe les débuts des réponses suivantes. Quel type de réaction de lecteur et de lectrice indiquent-ils ?**

a. Je ressens de la peine pour…

b. J'éprouve de la sympathie pour…

c. J'ai de la compassion pour…

d. Je n'ai pas d'empathie pour ce personnage, car il n'existe pas.

> • Face à un livre, un film, nous acceptons de croire à l'histoire, même si nous savons qu'il s'agit d'une fiction.
> • Retiens les verbes « **ressentir** » et « **éprouver** ».

Je retiens

Voici un schéma pour vérifier que tu as bien compris la leçon.

Émotions et sentiments

- **Joie** : Euphorie, Allégresse, Fierté, Bonheur, Rire, Plaisir
- **Peur** : Surprise, Inquiétude, Angoisse, Crainte, Dégoût, Horreur, Terreur
- **Colère** : Contrariété, Déception, Agacement, Rage, Envie, Jalousie
- **Tristesse** : Nostalgie, Déprime, Dépression, Détresse, Pitié
- **Amour** : Confiance, Admiration, Tendresse, Compassion, Solidarité, Passion, Amitié

Je m'entraîne

1 **Classe les verbes suivants en fonction de l'émotion qu'ils expriment.**

S'éprendre – redouter – exulter – chérir – s'emporter – se lamenter – se fâcher.

2 **Choisis une branche du schéma ci-dessus et emploie dans des phrases les noms présents mais aussi des verbes et des adjectifs en lien avec ces sentiments.**

3 **Dans cette carte, quelle est la grande branche (en vert) qui te paraît la plus intéressante ? Explique pourquoi en donnant au moins deux raisons.**

4 **Raconte ton livre ou ton film préféré. Quelles émotions t'a-t-il fait éprouver ?**

Peinture de Louis-Léopold Boilly, XIXe siècle.

5 **Observe le tableau ci-dessus.**

a. **Quelles émotions lis-tu sur les visages des enfants ?**

b. **À ton avis, qu'est-ce qui a provoqué ces émotions ?**

6 **Écris une carte de vœux ou une carte d'anniversaire contenant des mots en lien avec l'amour et la joie.**

Écouter (1er groupe)

INDICATIF

Présent		Imparfait		Passé simple		Futur simple		Conditionnel présent	
j'	écoute	j'	écoutais	j'	écoutai	j'	écouterai	j'	écouterais
tu	écoutes	tu	écoutais	tu	écoutas	tu	écouteras	tu	écouterais
elle/il	écoute	elle/il	écoutait	elle/il	écouta	elle/il	écoutera	elle/il	écouterait
nous	écoutons	nous	écoutions	nous	écoutâmes	nous	écouterons	nous	écouterions
vous	écoutez	vous	écoutiez	vous	écoutâtes	vous	écouterez	vous	écouteriez
elles/ils	écoutent	elles/ils	écoutaient	elles/ils	écoutèrent	elles/ils	écouteront	elles/ils	écouteraient

Passé composé			Plus-que-parfait			Passé antérieur			Futur antérieur			Conditionnel passé		
j'	ai	écouté	j'	avais	écouté	j'	eus	écouté	j'	aurai	écouté	j'	aurais	écouté
tu	as	écouté	tu	avais	écouté	tu	eus	écouté	tu	auras	écouté	tu	aurais	écouté
elle/il	a	écouté	elle/il	avait	écouté	elle/il	eut	écouté	elle/il	aura	écouté	elle/il	aurait	écouté
nous	avons	écouté	nous	avions	écouté	nous	eûmes	écouté	nous	aurons	écouté	nous	aurions	écouté
vous	avez	écouté	vous	aviez	écouté	vous	eûtes	écouté	vous	aurez	écouté	vous	auriez	écouté
elles/ils	ont	écouté	elles/ils	avaient	écouté	elles/ils	eurent	écouté	elles/ils	auront	écouté	elles/ils	auraient	écouté

SUBJONCTIF	IMPÉRATIF	INFINITIF	PARTICIPE
Présent	**Présent**	**Présent**	**Présent**
que j' écoute que tu écoutes qu' elle/il écoute que nous écoutions que vous écoutiez qu' elles/ils écoutent	écoute écoutons écoutez	écouter	écoutant
	Passé	**Passé**	**Passé**
	aie écouté ayons écouté ayez écouté	avoir écouté	écouté(e)(s) ayant écouté

Grandir (2e groupe)

INDICATIF

Présent		Imparfait		Passé simple		Futur simple		Conditionnel présent	
je	grandis	je	grandissais	je	grandis	je	grandirai	je	grandirais
tu	grandis	tu	grandissais	tu	grandis	tu	grandiras	tu	grandirais
elle/il	grandit	elle/il	grandissait	elle/il	grandit	elle/il	grandira	elle/il	grandirait
nous	grandissons	nous	grandissions	nous	grandîmes	nous	grandirons	nous	grandirions
vous	grandissez	vous	grandissiez	vous	grandîtes	vous	grandirez	vous	grandiriez
elles/ils	grandissent	elles/ils	grandissaient	elles/ils	grandirent	elles/ils	grandiront	elles/ils	grandiraient

Passé composé			Plus-que-parfait			Passé antérieur			Futur antérieur			Conditionnel passé		
j'	ai	grandi	j'	avais	grandi	j'	eus	grandi	j'	aurai	grandi	j'	aurais	grandi
tu	as	grandi	tu	avais	grandi	tu	eus	grandi	tu	auras	grandi	tu	aurais	grandi
elle/il	a	grandi	elle/il	avait	grandi	elle/il	eut	grandi	elle/il	aura	grandi	elle/il	aurait	grandi
nous	avons	grandi	nous	avions	grandi	nous	eûmes	grandi	nous	aurons	grandi	nous	aurions	grandi
vous	avez	grandi	vous	aviez	grandi	vous	eûtes	grandi	vous	aurez	grandi	vous	auriez	grandi
elles/ils	ont	grandi	elles/ils	avaient	grandi	elles/ils	eurent	grandi	elles/ils	auront	grandi	elles/ils	auraient	grandi

SUBJONCTIF	IMPÉRATIF	INFINITIF	PARTICIPE
Présent	**Présent**	**Présent**	**Présent**
que je grandisse que tu grandisses qu' elle/il grandisse que nous grandissions que vous grandissiez qu' elles/ils grandissent	grandis grandissons grandissez	grandir	grandissant
	Passé	**Passé**	**Passé**
	aie grandi ayons grandi ayez grandi	avoir grandi	grandi ayant grandi

Être

INDICATIF

Présent	Imparfait	Passé simple	Futur simple	Conditionnel présent
je suis	j' étais	je fus	je serai	je serais
tu es	tu étais	tu fus	tu seras	tu serais
elle/il est	elle/il était	elle/il fut	elle/il sera	elle/il serait
nous sommes	nous étions	nous fûmes	nous serons	nous serions
vous êtes	vous étiez	vous fûtes	vous serez	vous seriez
elles/ils sont	elles/ils étaient	elles/ils furent	elles/ils seront	elles/ils seraient

Passé composé	Plus-que-parfait	Passé antérieur	Futur antérieur	Conditionnel passé
j' ai été	j' avais été	j' eus été	j' aurai été	j' aurais été
tu as été	tu avais été	tu eus été	tu auras été	tu aurais été
elle/il a été	elle/il avait été	elle/il eut été	elle/il aura été	elle/il aurait été
nous avons été	nous avions été	nous eûmes été	nous aurons été	nous aurions été
vous avez été	vous aviez été	vous eûtes été	vous aurez été	vous auriez été
elles/ils ont été	elles/ils avaient été	elles/ils eurent été	elles/ils auront été	elles/ils auraient été

SUBJONCTIF	IMPÉRATIF	INFINITIF	PARTICIPE
Présent	**Présent**	**Présent**	**Présent**
que je sois	sois	être	étant
que tu sois	soyons		
qu' elle/il soit	soyez		
que nous soyons	**Passé**	**Passé**	**Passé**
que vous soyez	aie été	avoir été	été
qu' elles/ils soient	ayons été		ayant été
	ayez été		

Avoir

INDICATIF

Présent	Imparfait	Passé simple	Futur simple	Conditionnel présent
j' ai	j' avais	j' eus	j' aurai	j' aurais
tu as	tu avais	tu eus	tu auras	tu aurais
elle/il a	elle/il avait	elle/il eut	elle/il aura	elle/il aurait
nous avons	nous avions	nous eûmes	nous aurons	nous aurions
vous avez	vous aviez	vous eûtes	vous aurez	vous auriez
elles/ils ont	elles/ils avaient	elles/ils eurent	elles/ils auront	elles/ils auraient

Passé composé	Plus-que-parfait	Passé antérieur	Futur antérieur	Conditionnel passé
j' ai eu	j' avais eu	j' eus eu	j' aurai eu	j' aurais eu
tu as eu	tu avais eu	tu eus eu	tu auras eu	tu aurais eu
elle/il a eu	elle/il avait eu	elle/il eut eu	elle/il aura eu	elle/il aurait eu
nous avons eu	nous avions eu	nous eûmes eu	nous aurons eu	nous aurions eu
vous avez eu	vous aviez eu	vous eûtes eu	vous aurez eu	vous auriez eu
elles/ils ont eu	elles/ils avaient eu	elles/ils eurent eu	elles/ils auront eu	elles/ils auraient eu

SUBJONCTIF	IMPÉRATIF	INFINITIF	PARTICIPE
Présent	**Présent**	**Présent**	**Présent**
que j' aie	aie	avoir	ayant
que tu aies	ayons		
qu' elle/il ait	ayez		
que nous ayons	**Passé**	**Passé**	**Passé**
que vous ayez	aie eu	avoir eu	eu(e)(s)
qu' elles/ils aient	ayons eu		ayant eu
	ayez eu		

Conjugaison

Faire (3e groupe)

INDICATIF

Présent	Imparfait	Passé simple	Futur simple	Conditionnel présent
je fais	je faisais	je fis	je ferai	je ferais
tu fais	tu faisais	tu fis	tu feras	tu ferais
elle/il fait	elle/il faisait	elle/il fit	elle/il fera	elle/il ferait
nous faisons	nous faisions	nous fîmes	nous ferons	nous ferions
vous faites	vous faisiez	vous fîtes	vous ferez	vous feriez
elles/ils font	elles/ils faisaient	elles/ils firent	elles/ils feront	elles/ils feraient

Passé composé	Plus-que-parfait	Passé antérieur	Futur antérieur	Conditionnel passé
j' ai fait	j' avais fait	j' eus fait	j' aurai fait	j' aurais fait
tu as fait	tu avais fait	tu eus fait	tu auras fait	tu aurais fait
elle/il a fait	elle/il avait fait	elle/il eut fait	elle/il aura fait	elle/il aurait fait
nous avons fait	nous avions fait	nous eûmes fait	nous aurons fait	nous aurions fait
vous avez fait	vous aviez fait	vous eûtes fait	vous aurez fait	vous auriez fait
elles/ils ont fait	elles/ils avaient fait	elles/ils eurent fait	elles/ils auront fait	elles/ils auraient fait

SUBJONCTIF	IMPÉRATIF	INFINITIF	PARTICIPE
Présent	**Présent**	**Présent**	**Présent**
que je fasse que tu fasses qu' elle/il fasse que nous fassions que vous fassiez qu' elles/ils fassent	fais faisons faites	faire	faisant
	Passé	**Passé**	**Passé**
	aie fait ayons fait ayez fait	avoir fait	fait(e)(s) ayant fait

Prendre (3e groupe)

INDICATIF

Présent	Imparfait	Passé simple	Futur simple	Conditionnel présent
je prends	je prenais	je pris	je prendrai	je prendrais
tu prends	tu prenais	tu pris	tu prendras	tu prendrais
elle/il prend	elle/il prenait	elle/il prit	elle/il prendra	elle/il prendrait
nous prenons	nous prenions	nous prîmes	nous prendrons	nous prendrions
vous prenez	vous preniez	vous prîtes	vous prendrez	vous prendriez
elles/ils prennent	elles/ils prenaient	elles/ils prirent	elles/ils prendront	elles/ils prendraient

Passé composé	Plus-que-parfait	Passé antérieur	Futur antérieur	Conditionnel passé
j' ai pris	j' avais pris	j' eus pris	j' aurai pris	j' aurais pris
tu as pris	tu avais pris	tu eus pris	tu auras pris	tu aurais pris
elle/il a pris	elle/il avait pris	elle/il eut pris	elle/il aura pris	elle/il aurait pris
nous avons pris	nous avions pris	nous eûmes pris	nous aurons pris	nous aurions pris
vous avez pris	vous aviez pris	vous eûtes pris	vous aurez pris	vous auriez pris
elles/ils ont pris	elles/ils avaient pris	elles/ils eurent pris	elles/ils auront pris	elles/ils auraient pris

SUBJONCTIF	IMPÉRATIF	INFINITIF	PARTICIPE
Présent	**Présent**	**Présent**	**Présent**
que je prenne que tu prennes qu' elle/il prenne que nous prenions que vous preniez qu' elles/ils prennent	prends prenons prenez	prendre	prenant
	Passé	**Passé**	**Passé**
	aie pris ayons pris ayez pris	avoir pris	pris(e)(s) ayant pris

13 g : Biosphoto/ Sylvain Cordier ; 13 m g : OPALE / AME : 13 m d : AURIMAGES / Everett Collection : 13 d : ADOBE STOCK / penochka1 : 16 : BRIDGEMAN IMAGES / Look and Learn, Roger Payne-D.R. : 18 : GrandPalaisRMN / / René -Gabriel Ojeda : 20 : BIS / © Archives Larbor : 21 g : BNF : 21 d : BIS / Ph. Coll. Archives Larbor : 21 m d : BIS / Ph. © British Museum - Archives Larbor : 21 m g : AURIMAGES / © Walt DisneyCo. Everett Collection : 22 : PHOTO12.COM / ALAMY / The Picture Art Collection : 23 : ADOBE STOCK / irawan-image générée à l'aide de l'IA : 24 : AURIMAGES / Manuel Cohen : 25 : AURIMAGES / Gianni Dagli Orti-musée National archéologique d'Athènes : 26 ht g : PHOTO12.COM / ALAMY / Peter Horee : 26 : AURIMAGES / HERITAGE IMAGES / HERITAGE ART : 26 m d : AKG-Images / Erich Lessing : 26 m g : AURIMAGES / Artokoloro/ Quint Lox : 28 : GrandPalaisRMN (musée national Picasso -Paris) © Succession Picasso, 2025 : 35 g : L'Homme à la peau d'ours. Un conte de Grimm, Anne Jonas et Sébastien Mourrain © Editions du Seuil jeunesse, 2013 : 35 d : BRIDGEMAN IMAGES / Granger COLL. : 36 : WIKIMEDIA / L.Hachette : Contes Choisis des Frères Grimm, 1864.D.R. : 37 : LA COLLECTION / Kharbine/ GROB : 38 : BIS / Ph. Hubert Josse © Archives larbor : 39 : Droits Réservés/ éditions Eugene Jouy & Fils, Paris : 40 : Daniela Drescher-Droits Réservés © Verlag Freies Geistesleben & Urachhaus GmbH, Stuttgart : 41 : Droits Réservés : 42 : AURIMAGES / granger Coll.NY : 44 : Droits Réservés / Johnny Gruelle : 45 : BIS / Crédits : Ph. Raymond Voinquel © Ministère de la Culture : France : 46 : Droits Réservés / Carl Storch illustrateur : 47 : LA COLLECTION / Jonas : 48 ht g : CHRISTOPHE L COLLECTION © Les Films André Paulvé-DR : 48 ht d : BIS / Ph.Coll BIFI / Coll Archives Bordas © Adagp; Paris 2025 : 48 bas : AURIMAGES / Everett Collection-N/A : 55 d : BIS / Ph. Oroñoz © Archives Larbor : 55 g : Illustration Serge Bloch pour « Jeannot et l'ogresse » dans les Contes de la Folie Méricourt, Pierre Gripari © Editions Grasset & Fasquelle, 1991 : 56 : LA COLLECTION / Kharbine/ Grob : 58 : ISTOCK / akiyoko : 60 : LA COLLECTION / Kharbine/ Grob : 62 : BRIDGEMAN IMAGES / O. Vaering : 64 : VOZ'Image / Isabelle Levistre : 65 : AURIMAGES /Granger Coll NY : 75 g : AKG-Images / Picture alliance / ANN/ Yomiuri file photo/ Ang Tsering : 75 m d : BIE/Erica Guilane-Nachez - stock.adobe.com : 75 d :CHRISTOPHE L COLLECTION © Walt Disney Productions : 75 m g : CHRISTOPHE L COLLECTION © Paramount Pictures / Lucasfilm : 77 : BIS / Ph. Coll. Archives Nathan : 78 : BIS / © Archives Larbor : 80 : CHRISTOPHE L COLLECTION © Walt Disney Productions : 81 : BIS / © Archives Larbor : 83 : Thimothée de Fombelle, Tobie Lolness illustration de François Place © Éditions Gallimard Jeunesse : 84 : BIS / Ph. Coll. Archives Larbor : 86 : AURIMAGES / SHUTTERSTOCK / © The Kobal Collection : 87 : BRIDGEMAN IMAGES / © North Wind Pictures : 88 : Eric L'Homme, Masca, illustration Eloïse Scherrer © Éditions Gallimard Jeunesse : 89 : Erik L'Homme, Masca, illustration EloÏse Scherrer © Éditions Gallimard Jeunesse : 95 : Kerascoët, Vesco © Dargaud, 2025 : 97 : BIS / Ph. Jeanbor © Archives Larbor : 98 : ISTOCK / ilbusca : 99 : ADOBE STOCK / Francesco Milanese : 100 : ADOBE STOCK / Liliya : 100 bas : ADOBE STOCK/ Rawf8 : 101 : ADOC-PHOTOS/ Coll. ES : 102 et 103 : Kerascoët, Vesco © Dargaud, 2025 : 105 : CHRISTOPHE L COLLECTION / Heritage Image/ Heritage Art : 112 : SHUTTERSTOCK / subramanyan : 113 m : AURIMAGES / Everett : 113 ht : BIS / Ph. Coll. Archives Larbor © Association Les Frères Lumière - DR : 113 bas : CHRISTOPHE L COLLECTION / World History Archive : 114 : BRIDGEMAN IMAGES / Granger Collection : 116 ht g : CHRISTOPHE L COLLECTION : 116 bas d : AURIMAGES / Everett Collection : 116 bas g : AURIMAGES /Everett : 116 ht d : CHRISTOPHE L COLLECTION : 118 : La Ruée vers l'or © ROY EXPORT SAS : 120 bas g : la ruée vers l'or © ROY EXPORT SAS : 120 ht d : La Ruée vers l'or © ROY EXPORT SAS : 120 ht g : La Ruée vers l'or © ROY EXPORT SAS : 120 bas : la Ruée vers l'or © ROY EXPORT SAS : 120 bas d : La Ruée vers l'or © ROY EXPORT SAS : 122 ht : La Ruée vers l'or © ROY EXPORT SAS : 123 : la Ruée vers l' or © ROY EXPORT SAS : 136 : BRIDGEMAN IMAGES / British Library, London : 137 : BIS / Ph. Coll. Archives Sejer : 138 : AKG-Images / Erich Lessing : 140 : BRIDGEMAN IMAGES : 142 BRIDGEMAN IMAGES/ Helmut Reiss : 144 : GrandPalaisRMN(musée Marc Chagall) / Adrien Didierjean © Adagp, Paris 2025 : 146 : LA COLLECTION / © Brandstaetter Images : 147 : BRIDGEMAN IMAGES / The Holbarn Archive : 154 : BIS / © Archives Larbor : 156 : LA COLLECTION / Kharbine/ Grob : 157 : CHRISTOPHE L COLLECTION / Fine Art Images / Héritage Images : 159 : AKG-Images : 161 : SHUTTERSTOCK / Wirestock Creators : 169 bas g : CHRISTOPHE L COLLECTION : 169 bas d : CHRISTOPHE L COLLECTION © Folimage Valence Production : 171 m : BIS / Ph. Luc Joubert © Archives Larbor © Adagp, Paris 2025 : 171 d : BRIDGEMAN IMAGES © Georgia O'Keeffe Museum / Adagp, Paris 2025 : 171 g : BIS / Ph. © The Museum of Modern Art; New York / T : 173 : © Serge Déry-Tous Droits réservés : 174 : CHRISTOPHE L COLLECTION / Heritage Images/ Fine Art Images : 177 : AKG-Images : 178 : PHOTO12.COM / ALAMY / Abbus Archive Images : 180 : BRIDGEMAN IMAGES : 182 : LA COLLECTION / Artothek / Christie's © 2025 Niki Charitable Art Foundation / Adagp, Paris : 184 : PHOTO12.COM / ALAMY / Heritage Images / Heritage Art : 191 : BRIDGEMAN IMAGES / Christie's Images © Successió Miró / Adagp, Paris, 2025 : 192 : BRIDGEMAN IMAGES : 194 : AKG-Images : 195 : AKG-Images © Adagp, Paris, 2025 : 197 : LA COLLECTION / FLO : 198 : SHUTTERSTOCK / Floworks : 199 : AKG-Images/ Coll. VAN HAM © Salvador Dalí, Fundació Gala-Salvador Dali / Adagp, Paris, 2025 : 201 : BIS/ Ph Coll Archives Bordas DR : 202 : AKG-Images : 204 : CHRISTOPHE L COLLECTION/ Heritage Art / Heritage Images : 209 m bas : CHRISTOPHE L COLLECTION © Claudie Ossard Productions/ UGC : 209 bas : AURIMAGES / © Everett Collection : 211 bas : BRIDGEMAN IMAGES / Giancarlo Costa : 211 ht : BIS / Ph. Gustavo Tomsich © Archives Bordas : 211 m : AKG-Images / De Agostini Picture Library : 213 : SHUTTERSTOCK / posztos : 214 : © RAYNAUD DE LAGE Christophe : 217 : © RAYNAUD DE LAGE Christophe : 218 : BIS / Ph. Coll. Archives Nathan : 219 : © RAYNAUD DE LAGE Christophe : 220 : © RAYNAUD DE LAGE Christophe : 223 : CHRISTOPHE L COLLECTION © Archimede-Rai Cinema-Le Pacte -Recorded Picture Compagny (RPC) : 224 : CHRISTOPHE L COLLECTION © Les Films sauvages / Les Films Pelleas : 225 : BASTIEN Pascal / Divergence : 230 : De Cape et de Crocs 1 : Le Secret du janissaire de A. Ayroles & J.-L. Masbou © Éditions DELCOURT, 1995 : 233 bas g : AFP / Bertrand Guay : 233 : BIS / Ph. Luc Joubert © Archives Larbor : 235 : OPALE / © Pascal Victor -ArtComPress : 237 : ENGUERAND BRIGITTE / Divergence : 238 : BIS / Ph. Luc Joubert © Archives Larbor : 240 : ©Pascal Victor / ArtComPress/ via OPALE : 241 : CHRISTOPHE L COLLECTION / The Print Collector / Heritage Images : 242 : ENGUERAND BRIGITTE / Divergence : 245 : BIS / Ph. Coll. Archives Larbor © Adagp, Paris 2025 : 246 : BIS / Jean-Loup Charmet © Archives Bordas : 247 ht g : BIS / Ph. Coll. Archives Nathan : 247 ht d : BIS / Ph. Coll. Archives Nathan : 253 bas d : CHRISTOPHE L COLLECTION © Fidelite Productions/ Jean Marie Leroy : 253 bas g : CHRISTOPHE L COLLECTION ; 355 : Photo12 / Alamy/ 916 Collection.

Conception graphique (intérieur et couverture) : Élise Launay

Mise en page : Anne-Danielle Naname et Laure Gros

Iconographie : Laure Penchenat

Illustrations : Alain Boyer (intérieur et rabat arrière),
Mélody Denturck (couverture, rabats et intérieur) et Fabrice Leoszewski (parcours)

Fabrication : Frédéric Bouly et Michel Nigen

Édition : Claire Beilin-Bourgeois et Nina Blanchot

Achevé d'imprimer en avril 2025 Italie par Grafica Veneta S.p.A.
N° d'éditeur : 10297160-10297159 - Dépôt légal : avril 2025